古代诗歌之美二十讲

王福华 编

黄河出版传媒集团
阳光出版社

图书在版编目（CIP）数据

古代诗歌之美二十讲 / 王福华编. -- 银川：阳光
出版社, 2022.9
　　ISBN 978-7-5525-6490-7

Ⅰ. ①古… Ⅱ. ①王… Ⅲ. ①古典诗歌－中国－高中
－教学参考资料 Ⅳ. ①G634.303

中国版本图书馆CIP数据核字(2022)第168637号

古代诗歌之美二十讲

王福华　编

责任编辑　林　薇
封面设计　王国亮
责任印制　岳建宁

黄河出版传媒集团
阳　光　出　版　社　出版发行

出 版 人　薛文斌
地　　址　宁夏银川市北京东路139号出版大厦　（750001）
网　　址　http：//www.ygchbs.com
网上书店　http：//shop129132959.taobao.com
电子信箱　yangguangchubanshe@163.com
邮购电话　0951-5047283
经　　销　全国新华书店
印刷装订　合肥市盛风印务有限公司
印刷委托书号　　（宁）0024506

开　　本　880 mm×1230 mm　1/16
印　　张　18.75
字　　数　550千字
版　　次　2022年12月第1版
印　　次　2022年12月第1次印刷
书　　号　ISBN 978-7-5525-6490-7
定　　价　68.00元

序　言

运用联想想象，鉴赏诗歌之美

中国是诗歌的国度，诗歌是我国最早出现的文学体裁之一，是中国传统文化的重要组成部分。它以形象的语言，从各个方面反映了中华民族的历史面貌、风土人情和诗人丰富多彩的内心世界。它是一笔宝贵的文化遗产。2000 年版新的语文教学大纲为中小学生推荐了一定数量供背诵的古诗篇目；2011 年版《义务教育语文课程标准》中要求 1～6 年级学生背诵古今优秀诗文 160 篇，7～9 年级学生背诵 80 篇，合计 240 篇。从 1993 年开始，在高考语文试题中，对古代诗歌鉴赏的考查，就一直没有停止过。其目的就是要我们积累一定数量优秀的古诗词，继承优秀的文化遗产。因为这对于我们了解历史，增强古典文学知识，培养审美能力和文学鉴赏能力，以及提高人文素养，都有很大的裨益。

因此，古代诗歌鉴赏考查的应试技法的讨论就多起来了，这样做当然无可厚非，但我们应该把重心放在培养学生鉴赏古代诗歌的能力上。

因为诗歌是运用精练和富有韵律的语言，最集中、最概括地反映生活的文学体裁。它是通过联想、想象，通过生动的形象来反映现实生活，表达作者感受、愿望的。联想、想象就是诗歌的艺术翅膀，诗人借助它浮想联翩，"笼天地于形内，挫万物于笔端"（陆机《文赋》），创造出生动的形象，感人的意境。创作诗歌如此，我们阅读诗歌，也必须展开联想和想象，才能真正品味诗情。

所以，在培养学生鉴赏古诗的能力时，除了丰富的鉴赏经验和古诗积累，联想、想象思维能力的培养和运用，是重中之重。在鉴赏古诗的各个阶段，各个方面都离不开联想、想象。是否善于运用联想、想象，是否养成联想、想象的习惯，以及是否具有联想、想象的深度和广度是衡量学生鉴赏古诗能力高低的最重要的标准。

一、理解诗句之美要运用联想、想象

要鉴赏一首古诗词，首先要理解每句诗的含义。由于诗歌的语言是精练的、富有跳跃性的，仅理解诗句的字面意思是远远不够的，必须运用联想、想象，理解诗句的深层含义，即"言外之意""弦外之音"。如苏轼的《念奴娇·赤壁怀古》下阕：

遥想公瑾当年，小乔初嫁了，雄姿英发。羽扇纶巾，谈笑间，樯橹灰飞烟灭。故国神游，多情应笑我，早生华发。人生如梦，一尊还酹江月。

下阕可分为三层,第一层叙写周瑜英姿潇洒,前程似锦,年轻有为,字里行间流露着词人赞美和羡慕之情。第二层叙写词人自感苍老,壮志未酬。两相对照,顿生叹惋之情。从这两层字面上看,是对别人建功立业的羡慕,对自己壮志难酬的叹惋,表达的是对建功立业的强烈渴慕。第三层词人洒酒寄情,抒发了"人生如梦"的超脱旷达的情怀,也就是说词人认为建功立业又怎么样,人生短暂,何必自苦。这是字面的意义,也好理解。如果仅从诗句字面意义理解,到此就结束了。

但是这样的理解是远远不够的,如果我们问一句:第一、二层表达的对建功立业的渴慕,第三层抒发的是对建功立业的鄙弃,在同一首词中,在同一阕词中,前后竟会有如此尖锐的对立和矛盾,如何理解?看来,要理解这首词深层的含义,仅从字面上理解是不够的,当然字面意思是我们进一步理解诗词的基础。这就要我们运用联想、想象,去深入揣摩词人当时、当地的处境、心境及思想、心理的微妙变化。联想到词人用诗讽刺新法,为新派官僚罗织罪名,九死一生,被贬谪到黄州的处境;想象一下词人自知北宋国力衰微和辽夏军事政权的严重威胁,时刻关心边境战事,有着一腔报国热忱的心境。当这种强烈的建功立业的愿望与严酷的现实发生尖锐的冲突时,词人思想感情发生了微妙的变化——貌似旷达超脱,实则无可奈何,是词人愤懑到了极点的愤激之语、失望之语、无奈之语,这是词人真实的思想感情的曲折反映。赞颂周瑜也好,自叹苍老也好,洒酒寄情也罢,看似矛盾,实际都极其真切地表达了词人渴望建功立业的强烈的思想感情。

诗句的这种深层含义,离开联想、想象是万难理解到位、理解准确的。要理解诗句的深层含义,除了要"知人论世",联想到诗人的处境,时代的背景外,有时还要联想到我们几千年积淀起来的民族文化心理,民族欣赏习惯,特别是那些已被赋予特定含义的象征物——意象。诗句中一提到这些象征物,要进而联想这些象征物的广泛的民族文化内涵,这样对诗句含义的理解才能准确、深入,才能真正感受诗歌的文化底蕴。

如:

> 云无心以出岫,鸟倦飞而知还。
> 景翳翳以将入,抚孤松而盘桓。
>
> ——陶渊明《归去来兮辞》
>
> 山气日夕佳,飞鸟相与还。

陶渊明《饮酒(其五)》诗中的"飞鸟还巢"不能简单地理解,要联想到隐士的形象。又如:

> 余既滋兰之九畹兮,又树蕙之百亩。
> 畦留夷与揭车兮,杂杜衡与芳芷。
> 众女嫉余之蛾眉兮,谣诼谓余以善淫。
>
> 两美其必合兮,孰信修而慕之?
>
> ——屈原《离骚》

由诗中的"兰""蕙""杜""芷"等香草,要联想到"贤才";由诗中的"众女""两美"等男女双方,要联想到君臣关系。

还如:

> 采菊东篱下,悠然见南山。
>
> ——陶渊明《饮酒(其五)》
>
> 零落成泥碾作尘,只有香如故。
>
> ——陆游《卜算子·咏梅》
>
> 予独爱莲之出淤泥而不染,濯清涟而不妖。
>
> ——周敦颐《爱莲说》

由"菊""梅""莲",联想到君子。

再如:

渭城朝雨浥轻尘,客舍青青柳色新。

——王维《送元二使安西》

忽见陌头杨柳色,悔教夫婿觅封侯。

——王昌龄《闺怨》

诗中的"柳"都不是泛泛的,都有深意,可由"柳""留"音,联想到"离别"。

像这种有特定含义的象征物——意象,还有很多,都有其固定的内涵,由象征物——诗歌意象触发联想、想象是鉴赏古代诗歌不可缺少的一环。

二、鉴赏诗歌的艺术形象之美要运用联想、想象

诗人在创作诗歌时,是运用联想、想象将自己对生活的感受和思考形象地表达出来的;又因为诗歌这种文字样式讲究精练美、含蓄美,总要留下一块空白,让读者驱遣想象的骏马,恣情驰骋。另外,正因为诗歌的情和意是通过形象来表达的,把握住诗歌的形象是进一步感受诗情、领悟诗意的基本途径。所以清晰地再现诗中所描绘的艺术形象显得尤为重要。而要清晰地再现诗中所描绘的艺术形象,就必须根据诗人的文字描述,充分展开联想、想象。

如:

杜甫《漫成一首》

> 江月去人只数尺,风灯照夜欲三更。
> 沙头宿鹭联拳静,船尾跳鱼拨剌鸣。

这首绝句一句一景,四句分写月、灯、鸟、鱼四景。鉴赏这首诗,首先必须根据诗人的文字描述,运用联想、想象,清晰地再现每一景。第一句写"月":一轮明月倒影在清清的江水之中,离船离人很近。月之明,水之清,影之近,通过读者的联想、想象,再现在脑海之中。第二句写"灯":舟内一盏夜灯照着,光线那么冲淡,那么柔和,将近三更了。第三句:沙岸上夜宿的白鹭屈曲着身子,睡得那么安恬。第四句又写"鱼":忽然船尾传来"拨剌"的声响,使凝视的诗人猛地惊醒,他转向船尾,那里波光粼粼,原来刚有条鱼儿从那儿跃出水面,增添了江上的宁静。

以上是根据诗歌的文字描述,通过联想、想象,真切清晰地感受到每一景,如身历其境。再通过联想、想象,按远近、动静将这四景叠加起来,融为一幅完整的图画。这样就在头脑中准确完整地再现了诗歌的艺术形象。由这个清晰的形象出发去进一步领会诗歌宁静和谐的意境,领会诗人喜爱和向往和平宁静生活的思想感情,就容易多了,真切多了。

三、领悟诗歌意境之美也要运用联想、想象

再现诗歌所描绘的艺术形象,要运用联想、想象;在此基础上,领悟诗歌意境,更要运用联想、想象。再现艺术形象,领悟诗歌意境,实际上是读者运用联想、想象进行再创作的过程。往往需要联想和借助读者某一方面的生活经验、生活储备,也即人生阅历和修养,否则读者很难真正理解诗歌叙写的事物和表达的情感。

例:

鹧鸪天

[宋] 陆游

家住苍烟落照间,丝毫尘事不相关。斟残玉瀣行穿竹,卷罢《黄庭》卧看山。贪啸傲,任衰残,不妨随处一开颜。元知造物心肠别,老却英雄似等闲!

喝完酒去散散步,穿过竹林;看完了《黄庭》(道家经典)就躺下来观赏山景。这是根据词人的文字描述,运用联想、想象再现的艺术形象;再从这一艺术形象出发,运用联想、想象,领悟诗歌的思想意义,这分明是写自己生活的闲适,动静行止的惬意,活脱脱一个隐士的形象。下阕首句更明确地表明了这一点:歌咏自得,任凭终老田园,随处都有使自己高兴的事物,何妨随遇而安呢? 到此为止,我们的印象是陆游也过起隐

居生活来了。

当真如此吗?"元知造物心肠别,老却英雄似等闲!"词人说才知道造物者的心肠与常人不同,冷酷无情,白白地让英雄衰老死去却等闲视之。联想词人当时的处境,词人因"力说张浚用兵"被罢官家居,心中有股抑郁不平之气,终于按捺不住,流露出来。词人是在抱怨南宋统治者无心恢复中原,以致英雄无用武之地。前面旷达超脱,后面抑郁不平,不是矛盾吗?

要理解这种"矛盾",领悟这首词的统一意境,就需要联想、想象,就需要读者的再创造,就需要借助读者自身的人生经验了。正因为词人的内心抑郁不平到按捺不住的程度了,才有前面故作旷达,故作超然之语。旷达和超然是无可奈何,是气愤之语,是抑郁不平的另一种表现形态。"丝毫纤尘不相关",想跟"尘事""不相关",其实做不到;"不妨随处一开颜",劝自己"开颜",其实"开颜"不起来。这样理解,整首词的意境就统一了,理解就准确了。可见,真正领悟一首古诗,没有联想、想象,没有自己人生经验的帮助,是不行的。所以我们一定要充分展开联想、想象,把作者在词中要说的话补充完整,要抒的情理解准确。

四、鉴赏评价古诗的艺术手法之美更要运用联想、想象

把握形象,领悟意境只完成了鉴赏古诗的一个方面的工作;还有一个方面的工作,就是运用联想、想象鉴赏评价古诗的写作方法。我们以杜甫的《画鹰》为例:

> 素练风霜起,苍鹰画作殊。
> 攫身思狡兔,侧目似愁胡。
> 绦镟光堪摘,轩楹势可呼。
> 何当击凡鸟,毛血洒平芜。

首联是说洁白的画绢上突然腾起一片风霜肃杀之气,这是怎么回事呢?原来是画面上的雄鹰画得太逼真了,太传神了,太有气势了。一个"殊"字总写画鹰画技的高超,高超到让诗人联想到画面上腾起了风霜肃杀之气,而我们读者通过"素练风霜起",可以联想、想象"苍鹰画作"之"殊",从而感受诗歌首句的奇崛,感受到首句先声夺人的艺术效果。

颔联"侧目似愁胡"通过画鹰的眼睛写其神态,"攫身思狡兔"写画鹰耸起身体的样子,让诗人联想到画鹰好像随时准备攫取狡猾的兔子似的。通过联想、想象其心理活动,突出画鹰矫健搏击的动态,从而把画鹰写活了。我们只有通过联想沿作者创作诗歌时的思路将其还原成一幅画,才能真正感受到苍鹰画作的殊异之处,才能真正感受到诗人写法的高妙。首联是总写,颔联是正面描写、实写画鹰,突出其凶猛矫健的特点。那么颈联和尾联呢?

颈联是说:如果将苍鹰的系着金属圆轴的丝绳给解开,它就会从悬挂的轩楹上呼之即出,展翅飞翔。这是诗人由画鹰产生的联想、想象。尾联:何时让这只卓然不凡的苍鹰展翅搏击,那么那些凡鸟的毛血一定会洒满原野。这也是诗人由画鹰的神态产生的联想、想象。后两联换了一个角度,从侧面描写、虚写画鹰。读者也必须通过这些描写,运用联想、想象将其还原到画面上,那么画鹰逼真、矫健、勇猛的神态才会在读者的头脑里更加清晰,更加深刻,才会充分感受这首诗的鲜活轻灵的艺术手法;同样只有运用联想想象,才会真正理解诗人托物言志,寄寓在画鹰身上的那种一飞冲天、搏击长空的理想和愿望。

这首诗起句突兀,有总有分,有实有虚,手法灵活,章法谨严,是题画诗的杰作。鉴赏这首诗,评价其写法,读者的联想、想象是不可或缺的。

综上所述,在鉴赏古诗的各个阶段、各个方面,我们都必须自觉充分地运用联想、想象,培养联想、想象的思维习惯是提高古诗鉴赏水平的关键。

王福华

2022 年 3 月

目　录

第一讲

古代诗歌语言特点之"诗家语"

进行诗歌鉴赏，首先要了解古代诗歌语言特点，要懂得"诗家语"，懂得诗歌对语言的变形的要求。这是诗词鉴赏的基础。诗歌语言与其他文学样式的语言相比，更具抒情性、含蓄性、精练性、跳跃性。中国诗歌多半篇幅短小，一首诗里面的词语数量不多，蕴含的意思却非常丰富。要借助非常精练的语言外壳来表达丰富的思想感情，还要符合音韵的要求，诗歌非对语言作出变形不可。严羽说："夫诗有别材，非关书也。诗有别趣，非关理也。"（《沧浪诗话·诗辨》）诗不仅需要"别材"，有"别趣"，还需要用特别的语言来表现，这就是《诗人玉屑》卷六中曾论及的王安石提出的"诗家语"。就是说，诗的用语有时和散文不一样，诗有韵律的限制，不能像散文那样畅所欲言。如果用读散文的方式品诗，往往会忽略作者用心，很难正确理解诗义。

"诗家语"到底有哪些特点呢？

一、词语活用

古诗词中有些词语具有活用的情况，阅读时要加以辨别，才能正确把握诗句的含义。古诗词中的词类活用主要有以下几种情况。

1. 名词活用作动词

王维《终南别业》："中岁颇好道，晚家南山陲"中的"家"指安家，引申为住；白居易《问刘十九》："晚来天欲雪"中的"雪"为下雪；杜牧《江南春》："水村山郭酒旗风"中的"风"为迎风招展；李商隐《无题》："晓镜但愁云鬓改"中的"镜"为照镜子。

2. 动词活用作名词

白居易《卖炭翁》："身上衣裳口中食"中的"食"，句中充当"卖炭得钱何所营"的宾语，作名词"食物"解；"翩翩两骑来是谁"中的"骑"充当"来"的主语，作名词"骑马的人"解。

3. 形容词活用作动词

王维《鸟鸣涧》："月出惊山鸟"中形容词"惊"带宾语"山鸟"，作动词"惊动"解；杜甫《江畔独步寻花（其六）》："黄四娘家花满蹊"，形容词"满"带宾语"蹊"，作动词"开满"解。

4. 动词的使动用法

杜甫《春望》："感时花溅泪，恨别鸟惊心"中的"溅""惊"意为因感伤国事，春花使我的泪飞溅；因恨别之苦，鸟声使我心惊。孟浩然《宿桐庐江寄广陵旧游》："风鸣两岸叶，月照一孤舟"中的"鸣"意为风使两岸叶鸣；辛弃疾《菩萨蛮·书江西造口壁》："江晚正愁余，山深闻鹧鸪"中的"愁"是"正使我愁"的意思。

5. 形容词的使动用法和意动用法

李白《秋浦歌》："赧郎明月夜，歌曲动寒川"中的"明"是指赧郎使月夜更明；《梦游天姥吟留别》："栗深林兮惊层巅"中的"栗""惊"，意为使幽深的树林战栗，使峰峦震恐。常建《题破山寺后禅院》："山光悦鸟性，潭影空人心"中的"悦""空"意为山光使鸟性悦，潭影使人心空。陆游《诉衷情》："尘暗旧貂裘"中的"暗"是指在军队里用的皮衣，由于多年不用，灰尘使貂裘的颜色变暗了。何逊"夜雨滴空阶，晓灯暗离室"（《临行与故游夜别》）、王维"下马饮君酒"(《送别》)、王维"日色冷青松"(《过香积寺》)、王昌龄"清辉澹水木,演漾在窗户"(《同从弟南斋玩月忆山阴崔少府》)、王安石"春风又绿江南岸"(《忆江南》)、蒋捷"流光容易把人抛,红了樱桃,绿了芭蕉"(《一剪梅·舟过吴江》)、周邦彦"风老莺雏,雨肥梅子"(《满庭芳·夏日溧水无想山作》)。我们的古人惯于活用词语,形容词、名词都可作动词,且一用就用得鲜活生动,呼之欲出。就如"雨肥梅子"一句,又经了几场雨呢?那该是从"小雨纤纤风细细",到"拂堤杨柳醉春烟",到"一枝红杏出墙来",再到"花褪残红青杏小",最后还是在雨里丰肥。写出了动态,写出了形态,想那梅子从青青小小的羞涩,到黄黄肥肥的圆甜,那黄中晕红的丰润,怎不叫人垂涎!以上各句中的"暗""饮""冷""悦""空""淡""绿""红""老""肥",均为形容词的使动用法,这些词语各有妙用,但有一点是共同的,那就是化腐朽为神奇,增强了诗词的表现力、感染力。

二、倒置语序

如果要把诗(词)句中的语序倒置现象进行归纳的话,我认为大致有下面几类。

1. 主语后置

如,崔颢《黄鹤楼》:"晴川历历汉阳树,芳草萋萋鹦鹉洲。"正常语序为"晴川汉阳树历历,鹦鹉洲芳草萋萋","汉阳树"和"鹦鹉洲"置于"历历""萋萋"之后,看起来好像是宾语,实际上却是被陈述的对象——主语,出于声律需要而颠倒了语序。

2. 宾语前置

如杜甫《月夜》:"香雾云鬟湿,清辉玉臂寒。"正常语序为"香雾湿云鬟,清辉寒玉臂"。诗人想象他远在鄜州的妻子也正好在闺中望月,那散发着幽香的雾气仿佛沾湿了她的头发,清朗的月光也使得她洁白的双臂感到寒意。这里的"湿"和"寒"都是所谓使动用法,"云鬟""玉臂"本是它们所支配的对象,结果被放在前面,似乎成了主语,根据现代汉语的语法规范,却是宾语前置,仅出于声律考虑。

再如,辛弃疾《贺新郎·把酒长亭说》:"把酒长亭说。看渊明、风流酷似,卧龙诸葛。"晋代的陶渊明怎么会酷似三国时的诸葛亮呢?原来作者是把他们二人都用来比喻友人陈亮的,分别说明陈亮的文才和武略,按句意实为"看风流酷似渊明、卧龙诸葛"。宾语"渊明"跑到了主语的位置上。

又如钱起《谷口书斋寄杨补阙》"竹怜新雨后,山爱夕阳时。"正常语序为"怜新雨后之竹,爱夕阳时之山"。

3. 主宾换位

叶梦得《水调歌头》"秋色渐将晚,霜信报黄花。"显然是"黄花报霜信"的意思。这种主宾换位的词序表面上仍是"主——动——宾"的格式,但在意义上必须将它倒过来理解。

4. 定语挪位

(1)定语挪前。王昌龄《从军行》"青海长云暗雪山,孤城遥望玉门关。"下句的"孤城"即指玉门关,为"玉门关"的同位性定语,现却被挪在动词"遥望"之前,很容易使人误解为站在另一座孤城上遥望玉门。陈羽《从军行》"横笛闻声不见人,红旗直上天山雪。"正常语序为"闻横笛声"。陆游《昼卧》"香生帐里雾,书积枕边山。"正常语序为"帐里生香雾,枕边积书山"。

(2)定语挪后。李白《梦游天姥吟留别》"我欲因之梦吴越,一夜飞度镜湖月。"意即"一月夜飞渡镜湖"。"月夜"这个偏正词组本为句首的时间状语,现被分拆为二,定语"月"远离中心语而居于句末,仿佛成了宾语的中心部分,但作者"飞渡"的显然只能是"镜湖",而不可能是"月"。又《春夜喜雨》诗:"晓看红湿处,花重锦官城。"正常语序为"锦官城花重"。

5. 状语挪位

"人面不知何处去,桃花依旧笑春风。""笑春风"表面上是动宾词组,实际上"春风"不受"笑"的支配,而是表示"在春风中笑"的意思。这类情况在诗词中比较常见,例如:杜甫《秋兴》八首之三:"千家山郭静朝晖,日日江楼坐翠微。"意为"朝晖中千家山郭静,日日于江楼翠微中坐"。李商隐《安定城楼》"永忆江湖归白发,欲回天地入扁舟。"实际意为"永忆白发时归江湖"。

6. 多重倒装

"绿垂风折笋,红绽雨肥梅"(杜甫《陪郑广文游何将军山林(其五)》)意为"风折之笋垂绿,雨肥之梅绽红"。"千古江山,英雄无觅孙仲谋处"(辛弃疾《永遇乐·京口北固亭怀古》)意为"无处觅英雄孙仲谋"。这里的"英雄"与"孙仲谋"是复指关系。"来相召,香车宝马,谢他酒朋诗侣"(李清照《永遇乐》)意为"酒朋诗侣香车宝马来相召,我谢绝了他们"。再如,"帘卷西风,人比黄花瘦"(李清照《醉花阴》),"帘卷西风"正常的语序为"西风卷帘",即阵阵西风翻卷着帘子。"香稻啄余鹦鹉粒,碧梧栖老凤凰枝"(杜甫《秋兴(其八)》)正常语序为"鹦鹉啄余香稻粒,凤凰栖老碧梧枝",诗人将"香稻""碧梧"放到句前加以突出,既有受诗词格律平仄押韵的束缚,也强调了京城长安景物的美好与非同寻常——稻粒是鹦鹉啄余的香稻粒,梧桐是凤凰栖老的碧梧桐,更好地表达了诗人回忆长安的感情。"犹厌言兵"(姜夔《扬州慢》),"犹厌"前省略了主语"人们",在此充当谓语,为了强调,与表时间的状语"言兵"倒置。"犹厌言兵"即"言兵犹厌",意为人们如今谈起那次金兵的洗劫,仍然切齿痛恨。

三、省略和跳跃性

古诗词篇幅一般比较短小,尤其是律诗、绝句以及词之小令,要在有限的篇幅,尽可能表达较多的内容,较深刻的意蕴,诗人常常采取高度浓缩的方法,把能省略的字词尽量省掉。不仅省略介词、连词、语气词等虚词,还省略主语、谓语等实词。在诗词鉴赏中,根据诗词所规定的"再造条件"进行再造想象,可以补充诗人有意留下的空白,还原诗歌的场景,获得更高的审美享受。这是诗词欣赏的必要环节。古诗词的省略通常有以下几种情况。

1. 省略主语

贾岛《寻隐者不遇》:"松下问童子,言师采药去。只在此山中,云深不知处。"诗中谁问童子,谁言师采药去了,主语都省去了。实际上,这首诗每句都有省略。按照叙述的本意,应该是"我在松下问童子,你家师傅在不在家?童子说师傅上山采药去了。我又问在哪座山上呢,童子说就在这一座山中。我又问山前还是山后,童子说云雾迷蒙,实在不知所在。"这么复杂的内容,诗人只通过二十个字表达,省略了许多文字,达到了言已尽而意无穷的效果。这种对话中的省略,寓问于答,非但不影响诗歌内容的表达,反而显得语言更精练了,表意更含蓄了。因为读者完全可以根据诗中提供的信息去想象和补充诗歌内容。

2. 省略谓语

古诗词中,作者有时为了突出副词的意义。常

省略谓语动词,而省去的动词,读者可以根据诗歌特定的语境去补充。如,杜甫《咏怀古迹(其二)》:"江山故宅空文藻,云雨荒台岂梦思。"这两句诗的含义应是:江山故宅空留文藻,云雨荒台岂有梦思。可见,诗人分别省略了动词"留""有"。

3. 省略虚词

王维《观猎》:"风劲角弓鸣,将军猎渭城。""猎"后省略了介词"于",句意为将军猎于渭城。孟浩然《宿建德江》:"野旷天低树,江清月近人。""旷"后省略了连词"故","低"后省略了介词"于","清"后省略了连词"故"。句意为由于原野辽阔,所以觉得远处的天比树还低,由于江水很清,所以觉得本是天上的皓月离自己很近。辛弃疾《摸鱼儿》:"千金纵买相如赋,脉脉此情谁诉?""情"后省略了介词"对"。句意为这番情意对谁倾诉呢?

4. 省略比喻词

李白《送友人》:"浮云游子意,落日故人情。"这两句诗都省略了比喻词,意为游子意像浮云,故人情像落日。杜甫《春日忆李白》:"清新庾开府,俊逸鲍参军。"句意为清新如庾开府,俊逸如鲍参军。白居易《新春江次》:"鸭头新绿水,雁齿小红桥。"句意为新绿水似鸭头,小红桥似雁齿。周邦彦《西河·金陵怀古》:"山围故国绕清江,髻鬟对起。"句意为山围故国绕清江如髻鬟对起。

5. 省略判断词

王维《送孙二》:"书生邹鲁客,才子洛阳人。"句意为书生是邹鲁客,才子是洛阳人。杜甫《社日》:"今日江南老,他时渭北童。"句意为今日乃江南老,他时乃渭北童。

6. 使用互文修辞手法进行省略

互文中的省略,通常是为突出某个词语的意义,或为了适应格律的要求,或为了使诗歌语言表达更凝练别致。这种手法的特点是寓彼于此,相邻句子中所用的词语互相补充,结合起来表达一个完整的意思。通常有两种情况。

(1)对句中省略。如"东西植松柏,左右种梧桐。"(《孔雀东南飞》)"东西""左右"并非指具体方位,前后句要合起来理解为东西左右种植松柏、梧桐。"迢迢牵牛星,皎皎河汉女。"(《古诗十九首》)上句写牵牛星用"迢迢"省略了"皎皎",下句写河汉用"皎皎"省略了"迢迢"。这两句诗要合起来理解,

意思是说皎皎牵牛星和织女星,隔着"河汉"相距"迢迢"。

(2)当句中省略。如"秦时明月汉时关,万里长征人未还。"(王昌龄《出塞》)应理解为秦汉时明月秦汉时关,"秦汉"借代古代。"白云回望合,青霭入看无。"(王维《终南山》)应理解为白云青霭回望合,入看无。"烟笼寒水月笼沙,夜泊秦淮近酒家。"(杜牧《泊秦淮》)意为烟月笼罩着寒水烟月笼罩着沙。这种互文见义的运用,一来可以收到言简意赅的效果,二来可以避免重复使用同一个词语,从而增加语言的美感。

所谓诗歌的跳跃性,就是诗句的内容之间距离比较大,而且往往只有内在联系而无形式上的承接关系,不用笔墨去作关联、交代、转折、过渡等,形成了一种跳跃性的发展。对诗歌的这种跳跃性,教师在教学过程中,不能够你"跳"我也"跳",把诗句割裂开来,孤立地分析,而应该根据其内在联系,在思想内容上加以开掘,连缀起来,带领学生一步步地

"走"过去。诗歌语言的跳跃性,就是指在表达过程中语言序列所出现的断裂或空白,语言的内在含义出现了断裂或转折。在文学语言中,我们可以分为这样两类:一类是诗歌语言,一类是散文语言。二者比较,有一个很突出的特点应当引起注意,这就是散文语言具有一种"线性"特点,就是语言所包含的意思如用线连接,有头有尾,因果性较强。而诗歌语言则是非"线性"的特点,中间总是留有空白或出现断裂,常常内容不是一线贯穿,而是出现并列或转折,这就是语言的跳跃性。

司空曙在《喜外弟卢纶见宿》一诗中有这样的诗句:"雨中黄叶树,灯下白头人。"若从散文思维的角度来看,二者没有因果关系,雨中的"树"是一个意思,而灯下的"人"又是一个意思,这二者中间是一个断裂带。诗把它分行并列,情形就不一样了,二者产生了一种喻指和象征的可能性,于是有了更深层的联系,而这种关系正是断裂和空白的作用,产生了一种特殊的表意空间。

黄鹤楼①

[唐] 崔 颢

昔人②已乘③黄鹤去④,此地空⑤余黄鹤楼。
黄鹤一去不复返⑥,白云千载空⑦悠悠⑧。
晴川⑨历历⑩汉阳⑪树,芳草萋萋⑫鹦鹉洲⑬。
日暮乡⑭关何处是?烟波江上使人愁⑮。

诗文注释

①黄鹤楼:故址在湖北武昌区,民国初年被火焚毁,1985年重建,传说古代有一位名叫费祎的仙人,在此乘鹤登仙。

②昔人:指传说中骑鹤的仙人。

③乘:驾。

④去:离开。

⑤空:只。

⑥返:返回。

⑦空:白白地。

⑧悠悠:飘荡的样子。

⑨川:平原。

⑩历历:清楚可数。

⑪汉阳:地名,现在湖北武汉的汉阳区,与黄鹤楼隔江相望。

⑫萋萋:形容草木长得茂盛。

⑬鹦鹉洲:在湖北省武昌区西南,根据后汉书记载,汉黄祖担任江夏太守时,在此大宴宾客,有人献上鹦鹉,故称鹦鹉洲。唐朝时在汉阳西南长江

中,后逐渐被水冲没。

⑭乡:故乡。

⑮愁:乡愁。

诗文翻译

传说中的仙人驾黄鹤离去,

这个地方只留下了黄鹤楼。

飞去的黄鹤再也不会返回,

白云都白白地在这里飘荡。

白日下汉江(平原)之碧树清晰可数,

鹦鹉洲的芳草长得密密稠稠。

日已黄昏何处是我的家乡?

面对江面上弥漫的茫茫烟波,让我愁绪油然而生。

诗文赏析

这首诗是吊古怀乡之佳作。诗人登临古迹黄鹤楼,泛览眼前景物,即景而生情,诗兴大作,脱口而出,一泻千里。既自然宏丽,又饶有风骨。诗虽不协律,但音节嘹亮而不拗口。真是信手而就,一气呵成,成为历代所推崇的珍品。传说李白登此楼,目睹此诗,大为折服,说:"眼前有景道不得,崔颢题诗在上头。"严沧浪也说唐人七言律诗,当以此为第一。足见诗贵自然,纵使格律诗也无不如此。历代写黄鹤楼的诗很多,但崔颢的一首七律,人称最佳,请看他是怎样写的:"昔人已乘黄鹤去,此地空余黄鹤楼。黄鹤一去不复返,白云千载空悠悠。晴川历历汉阳树,芳草萋萋鹦鹉洲。日暮乡关何处是?烟波江上使人愁。"此诗写得意境开阔、气魄宏大,风景如画,情真意切,且淳朴生动,一如口语,不能不令人叹为观止。这一首诗不仅是崔颢的成名之作、传世之作,也为他奠定了一世诗名的基础。《唐诗三百首》是后人对唐诗的选集,就把崔颢这首诗列为七律诗中的第一首。可见对此诗的器重。元人辛文房《唐才子传》记李白登黄鹤楼本欲赋诗,因见崔颢此作,为之敛手说:"眼前有景道不得,崔颢题诗在上头。"有人说此说或出于后人附会,未必真有其事。但我以为也绝非全部子虚乌有,李白写的有关黄鹤楼的诗,我手头就有两首:一为《黄鹤楼送孟浩然之广陵》:"故人西辞黄鹤楼,烟花三月下

扬州。孤帆远影碧空尽,唯见长江天际流。"另一首为《与史郎中钦听黄鹤楼上吹笛》:"一为迁客去长沙,西望长安不见家。黄鹤楼中吹玉笛,江城五月落梅花。"虽都与黄鹤楼有关,然皆另有所托,并非完全写景。同时他的《鹦鹉洲》前四句"鹦鹉来过吴江水,江上洲传鹦鹉名。鹦鹉西飞陇山去,芳洲之树何青青"与崔诗句法何其相似。其《登金陵凤凰台》诗亦如此,都有明显仿崔诗格调的痕迹。因此,既如"眼前有景道不得,崔颢题诗在上头"两句非李白之言,承认崔诗绝好,对于李白来说还是可以认定的。《沧浪诗话》(严羽)说:"唐人七言律诗,当以崔颢《黄鹤楼》为第一。"虽然有争议,如胡应麟称杜甫的《登高》为古今七律之冠,但也确是代表大家意见的中肯之语。这样一来,崔颢的《黄鹤楼》名气就更大了。

以丰富的想象力将读者引入远古,又回到现实种种情思和自然景色交融在一起,有谁能不感到它的凄婉苍凉。这首诗历来为人们所推崇,被列为唐人七律之首。

传说李白壮年时到处游山玩水,在各处都留下了诗作。当他登上黄鹤楼时,被楼上楼下的美景引得诗兴大发,正想题诗留念时,忽然抬头看见楼上崔颢的题诗。这首诗的意思是"过去的仙人已经驾着黄鹤飞走了,这里只留下一座空荡荡的黄鹤楼。黄鹤一去再也没有回来,千百年来只看见悠悠的白云。阳光照耀下的汉阳树木清晰可见,鹦鹉洲上有一片碧绿的芳草覆盖。天色已晚,眺望远方,故乡在哪儿呢?眼前只见一片雾霭笼罩江面,给人带来深深的愁绪。"

这首诗前写景,后抒情,一气贯注,浑然天成,即使有一代"诗仙"之称的李白,也不由得佩服得连连赞叹,觉得自己还是暂时止笔为好。为此,李白还遗憾地叹气说:"眼前好景道不得,崔颢题诗在上头。"

黄鹤楼因其所在之武昌黄鹤山(又名蛇山)而得名。传说古代仙人子安乘黄鹤过此(见《齐谐志》),又云费祎登仙驾鹤于此(见《太平寰宇记》引《图经》)。诗即从楼的命名之由来着想,借传说落笔,然后生发开去。仙人跨鹤,本属虚无,现以无作有,说它"一去不复返",就有岁月不再、古人不可见之憾;仙去楼空,唯余天际白云,悠悠千载,正能表

现世事茫茫之慨。诗人这几笔写出了那个时代登黄鹤楼的人们常有的感受，气概苍莽，感情真挚。

前人有"文以气为主"之说，此诗前四句看似随口说出，一气旋转，顺势而下，绝无半点滞碍。"黄鹤"二字再三出现，却因其气势奔腾直下，使读者"手挥五弦，目送飞鸿"，急忙读下去，无暇觉察到它的重叠出现，而这是律诗格律上之大忌，诗人好像忘记了是在写"前有浮声，后须切响"、字字皆有定声的七律。试看：首联的五、六字同出"黄鹤"，第三句几乎全用仄声，第四句又用"空悠悠"这样的三平调煞尾，亦不顾什么对仗，用的全是古体诗的句法。这是因为七律在当时尚未定型吗？不是的，规范的七律早就有了，崔颢自己也曾写过。是诗人有意在写拗律吗？也未必。他跟后来杜甫的律诗有意自创别调的情况也不同。看来还是知之而不顾，如《红楼梦》中林黛玉教人作诗时所说的，"若是果有了奇句，连平仄虚实不对都使得的"。在这里，崔颢是依据诗以立意为要和"不以词害意"的原则去进行实践的，所以才写出这样七律中罕见的高唱入云的诗句。清沈德潜评此诗，以为"意得象先，神行语外，纵笔写去，遂擅千古之奇"（《唐诗别裁》卷十三），也就是这个意思。

此诗前半首用散调变格，后半首就整饬归正，实写楼中所见所感，写从楼上眺望汉阳城、鹦鹉洲的芳草绿树并由此而引起的乡愁，这是先放后收。倘只放不收，一味不拘常规，不回到格律上来，那么，它就不是一首七律，而成为七古了。此诗前后似成两截，其实文势是从头一直贯注到底的，中间只不过是换了一口气罢了。这种似断实续的连接，从律诗的起、承、转、合来看，也最有章法。元杨载

《诗法家数》论律诗第二联要紧承首联时说："此联要接破题（首联），要如骊龙之珠，抱而不脱。"此诗前四句正是如此，叙仙人乘鹤传说，额联与破题相接相抱，浑然一体。杨载又论颈联之"转"说："与前联之意相避，要变化，如疾雷破山，观者惊愕。"疾雷之喻，意在说明章法上至五、六句应有突变，出人意外。此诗转折处，格调上由变归正，境界上与前联截然异趣，恰好符合律法的这个要求。叙昔人、黄鹤，杳然已去，给人以渺不可知的感觉；忽一变而为晴川草树，历历在目，萋萋满洲的眼前景象，这一对比，不但能烘染出登楼远眺者的愁绪，也使文势因此而有起伏波澜。使诗意重归于开头那种渺茫不可见的境界，这样能回应前面，如豹尾之能绕额的"合"，也是很符合律诗法度的。

正由于此诗艺术上出神入化，取得极大成功，它被人们推崇为题黄鹤楼的绝唱，就是可以理解的了。

后来李白登楼时，也诗兴大发，当他在楼中发现崔颢一诗时，连称"绝妙、绝妙！"相传李白写下了四句"打油诗"来抒发自己的感怀："一拳捶碎黄鹤楼，一脚踢翻鹦鹉洲。眼前有景道不得，崔颢题诗在上头。"便搁笔不写了。有个少年丁十八讥笑李白："黄鹤楼依然无恙，你是捶不碎了的。"李白又作诗辩解："我确实捶碎了，只因黄鹤仙人上天哭诉玉帝，才又重修黄鹤楼，让黄鹤仙人重归楼上。"真是煞有介事，神乎其神。后人乃在黄鹤楼东侧，修建一亭，名曰李白搁笔亭，以志其事。重檐复道，成为燕游之所。实际上，李白热爱黄鹤楼，到了无以复加的程度，他高亢激昂，连呼"一忝青云客，三登黄鹤楼"。山川人文，相互倚重，黄鹤楼之名更加显赫。

贺　新　郎

[宋]　辛弃疾

　　把酒长亭说。看渊明、风流酷似，卧龙诸葛。何处飞来林间鹊，蓦踏松梢残雪。要破帽、多添华发。剩水残山无态度，被疏梅、料理成风月。两三雁，也萧瑟。

佳人重约还轻别。怅清江、天寒不渡，水深冰合。路断车轮生四角，此地行人销骨。问谁使、君来愁绝？铸就而今相思错，料当初、费尽人间铁。长夜笛，莫吹裂！

诗文赏析

淳熙十五年(1188)，辛弃疾被劾罢官后闲居带湖已经整整七个年头了。这年冬天，志同道合声气相应的好友陈亮自浙江东阳远道来访，相聚十日。别后，情犹未了，旋即有此词之作。其词前小序云："陈同父自东阳来过余，留十日，与之同游鹅湖，且会朱晦庵于紫溪，不至，飘然东归。既别之明日，余意中殊恋恋，复欲追路，至鹭鸶林，则雪深泥滑，不得前矣。独饮方村，怅然久之，颇恨挽留之不遂也。夜半投宿吴氏泉湖四望楼，闻邻笛悲甚，为赋《乳燕飞》(即《贺新郎》)以见意。又五日，同父书来索词，心所同然者如此，可发千里一笑。"

作者与陈亮(字同父)是志同道合的好友。他们始终主张抗金，恢复中原，并为此进行了不懈的努力。他们和朱熹(字元晦，又号晦庵)在哲学观点上虽然不同，但彼此间的友谊却很深厚。公元1188年(淳熙十五年)冬，陈亮自浙江东阳来江西上饶访问作者与他共商恢复大计，并寄信约朱熹到紫溪(江西铅山南)会面，朱熹因事未能前去。作者与陈亮同游鹅湖寺(在铅山东北)；后到紫溪等候朱熹，由于朱熹没有来，陈亮遂东归。作者于别后次日欲追赶陈亮回来，挽留他多住几天。到鹭鸶林(在上饶东)因雪深泥滑不能再进，只好怅然返回。那天夜里，作者在投宿处写了这首词。

全词感情浓郁，忧愤深广。典故虽略嫌过多且僻，此辛词之病。但大都能就景叙情，或即事写景，因此形象鲜明。王国维在谈到辛弃疾词的妙处时说："有性情，有境界。即以气象论，亦有'横素波，干青云'之概。"(《人间词话》卷上)，这首词就是这样。词前小序记述辛、陈二人相会、同游和别后的情思，非常感人。

由此词倡始，词人和陈亮一连唱和了五首。这在中国文学史上，称得上是一桩盛事。

词首句倏忽而来，戛然而止，长亭如何话别一

句未说，即转入对陈亮的赞颂："看渊明、风流酷似，卧龙诸葛"。晋代的陶渊明怎么会酷似三国时的诸葛亮呢？原来作者是把他们二人都用来比喻友人陈亮的，分别说明陈亮的文才和武略，按句意实为"看风流酷似渊明、卧龙诸葛"，宾语"渊明"跑到了主语的位置上。陶渊明生活于社会黑暗的东晋王朝，青年时代，他"猛志逸四海，骞翮思远翥"(《杂诗》)。后辞官，"躬耕自资"，安贫乐道，以至终老。诸葛亮"攘除奸凶，兴复汉室"，立下了丰功伟业。而陈亮则是"为人才气超迈，喜谈兵，议论风生，下笔数千言立就"(《宋史》卷四《陈亮传》)的文武之才。故破题即以"渊明""诸葛"代指陈亮。接着骤转，始述送别时"把酒长亭"的景色。"何处飞来"三句为近景：瑞雪纷纷，鹊踏松枝，雪落破帽，犹如添得白发几许！"何处飞来"，有惊怪意，借以形象鲜明的描写，并由此生出感喟来。"剩水残山"四句写望中之远景：山水为雪掩盖，了无生气，只有耐寒的几枝疏梅，两三只征雁点缀在寒凝雪封的天地间，虽然冷落凄凉，却也给人间多少增添几分风光。其实，这里重要的不在写实，而隐隐透露出它的象征意义：南宋偏安一隅，山河破碎；以疏梅喻爱国之士勉撑危局，不过毕竟仍使人感到萧瑟凄凉啊！蒋兆兰云："词宜融情入景，或即景抒情，方有韵味。若舍景言情，正恐粗浅直白，了无蕴藉，索然意尽耳。"(《词说》)正由于诗人没有径直言情，而融情于景物之中，性情既露，景色亦真，与"缀枯树以新花，被偶人以衮服"(田同之《西圃词说》)的毫无生趣之作迥异，此真善于写景者也。

下阕写别后难舍之情，即《序》"既别"之后一段文字。"佳人重约还轻别"，友人走矣。"佳人"，比兴之词，含义就所指对象而异，此喻贤者或有才干的人。因为"重约"而得以相见；言"轻别"，更见作者对"别易会难"的深厚友谊。接着着意描绘"追路"的艰辛。天寒水深，江面结冰，难以通航。地上雪深泥滑，路已断，令人黯然神伤。"车轮生四角"，

喻无法前行。唐人陆龟蒙《古意》："君心莫淡薄,妾意正栖托。愿得双车轮,一夜生四角"。"销骨",销魂,形容极度的悲伤、愁苦。孟郊《答韩愈、李观别因献张徐州》诗:"富别愁在颜,贫别愁销骨。""问谁"句虚拟一问,实是自问,责在自己,更见情深。"铸就而今相思错"。"错",错刀。据《资治通鉴》卷二百六十五记载:唐哀帝天祐三年(906),魏州节度使罗绍威为应付军内矛盾,借来朱全忠军队,但为供应朱军,历年积蓄用之一空,军力自此衰弱,因之悔而叹曰:"合六州四十三县铁,不能为此错也。"在这里,"错"字语意双关,既指错刀,也指错误。以此愈见别后想念之深。联系前几句,正如俞陛云所云:"言车轮生角,自古伤离,孰使君来,铸此相思大

错。铸错语而用诸相思,句新而情更挚。"(《唐五代两宋词选释》)从"当初费尽人间铁""铸就而今相思错"诸句看,似指南宋偏安以来,一味屈膝求和,才有今日的国势衰微。结句"长夜笛,莫吹裂"据《太平广记》载:唐代著名笛师李暮曾于宴会上认识一个名叫独孤生的人,很会吹笛。李送过长笛给他吹奏。他说此笛至"入破"(曲名)必裂。后果如此。用此故实,极言笛声之悲,而尤见思友之切。六年后(1194),陈亮去世,辛弃疾《祭陈同父文》曰:"而今而后,欲与同父憩鹅湖之清阴,酌瓢泉而饮,长歌相答,极论世事,可复得耶"?"鹅湖之会",千百年来成为文坛佳话,流转人间,这可能是两位志同道合的朋友所始料不及的吧。

听蜀僧濬①弹琴

〔唐〕 李 白

蜀僧抱绿绮,西下峨眉②峰。
为我一③挥手,如听万壑松④。
客心洗流水⑤,馀响⑥入霜钟。
不觉碧山暮⑦,秋云⑧暗几重。

诗文注释

①蜀僧濬:即蜀地的僧人,名濬。有人认为"蜀僧濬"即李白集中《赠宣州灵源寺仲濬公》中的仲濬公。绿绮:琴名。晋傅玄《琴赋序》:"楚王有琴曰绕梁,司马相如有绿绮,蔡邕有焦尾,皆名器也。"司马相如是蜀人,这里用"绿绮"更切合蜀地僧人。

②峨眉:山名,在今四川省峨眉县。

③一:助词,用以加强语气。挥手:这里指弹琴。嵇康《琴赋》:"伯牙挥手,钟期听声。"

④万壑松:指万壑松声。这是以万壑松声比喻琴声。琴曲有《风入松》。壑:山谷。

⑤"客心"句是说,听了蜀僧濬弹的美妙琴声,客中郁结的情怀,像经过流水洗了一样感到轻快。客:诗人自称。流水:这句诗中的"流水",语意双关,既是对僧濬琴声的实指,又暗用了伯牙善弹的

典故。

⑥馀响:指琴的余音。霜钟:指钟声。《山海经·中山经》:丰山"有九钟焉,是知霜鸣"。郭注:"霜降则钟鸣,故言知也。"这句诗是说琴音与钟声交响,也兼寓有知音的意思。

⑦"碧山"句是说,因为听得入神,不知不觉天就黑下来了。

⑧秋云:秋天的云彩。暗几重:意即更加昏暗了,把上句"暮"字意伸足。

诗文翻译

四川僧人抱弹名琴绿绮,
他是来自巴蜀的峨眉峰。
他为我挥手弹奏了名曲,
好像听到万壑松涛雄风。

高山流水音调一洗情怀，
袅袅余音融入秋天霜钟。
不知不觉青山已披暮色，
秋云也似乎暗淡了几重！

诗文赏析

这首五律写的是听琴，听蜀地一位法名叫濬的和尚弹琴。开头两句："蜀僧抱绿绮，西下峨眉峰。"说明这位琴师是从四川峨眉山下来的。李白是在四川长大的，四川奇丽的山水培育了他的壮阔胸怀，激发了他的艺术想象。峨眉山月不止一次出现在他的诗里。他对故乡一直很怀恋，对于来自故乡的琴师当然也感到格外亲切。所以诗一开头就说明弹琴的人是自己的同乡。"绿绮"本是琴名，汉代司马相如有一张琴，名叫绿绮，这里用来泛指名贵的琴。"蜀僧抱绿绮，西下峨眉峰"，简短的十个字，就把这位音乐家写得很有气派，表达了诗人对他的倾慕。

三、四句正面描写蜀僧弹琴。"挥手"是弹琴的动作。嵇康《琴赋》说："伯牙挥手，钟期听声。""挥手"二字就是出自这里。"为我一挥手，如听万壑松"，这两句用大自然宏伟的音响比喻琴声，使人感到这琴声一定是极其铿锵有力的。

"客心洗流水"，这一句就字面讲，是说听了蜀僧的琴声，自己的心好像被流水洗过一般地畅快、愉悦。但它还有更深的含义，其中包含着一个古老的典故。《列子·汤问》："伯牙善鼓琴，钟子期善听。伯牙鼓琴，志在登高山，钟子期曰：'善哉，峨峨兮若泰山！'志在流水，钟子期曰：'善哉，洋洋兮若江河！'"这就是"高山流水"的典故，借它表现蜀僧和自己通过音乐的媒介所建立的知己之感。"客心洗流水"五个字，很含蓄，又很自然，虽然用典，却毫不艰涩，显示了李白卓越的语言技巧。

下面一句"馀响入霜钟"也是用了典的。"霜钟"在《山海经·中山经》中有"丰山……有九钟焉，是知霜鸣"记载。这样的记载郭璞注："霜降则钟鸣，故言知也。""霜钟"二字点明时令，与下面"秋云暗几重"照应。"馀响入霜钟"意思是说，音乐终止以后，余音久久不绝，和薄暮时分寺庙的钟声融合在一起。《列子·汤问》里有"余音绕梁，三日不绝"的话。宋代苏东坡在《前赤壁赋》里用"余音袅袅，不绝如缕"形容洞箫的余音。这都是乐曲终止以后，入迷的听者沉浸在艺术享受之中所产生的想象。"馀响入霜钟"也是如此。清脆、流畅的琴声渐远渐弱，和薄暮的钟声共鸣着，这才发觉天色已经晚了："不觉碧山暮，秋云暗几重。"诗人听完蜀僧弹琴，举目四望，不知从什么时候开始，青山已罩上一层暮色，灰暗的秋云重重叠叠，布满天空。感觉时间过得真快。

唐诗里有不少描写音乐的佳作。白居易的《琵琶行》用"大珠小珠落玉盘"来形容忽高忽低、忽清忽浊的琵琶声，把琵琶所特有的繁密多变的音响效果表现了出来。唐代另一位诗人李颀有一首《听安万善吹觱篥歌》，用不同季节的不同景物，形容音乐曲调的变化，把听觉的感受诉诸视觉的形象，取得很好的艺术效果。李白这首诗描写音乐的独到之处是，除了"万壑松"之外，没有别的比喻形容琴声，而是着重表现听琴时的感受，表现弹者、听者之间感情的交流。其实，"如听万壑松"这一句也不是纯客观的描写，诗人从琴声联想到万壑松声，联想到深山大谷，是结合自己的主观感受来写的。

律诗讲究平仄、对仗，格律比较严。而李白的这首五律却写得极其清新、明快，似乎一点也不费力。其实，无论立意、构思、起结、承转，或是对仗、用典，都经过一番巧妙的安排，只是不着痕迹罢了。这种"清水出芙蓉，天然去雕饰"的自然的艺术美，比一切雕饰更能打动人的心灵。

一 剪 梅·舟过吴江

[宋] 蒋 捷

一片春愁待酒浇。江上舟摇，楼上帘招。秋娘渡与泰娘桥，风又飘飘,雨又萧萧。

何日归家洗客袍? **银字笙调,心字香烧。**流光容易把人抛,**红了樱桃,绿了芭蕉。**

诗文赏析

上阕起首,"一片春愁待酒浇",词人漂泊在外,在这春光明媚的季节思归之情更是难以抑制。坐在船上行驶在江中,看到岸边酒楼的酒旗正迎风招展,招徕顾客,心中不由得想借酒浇灭这浓浓的思归之情。船儿渡过了秋娘渡与泰娘桥,偏偏又遇上这"风又飘飘,雨又萧萧"的恼人天气,更加增添了旅人的春愁。

下阕想象归家后的温暖生活:有人给自己洗客袍,调银字笙,烧心字香,何等地美满惬意。唉,现在还不能回去,还是独自一人漂泊不定。光阴似箭,日月如梭,时光匆匆而去,"流光容易把人抛,红了樱桃,绿了芭蕉",时光远远地将人抛在后面,岁月不饶人啊!不信你看那红红的樱桃和绿绿的芭蕉,春天即将逝去,夏天就要到了。

"红了樱桃,绿了芭蕉"二句将无形的不可捉摸的时间转化为具体可感的事物,生动形象,深受后人喜爱。"红""绿"都为形容词的使动用法,这些词语化腐朽为神奇,增强了诗词的表现力、感染力。

从情调上看,这首词是宋亡以前作者早期漫游时所作,写的是暮春时节的羁旅情怀。首句直从"春愁"写起,这春愁实际上是因春而起的羁旅之愁,春光老去,而"燕归人未归",满怀落拓愁绪,只有借酒来浇,二、三两句"江上舟摇,楼上帘招"就是紧承"酒"字来写的,行人在舟中,看到岸上酒楼旗帘在风中飘舞,似乎在向他招手。"帘"是酒店前挂的旗子,一般称"酒帘"。"招"字既可作飘舞解释,又可作"招手"理解,正与上句"待酒浇"之"待"字相应,可谓一语双关,给人以联想。秋娘渡与泰娘桥,是两个地名。作者因思酒而见酒帘,但又没有真的

停下来上酒楼上喝一杯,舟还在摇,人还在行,所以一会儿在秋娘渡,一会儿又到了泰娘桥,"风又飘飘,雨又萧萧",暮春黄梅雨季,到处是绵绵不断的轻风细雨,这是写景,也是写情,进一步渲染愁苦的气氛。

参考资料

[1] 蔡强. 古诗词语言"变形"记[J]. 高考. 语数外,2004,(11).

[2] 刘绍恒. 阅读与欣赏[M]. 成都:电子科技大学出版社,2004.

[3] 孟晓东. 古诗中的"词序错置"现象[J]. 中学语文. 教学大参考,2008(5).

[4] 陈宝祥. 读诗应知诗家语[J]. 中学课程辅导. 教师通讯,2011(5).

[5] 沈珉等编著. 初中生必读古诗文61篇[M]. 杭州:浙江文艺出版社,2016.

[6] 萧涤非等. 唐诗鉴赏辞典[M]. 上海:上海辞书出版社,1983.

[7] 唐圭璋等. 唐宋词鉴赏辞典[M]. 上海:上海辞书出版社,1988.

[8] 裴斐. 李白诗歌赏析集[M]. 成都:巴蜀书社,1988.

[9] 詹福瑞等. 李白诗全译[M]. 石家庄:河北人民出版社,1997.

[10] 蘅塘退士等选编. 唐诗三百首·宋词三百首·元曲三百首[M]. 北京:华文出版社,2009.

[11] 张瑜. 试论歌唱家王苏芬教授的中国古典诗词歌曲演唱风格与技巧[J]. 中国音乐学院,2008.

第二讲

古代诗歌之意象美

古代诗歌意象分类诠释

意象是诗歌艺术的精灵,是诗歌中熔铸了作者主观感情的客观物象。在我国古典诗歌漫长的发展历程中,形成了很多传统的意象,它们蕴含的意义基本是固定的。众所周知,诗歌的创作十分讲究含蓄、凝练。诗人的抒情往往不是情感的直接流露,也不是思想的直接灌输,而是言在此意在彼,写景则借景抒情,咏物则托物言志。这里的所写之"景"、所咏之"物",即为客观之"象";借景所抒之"情",咏物所言之"志",即为主观之"意";"象"与"意"的完美结合,就是"意象"。它既是现实生活的写照,又是诗人审美创造的结晶和情感意念的载体。诗人的聪明往往就在于他能创造一个或一群新奇的"意象",来含蓄地抒发自己的情感。

反之,读者只有领悟了诗歌中意象的寓意,才能把握诗歌的内容,领会诗歌的主旨,进入诗歌的意境,感知诗人的情感。所以,诗歌的阅读鉴赏,必须以熟知诗歌意象为突破点,以解读诗歌的意象为突破口。

一、送别类意象(或表达依依不舍之情,或叙写别后的思念)

1. 杨柳 源于《诗经·小雅·采薇》"昔我往矣,杨柳依依。今我来思,雨雪霏霏",杨柳的依依之态和惜别的依依之情融合在一起。据《三辅黄图·桥》记载:"灞桥在长安东,跨水作桥。汉人送客至此桥,折柳赠别。"原来"折柳"是汉代惜别的风

俗。"柳"与"留"谐音,折柳相送,以表达依依惜别的深情,以至许多文人用它来传达怨别、怀远等情思。如柳永《雨霖铃》词中的"今宵酒醒何处?杨柳岸,晓风残月"等。

2. 长亭 古代路旁置有亭子,供行旅停息休憩或饯别送行。"十里一长亭,五里一短亭。""长亭"成为一个蕴含着依依惜别之情的意象,在古代送别诗词中不断出现。如柳永《雨霖铃》中"寒蝉凄切,对长亭晚"等。

3. 南浦 多见于南方水路送别的诗词中,它成为送别诗词中的常见意象。南朝文学家江淹作《别赋》"春草碧色,春水渌波,送君南浦,伤如之何!"之后,"南浦"在送别诗中明显多了起来。到唐宋送别诗词中出现得则更为普遍,如唐代白居易《南浦别》中的"南浦凄凄别,西风袅袅秋"等。

4. 酒 酒在排解愁绪之外,还饱含着深深的祝福。将美酒和离情联系在一起的诗词多不胜举,如:王维的《送元二使安西》中的"劝君更尽一杯酒,西出阳关无故人",白居易《琵琶行》中的"醉不成欢惨将别,别时茫茫江浸月"等,都是以酒抒写别离之情。

二、思乡类意象(或表达对家乡的思念,或表达对亲人的牵挂)

1. 月亮 月亮的别称:"蟾宫""玉盘""银钩""婵娟""桂宫""玉轮""玉环""玉钩""玉弓""玉镜""天镜""明镜""玉兔""嫦娥""蟾蜍"。月亮是思乡的代名词。

如李白《静夜思》："床前明月光，疑是地上霜。举头望明月，低头思故乡。"特别是苏轼《水调歌头（明月几时有）》"但愿人长久，千里共婵娟。"从良好的祝愿出发，写兄弟之情。意境豁达开朗，意味深长，用深邃无底而又美妙无尽的自然境界体会人生。

2. 鸿雁 鸿雁是大型候鸟，每年秋季奋力飞回故巢的景象，常常引起游子思乡怀亲和羁旅伤感之情，因此诗人常常借雁抒情。如李清照《一剪梅》中"雁字回时，月满西楼"，元代《西厢记》结尾崔莺莺长亭送别时唱的"碧云天，黄花地，西风紧，北雁南飞。晓来谁染霜林醉？总是离人泪"，情景相生，其情不堪，成千古绝唱。

如隋人薛道衡《人日思归》："人归落雁后，思发在花前。"早在花开之前，就起了归家的念头，但等到雁已北归，人还没有归家。诗人在北朝做官时，出使南朝陈，写下这思归的诗句，含蓄而又婉转。以雁写思的还有"夜闻归雁生相思，病入新年感物华"（欧阳修《戏答元珍》）、"残星数点雁横塞，长笛一声人倚楼"（唐人赵嘏《长安秋望》）、"星辰冷落碧潭水，鸿雁悲鸣红蓼风"（宋人戴复古《月夜舟中》）等。

也有以鸿雁来指代书信的。鸿雁传书的典故大家比较熟悉，鸿雁作为传送书信的使者在诗歌中的运用也就普遍了。如"鸿雁几时到，江湖秋水多"（杜甫《天末怀李白》）、"朔雁传书绝，湘篁染泪多"（李商隐《离思》）等。

3. 莼羹鲈脍 典出《晋书·张翰传》。传说晋朝的张翰当时在洛阳做官，因见秋风起，思家乡的美味"莼羹鲈脍"，便毅然弃官归乡，从此引出了"莼鲈之思"这个表达思乡之情的成语。

4. 双鲤 鲤鱼代指书信，出自汉乐府诗《饮马长城窟行》："客从远方来，遗我双鲤鱼。呼儿烹鲤鱼，中有尺素书。"再有古时人们多以鲤鱼形状的函套藏书信，因此不少文人也在诗文中以鲤鱼代指书信。

5. 孤灯 羁旅凄凉，思乡怀人。唐马戴《灞上秋居》"落叶他乡树，寒灯独夜人。"唐杜牧《旅宿》"寒灯思旧事，断雁警愁眠。"唐韦庄《章台夜思》"孤灯闻楚角，残月下章台。"

6. 羌笛 出自古代西部的一种乐器，它所发出的是一种凄切之音。唐代边塞诗中经常提到，如王之涣《凉州曲》："羌笛何须怨杨柳，春风不度玉门关。"岑参《白雪歌送武判官归京》："中军置酒饮归

客，胡琴琵琶与羌笛。"李益《夜上受降城闻笛》："不知何处吹芦管，一夜征人尽望乡。"范仲淹《渔家傲·秋思》："浊酒一杯家万里，燕然未勒归无计。羌管悠悠霜满地。"羌笛发出的凄切之音，常让征夫怆然泪下。胡笳、芦管的作用与此相同，不再列举。

此外，还有行为类意象，如"捣衣"，也表达对亲人的牵挂。月下捣衣，风送砧声这种境界，不仅思妇伤情，也最易触动游子的情怀，因此捣衣意象也是思乡主题的传统意象之一。唐代李白《子夜吴歌·秋歌》："长安一片月，万户捣衣声。秋风吹不尽，总是玉关情。何日平胡虏，良人罢远征。"

三、愁苦类意象（或表达忧愁、悲伤心情，或渲染凄冷、悲凉气氛）

1. 梧桐 凄凉悲伤。如宋代李清照《声声慢》："梧桐更兼细雨，到黄昏、点点滴滴。"元人徐再思《双调水仙子·夜雨》："一声梧叶一声秋，一点芭蕉一点愁，三更归梦三更后。"都以梧桐叶落来写凄苦思愁。

2. 芭蕉 常与孤独、忧愁，特别是离情别绪相联系。宋词有李清照《添字丑奴儿》："窗前谁种芭蕉树，阴满中庭。阴满中庭，叶叶心心，舒卷有余情。"把伤心、愁闷一股脑儿倾吐出来。如宋人吴文英《唐多令·惜别》："何处合成愁？离人心上秋。纵芭蕉，不雨也飕飕。"

3. 流水 水在我国古代诗歌里和绵绵的愁丝连在一起，多传达人生苦短、命运无常的感伤与哀愁。刘禹锡《竹枝词》："山桃红花满上头，蜀江春水拍山流。花红易衰似郎意，水流无限似侬愁。"李煜《浪淘沙》："流水落花春去也，天上人间。"李煜《虞美人》："问君能有几多愁，恰似一江春水向东流。"宋代欧阳修《踏莎行》："离愁渐远渐无穷，迢迢不断如春水。"

4. 猿猴 渲染悲伤的感情。郦道元《水经注·江水》中渔者歌曰："巴东三峡巫峡长，猿鸣三声泪沾裳。"唐杜甫《登高》："风急天高猿啸哀，渚清沙白鸟飞回。"唐王昌龄《送魏二》："忆君遥在潇湘月，愁听清猿梦里长。"唐韩愈《湘中酬张十一功曹》："今日岭猿兼越鸟，可怜同听不知愁。"韩愈此为反话正说，更有韵味。唐孟浩然《宿桐庐江寄广陵旧游》："山暝听猿愁，沧江急夜流。风鸣两岸叶，月照一孤舟。"

5. 杜鹃鸟 俗称布谷，又叫子规、杜宇、望帝。古代神话中，周朝末年蜀地的君主望帝，因被迫让位给他的臣子，自己隐居山林，死后灵魂化为杜鹃鸟，暮春啼哭，口中流血，其声哀怨凄悲，动人肺腑。于是古诗中的杜鹃就成为凄凉、哀伤的象征。叫声似"不如归去，不如归去"。李白《蜀道难》中的"又闻子归啼夜月，愁空山"，白居易《琵琶行》中的"其间旦暮闻何物？杜鹃啼血猿哀鸣"，宋代秦观《踏莎行》中的"可堪孤馆闭春寒，杜鹃声里斜阳暮"，等等，都以杜鹃鸟的哀鸣，来表达哀怨、凄凉或思归的情思。李白《闻王昌龄左迁龙标遥有此寄》："杨花落尽子规啼，闻道龙标过五溪。我寄愁心与明月，随君直到夜郎西。"子规鸟即杜鹃鸟。起句写即目之景，在萧瑟悲凉的自然景物中寄寓离别感伤之情。三、四句以寄情明月的丰富想象，表达对友人的无限怀念与深切同情。宋人贺铸《子夜歌》："三更月，中庭恰照梨花雪。梨花雪，不胜凄断，杜鹃啼血。"三更月光照在庭院里雪白的梨花上，杜鹃鸟在凄厉地鸣叫着，使人禁不住倍加思念亲人，伤心欲绝。词人通过描写凄清的景物，寄托了幽深的乡思。其他又如"子规夜半犹啼血，不信东风唤不回"（宋人王令《送春》）等，都以杜鹃鸟的哀鸣，来表达哀怨、凄凉或思归的情思。

6. 鹧鸪鸟 鹧鸪的形象在古诗词里也有特定的内涵。鹧鸪的鸣声听起来像"行不得也，哥哥"，极容易勾起旅途艰险的联想和满腔的离愁别绪。如"落照苍茫秋草明，鹧鸪啼处远人行"（唐人李群玉《九子坡闻鹧鸪》）、"江晚正愁余，山深闻鹧鸪"（辛弃疾《菩萨蛮·书江西造口壁》）等，诗中的鹧鸪都不是纯客观意义上的一种鸟。

7. 寒蝉 秋后的蝉是活不了多久的，一番秋雨之后，蝉儿便剩下几声若断若续的哀鸣了，命在旦夕。因此，寒蝉就成为悲凉的同义词。如唐人骆宾王《咏蝉》起首两句："西陆蝉声唱，南冠客思深。"以寒蝉高唱，渲染自己在狱中深深怀想家园之情。宋人柳永《雨霖铃》开篇："寒蝉凄切，对长亭晚，骤雨初歇。"还未直接描写别离，"凄凄惨惨戚戚"之感已充塞读者心中，酿造了一种足以触动离愁别绪的气氛。"寒蝉鸣我侧"（三国曹植《赠白马王彪》）等诗句也表达同样的情思。

8. 落花 ①落花使诗人心境澄明，体悟悠闲细致的生活情趣；落花中人们纵情游乐，饮酒欢笑。包括王维、李白在内的诗人都表现出欣赏落花的倾向："兴阑啼鸟换，坐久落花多。"（王维《从岐王过杨氏别业应教》）"花落家童未扫，莺啼山客犹眠。"（王维《田园乐》）"落花踏尽游何处，笑入胡姬酒肆中。"（李白《少年行》）"细雨湿衣看不见，闲花落地听无声。"（刘长卿《别严士元》）②美妙的春光、美好的往昔、美丽的生命，都随落花纷飞飘坠；对落花的感慨，可以归结为美丽凋零引起的哀伤。深锁闺中的女性对落花尤为敏感，《西厢记》中韶华虚度的崔莺莺出场第一句就是"花落水流红，闲愁万种，无语怨东风"，林黛玉《葬花吟》中则有"试看春残花渐落，便是红颜老死时。一朝春尽红颜老，花落人亡两不知"这样触目惊心的诗句。从欣赏落花随风飘转的刹那柔美，到于纷纷扬扬的漫天花瓣中看到衰老，看到死亡，落花意象走过了这样的发展历程，并最终定格在浓郁的忧伤之中。③虽有清末龚自珍翻出"落红不是无情物，化作春泥更护花"的异调，但是这样明朗嘹亮的声音，毕竟是太孤独了。

9. 夕阳 苍茫，衰暮，对时光流逝、世事沧桑的悲叹。唐李商隐《乐游原》："夕阳无限好，只是近黄昏。"宋柳永《玉蝴蝶》："断鸿声里，立尽斜阳。"元马致远《天净沙·秋思》："夕阳西下，断肠人在天涯。"王维《使至塞上》："大漠孤烟直，长河落日圆。"宋代王安石《桂枝香·金陵怀古》："归帆去棹残阳里，背西风，酒旗斜矗。"

10. 舟（小舟） 往往是漂泊的代名词。唐杜甫《登岳阳楼》："亲朋无一字，老病有孤舟。戎马关山北，凭轩涕泗流。"宋苏轼《临江仙》："长恨此身非我有，何时忘却营营？夜阑风静縠纹平。小舟从此逝，江海寄余生。"也表现为无拘无束，自由旷达，唐李白《宣州谢朓楼饯别校书叔云》："人生在世不称意，明朝散发弄扁舟。"

还有芳草传达离恨，例："青青河边草，绵绵思远道。"乌鸦显衰败荒凉之兆，例："斜阳外，寒鸦万点，流水绕孤村。"

四、抒怀类意象（或托物显示高洁的品质，或抒发感慨）

1. 菊花 坚强的品格，清高的气质。屈原《离骚》:"朝饮木兰之坠露兮,夕餐秋菊之落英。"诗人以饮露餐花寄托他那玉洁冰清、超凡脱俗的品质。东晋田园诗人陶渊明,写了很多咏菊诗,将菊花素雅、淡泊的形象与自己不同流俗的志趣十分自然地联系在一起,如"采菊东篱下,悠然见南山"。宋人郑思肖《寒菊》中"宁可枝头抱香死,何曾吹落北风中"。毛泽东《采桑子·重阳》里有"战地黄花分外香"句,把菊花置于一个战争环境,"分外香"三个字凸显了毛泽东的革命乐观主义精神。

2. 梅花 傲雪、坚强、不屈不挠的品格,受到了诗人的敬仰与赞颂。宋人陈亮《梅花》:"一朵忽先变,百花皆后香。"诗人抓住梅花最先开放的特点,写出了不怕打击挫折、敢为天下先的品质,既是咏梅,也是咏自己。王安石《梅花》:"遥知不是雪,为有暗香来。"诗句既写出了梅花的因风布远,又含蓄地表现了梅花的纯净洁白,收到了香色俱佳的艺术效果。陆游《卜算子·咏梅》:"零落成泥碾作尘,只有香如故。"借梅花来比喻自己备受摧残的不幸遭遇和不愿同流合污的高尚情操。

元人王冕《墨梅》:"不要人夸好颜色,只留清气满乾坤。"也是以冰清玉洁的梅花来写自己不愿同流合污的品质,言浅而意深。

3. 松柏 《论语·子罕》中说:"岁寒,然后知松柏之后凋也。"作者赞扬松柏的耐寒,来歌颂坚贞不屈的人格,形象鲜明,意境高远,启迪了后世文人无尽的诗情画意。唐人刘禹锡《将赴汝州,途出浚下,留辞李相公》诗中的"后来富贵已凋落,岁寒松柏犹依然",也以松柏来象征孤直坚强的品格。

4. 竹 亭亭玉立,挺拔多姿,以其"遭霜雪而不凋,历四时而常茂"的品格,赢得古今诗人的喜爱和称颂。张九龄的《和黄门卢侍御咏竹》诗言简意赅地赞美道:"高节人相重,虚心世所知。"苏轼的《於潜僧绿筠轩》有咏竹名句:"宁可食无肉,不可居无竹。无肉令人瘦,无竹令人俗。人瘦尚可肥,士俗不可医。"将竹视为名士风度的最高标识。

郑板桥一生咏竹画竹,留下了很多咏竹佳句,如:"咬定青山不放松,立根原在破岩中。千磨万击还坚劲,任尔东西南北风。"赞美了立于岩石之中的翠竹坚定顽强、不屈不挠的风骨和不畏逆境、蒸蒸日上的禀性。

5. 兰 高洁的情操,隐士的象征。宋杨万里《兰花》:"生无桃李春风面,名在山林处士家。"

6. 黍离 "黍离"常用来表示对国家昔盛今衰的痛惜伤感之情。典出《诗经·王风·黍离》。旧说周平王东迁以后,周大夫经过西周古都,悲叹宫廷宗庙毁坏,长满禾黍,就作了《黍离》这首诗寄托悲思。后世遂以"黍离"之思用作昔盛今衰等亡国之悲。如姜夔《扬州慢》中有:"予怀怆然,感慨今昔,因自度此曲。千岩老人以为有黍离之悲也。"

7. 冰雪、草木 古代常以冰雪的晶莹比喻心志的忠贞、品格的高尚;以草木繁盛反衬荒凉,以抒发盛衰兴亡的感慨。

如王昌龄《芙蓉楼送辛渐》:"洛阳亲友如相问,一片冰心在玉壶。"以"冰心在玉壶"比喻个人光明磊落的心性。

再如张孝祥《念奴娇》中的名句:"应念岭海经年,孤光自照,肝肺皆冰雪。"表明自己的胸襟坦荡和光明磊落。

草木类的例子更多,杜甫《蜀相》:"阶前碧草自春色,隔叶黄鹂空好音。"一代贤相及其业绩都已消失,如今只有映绿石阶的青草,年年自生春色(春光枉自明媚),黄鹂白白发出这婉转美妙的叫声,诗人慨叹往事空茫,深表惋惜。

8. 登高(登楼,登台) 有怀远、怀才不遇、壮志未酬之悲。"昨夜西风凋碧树,独上高楼,望尽天涯路。欲寄彩笺兼尺素,山长水阔知何处?"(晏殊《蝶恋花》)"前不见古人,后不见来者。念天地之悠悠,独怆然而涕下!"(陈子昂《登幽州台歌》)"万里悲秋常作客,百年多病独登台。"(杜甫《登高》)

9. 鸿鹄 《史记·陈涉世家》载,秦末农民起义军领袖陈涉少有鸿鹄之志,后揭竿起义大泽乡。后来就以"鸿鹄"比喻有远大志向。如吴潜《八声甘州》:"矫首看鸿鹄,远举高飞。"

10. 吴钩 泛指宝刀、利剑。例如辛弃疾《水龙吟·登建康赏心亭》:"落日楼头,断鸿声里,江南游子。把吴钩看了,栏杆拍遍,无人会,登临意。"通过看吴钩,拍栏杆,表达了自己意欲报效祖国,建功立业,而又无人领会的失意情怀。

五、爱情类意象(用以表达爱恋、相思之情)

1. 红豆 传说古代一位女子,因丈夫死在边疆,哭于树下而死,化为红豆,于是红豆又称"相思子",常用以象征爱情或相思。如王维《相思》诗:"红豆生南国,春来发几枝。愿君多采撷,此物最相思。"诗人借生于南国的红豆,抒发了对友人的眷念之情。

2. 莲 与"怜"同音,所以古诗中有不少写莲的诗句,借以表达爱情。如南朝乐府《西洲曲》:"采莲南塘秋,莲花过人头。低头弄莲子,莲子清如水。"采用谐音双关的修辞,表达了一个女子对所爱的男子的深长思念和爱情的纯洁。晋《子夜歌四十二首》之三十五:"雾露隐芙蓉,见莲不分明。"雾气露珠隐去了荷花的真面目,莲叶可见但不甚分明,这也是利用谐音双关的方法,写出一个女子隐约地感到男方爱恋着自己。

3. 连理枝、比翼鸟 连理枝,指根和枝交错在一起的两棵树;比翼鸟,传说中的一种鸟,雌雄老在一起飞,古典诗歌里用作恩爱夫妻的比喻。白居易的《长恨歌》:"七月七日长生殿,夜半无人私语时。在天愿作比翼鸟,在地愿为连理枝。"

4. 琴瑟 ①比喻夫妇感情和谐,亦作"瑟琴"。《诗·周南·关雎》:"窈窕淑女,琴瑟友之。"又《小雅·常棣》:"妻子好合,如鼓瑟琴。"②比喻兄弟朋友的情谊。陈子昂《春夜别友人》诗:"离堂思琴瑟,别路绕山川。"

5. 燕子 在古诗词中意象非常丰富。①表现春光之美,表达惜春之情。元张可久《凭栏人·暮春即事》:"乌啼芳树丫,燕衔黄柳花。"②爱情的象征以及对情人的思念。《诗经·燕燕》:"燕燕于飞,差池其羽。之子于归,远送于野。"宋晏殊《蝶恋花》:"罗幕轻寒,燕子双飞去。"③表现世道沧桑,抒发昔盛今衰、国破家亡的感慨和悲愤。唐刘禹锡《乌衣巷》:"旧时王谢堂前燕,飞入寻常百姓家。"宋文天祥《金陵驿》:"山河风景元无异,城郭人民半已非。满地芦花伴我老,旧家燕子傍谁飞?"

6. 鸳鸯 指恩爱的夫妇,如"得成比目何辞死,愿作鸳鸯不羡仙"。(唐人卢照邻《长安古意》)

另外还有以梅子的成熟比喻少女的怀春,如"倚门回首,却把青梅嗅"(李清照《点绛唇》);以浮云比喻在外漂泊的游子,如"浮云游子意,落日故人情"(李白《送友人》);丁香,指愁思或情结,如"自从南浦别,愁见丁香结"。(唐人牛峤《感恩多》)

六、战争类意象(或表达对战争的厌恶,或表达对和平的向往)

1. 投笔 《后汉书》载,班超家境贫寒,靠为官府抄写文书来生活。他曾投笔感叹,要效法傅介子、张骞立功边境,取爵封侯。后来"投笔"就指弃文从武。如辛弃疾《水调歌头》:"莫学班超投笔,纵得封侯万里,憔悴老边州。"

2. 长城 《南史·檀道济传》记载,檀道济是南朝宋的大将,权力很大,受到君臣猜忌。后来宋文帝借机杀他时,檀道济大怒道:"乃坏汝万里长城!"很显然是指宋文帝杀害将领,瓦解自己的军队。后来就用"万里长城"指守边的将领。如陆游的《书愤》:"塞上长城空自许,镜中衰鬓已先斑。"

3. 楼兰 《汉书》载,楼兰国王贪财,多次杀害前往西域的汉使。后来傅介子被委派出使西域,计斩楼兰王,为国立功。以后诗人就常用"楼兰"代指边境之敌,用"破(斩)楼兰"指建功立业。如王昌龄《从军行》:"青海长云暗雪山,孤城遥望玉门关。黄沙百战穿金甲,不破楼兰终不还。"

4. 柳营 指军营。汉文帝时,汉军分扎霸上、棘门、细柳以备匈奴,细柳营主将为周亚夫。周亚夫细柳军营纪律严明,军容整齐,连文帝及随从也得经周亚夫许可,才可入营,文帝极为赞赏周亚夫治军有方。后代多以"柳营"称纪律严明的军营。

5. 请缨 汉武帝派年轻的近臣终军到南越劝说南越王朝。终军说:"请给一根长缨,我一定把南越王抓来。"后以其喻杀敌报国。岳飞《满江红·登黄鹤楼有感》:"叹江山如故,千村寥落。何日请缨提锐旅,一鞭直渡清河洛。"

七、闲适类意象(或表达清闲恬淡的心情,或表达对隐居生活的向往)

1. 五柳 陶渊明《五柳先生传》载,宅边有五柳树,因以之为号焉。后来"五柳"就成了隐者的代称。

2. 东篱 陶渊明《饮酒》:"采菊东篱下,悠然见南山。"后来多用"东篱"表现辞官归隐后的田园生活或娴雅的情致。

如李清照《醉花阴》:"东篱把酒黄昏后,有暗香盈袖。"

3. 三径 陶渊明《归去来兮辞》中有"三径就荒,松菊犹存"的句子,后来"三径"就用来指代隐士居住的地方。

4. 南山 代表隐居的地方。陶渊明《归园田居》中有"种豆南山下,草盛豆苗稀",《饮酒》中有"采菊东篱下,悠然见南山"。

关于意象组合

当单一的意象不足以达到自己的表述意图时,意象组合就产生了。

以一曲《青玉案》而闻名的贺铸,得了个雅号"贺梅子"。我们来看他那首《青玉案》。

"一川烟草,满城风絮,梅子黄时雨。"(黄梅时节,整个城市烟雨蒙蒙,更兼飞絮飘扬。"烟草、风絮、雨"三个意象的叠加隐喻那漫漫的愁思。)这个意象组合是和谐的,是一体的,没有硬凑在一起的痕迹。

意象的组合表现在一首诗里是浑然天成的,是互为因果的,是辩证的必然。

"小桥、流水、古道、西风、瘦马"这是一组意象。几根枯藤缠绕着几棵凋零了黄叶的秃树,在秋风萧萧中瑟瑟地颤抖,天空中点点寒鸦,声声哀鸣……写出了一片萧飒悲凉的秋景,造成一种凄清衰颓的氛围,烘托出作者内心的悲戚。我们可以想象,昏鸦尚能有老树可归,而游子却漂泊无着,有家难归,其间该是何等的悲苦与无奈啊!接下来,眼前呈现一座小桥,潺潺的流水,还有依稀袅起炊烟的农家小院。这种有人家安居其间的田园小景是那样幽静而甜蜜,安逸而闲致。这一切,不能不令浪迹天涯的游子想起自己家乡的小桥、流水和亲人。在这里,以乐景写哀情,令人倍感凄凉,烘托出沦落他乡的游子那内心彷徨无助的客子之悲。

"疏影、横斜、水、清浅、暗香、月、黄昏"这又是一组意象。池中的梅花淡淡的"疏影"以及月光下梅花清幽的"暗香",然而梅枝与梅影相映,朦胧的月色与淡淡的幽香相衬,动与静,视觉与嗅觉,共同营造了一个迷人的意境。

"鸡声茅店月,人迹板桥霜。"全用名词组成的诗句,构成了一个意象组合。诗人用感情的红线穿起了一串名词之珠,为我们构成了一幅早行图:雄鸡啼鸣,昂首啄开了新的一页日历,正在此时,一轮残月却仍悬于西天上方,清冷的月光伴随着早行人的脚步踏上旅途。"莫道君行早,更有早行人",铺满银霜的店前木板小桥上,已经留下行人的依稀可见的足迹。

一、在大部分的诗句中,词语的组合符合一般的主谓宾的顺序

那么意象的组合也便合乎一般的认知逻辑顺序。如"云破月来花弄影""但使龙城飞将在,不教胡马度阴山""白头宫女在,闲坐说玄宗"等句中意象就可以按照一般的句子来读而毫不费力。表面的诗意也自然较明确。这在平日的复习中不是问题。

二、为了合律,诗句中的某些词语便出现词序上的变化。表现在意象上,也就是意象组合的无规律性

遇到这种情况,便要根据句中涉及的逻辑关系加以还原,才能较清晰地理解诗歌。有一年的高考曾经涉及这个问题,题目就是调整词序:"香稻啄余鹦鹉粒,碧梧栖老凤凰枝",句中的意象应调整为"鹦鹉啄余香稻粒,凤凰栖老碧梧枝",这样诗意就明了了。又如:"竹喧归浣女,莲动下渔舟"中的意象调整为"竹喧浣女归,莲动渔舟下",就很好理解。"柳色春山映,梨花夕鸟藏"可以理解为"春山映柳色,夕鸟藏梨花";"沧海月明珠有泪,蓝田日暖玉生烟"中的意象可以调整为"月明沧海珠有泪,日暖蓝田玉生烟";"绿垂风折笋,红绽雨肥梅"中的意象若不调整,便不好理解,若调整成"风折笋垂绿,雨肥梅绽红",意思就非常明了了。但是有些诗句的意象之间的顺序是不好调整的,要按照诗中涉及的逻辑关系来理解。如:"故人江楼月,永夜千里心"中意象之间不太清晰,如果调整成"千里故人心,江楼永夜月"就很好理解了。其实这类意象在诗人的心里是生动的,他们的组合是很清晰的,只是到句中才有了一些变化。读者要能透过诗句本身来还原其本来的组合。

三、有些意象可以通过修辞来组合

古诗传统的比兴手法就是一种很好的连接意象的方法。比如:"杜鹃啼血老夫泪"句中以杜鹃鸟的啼血比喻老夫的泪水。"乱山横翠幛,落月淡孤灯"中的意象也是用"比"来连接的。另外,对偶的

也可以把不同时间和空间的意象组合在一起,让人看了这一面习惯地再去看另外一面。如:"渭北春天树,江东日暮云。"(杜甫《春日怀李白》)中的"渭北""江东"两地相去甚远,但是对偶使他们自然地连接起来。又如陆游的《书愤》中的"楼船夜雪瓜洲渡,铁马秋风大散关",时间和空间都有一个飞跃:一句是冬,一句是秋;一句是东南,一句是西北。因为有了对偶的连接,才不使人感到突兀。

四、还有一种意象的组合是真的不确定的

因为它甚至在诗人的心里就有可能是不固定的。也许诗人就想创设这种方式让读者自取丰富,给读者留下想象的空间。"作者之用心未必然,而读者之用心何必不然。"(谭献《复堂词话》)比如"落花人独立,微雨燕双飞"中出现了"落花""人独立""微雨""燕双飞"四个意象。它们之间的关系可以理解为落花时节,人正独立;微雨之时,燕子双飞;也可以理解为人独看落英满地,燕双飞逢细雨霏霏。也许是在花落雨飘之际,人独看燕子双飞。但是也许不把它们之间的关系固定下来更好,只要读者能从中感受到那种落寞与孤独就可以了。正是意象间的不确切的组合,才使诗意更加丰富。又如"细草微风岸,危樯独夜舟"中,诗人就把这些意象摆放在你的面前,让你去补充、丰富,有时不允许你固定,一凝固就失去了诗味!(微风习习,江岸细草如丝,一只竖有高樯的小船,孤零零地行驶在江上。"危",高的意思。"樯",樯杆。)

【双调】水仙子·夜雨

〔元〕 徐再思

一声梧叶一声秋,一点芭蕉一点愁①,三更归梦三更后②。落灯花棋未收,叹新丰孤馆人留③。枕上十年事④,江南二老⑤忧,都到心头。

诗文注释

①"一声梧叶一声秋"二句:梧桐叶的落下,预示了秋天的到来,雨打在芭蕉上的声音更使人增添了一份愁闷。一点芭蕉:是指雨点打在芭蕉叶上。

②三更归梦三更后:夜半三更梦见回到了故乡,醒来时三更已过。归梦:梦归故乡。

③叹新丰孤馆人留:指唐代马周故事。

④枕上十年事:借唐人李泌所作传奇《枕中记》故事,抒发自己的辛酸遭遇。

⑤二老:父母。

诗文赏析

开头三句"一声梧叶一声秋,一点芭蕉一点愁,三更归梦三更后",写诗人在雨夜借宿他乡,半夜三更听到外边风吹梧桐叶,雨打芭蕉声,不禁愁肠百结,夜不能寐。古人云,一叶而知秋。更何况梧桐在古典诗词中又是凄凉悲伤的象征。如王昌龄《长信秋词》:"金井梧桐秋叶黄,珠帘不卷夜来霜。熏笼玉枕无颜色,卧听南宫清漏长。"写的是被剥夺了青春、自由和幸福的少女,在凄凉寂寞的深宫里,形孤影单、卧听宫漏的情景。诗的起首句以井边叶黄的梧桐破题,烘托了一个萧瑟冷寂的氛围。再如李清照《声声慢》:"梧桐更兼细雨,到黄昏、点点滴滴。"写梧桐叶落,细雨黄昏,满目凄凉,更添愁思。所以这里雨滴芭蕉,梧桐叶落,渲染了因绵绵的乡思、悠悠的乡情所带给作者的无穷的愁苦和悲哀。

第四句"落灯花棋未收",写归梦忽醒,回到了独宿客舍的现实情景。梦醒后,首先看到一盏残

灯,由灯光看到凌乱的棋局,由棋局而想到自己的处境。化用宋代赵师秀的名句"有约不来过夜半,闲敲棋子落灯花"。残棋未收,灯花已落,从侧面刻画思乡者梦前以棋解闷,梦后独对孤灯百无聊赖的神态。第五句"叹新丰孤馆人留",联想到唐初大臣马周的遭遇。马周年轻时,生活潦倒,外出时曾宿新丰旅舍,店主人见他贫穷,供应其他客商饭食,独不招待他,马周命酒一斗八升,悠然独酌。这里暗示了诗人百无聊赖、备受冷落的情怀,抒发了对穷愁潦倒生活的不满。

最后三句"枕上十年事,江南二老忧,都到心头",写雨夜梦醒,勾起作者无限的愁思。人生的酸甜苦辣一时涌上心头,回想平生成败的经历,他仿佛看到和妻子在枕上喁喁细语的景象,看到双亲在家里为他担惊受怕的面容。作者心潮澎湃,再也不能入睡。这里诗人用了传统诗词中从对面落笔的手法,不写自己如何思念双亲,而写二老为游子担心,于是使文意更加婉曲,读来令人回肠荡气,"都到心头",四字戛然而止,含无限愤慨,令人回味

无穷。

游子思乡之主题,在传统诗歌中是屡见不鲜的。而此曲把游子思绪刻画得细致入微,颇具典型意义。特别是开头"一声梧叶一声秋,一点芭蕉一点愁,三更归梦三更后"这三句,耐人寻味:连用几个相同的数词和量词,音调错落和谐,正好表现忐忑难安的心情;一声桐叶,一点芭蕉,即意味着一声秋意,一点愁思,而桐叶声声,蕉雨滴滴,则秋意无边,愁思无限的意蕴可以想象。曲中以最少的数词却能包含着最大的容量,细腻真切地道出了作者因思乡而断肠的情怀。

全曲语言朴实无华,自然流畅,而感情真挚动人。

漂泊在外的游子,雨夜栖宿在旅馆,其心境该是何等凄凉。归家的好梦似是被风雨声惊醒,于是便再也睡不着,万千思绪都到心头。开头两句叠用数量词,如闻雨声嘀嗒,读来既抑扬顿挫,又把整个气氛渲染得十分浓厚,以下的一切都是在雨声中展开的。本篇题为"夜雨",实则写羁旅之愁苦。

送 春

[宋] 王 令

三月残花落更开,
小檐日日燕飞来。
子规夜半犹啼血,
不信东风唤不回。

诗文赏析

这是一首写景的七言诗,表现了暮春时节的景象和诗人的感受。诗的前两句写景为主,后两句由景生情,抒发了自己的生活态度和追求。

花落了还会重开,燕子离去了还会回来,那眷恋春光的杜鹃,半夜三更还在悲啼,不相信东风是唤不回来的。

诗中的"落更开"描述了三月的花谢了又开,表现了春光未逝;"燕飞来"描述了低矮的屋檐下有燕子飞来飞去,表现了春光生机犹在,写出了暮春景象:春光未逝,生机犹存。后两句以拟人的手法来写了杜鹃鸟,塑造了一个执着的形象,借此表现自己留恋春天的情怀,字里行间充满凄凉的美感。

东风就是指春风,子规,杜鹃鸟经常在暮春啼叫。诗人用子规夜半犹啼血,不信东风唤不回来表达竭尽全力留住美好时光的意思,既表达珍惜的心情,又显

示了自信和努力的态度。表现了自己顽强进取,执着追求美好未来的坚定的信念和乐观的精神。这首诗

的子规(杜鹃)与以往大部分诗里借喻哀伤、凄切的含义较不相同,带有比较积极的意义。

菩萨蛮·书江西造口①壁

[宋] 辛弃疾

郁孤台②下清江③水,中间多少行人泪。西北望长安④,可怜⑤无数山⑥。青山遮不住,毕竟东流去⑦。江晚正愁余⑧,山深闻鹧鸪⑨。

诗文注释

①造口:即皂口,镇名。在今江西省万安县西南六十里处。

②郁孤台:古台名,在今江西赣州市西南的贺兰山上,因"隆阜郁然,孤起平地数丈"而得名。

③清江:赣江与袁江合流处旧称清江。

④长安:今陕西省西安市,为汉唐故都。这里指沦于敌手的宋国都城。

⑤可怜:可惜。

⑥无数山:这里指投降派(也可理解为北方沦陷国土)。

⑦毕竟东流去:暗指力主抗金的时代潮流不可阻挡。

⑧愁余:使我感到忧愁。

⑨鹧鸪(zhè gū):鸟名,传说它的叫声像"行不得也哥哥",啼声凄苦。

诗文翻译

郁孤台下这赣江的流水,水中有多少行人的眼泪。我抬头眺望西北的长安,可惜只见到无数的青山。但青山怎能把江水挡住,浩浩江水终于向东流去。江边日晚我正满怀愁绪,听到深山传来鹧鸪声声。

诗文赏析

这首词为宋孝宗淳熙三年(1176)作者任江西

提点刑狱,驻节赣州、途经造口时所作。关于此词之发端,罗大经在《鹤林玉露》中有几句话非常重要,他说:"盖南渡之初,虏人追隆祐太后御舟至造口,不及而还。幼安自此起兴。"当时辛弃疾南归十余年,在江西任刑法狱讼方面的官吏,经常巡回往复于湖南、江西等地。来到造口,俯瞰不舍昼夜流逝而去的江水,词人的思绪也似这江水般波澜起伏,绵延不绝,于是写下了这首词。

辛弃疾此首《菩萨蛮》,用极高明之比兴艺术,写极深沉之爱国情思,无愧为词中瑰宝。词题"书江西造口壁",起写郁孤台与清江。造口一名皂口,在江西万安县西南六十里(《万安县志》)。词中的郁孤台在赣州城西南角(《嘉靖赣州府志图》),因"隆阜郁然,孤起平地数丈"得名。"唐李勉为虔州(即赣州)刺史时,登临北望,慨然曰:'余虽不及子牟,而心在魏阙一也。'改郁孤为望阙。"(《方舆胜览》)清江即赣江。章、贡二水抱赣州城而流,至郁孤台下汇为赣江北流,经造口、万安、太和、吉州(治庐陵,今吉安)、隆兴府(即洪州,今南昌市),入鄱阳湖注入长江。淳熙二、三年(1175—1176)间,词人提点江西刑狱,驻节赣州,书此词于造口壁,当在此时。

南宋罗大经《鹤林玉露·辛幼安词》条云:"其题江西造口壁词云云。盖南渡之初,虏人追隆祐太后(哲宗孟后,高宗伯母)御舟至造口,不及而还,幼安因此起兴。"此一记载对体会此词意蕴,实有重要意义。《宋史》高宗纪及后妃传载,建炎三年(1129)八月,"会防秋迫,命刘宁止制置江浙,卫太后往洪州,腾康、刘珏权知三省枢密院事从行"。闰八月,高宗亦离建康(今南京市)赴浙西。时金兵分两路

大举南侵，十月，西路金兵自黄州（今湖北黄冈）渡江，直奔洪州追隆祐太后。"康、珏奉太后行次吉州，金人追急，太后乘舟夜行。"《三朝北盟会编》（建炎三年十一月二十三日）载："质明，至太和县（去吉州八十里。《太和县志》），又进至万安县（去太和一百里。《万安县志》），兵卫不满百人，滕康、刘珏皆窜山谷中。金人追至太和县，太后乃自万安县至皂口，舍舟而陆，遂幸虔州（去万安凡二百四十里。《赣州府志》）。"《宋史·后妃传》："太后及潘妃以农夫肩舆而行。"《宋史·胡铨传》："铨募乡兵助官军捍御金兵，太后得脱幸虔。"史书所记金兵追至太和，与罗氏所记追至造口稍有不合。但罗氏为南宋庐陵人，又曾任江西抚州军事推官，其所记信实与否，尚不妨存疑。况且金兵既至太和，其前锋追至南一百六十里之造口，也未始无此可能。无论金兵是否追至造口，隆祐太后被追至造口时情势危急，以致舍舟以农夫肩舆而行，此是铁案，史无异辞。尤要者，应知隆祐其人并建炎年间形势。当北宋靖康二年（1127）金兵入汴掳徽钦二宗北去，北宋灭亡之际，隆祐以废后幸免，垂帘听政，迎立康王，是为高宗。有人请立皇太子，隆祐拒之。《宋史·后妃传》记其言曰："今强敌在外，我以妇人抱三岁小儿听政，将何以令天下？"其告天下手诏曰："虽举族有北辕之衅，而敷天同左袒之心。"又曰："汉家之厄十世，宜光武之中兴；献公之子九人，唯重耳之独在。"《鹤林玉露·建炎登极》条云："事词之切，读之感动，盖中兴之一助也。"陈寅恪《论再生缘》亦谓："维系人心，抵御外侮"，"所以为当时及后世所传诵"。故史称隆祐："国有事变，必此人当之。"建炎三年，西路金兵穷追隆祐，东路金兵则渡江陷建康、临安，高宗被迫浮舟海上。此诚南宋政权存亡危急之秋。故当作者身临造口，怀想隆祐被追至此，"因此感兴"，题词于壁，实情理之所必然。罗氏所记大体可信，词题六字即为本证。

"郁孤台下清江水"，起笔横绝。由于汉字形、声、义具体可感之特质，尤其有郁勃、沉郁之意，孤有巍巍独立之感，郁孤台三字劈面便突起一座郁然孤峙之高台。词人调动此三字打头阵，显然有满腔磅礴之激愤，势不能不用此突兀之笔也。进而写出台下之清江水。《万安县志》云："赣水入万安境，初落平广，奔激响溜。"写出此一江激流，词境遂从百

余里外之郁孤台，顺势收至眼前之造口。造口，词境之核心也。故又纵笔写出："中间多少行人泪。""行人泪"三字，直点造口当年事。词人身临隆祐太后被追之地，痛感建炎国脉如缕之危，愤金兵之猖狂，羞国耻之未雪，乃将满怀之悲愤，化为此悲凉之句。在词人之心魂中，此一江流水，竟为行人流不尽之伤心泪。"行人泪"意蕴深广，不必专言隆祐。在建炎年间四海南奔之际，自中原至江淮又至江南，不知有多少行人流下无数伤心泪。由此想来，便觉隆祐被追至造口，又正是那一存亡危急之秋之象征。无疑此一江行人泪中，也有词人之悲泪。

"西北望长安，可怜无数山。"长安指汴京，西北望犹言东北望。词人因回想隆祐被追而念及神州陆沉，独立造口仰望汴京，亦犹杜老之独立夔州仰望长安。抬望眼，遥望长安，境界顿时无限高远。然而，可惜有无数青山重重遮拦，望不见也，境界遂一变而为具有封闭式之意味，顿挫极有力。歇拍虽暗用李勉登郁孤台望阙之故事，却写出自己之满怀忠愤。卓人月《词统》云："忠愤之气，拂拂指端。"极是。

"青山遮不住，毕竟东流去。"赣江北流，此言东流，词人写胸怀，正不必拘泥。无数青山虽可遮住长安，但终究遮不住一江之水向东流。换头是写眼前景，若言有寄托，则似难以指实。若言无寄托，则遮不住与毕竟二语，又明显带有感情色彩。周济《宋四家词选》云："借水怨山。"可谓具眼。此词句句不离山水。试体味"遮不住"三字，将青山周匝围堵之感一笔推去，"毕竟"二字更见深沉有力。返观上阕，清江水既为行人泪之象喻，则东流去之江水如有所喻，当喻祖国一方。无数青山，词人既叹其遮住长安，更道出其遮不住东流，则其所喻当指敌人。在词人的潜意识中，当并指投降派。"东流去"三字尤可体味。《尚书·禹贡》云："江汉朝宗于海。"在中国文化传统中，江河行地与日月经天同为"天行健"之体现，故"君子以自强不息"（《易·系辞》）。杜老《长江二首》云："朝宗人共挹，盗贼尔谁尊？""浩浩终不息，乃知东极深。众流归海意，万国奉君心。"故必言寄托，则换头托意，当以江水东流喻正义所向也。然而时局并不乐观，词人心情并不轻松。

"江晚正愁余，山深闻鹧鸪。"词情词境又作一大顿挫。江晚山深，此一暮色苍茫又具封闭式意味

之境界，无异为词人沉郁苦闷之孤怀写照，而暗合上阕开头之郁孤台意象。"正愁余"，语本《楚辞·九歌·湘夫人》："目眇眇兮愁予。"楚骚哀怨要眇之色调，愈添意境沉郁凄迷之氛围。更哪堪闻乱山深处鹧鸪声声："行不得也哥哥。"《禽经》张华注："鹧鸪飞必南向，其志怀南，不徂北也。"白居易《山鹧鸪》则云："啼到晓，唯能愁北人，南人惯闻如不闻。"鹧鸪声声，其呼唤词人莫忘南归之怀抱耶？抑钩起其志业未就之忠愤耶？或如山那畔中原父老同胞之哀告耶？实难作一指实。但结笔写出一怀愁苦则可断言。而此一怀愁苦，实朝廷一味妥协，中原久未光复有以致之，亦可断言。一结悲凉无已。

梁启超云："《菩萨蛮》如此大声镗鞳，未曾有

也。"（《艺蘅馆词选》）此词抒发对建炎年间国事艰危之沉痛追怀，对靖康以来失去国土之深情萦念，故此一习用已久摹写儿女柔情之小令，竟为南宋爱国精神深沉凝聚之绝唱。词中运用比兴手法，以眼前景道心上事，达到比兴传统意内言外之极高境界。其眼前景不过是清江水、无数山，心上事则包举家国之悲今昔之感种种意念，而一并托诸眼前景写出。显有寄托，又难以一一指实。但其主要寓托则可体认，其襟抱亦可领会。此种以全幅意境寓写整个襟抱、运用比兴寄托又未必一一指实之艺术造诣，实为中国美学理想之一体现。全词一片神行又潜气内转，兼有神理高绝与沉郁顿挫之美，在词史上完全可与李太白同调词相媲美。

天末怀李白

[唐] 杜 甫

凉风起天末①，君子意如何②？
鸿雁几时到③，江湖秋水多④。
文章憎命达⑤，魑魅喜人过⑥。
应共冤魂语，投诗赠汨罗⑦。

诗文注释

①天末：天的尽头。这里指夜郎。当时李白因永王李璘案被流放夜郎，途中遇赦还至湖南。

②君子：指李白。

③鸿雁：指传送书信的鸿雁。

④江湖秋水多：这是为李白的行程担忧之语。

⑤文章：这里泛指文学。命：命运，时运。这句意思是：有文才的人总是薄命遭忌。

⑥魑魅：鬼怪，这里指坏人或邪恶势力。过：过错，过失。这句指魑魅喜欢幸灾乐祸。（有人将"过"解释为经过，但律诗最讲究对仗，此联文章对魑魅，憎对喜，命达对人过。达，通达。命运通达又如何能对人经过？所以应理解为人犯了过失，遭了厄运）

⑦冤魂：指屈原。屈原被放逐，投汨罗江而死。

杜甫深知李白从永王李璘实出于爱国，却蒙冤放逐，正和屈原一样。所以说，应和屈原一起诉说冤屈。汨罗：汨罗江，在湖南湘阴县东北。

诗文翻译

凉风飕飕从天边起，你的心境怎样，令我惦念不已。传信的鸿雁几时能飞到？只恐江湖秋水多风浪。文才卓绝薄命遭嫉恨，山精水怪最喜欢好人犯错。你与沉冤的屈子同命运，投诗汨罗江，诉说冤屈与不平。

诗文赏析

这首诗和《梦李白二首》当是同一时期的作品，为诗人客居秦州（今甘肃天水）时所作。当时李白

因永王璘事流放夜郎,途中遇赦还至湖南,杜甫因赋诗怀念他。

首句以秋风起兴,给全诗笼罩一片悲愁。诗人说:时值凉风乍起,景物萧疏,怅望云天,此意如何?只此两句,已觉人海苍茫,世路凶险,无限悲凉,凭空而起。第二句不言自己心境,却反问远人:"君子意如何?"看似不经意的寒暄,由许多话不知应从何说起时,用这不经意语,反表现出最关切的心情。这是返璞归真的高度概括,言浅情深,意象悠远。以杜甫论,自身沦落,本不足虑,而才如远人,罹此凶险,定知其意之难平,远过于自己,含有"与君同命,而君更苦"之意。此无边揣想之辞,更见诗人想念之殷。代人着想,"怀"之深也。挚友遇赦,急盼音讯,故问"鸿雁几时到"。潇湘洞庭,风波险阻,因虑"江湖秋水多"。李慈铭曰:"楚天实多恨之乡,秋水乃怀人之物。"悠悠远隔,望消息而不可得。茫茫江湖,唯寄语以祈珍摄。然而鸿雁不到,江湖多险,觉一种苍茫惆怅之感,袭人心灵。

对友人深沉地怀念,进而发为对其身世的同情。"文章憎命达",意谓文才出众者总是命途多舛,语极悲愤,有"怅望千秋一洒泪"之痛。"魑魅喜人过",隐喻李白流放夜郎,是遭人诬陷。此两句议论中带情韵,对比中含哲理,意味深长,有极为感人的艺术力量,是传诵千古的名句。高步瀛引邵长蘅评:"一憎一喜,遂令文人无置身地。"这两句诗道出了自古以来才智之士的共同命运,是对无数历史事实的高度总结。

此时李白流寓江湘,杜甫很自然地想到被谗放逐、自沉汨罗的爱国诗人屈原。李白的遭遇和这位千载冤魂,在身世遭遇上有某些相同点,所以诗人飞驰想象,遥想李白会向屈原的冤魂倾诉内心的愤懑:"欲共冤魂语,投诗赠汨罗。"

这一联虽系想象之词,但因诗人对屈原万分景仰,觉得他自沉殉国,虽死犹存。李白是亟思平定安史叛乱,一清中原,结果获罪远谪,虽遇赦而还,满腔的怨愤,自然会对前贤因秋风而寄意。这样,"欲共冤魂语"一句,就很生动真实地表现了李白的内心活动。最后一句"投诗赠汨罗",用一"赠"字,是想象屈原永存,他和李白千载同冤,一定作诗相赠以寄情。这一"赠"字之妙,正如黄生所说:"不曰吊而曰赠,说得冤魂活现。"(《读杜诗说》)

这首因秋风感兴而怀念友人的抒情诗,感情十分强烈,但不是奔腾浩荡、一泻千里地表达出来,感情的潮水千回百转,萦绕心际。吟诵全诗,如展读友人书信,充满殷切的思念、细微的关注和发自心灵深处的感情,反复咏叹,低回婉转,沉郁深微,实为古代抒情名作。

参考资料

[1] 张永才. 古代诗歌中常见意象集锦[J]. 高考. 数语外,2007(2).

[2] 毕旭. 基于唐诗语料库的意象检索研究[D]. 大连理工大学,2006.

[3] 汪振学. 诗歌意象分类诠释[J]. 广东教育. 高中版,2006(1).

[4] 王芳. 古诗词意象之浅析[J]. 高中生之友. 高考版,2010(10).

[5] 吴晟. 诗歌意象组合的几种主要方式[J]. 文艺理论研究,1997(6).

[6] 吉利红. 古典诗歌教学方法的一点心得[J]. 文教资料,2008.

[7] 邹玉玲. 诗歌鉴赏的切入点——意象[J]. 新校园. 上旬刊,2009(8).

[8] 刘怀荣. 唐宋元诗词曲名篇解读[M]. 济南:济南出版社,2003:270.

[9] 朱祖延主编. 中国传统文化经典诵读[M]. 武汉:崇文书局,2003.

[10] 王辉编. 元曲三百首[M]. 长春:吉林摄影出版社,2003.

[11] 刘婕. 子规之啼[J]. 中华活页文选,2009.

[12] 李静等. 唐诗宋词鉴赏大全集[M]. 北京:华文出版社,2009.

[13] 蘅塘退士等选编. 唐诗三百首·宋词三百首·元曲三百首[M]. 北京:华文出版社,2009.

[14] 唐圭璋等. 唐宋词鉴赏辞典[M]. 上海:上海辞书出版社,1988.

[15] 萧涤非. 杜甫诗选注[M]. 北京:人民文学出版社,1998.

[16] 于海娣等. 唐诗鉴赏大全集[M]. 北京:中国华侨出版社,2010.

[17] 萧涤非等. 唐诗鉴赏辞典[M]. 上海:上海辞书出版社,1983.

古代诗歌之意境美

什么是意境？

意境是指客观事物与诗词作家思想感情的和谐统一,在艺术表现中所创造的那种既不同于真实生活,却又可感可信并且情景交融、形神兼备的艺术境界。诗中的"意"包括作者的"情"和"理",诗中的"境"指事物的"形"与"神"。所谓"意境",即情、理、形、神的和谐统一。

意境是指抒情性作品中呈现的那种情景交融、虚实相生、活跃着生命律动的韵味无穷的诗意空间。

意境的结构特征是虚实相生。意境由两部分组成:一部分是"如在目前"的较实的因素,称为"实境";一部分是"见于言外"的较虚的部分,称为"虚境"。虚境通过实境来表现,实境在虚境的统摄下来加工,这就是虚实相生的意境的结构原理。

意境的分类

理论上尚待深入研究。中国古代文学理论为我们提供了两种分类方法。

一、刘熙载分类法

第一种是清朝刘熙载从意境的审美风格上提出的分类方法。他说:"花鸟缠绵,云雷奋发,弦泉幽咽,雪月空明,诗不出此四境。"所谓"花鸟缠绵",是指一种明丽鲜艳的美;"云雷奋发"是指一种热烈崇高的美;"弦泉幽咽"是一种悲凉凄清的美;"雪月空明"乃是一种和平静穆的美。这四种都是中国抒

情文学意境美的表现,哪一种写好了都能出上乘之作。

二、王国维分类法

王国维在《人间词话》中,也提出一种分类方法。他说:"有有我之境,有无我之境……有我之境,以我观物,故物皆着我之色彩。无我之境,以物观物,故不知何者为我,何者为物。"所谓"有我之境",是指那种感情比较直露、倾向比较鲜明的意境。如杜甫的《春望》:"国破山河在,城春草木深。感时花溅泪,恨别鸟惊心。烽火连三月,家书抵万金。白头搔更短,浑欲不胜簪。"此诗道出作者历经战乱,目睹安史之乱后京城破败景象的痛苦心情。花草本不含泪,鸟儿也不会因人的别离而惊心,只因诗人痛苦不堪,所描写的景物都带上了人的情感色彩,这就是"有我之境"。

所谓"无我之境",并不是指作者不在意境画面中出现,而是指那种情感比较含蓄的,不动声色的意境画面。王国维认为,陶渊明的"采菊东篱下,悠然见南山"就是"无我之境",作者自己虽出现在画面中,但他的情感却深藏不露,一切让读者自己从画面中去体会。

我们今天的分类方法与刘熙载的分类方法相似,把意境分成若干种类。概括诗歌意境词语有以下几种。

1. 雄浑壮丽

相似的词语有开阔苍凉、高远辽阔、雄伟壮阔、高旷壮阔、苍凉、雄浑、苍茫、深远等。

这类意境有的"雄浑开阔"——景物描写气势浩瀚，气魄雄伟，浑厚磅礴。景物色调大多是单一而非绚丽的。多传达豪迈之情。毛泽东词《沁园春·雪》："北国风光，千里冰封，万里雪飘。望长城内外，惟余莽莽；大河上下，顿失滔滔。山舞银蛇，原驰蜡象，欲与天公试比高。"唐代王维《使至塞上》"单车欲问边，属国过居延。征蓬出汉塞，归雁入胡天。大漠孤烟直，长河落日圆。萧关逢候骑，都护在燕然。"

这类意境还有的"雄奇瑰丽"——景物雄壮、奇特，非平常景色，异常美丽。亦多传达豪情。如李白诗《蜀道难》中："噫吁嚱，危乎高哉！蜀道之难，难于上青天！蚕丛及鱼凫，开国何茫然！尔来四万八千岁，不与秦塞通人烟。西当太白有鸟道，可以横绝峨眉巅。地崩山摧壮士死，然后天梯石栈相钩连。"又如《梦游天姥吟留别》："海客谈瀛洲，烟涛微茫信难求；越人语天姥，云霞明灭或可睹。天姥连天向天横，势拔五岳掩赤城。天台四万八千丈，对此欲倒东南倾。"意境雄奇瑰丽。

这类意境中还有"朦胧渺远"——景物描绘亦真亦幻，不可极尽其态，又妙处无穷。情感往往多变。如李商隐《锦瑟》诗中"沧海月明珠有泪，蓝田日暖玉生烟。"

还有"空灵高远"——既高深莫测，又变化多端，是动与静的结合。多传达踽世脱俗的情怀。王维的禅诗中多有体现，如《山居秋暝》："空山新雨后，天气晚来秋。明月松间照，清泉石上流。竹喧归浣女，莲动下渔舟。随意春芳歇，王孙自可留。"又如《过感化寺昙兴上人山院(与裴迪同作)》"野花丛发好，谷鸟一声幽。夜坐空林寂，松风直似秋。"意境空灵高远。

还有相似的意境"苍凉悲壮"——边塞诗中多体现。多传达思乡怀亲、爱国卫国、征人愁怨等情感。范仲淹的《渔家傲·秋思》："塞下秋来风景异，衡阳雁去无留意。四面边声连角起，千嶂里，长烟落日孤城闭。浊酒一杯家万里，燕然未勒归无计。羌管悠悠霜满地，人不寐，将军白发征夫泪。"王昌龄《从军行》："青海长云暗雪山，孤城遥望玉门关。黄沙百战穿金甲，不破楼兰终不还。"岑参《白雪歌送武判官归京》，意境苍凉悲壮。

诗文鉴赏

白雪歌送武判官归京

[唐] 岑 参

北风卷地白草折，胡天八月即飞雪。

忽如一夜春风来，千树万树梨花开。

散入珠帘湿罗幕，狐裘不暖锦衾薄。

将军角弓不得控，都护铁衣冷难着。

瀚海阑干百丈冰，愁云惨淡万里凝。

中军置酒饮归客，胡琴琵琶与羌笛。

纷纷暮雪下辕门，风掣红旗冻不翻。

轮台东门送君去，去时雪满天山路。

山回路转不见君，雪上空留马行处。

诗文翻译

北风席卷大地吹折白草，仲秋八月胡地飘降大雪。

仿佛一夜之间春风吹来，树上有如梨花竞相开放。

雪花飘入帘笼沾湿帐幕，就是穿狐皮袍也不暖和。

将军兽角弓冻得拉不开，都护的铠甲冷得难穿上。

无边沙漠结成百丈坚冰，忧愁的阴云凝结在长空。

帐中摆酒为回京人送行，助兴的是琵琶羌笛胡琴。

黄昏时辕门外大雪纷飞，冻硬的红旗风吹不飘动。

在轮台东门外送你回京，临行时茫茫白雪布满山。

山路曲折不见你的身影，雪地上空留马蹄的印迹。

诗文赏析

《白雪歌送武判官归京》是岑参边塞诗的代表作，作于他第二次出塞阶段。此时，他很受安西节度使封常青的器重，他的大多数边塞诗成于这一时期。岑参在这首诗中，以诗人的敏锐观察力和浪漫奔放的笔调，描绘了祖国西北边塞的壮丽景色，以及边塞军营送别归京使臣的热烈场面，表现了诗人和边防将士的爱国热情，以及他们对战友的真挚感情。

全诗以一天雪景的变化为线索，记叙送别归京使臣的过程，文思开阔，结构缜密。共分三个部分。

前八句为第一部分，描写早晨起来看到的奇丽雪景和感受到的突如其来的奇寒。友人即将登上归京之途，挂在枝头的积雪，在诗人的眼中变成一夜盛开的梨花，和美丽的春天一起到来。前面四句主要写景色的奇丽。"即""忽如"等词形象、准确地表现了早晨起来突然看到雪景时的神情。经过一夜，大地银装素裹，焕然一新。接着四句写雪后严寒。视线从帐外逐渐转入帐内。风停了，雪不大，因此飞雪仿佛在悠闲地飘散着，进入珠帘，打湿了军帐。诗人选取居住、睡眠、穿衣、拉弓等日常活动来表现寒冷，如同选取早晨观雪表现奇异一样是很恰当的。虽然天气寒冷，但将士却毫无怨言。而且"不得控"，天气寒冷也会训练，还在拉弓练兵。表面写寒冷，实际是用冷来反衬将士内心的热，更表现出将士们乐观的战斗情绪。

中间四句为第二部分，描绘白天雪景的雄伟壮阔和饯别宴会的盛况。"瀚海阑干百丈冰，愁云惨淡万里凝"，用浪漫夸张的手法，描绘雪中天地的整体形象，反衬下文的欢乐场面，体现将士们歌舞的积极意义。"中军置酒饮归客，胡琴琵琶与羌笛"，笔墨不多，却表现了送别的热烈与隆重。在主帅的中军摆开筵席，倾其所有地搬来各种乐器，且歌且舞，开怀畅饮，这宴会一直持续到暮色来临。第一部分内在的热情，在这里迸发倾泻出来，达到了欢乐的顶点。

最后六句为第三部分，写傍晚送别友人踏上归途。"纷纷暮雪下辕门，风掣红旗冻不翻"，归客在暮色中迎着纷飞的大雪步出帐幕，冻结在空中的鲜艳旗帜，在白雪中显得绚丽。旗帜在寒风中毫不动摇、威武不屈的形象是将士的象征。这两句一动一静，一白一红，相互映衬，画面生动，色彩鲜明。"轮台东门送君去，去时雪满天山路"，虽然雪越下越大，送行的人千叮万嘱，不肯回去。"山回路转不见君，雪上空留马行处"，用平淡质朴的语言表现了将士们对战友的真挚感情，字字传神，含蓄隽永。这一部分描写了对友人惜别之情，也表现了边塞将士的豪迈精神。

这首诗，以奇丽多变的雪景，纵横矫健的笔力，开阖自如的结构，抑扬顿挫的韵律，准确、鲜明、生动地制造出奇中有丽、丽中有奇的美好意境，不仅写得声色相宜，张弛有致，而且刚柔相助，急缓相济，是一篇不可多得的边塞佳作。全诗不断变换着白雪画面，化景为情，意境慷慨悲壮，浑然雄劲。抒发了诗人对友人的依依惜别之情和因友人返京而产生的惆怅之情。

2.和谐静谧

相似的词语有幽清明净、恬静自然、虚幻飘渺、安谧闲静、幽静深寂、恬静优美、宁谧、朦胧、空寂、寂静等。

这类意境有"清新明丽"——景物淡雅疏朗，色彩明亮。多传达闲适愉悦之情。如杜甫《绝句二首》："迟日江山丽,春风花草香。泥融飞燕子,沙暖睡鸳鸯。"

这类意境还有"宁静恬淡"——环境安静,即使有动态描写,也是为了衬托静景。诗人心情平和,多不受外物杂务干扰。陶渊明的田园诗中多有体现,《归园田居》:"狗吠深巷中,鸡鸣桑树颠。户庭无尘杂,虚室有余闲。"又如白居易《村夜》:"霜草苍苍虫切切,村南村北行人绝。独出前门望野田,月明荞麦花如雪。"

诗文鉴赏

村　夜

［唐］　白居易

霜草①苍苍②虫切切③,
村南村北行人绝④。
独⑤出前门望野田⑥,
月明荞麦⑦花如雪。

诗文注释

①霜草:被秋霜打过的草。

②苍苍:灰白色。

③切切:虫叫声。

④绝:绝迹。

⑤独:单独,一个人。

⑥野田:田野。

⑦荞麦:一年生草本植物,籽实黑色有棱,磨成面粉可食用。

诗文翻译

在一片被寒霜打过的灰白色秋草中,小虫在窃窃私语着,山村周围行人绝迹。我独自来到前门眺望田野,只见皎洁的月光照着一望无际的荞麦田,满地的荞麦花简直就像一片耀眼的白雪。

诗文赏析

元和九年(814),白居易怀着因母亲逝去而孤独寂寞的心情在渭村结合当时的夜景写下这首诗。

"霜草苍苍虫切切,村南村北行人绝",苍苍霜草,点出秋色的浓重;切切虫吟,渲染了秋夜的凄清。行人绝迹,万籁无声,两句诗鲜明勾画出村夜的特征:夜色深沉,秋色浓重,在秋霜的浸染下,草色茫茫。四下里一片寂静,行人绝迹。只有不知名的秋虫在低低地吟唱。

"独出前门望野田"一句,既是诗中的过渡,将描写对象由村庄转向田野;又是两联之间的转折,收束了对村夜萧疏暗淡气氛的描绘,展开了另外一幅使读者耳目一新的画面。皎洁的月光朗照着一望无际的荞麦田,远远望去,灿烂耀眼,如同一片晶莹的白雪。

"月明荞麦花如雪",这是十分动人的景色,大自然的如画美景感染了诗人,使诗人暂时忘却了他的孤寂,情不自禁地发出不胜惊喜的赞叹。这奇丽壮观的景象与前面两句的描写形成强烈鲜明的对比。诗人匠心独运地借自然景物的变换写出人物感情的变化,写来灵活自如,不着痕迹。而且写得朴实无华,浑然天成,读来亲切动人,余味无穷。

通过对前后景物的不同描写,表达出诗人由孤独寂寞到兴奋自喜的感情变化。诗人以白描的手法描绘乡村夜景,意境清新恬淡,乡村景色中蕴含了浓浓的诗意。

3. 萧瑟凄凉

相似的词语有凄清暗淡、萧条惨淡、孤独凄凉、孤寂冷清、肃杀荒寒、荒凉、冷寂、肃穆、沉郁忧愁等。

这类意境有"凄凉冷落"——多秋冬萧瑟之景。多传达悲伤落寞之情。如刘禹锡诗中"巴山楚水凄凉地,二十三年弃置身。"柳永《雨霖铃》词中"寒蝉凄切,对长亭晚,骤雨初歇""念去去,千里烟波,暮霭沉沉楚天阔""多情自古伤离别,更那堪,冷落清秋节! 今宵酒醒何处? 杨柳岸,晓风残月"。

这类意境中还有"感伤哀婉"。如韩偓《春尽》:"惜春连日醉昏昏,醒后衣裳见酒痕。细水浮花归别涧,断云含雨入孤村。人闲易有芳时恨,地迥难招自古魂。惭愧流莺相厚意,清晨犹为到西园。"其中颔联两句的意境是:枝头的花瓣片片飘落到水面上,又随着涓涓流水漂浮前去,孤零零的小村上空一块一块的云彩随风洒下一阵阵雨点。这正是南方春天正在逝去的景象,落花、流水、雨点都是让人伤感的物象,不仅如此,诗人还自然地在其中融入了自己的身世之感。那漂浮于水面的落花,那随风带雨的云块,漂泊无依,正是诗人浪迹江湖的写照。流水、落花带走的是人间美好的春光,作者由此联想到正在走向没落的晚唐社会,对于一个念念不忘国事的爱国诗人来说,这将尽的春光让他那敏感的心更加凄凉哀伤,眼睁睁地看着唐王朝逐渐退出历史舞台,才是最大的痛苦。这两句所描写的景物色彩是凄清的,所烘托的诗人的情绪是悲凉的。这两句把物境、心境、与身境巧妙地融合在一起,取得了意味隽永的效果。意境悲凉感伤、凄清哀婉。

韦庄《台城》:"江雨霏霏江草齐,六朝如梦鸟空啼。无情最是台城柳,依旧烟笼十里堤。""江雨霏霏江草齐"渲染了一种怎样的氛围和意境? 江南的春雨密密麻麻细如牛毛,霏霏细雨如烟似雾般地笼罩着大地,天地间一片迷蒙,而因为雨水充足,气候温暖,所以春草疯长,江南大地到处碧草如茵,这样的景色轻柔婉丽而又给人以如梦似幻的感觉,使人

感到迷茫惆怅。在飘渺意境中流露出浓重的伤感情绪。意境感伤哀婉。

4. 恬淡闲适

相似的词语有淳朴自然、生机勃勃、明净绚丽、清新明快、清新明丽、清远含蓄等。

这类意境中有"清丽隽永",如刘方平《月夜》:"更深月色半人家,北斗阑干南斗斜。今夜偏知春气暖,虫声新透绿窗纱。"这首诗的意境"清新明丽":夜深人静的时候,朦胧的月光斜斜地映照着村落里的人家,家家的庭院都是一半沉浸在月光下,另一半则笼罩在暗影里。这明暗的对比越发衬出了月夜的静谧。辽阔的天空中,似乎也被夜的静寂所感染,连云彩也不敢随意飘动,只有一轮斜月和横斜的北斗南斗在默默地暗示着时间的流逝。然而,就在这夜寒袭人,万籁俱寂之际,敏感的小虫却首先感受到了夜晚空气中所散发着的春的信息,因此情不自禁地鸣叫起来,声音是那样的清脆、欢快,而诗人也在虫鸣声的启发下感受到了春天的来临,发现透过窗纱能够隐约看出一丝新绿。这首诗中诗人没有选取花开鸟鸣、冰消雪融等常见的春的标志,而独独以静谧的月夜为背景,采用了静中有动,以动衬静的写法,表现了对春天来临的无比喜悦之情。尤其是最后两句与苏轼的"春江水暖鸭先知"有异曲同工之妙。

这类意境中还有"恬淡静美"的意境,王维《田园乐》:"桃红复含宿雨,柳绿更带朝烟。花落家童未扫,莺啼山客犹眠。"诗人一上来就写粉红的花瓣上略带昨夜的雨珠,色泽更加柔和可爱,雨后空气清新,还弥散出一股股清淡的花香,使人心醉。碧绿的柳枝笼在一片缥缈的水汽中,那种朦胧的绿色更加迷人。地面上风吹雨打之后,花瓣落了一地,因为家童尚未起床,所以满地的落花无人过问,仿佛给大地披上了一件粉红的春装,别有一番清幽的意趣,树枝上黄莺正在欢快地叫着。在这静美莺啼的环境中,山客却如同身处无声之境,还沉醉在酣睡中。这里写莺啼是以动衬静,其意境主要落在一个"静"上。意境恬淡宁静。

5. 慷慨激昂

相似的词语有繁华、热闹、高亢、雄奇瑰丽、富丽堂皇、华美壮丽等。如岳飞的《满江红》。

诗文鉴赏

满 江 红

[宋] 岳 飞

怒发冲冠①，凭栏处、潇潇②雨歇。抬望眼，仰天长啸③，壮怀激烈。三十功名尘与土④，八千里路云和月⑤。莫等闲⑥、白了少年头，空悲切。

靖康耻⑦，犹未雪。臣子恨，何时灭！驾长车，踏破贺兰山⑧缺。壮志饥餐胡虏肉，笑谈渴饮匈奴血。待从头收拾旧山河，朝天阙⑨！

诗文注释

①怒发冲冠：气得头发竖起，以至于将帽子顶起。形容愤怒至极，冠是指帽子而不是头发竖起。

②潇潇：形容雨势急骤。

③长啸：大声呼叫。汉·司马相如《上林赋》："长啸哀鸣，翩幡互经。"许地山《空山灵雨·生》："它在竹林里长着的时候，许多好鸟歌唱给它听，许多猛兽长啸给它听。"

④三十功名尘与土：三十年来，建立了一些功名，如同尘土。

⑤八千里路云和月：形容南征北战、路途遥远、披星戴月。

⑥等闲：轻易，随便。

⑦靖康耻：宋钦宗靖康二年（1127），金兵攻陷汴京，虏走徽、钦二帝。

⑧贺兰山：贺兰山脉位于宁夏回族自治区与内蒙古自治区交界处。一说是位于邯郸市磁县境内的贺兰山。

⑨朝天阙：朝见皇帝。天阙：本指宫殿前的楼观，此指皇帝生活的地方。又因明王熙书《满江红》词碑作"朝金阙"。

诗文翻译

我怒发冲冠登高倚栏杆，一场潇潇细雨刚刚停歇。抬头放眼四望辽阔一片，仰天长声啸叹。壮怀激烈，三十年勋业如今成尘土，征战千里只有浮云明月。莫虚度年华，白了少年头，只有独自悔恨悲悲切切。

靖康年的奇耻尚未洗雪，臣子愤恨何时才能泯灭。我只想驾着一辆辆战车踏破贺兰山敌人营垒。壮志同仇饿吃敌军的肉，笑谈蔑敌渴饮敌军的血。我要从头再来收复旧日河山，朝拜故都京阙。

诗文赏析

上阕写作者悲愤中原重陷敌手，痛惜前功尽弃的局面，也表达自己继续努力，争取壮年立功的心愿。

开头五句"怒发冲冠，凭栏处、潇潇雨歇。抬望眼，仰天长啸，壮怀激烈"。起势突兀，破空而来。胸中的怒火在熊熊燃烧，不可阻遏。这时，一阵急雨刚刚停止，词人站在楼台高处，正凭栏远望。他看到那已经收复却又失掉的国土，想到了重陷水火之中的百姓，不由得"怒发冲冠""仰天长啸""壮怀激烈"。"怒发冲冠"是艺术夸张，是说由于异常愤怒，以致头发竖起，把帽子也顶起来了。"怒发冲冠"，表现出如此强烈的愤怒的感情并不是偶然的，这是作者的理想与现实发生激烈的矛盾的结果。"啸"是蹙口发出的叫声。"壮怀"，奋发图强的志向。他面对投降派的不抵抗政策，真是义愤填膺，"怒发冲冠"。岳飞之怒，是金兵侵扰中原，烧杀掳掠的罪行所激起的雷霆之怒；岳飞之啸，是无路请缨,报国无门的忠愤之啸;岳飞之怀,是杀敌卫国的宏大理想和豪壮襟怀。这几句一气贯注,为我们生动地描绘了一位忠臣义士和忧国忧民的英雄形象。

接着四句激励自己,不要轻易虚度这壮年光阴,争取早日完成抗金大业。"三十功名尘与土",是对过去的反省,表现作者渴望建立功名、努力抗战的思想。三十岁左右正当壮年,古人认为这时应当有所作为,可是,岳飞悔恨自己功名还与尘土一样,没有什么成就。"三十"是约数,当时岳飞三十二岁。"功名",即前面说到的攻克襄阳六郡以后建节晋升之事。宋朝以"三十之节"为殊荣。然而,岳飞梦寐以求的并不是建节封侯,身受殊荣,而是渡过黄河,收复国土,完成抗金救国的神圣事业。正如他自己所说"誓将直节报君仇""不问登坛万户侯",对功名感到不过像尘土一样,微不足道。"八千里路云和月",是说不分阴晴,转战南北,在为收复中原而战斗,是对未来的展望。"八千"是约数,极言沙场征战行程之远。"云和月"是特意写出,是说出师北伐是十分艰苦的,任重道远,尚须披星戴月,日夜兼程,才能"北逾沙漠,喋血虏廷"(《五岳祠盟记》),赢得最后抗金的胜利。上一句写视功名为尘土,这一句写杀敌任重道远,个人为轻,国家为重,生动地表现了作者强烈的爱国热忱。"莫等闲、白了少年头,空悲切",这与"少壮不努力,老大徒伤悲"的意思相同,反映了作者积极进取的精神。这对当时抗击金兵,收复中原的斗争,显然起到了鼓舞斗志的作用。与主张议和,偏安江南,苟延残喘的投降派,形成了鲜明的对照。"等闲",作随便解

释;"空悲切",即白白地痛苦。"莫等闲,白了少年头,空悲切",这既是岳飞的自勉之词,也是对抗金将士的鼓励和鞭策。

词的下阕运转笔端,抒写词人对于民族敌人的深仇大恨,统一祖国的殷切希望,忠于朝廷即忠于祖国的赤诚之心。

"靖康"是宋钦宗赵桓的年号。"靖康耻,犹未雪。臣子恨,何时灭"突出全诗中心,由于没有雪"靖康"之耻,岳飞发出了心中的恨何时才能消除("臣子恨,何时灭")的感慨。这也是他要"驾长车,踏破贺兰山缺"的原因。又把"驾长车,踏破贺兰山缺"具体化了。从"驾长车"到"笑谈渴饮匈奴血"都以夸张的手法表达了对凶残敌人的愤恨之情,同时表现了英勇的信心和无畏的乐观精神。

"壮志饥餐胡虏肉,笑谈渴饮匈奴血。""待从头、收拾旧山河,朝天阙。"以此收尾,把收复山河的宏愿,把艰苦的征战,以一种乐观主义精神表现出来,既表达要胜利的信心,也说了对朝廷和皇帝的忠诚。岳飞在这里不直接说凯旋、胜利等,而用了"收拾旧山河",显得有诗意又形象。

这首词代表了岳飞"精忠报国"的英雄之志,表现出一种浩然正气、英雄气质,表现了报国立功的信心和乐观主义精神。词里句中无不透出雄壮之气,充分表现作者忧国报国的壮志胸怀。这首爱国将领的抒怀之作,情调激昂壮烈,意境慷慨悲壮,充分表现了中华民族不敢屈辱,奋发图强,雪耻若渴的神威,从而成为反侵略战争的名篇。

6. 欢乐喜庆

如唐孟郊的《登科后》。

诗文鉴赏

登科①后

[唐] 孟 郊

昔日龌龊②不足夸,今朝放荡③思无涯。
春风得意马蹄疾④,一日看尽长安花。

诗文注释

①登科：唐朝实行科举考试制度，考中进士称及第，经吏部复试取中后授予官职称登科。

②龌龊(wò chuò)：原意是肮脏，这里指不如意的处境。不足夸：不值得提起。

③放荡(dàng)：自由自在，不受约束。思无涯：兴致高涨。

④得意：指考取功名，称心如意。疾：飞快。

诗文翻译

往昔的困顿日子再也不足一提，今日金榜题名令人神采飞扬。

迎着浩荡春风得意地纵马奔驰，好像一日之内赏遍京城名花。

诗文赏析

唐贞元十二年(796)，年届四十六岁的孟郊又奉母命第三次赴京科考，终于登上了进士第。放榜之日，孟郊喜不自胜，当即写下了生平第一首快诗《登科后》。

此诗一开头就直抒自己的心情，叙述以往在生活上的困顿与思想上的局促不安再不值得一提，活灵活现地描绘出诗人神采飞扬的得意之态，酣畅淋漓地抒发了他心花怒放的得意之情。这两句神妙之处，在于情与景会，意到笔到，将诗人策马奔驰于春花烂漫的长安道上的得意情景，描绘得生动鲜明。按唐制，进士考试在秋季举行，发榜则在下一年春天。可知所写春风骀荡、马上看花是实际情形。

三、四句的诗歌形象之脍炙人口，除了它正面酣畅淋漓地抒发了一时间的欢快情绪外，也与它同时具有的象征意味分不开。所谓"春风"，既是自然界的春风，也是诗人感到的可以大有作为的适宜的政治气候的象征。所谓"得意"，既有考中进士以后的扬扬自得，也有得遂平生所愿，进而展望前程的踌躇满志。因而诗歌所展示的艺术形象，就不仅仅

限于考中进士以后在春风骀荡中策马疾驰于长安道上的孟郊本人，而且也是时来运转、长驱在理想道路上的具有普遍意义的艺术形象了。这样，个别与一般、明快与含蓄，就在这首诗中得到了统一，使诗作获得了较大的思想艺术容量，既具体生动，又不乏概括性，既明朗畅达而又别具情韵。营造出欢乐喜庆的意境。

诗的前两句把困顿的往昔和得意的今天对比，一吐心中郁积多年的烦闷。此时的诗人是扬眉吐气、得意扬扬的。后两句真切地描绘出诗人考中后的得意之情。高中后的诗人纵马长安，觉得一切都无限美好，连路边美丽的花朵都无心细看了。"一日看尽长安花"仿佛说自己在这一天赏尽了世间美景，使充满豪气的诗有了明朗轻快的结尾。在这首诗里，诗人情与景会，意到笔随，不仅活灵活现地描绘了自己高中之后的得意之态，还酣畅淋漓地抒发了得意之情，明快畅达而又别有情韵。因而，这两句诗成为人们喜爱的千古名句，并派生出"春风得意""走马观花"两个成语流传后世。

参考资料

[1] 王皓．古典诗词意境的分类鉴赏[J]．语文教学与研究．教研天地，2007(7)．

[2] 童庆炳，李衍柱，曹本陆等．文学理论教程[M]．北京：高等教育出版社，1992．

[3] 钟时珍．识别"意象"与"意境"，提高诗歌鉴赏能力[J]．青苹果，2008．

[4] 刘惠芳．识别意象和意境提高诗歌鉴赏能力[J]．东西南北．教育，2010(6)．

[5] 于海娣等．唐诗鉴赏大全集[M]．北京：中国华侨出版社，2010．

[6] 蘅塘退士等选编．唐诗三百首·宋词三百首·元曲三百首[M]．北京：华文出版社，2009．

[7] 梁川等．唐诗三百首鉴赏[M]．北京：北京理工大学出版社，2008．

[8] 顾学颉．白居易诗选[M]．北京：人民文学出版社，1963．

[9] 李万龙．古典诗歌鉴赏规律[M]．兰州：甘肃教育出版社，2005．

［10］韩凌注析. 豪放词［M］. 武汉：崇文书局，2017.

［11］陆林编注. 宋词(白话解说)［M］. 北京：北京师范大学出版社，1992.

［12］雪沛. 文学作品赏析：中国古典诗歌［M］. 哈尔滨：哈尔滨工程大学出版社，2004.

［13］张国举. 唐诗精华注译评［M］. 长春：长春出版社，2010.

［14］孙朦编著. 语言的天籁：古诗词选集［M］. 北京：中国文联出版社，2016.

古代诗歌之修辞美(上)

古诗词中的常见修辞手法、诗歌鉴赏题中考查的常见的修辞手法有比喻、拟人、夸张、对比、衬托、对偶、顶真、双关、通感、互文、排比、设问、反问、叠字、排比、借代、反复等。

一、比喻

比喻就是打比方,用某些有相似点的事物来比拟另一事物,可分为明喻、暗喻、借喻、倒喻、较喻等。运用比喻可以突出事物特征,使表达更加生动形象,化深奥抽象为浅显具体。如"一雨池塘水面平,淡磨明镜照檐楹"(刘攽《雨后池上》),水面如同轻轻磨过的明镜一样,倒映出池塘边的房檐和楹柱,以此表现了雨后池塘水面的平静。

二、拟人

拟人就是把物当作人来写,运用拟人可以使色彩鲜明,描绘形象,表意生动。如"雁引愁心去,山衔好月来"(李白《与夏十二登岳阳楼》),大雁有意为诗人带走愁心,君山有情为诗人衔来好月,写出了诗人流放遇赦的高兴心情。"来时春社,去时秋社,年年来去搬寒热。语喃喃,忙劫劫。春风堂上寻王谢,巷陌乌衣夕照斜。兴,多见些;亡,都尽说。"(赵善庆《山坡羊·燕子》),诗人把燕子趋热避寒想象成搬运寒热,让燕子带上了更多的人情味。"只恐夜深花睡去,故烧高烛照红妆"(苏轼《海棠》),诗人怕花睡去,所以点燃蜡烛来照,以花比人,极富雅趣。

三、夸张

夸张就是为达到某种效果,对事物的形象、特征、作用、程度等方面着意扩大或缩小的修辞。运用夸张,可以揭示本质,突出特点,烘托气氛,增强联想。如"飞流直下三千尺,疑是银河落九天"(李白《望庐山瀑布》),"飞"字,把瀑布喷涌而出的景象描绘得极为生动;"直下",既写出山之高峻陡峭,又可以见出水流之急,那高空直落,势不可当之状如在眼前。

四、对比

运用对比,可以把不同的人物、不同的生活现象、不同的思想感情区别得更加鲜明。如"琵琶起舞换新声,总是关山旧别情。撩乱边愁听不尽,高高秋月照长城。"(王昌龄《从军行》),诗人截取边塞军旅生活的一个片断,通过写军中宴乐表现征戍者深沉、复杂的感情。琵琶尽可以换新曲调,却换不了歌词包含的感情内容,所以说"新"与"旧"的对比更能显示出听者深重的别情边愁,这是任何欢乐的新曲都无法排遣的。"马后桃花马前雪,出关争得不回头?"(徐兰《出关》),诗人将关内桃花烂漫与关外白雪茫茫两个场景聚集到征马这一关节点上,对比鲜明。"桃花"与"雪"分别代指家乡的温馨与塞外的清冷生活,在诗中具有象征意义,蕴含了思乡的情感。

五、衬托

衬托是为了突出主要事物，先描写与之有关联的事物作为陪衬的修辞。衬托分正衬和反衬两种，反衬一般又包括动衬静、声衬寂、乐衬哀。如"蜀僧抱绿绮，西下峨眉峰。为我一挥手，如听万壑松。客心洗流水，余响入霜钟。不觉碧山暮，秋云暗几重。"（李白《听蜀僧濬弹琴》），第四联写出了曲终时的景色和诗人沉醉于琴声之中的状态，侧面衬托了琴声的魅力。"绿槐高柳咽新蝉，薰风初入弦。碧纱窗下水沉烟，棋声惊昼眠。"（苏轼《阮郎归·初夏》），尾句以棋声衬托了周围环境的幽静娴雅。"寒山几堵，风低削碎中原路。秋空一碧无今古"（陈维崧《醉落魄·咏鹰》），诗人借用壁立的寒山、空旷的大地、澄碧的秋空等场景，衬托了鹰的形象。

六、顶真

就是用句末的词语作下一句的开头的词语的修辞。顶真的作用是回环跌宕，有旋律美。如"他、他、他，伤心辞汉主，我、我、我，携手上河梁。他部从入穷荒，我銮舆返咸阳。返咸阳，过宫墙；过宫墙，绕回廊；绕回廊，近椒房；近椒房，月昏黄；月昏黄，夜生凉；夜生凉，泣寒螀；泣寒螀，绿纱窗；绿纱窗，不思量。"（马致远《破幽梦孤雁·汉宫秋》），这段曲词中运用了对仗、顶真的修辞手法，对仗显示了语言的对称美，达到了意境美的完美结合；顶真具有回环跌宕的旋律美，表现了汉元帝离恨未已、相思又继、千回百转的愁绪。

七、双关

就是在一定的语言环境中，利用词的多义或同音的条件，有意使语句具有双重意义的修辞，有谐音双关和语意双关两种。双关可使语言表达得含蓄、幽默，而且能加深语意，给人以深刻印象。如"夜久无眠秋气清，烛花频剪欲三更。铺床凉满梧桐月，月在梧桐缺处明。"（朱淑真《秋夜》），第三句中"凉"字意义双关，既写天凉，又写心境的凄凉。诗人由床上之月写到天上之月，顶针巧妙；愁情、凉床、月影和梧桐共同营造出孤寂的意境。韦庄《忆昔》："西园公子名无忌，南国佳人号莫愁"，于对仗工绝之外，尤见使事之巧，尽委婉深曲之能事。"西

园公子"指魏文帝曹丕及其弟曹植等，至于"无忌"，却是战国时代魏国公子信陵君的名号。韦庄巧妙地把曹魏之"魏"与战国七雄之"魏"牵合在一起，由此引出"无忌"二字。但又不把"无忌"作专名看待，仅取其"无所忌惮"之意。这句诗的实际意思是指斥王孙公子肆无忌惮。诗人把这层真意寄寓在两个历史人物的名号中。由于曹丕和信陵君都是历史上值得称道的风流人物，因此，读起来倒像对那些王孙公子放荡不羁的行为津津乐道，而容易忽略其微讽的深意。下句中"莫愁"同此手法，用传说中一位美丽歌女的名字，慨叹浮华女子不解国事蜩螗，深寓"隔江犹唱后庭花"的沉痛。由于巧妙地使事用典，"无忌""莫愁"，均取双关，全诗但见花月管弦，裘马脂粉，真意反而朦胧，如雾里看花，隐约缥缈，不见色相。感慨之意藉婉而多讽的风调从而显得更为深沉，更加耐人咀嚼。

其他双关的例子，"空对着，山中高士晶莹雪；终不忘，世外仙姝寂寞林。"曹雪芹《红楼梦》"雪"与"薛"谐音，指薛宝钗，"林"指林黛玉。"春蚕到死丝方尽，蜡炬成灰泪始干""惶恐滩头说惶恐，零丁洋里叹零丁""低头弄莲子，莲子清如水""我失骄杨君失柳，杨柳轻飏直上重霄九"。

八、通感

也叫移觉，是把人的各种感觉（视觉、听觉、嗅觉、味觉、触觉等）通过比喻把不同感官的感觉沟通起来的修辞。作用：通感的运用可以收到令人回味无穷的效果，其表达作用是无可替代的；它能化抽象为形象，让读者更好地理解；它能由此及彼，勾起人们丰富的联想；它能不拘一格，行文活泼；它能准确表达，含义深远；它能充实诗文的意境，构成特殊的艺术美。

例如"晨钟云外湿"（杜甫《船下夔州郭宿雨湿不得上岸别王十二判官》）以"湿"字形容钟声，所闻之钟声，穿雨而来，穿云而去，故"湿"，触觉与听觉相互沟通。"善哉乎鼓琴，巍巍乎若太山""汤汤乎若流水"（《吕氏春秋·本味》）听琴声而知志在高山、流水，听觉与视觉相互沟通。如"风吹声如隔彩霞，不知墙外是谁家。重门深锁无寻处，疑有碧桃千树花。"（郎士元《听邻家吹笙》），诗人用通感的修辞写了寻访不得之后的想象，通过花的繁盛烂漫，写出乐声的明丽、热烈和欢快。

比喻举例

未展芭蕉

[唐] 钱　珝

冷烛无烟绿蜡干，
芳心犹卷怯春寒。
一缄书札藏何事，
会被东风暗拆看。

诗文赏析

　　丰富而优美的联想，往往是诗歌创作获得成功的重要因素，特别是咏物诗，诗意的联想更显得重要。

　　首句从未展芭蕉的形状、色泽设喻。由未展芭蕉的形状联想到蜡烛，这并不新颖；"无烟"与"干"也是很平常的形容。值得一提的是"冷烛""绿蜡"之喻。蜡烛通常给人的感觉是红亮、温暖，这里却说"绿""冷"，不仅造语新颖，而且表达出诗人的独特感受。"绿蜡"给人以翠脂凝绿的美丽联想；"冷烛"一语，则使人感到那紧紧卷缩的蕉烛上面似乎笼罩着一层早春的寒意。

　　"芳心犹卷怯春寒"。卷成烛状的芭蕉，最里一层俗称蕉心。诗人别开生面，赋予它一个美好的名称——芳心。这是巧妙的暗喻：把未展芭蕉比成芳心未展的少女。从表面看，和首句"冷烛""绿蜡"之喻似乎脱榫，其实，无论从形象上、意念上，两句都是一脉相通的。"蜡烛有心还惜别"（杜牧《赠别》）。"有心惜别"的蜡烛本来就可用以形容多情的少女，所以蕉心——烛心——芳心的联想原很自然。"绿蜡"一语所显示的翠脂凝绿、亭亭玉立的形象，也容易使人联想到美丽的女性。在诗人想象中，这在料峭春寒中卷缩着"芳心"的芭蕉，仿佛是一位含情脉脉的少女，由于寒意袭人的环境的束缚，只能暂时把自己的情怀隐藏在心底。如果说，上一句还只是

以物喻物，从未展芭蕉的外在形状、色泽上进行描摹刻画，求其形似；那么这一句则通过诗意的想象与联想，把未展芭蕉人格化了，达到了人、物浑然一体的神似境界。句中的"犹"字、"怯"字，都极见用意。"犹"字不只明写当时的"芳心未展"，而且暗喻将来的充分舒展，与末句的"会被东风暗拆"遥相呼应。"怯"字不仅生动地描绘出未展芭蕉在早春寒意包围中卷缩不舒的形状和柔弱轻盈的身姿，而且写出了它的感觉与感情，而诗人的细意体贴、深切同情也自然流注于笔端。

　　三、四两句却又另外设喻。古代的书札卷成圆筒形，与未展芭蕉相似，所以这里把未展芭蕉比作未拆封的书札。从第二句以芳心未展的少女设喻过渡到这一句以缄封的书札设喻，似乎又不相连属，但读时却感到浑然一片。这奥妙就在"藏"字上。书札紧紧封缄着，它的内容——写信者的一片"芳心"就深藏在里面，好像不愿意让人知道它的奥秘。这和上句的"芳心犹卷"在意念上完全相通，不过上句侧重于表现客观环境的束缚，这一句则侧重于表现主观上的隐藏不露。未曾舒展的少女情怀和包蕴着深情的少女书札，本来就很容易引起由此及彼的联想。但三、四两句并非用另一比喻简单地重复第二句的内容，而是通过"藏何事"的设问和"会被东风暗拆看"的遥想，展示了新的意境，抒发了更美好的情思。在诗人想象中，这未展芭蕉像是深藏着美好情愫的密封的少女书札，严守着内心的秘密。然而，随着寒气的消逝，芳春的到来，和煦的

东风总会暗暗拆开书札,使美好的情愫呈露在无边的春色之中。既然如此,就不必深藏内心的奥秘,应主动地坦露情怀,迎接东风,欢呼春天的到来。这后一层意思,诗人并没有点明,读者却不难理会。句中的"会"字,下得毫不着力,却让人感到芭蕉由怯于春寒而"不展",到被东风吹开,是顺乎自然规律的;而"暗"字则极精细地显示出这一变化过程是在不知不觉中进行的。这两个词语,对深化诗的意境有重要的作用。诗意的想象与联想,归根结底还是来源于对生活的细心体察和深切体验。如果钱珝对生活中受到环境束缚、心灵上受到禁锢的少女缺乏了解与同情,那么他是无论如何不会产生上面那一系列诗意的联想的,也绝不会从单调的未展芭蕉身上发现含情不展的少女的感情与气质。

拟人举例

七步诗

[三国·魏] 曹　植

煮豆持①作羹②,
漉③菽④以为汁。
萁⑤在釜⑥下燃⑦,
豆在釜中泣⑧。
本⑨自同根生,
相煎⑩何⑪太急?

诗文注释

①持:用来。
②羹(gēng):用肉或菜做成的糊状食物。
③漉(lù):过滤。
④菽(shū):豆。这句的意思是把豆子的残渣过滤出去,留下豆汁作羹。
⑤萁:豆类植物脱粒后剩下的茎。
⑥釜:锅。
⑦燃:燃烧。
⑧泣:小声哭泣。
⑨本:原本,本来。
⑩相煎:指互相残害,全诗表达了曹植对曹丕的不满。煎,煎熬。
⑪何:何必。

诗文翻译

锅里煮着豆子,是想把豆子的残渣过滤出去,留下豆子汁来做成糊状食物。豆茎在锅下燃烧,豆子在锅里哭泣。你我本来是同条根上生出来的,你又怎能这样急迫地煎熬我呢?

诗文赏析

此诗纯以比兴的手法出之,语言浅显,寓意明畅,毋庸多加阐释,只需于个别词句略加疏通,其意自明。诗人取譬之妙,用语之巧,而且在刹那间脱口而出,实在令人叹为观止。"本自同根生,相煎何太急"二语,千百年来已成为人们劝诫避免兄弟阋墙、自相残杀的普遍用语,说明此诗在民间流传极广。

通过燃萁煮豆这一日常现象,抒发了曹植内心的悲愤。

《七步诗》的真假向来为人所争议。其中郭沫若说的比较有依据。他认为曹植的《七步诗》："过细考察起来,恐怕附会的成分要占多数。多因后人同情曹植而不满意曹丕,故造为这种小说。其实,曹丕如果要杀曹植,何必以逼他作诗为借口?子建才捷,他又不是不知道。而且果真要杀他的话,诗作成了依然可以杀,何至于仅仅受了点讥刺而便

'深惭'?所以此诗的真实性实在比较少。然而就因为写了这首诗,曹植却维系了千载的同情,而曹丕也就膺受了千载的厌弃。这真是所谓'身后是非谁管得'了。"但是他的说法也有人质疑,有人说,当初曹丕让曹植七步成诗只是作为一个借口,想杀他。他认为曹植肯定不能成功,但他没料到,曹植才华如此出众,当时,就连曹丕本人也被感动了些许,并且为了保住名声,以安天下,他才放过了曹植。

拟人举例

晚 春

〔唐〕 韩 愈

草树知春不久归①,
百般红紫斗芳菲。
杨花②榆荚③无才思④,
惟解漫天作雪飞。

诗文注释

①不久归:将结束。
②杨花:指柳絮。
③榆荚:亦称榆钱。榆未生叶时,先在枝间生荚,荚小,形如钱,荚老呈白色,随风飘落。
④才思:才华和能力。

诗文赏析

本诗似乎只是用拟人化的手法描绘了晚春的繁茂景色,其实,它还寄寓着人们应该乘时而进,抓紧时机去创造有价值的东西这一层意思。但这里值得一提的是,榆荚杨花虽缺乏草木的"才思",但不因此藏拙,而为晚春增添一景,虽然不美,但尽了努力,这种精神是值得赞扬的。

这是一首描绘暮春景色的七绝。乍看来,只是写百卉千花争奇斗艳的常景,但进一步品味便不难

发现,诗写得工巧奇特,别开生面。诗人不写百花稀落、暮春凋零,却写草木留春而呈万紫千红的动人情景:花草树木探得春将归去的消息,便各自施展出浑身解数,吐艳争芳,色彩缤纷,繁花似锦,就连那本来乏色少香的杨花、榆荚也不甘示弱,而化作雪花随风飞舞,加入了留春的行列。诗人体悟入微,发前人未得之秘,反一般诗人晚春迟暮之感,摹花草灿烂之情状,展晚春满目之风采。寥寥几笔,便给人以满眼风光、耳目一新的印象。

说这首诗平中翻新,颇富奇趣,还在于诗中拟人化手法的奇妙运用,融人与花于一体。"草木"本属无情物,竟然能"知"能"解"还能"斗",而且还有"才思"高下有无之分。想象之奇,实为诗中所罕见。末二句尤其耐人咀嚼,读者大可根据自己的生活体验进行毫无羁绊的大胆想象,使人思之无穷,味之不尽。

再细加揣摩,此诗熔景与理于一炉。可以透过景物描写领悟出其中的人生哲理:诗人通过"草木"

有"知"、惜春争艳的场景描写,反映的其实是自己对春天大好风光的珍惜之情。面对晚春景象,诗人一反常见的惜春伤感之情,变被动感受为主观参与,情绪乐观向上,很有新意。你看,"杨花榆荚"不因"无才思"而藏拙,不畏"班门弄斧"之讥,为"晚春"添色。这就给人以启示:一个人"无才思"并不可怕,要紧的是珍惜光阴,不失时机,"春光"是不负"杨花榆荚"这样的有心人的。

钱钟联《集释》说此诗写于元和十一年。注引朱彝尊《批韩诗》云:"此意作何解?然情景却是如此。"的确,仅就描写暮春景色而言,此诗可谓有情有趣,亦不落俗套。诗题又作《游城南晚春》,可知所写乃春游郊外所见。诗人全用拟人手法,不说人之惜春,而说草树亦知春将不久,因而百花争艳,各呈芳菲。凑热闹的还有朴素无华的杨花榆荚,像飞雪一般漫天遍野地飘舞。人言草木无情,诗偏说它们有知,或"斗"或"解",活泼有趣。这是此诗明白有趣之处。

然而"无才思"三字颇怪异,遂引起后人诸多猜测。或谓劝人勤学,不要像杨花那样白首无成;或谓隐喻人之无才,作不出好文章;或言有所讽喻;或言赞赏杨花虽无芳华,却有情趣和勇气。细审诗意,诗人当是赞赏杨花的。"无才思"应是故作顿挫的谐谑之笔。此诗之寓意,见仁见智,不同的人生阅历和心绪会有不同的领悟。

夸张举例

上 李 邕①

[唐] 李 白

大鹏一日同风起,扶摇②直上九万里。
假令③风歇时下来,犹能簸却④沧溟⑤水。
世人见我恒⑥殊调⑦,闻余⑧大言⑨皆冷笑。
宣父⑩犹能畏后生,丈夫⑪未可轻年少。

诗文注释

①上:呈上。李邕:字泰和,广陵江都(今江苏江都区)人。有才华,性倜傥,唐玄宗时任北海(今山东青州市)太守,书法、文章都有名,世称李北海。后被李林甫杀害,年七十余。《旧唐书·文苑传》有传。李邕年辈早于李白,故诗题云"上"。从这首诗中,可以看出青年时期的李白的豪情壮志。
②扶摇:由下而上的大旋风。
③假令:假使,即使。
④簸却:激扬。
⑤沧溟:大海。
⑥恒:常常。
⑦殊调:格调特殊。

⑧余:我。
⑨大言:大话。
⑩宣父:即孔子,唐太宗贞观年间诏尊孔子为宣父。
⑪丈夫:古代男子的通称,此指李邕。

诗文翻译

大鹏总有一天会和风飞起,凭借风力直上九天云外。

如果风停了,大鹏飞下来,还能扬起江海里的水。

世间人们见我老是唱高调,听到我的豪言壮语都冷笑。

孔子还说过"后生可畏",大丈夫不可轻视少年人。

诗文赏析

大鹏是李白诗赋中常常借以自况的意象，它既是自由的象征，又是惊世骇俗的理想和志趣的象征。开元十三年（725），青年李白出蜀漫游，在江陵遇见名道士司马承祯，司马称白"有仙风道骨，可与神游八极之表"，李白当即作《大鹏遇希有鸟赋并序》（后改为《大鹏赋》），自比为庄子《逍遥游》中的大鹏鸟。李白诗中还有一首《临路歌》："大鹏飞兮振八裔，中天摧兮力不济。余风激兮万世，游扶桑兮挂石袂。后人得之传此，仲尼亡兮谁为出涕？"据唐李华《故翰林学士李君墓志铭序》云，李白"赋《临终歌》而卒"。后人认为可能就是这首《临路歌》，"路"或为"终"之误写。可见李白终生引大鹏自喻之意。按此诗语气直率不谦，故前人有疑非李白之作者，亦有信为李白之作而辨之者。参詹锳主编《李白全集校注汇释集评》有此诗题解。

这首诗，是李白青年时代的作品。李邕在开元七年至九年前后，曾任渝州（今四川重庆市）刺史。李白游渝州谒见李邕时，因为不拘俗礼，且谈论间放言高论，纵谈王霸，使李邕不悦。史称李邕"颇自矜"（《旧唐书·李邕传》），为人自负好名，对年轻后进态度颇为矜持。李白对此不满，在临别时写了这首态度颇不客气的《上李邕》一诗，以示回敬。

诗中李白以大鹏自比："大鹏一日同风起，扶摇直上九万里。假令风歇时下来，犹能簸却沧溟水。"大鹏是《庄子·逍遥游》中的神鸟，传说这只神鸟其大"不知其几千里也""其翼若垂天之云"，翅膀拍一下水就是三千里，扶摇直上，可高达九万里。大鹏鸟是庄子哲学中自由的象征，理想的图腾。李白年轻时胸怀大志，非常自负，又深受道家哲学的影响，

心中充满了浪漫的幻想和宏伟的抱负。在此诗中，他以"扶摇直上九万里"的大鹏自比，这只大鹏即使是不借助风的力量，以它的翅膀一扇，也能将沧溟之水一簸而干，这里极力夸张这只大鸟的神力。在这前四句诗中，诗人寥寥数笔，就勾画出一个力簸沧海的大鹏形象——也是年轻诗人自己的形象。

诗的后四句，是对李邕怠慢态度的回答："世人见我恒殊调，闻余大言皆冷笑。宣父犹能畏后生，丈夫未可轻年少。""世人"，指当时的凡夫俗子，显然也包括李邕在内，因为此诗是直接给李邕的，所以措辞较为婉转，表面上只是指斥"时人"。"殊调"，与后面的"大言"同义，指不同凡响的言论。李白的宏大抱负，常常不被世人所理解，被人当作"大言"来耻笑。李白显然没有料到，李邕这样的名人竟与凡夫俗子一般见识，于是，就抬出圣人识拔后生的故事，反唇相讥："宣父犹能畏后生，丈夫未可轻年少。"宣父，指孔子，唐太宗贞观十一年，"诏尊孔子为宣父"（《新唐书·礼乐志》）。丈夫，对男子尊称，此指李邕。《论语·子罕》中说："子曰：后生可畏。焉知来者之不如今也？"这两句意为孔老夫子尚且觉得后生可畏，你李邕难道比圣人还要高明？男子汉大丈夫千万不可轻视年轻人呀！后两句对李邕又是揶揄，又是讽刺，也是对李邕轻慢态度的回敬，态度相当桀骜，显示出少年锐气。

李邕在开元初年是一位闻名海内的大名士，史载李邕"素负美名，……人间素有声称，后进不识，京洛阡陌聚观，以为古人。或传眉目有异，衣冠望风，寻访门巷"。对于这样一位名士，李白竟敢指名直斥与之抗礼，足见青年李白的气识和胆量。"不屈己、不干人"笑傲权贵，平交王侯，正是李太白的真正本色。

对比举例

昭君怨·梅花

[宋] 郑　域

道是花来春未，道是雪来香异。竹外一枝斜，野人家。冷落竹篱茅舍，富贵玉堂琼榭。两地不同栽，一般开。

诗文赏析

上阕三、四两句，写出山野中梅花的姿态，较富有诗意。"竹外一枝斜"，语出苏轼《和秦太虚梅花》诗："竹外一枝斜更好。"宋人正敏《遯斋闲览》评东坡此句云："语虽平易，然颇得梅之幽独娴静之趣。"曹组《蓦山溪·梅》词中也写过："竹外一枝斜，想佳人、天寒日暮。"但却把思路引到杜诗"天寒翠袖薄，日暮倚修竹"上来，离开了梅花。此词没有遇竹而忘梅，用典而不为典所囿，一气呵成，构成了一个完整的意境。它以疏竹为衬托，以梅花为主体，在猗猗绿竹的掩映之中，一树寒梅，疏影横斜，娴静幽独，胜境超然。而且以竹节的挺拔烘托梅花的品格，更能突出梅花凌霜傲雪的形象。句末加上"野人家"一个短语，在音节上和谐优雅，而且使整个画面有了支点，流露出不识人间烟火者的生活气息。词也就这样自然而然地过渡到下阕。

下阕具体描写山野人家的环境。原来山野之中这户人家居处十分简朴，数间茅舍，围以疏篱。这境界与前面所写的一树寒梅掩以疏竹，正好相互映发，前者偏于虚，后者趋向实。它成了一种优美的恬静的境界，引人入胜，容易令人产生"雪满山中高士卧，月明林下美人来"的联想。而"冷落竹篱茅舍"之后，接着写"富贵玉堂琼榭"，意在说明栽于竹篱茅舍之梅，与栽于玉堂琼榭之梅，地虽不同，开则无异。词人由山中之梅想到玉堂之梅，思路又拓开一层，然亦有所本。李邴《汉宫春》咏梅词云："问玉堂何似，茅舍疏篱？伤心故人去后，冷落新诗。"相比起来，李词以情韵佳，此词则以哲理胜。它以对比的方式，写出了梅花纯洁而又傲岸的品质，体现了"贫贱不能移，富贵不能淫"的高尚情操。同一般的咏梅诗词相比，思想又得到了进一步升华。明代杨慎《词品》云："中卿小词，

清醒可喜，如《昭君怨》云云，兴比甚佳。"这首以咏梅为题材的小词，采用了比兴手法，表现出了一种清醒可喜的逸情雅趣，颇有发人深思的地方。

宋人张炎说："诗难于咏物，词为尤难。体认稍真，则拘而不畅；摩写差远，则晦而不明。""一看意思，全在结句。"（《词源》）以词贵在神似与形似之间，它只抓住蜡梅的特点，稍加点染，重在传神写意，与张炎所提出的要求，大概相近，风格质朴无华，落笔似不经意，小中见大，弦外有音，堪称佳作。

自从《诗经·摽有梅》以来，我国诗歌中咏梅之作就屡见不鲜，但有两种不同的倾向：一种是精粹雅逸，托意高远，如林逋的《梅花》诗，姜夔的咏梅词《暗香》《疏影》；一种是巧喻谲譬，思致刻露，如晁补之的《盐角儿》，以及郑域这首《昭君怨》。这后一种实际上受到宋诗议论化的影响，在诗歌的韵味上稍逊前者一等。

杨慎说此词"兴比甚佳"，主要是指善用比喻。但它所用的不是明喻，而是隐喻，如同《文心雕龙·谐隐》所说："遁词以隐意，谲譬以指事。"在宋人咏物词中，这是一种常用的手法。像林逋的咏草词《点绛唇》、史达祖的咏春雨词《绮罗香》和咏燕词《双双燕》，他们尽管写得细腻传神，但从头到尾，都未提到"草"字，"雨"字和"燕"字。这类词读起来颇似猜谜语，但谜底藏得很深，而所描写的景物却富有暗示性或形象性，既具体可感，又含蓄有味。此词起首二句也是采用同样的手法，它不正面点破"梅"字，而是从开花的时间和花的色香等方面加以比较：说它是花么，春天还未到；说它是雪呢，却又香得出奇。前者暗示它在腊月里开花，后者表明它颜色洁白，不言蜡梅而蜡梅自在。从语言结构来看，则是每句之内，自问自答，音节上自然舒展而略带顿挫，如"道是花来——春未；道是雪来——香异"，涵泳之中，别有一番情趣。

衬托举例

阮郎归·初夏

［宋］ 苏 轼

绿槐高柳咽新蝉，薰风①初入弦。碧纱窗下水沉②烟，棋声惊昼眠。

微雨过，小荷翻，榴花开欲然③。玉盆④纤手⑤弄清泉，琼珠⑥碎却圆。

诗文注释

①薰风：南风，和风。《史记·乐书》："昔者舜作五弦之琴，以歌《南风》"相传其首句为："南风之薰兮"。

②水沉：木质香料，又名沉水香。

③然：同"燃"，形容花红如火。

④玉盆：指荷叶。

⑤纤手：女性娇小柔嫩的手。

⑥琼珠：形容水的泡沫。

诗文翻译

惬意的昼眠，忽被落棋之声惊醒，本有些恼，揉揉眼睛，却见碧纱窗下，飘来缕缕沉香；窗外的槐柳绿影，传来阵阵新蝉之鸣，不禁又喜从心生。于是便挎盆出门，痛痛快快享受泉流洗沐的清凉。看雨后的小荷，随溪流翻动得多欢！石榴花衬着湿润的绿叶，愈见得红丽如燃。伸纤手玩弄泻池的流泉，那就更有味了，连溅落荷叶的碎滴，也一粒粒圆转如珠！

诗文赏析

这首词写的是初夏时节的闺阁生活，采用从反面落笔的手法，上阕写静美，而从听觉入手，以声响衬托环境之寂；下阕写动美，却从视觉落笔，用一幅幅无声画来展示大自然的生机。整首词淡雅清新而又富于生活情趣。

上阕写初夏已悄悄来到一个少女的身边。"绿槐高柳咽新蝉"，都是具有初夏特征的景物：枝叶繁茂的槐树，高大的柳树，还有浓绿深处的新蝉鸣声乍歇，一片阴凉幽静的庭院环境。"薰风初入弦"，又是初夏的气候特征。"薰风"，就是暖和的南风。古人对这种助长万物的风曾写有《南风》歌大加赞颂："南风之薰兮，可以解吾民之愠兮。南风之时兮，可以阜吾民之财兮。"据《礼记·乐记》载："昔者，舜作五弦之琴以歌《南风》。"意即虞舜特制五弦琴为《南风》伴奏。这里的"薰风初入弦"，是说《南风》之歌又要开始入管弦被人歌唱，以喻南风初起。由于以上所写的景物分别诉诸于视觉（绿槐、高柳）、听觉（咽新蝉）和触觉（薰风），使初夏的到来具有一种立体感，鲜明而真切。"碧纱窗下水沉烟，棋

声惊昼眠"，进入室内描写。碧纱窗下的香炉中升腾着沉香（即水沉）的袅袅轻烟。碧纱白烟相衬，不仅具有形象之美，且有异香可闻，显得幽静娴雅。这时传来棋子着枰的响声，把正在午睡的女主人公惊醒。苏轼有《观棋》四言诗，其序云："独游庐山白鹤观，观中人皆阖户昼寝，独闻棋声于古松流水之间，意欣然喜之。"诗句有云："不闻人声，时闻落子。"这首词和这首诗一样，都是以棋声烘托环境的幽静。而棋声能"惊"她的昼眠，读者可以想象，在这么静的环境中，她大概已经睡足，所以丁丁的落子声便会把她惊醒。醒来不觉得余倦未消，心中没有不快，可见初夏清和天气之宜人。

下阕写这个少女梦醒以后，尽情地领略和享受初夏时节的自然风光。歇拍二句，写弄水叶面，琼珠碎而复圆，更觉清新可爱。"微雨过，小荷翻，榴花开欲然"，又是另一番园池夏景。小荷初长成，小而娇嫩，一阵细雨过去，轻风把荷叶翻转；石榴花色本鲜红，经雨一洗，更是红得像火焰。这生机，这秀色，大概使这位少女陶醉了，于是出现了又一个生动的场面："玉盆纤手弄清泉，琼珠碎却圆。"这位女主人公索性端着漂亮的瓷盆到清池边玩水。水花散溅到荷叶上，像珍珠那样圆润晶亮。可以想见，此时此刻这位少女的心情也恰如这飞珠溅玉的水花一样，喜悦，兴奋，不能自持。

在苏轼之前，写女性的闺情词，总离不开相思、孤闷、疏慵、倦怠、种种愁情，可是苏轼在这里写的闺情却不是这样。女主人公单纯、天真、无忧无虑，不害单相思，困了就睡，醒了就去贪赏风景，拨弄清泉。她热爱生活，热爱自然，愿把自己融化在大自然的美色之中。这是一种健康的女性美，与初夏的勃勃生机构成一种和谐的情调。

描写是这首词的主要表现方法。它注意景物的描写、环境描写与人物描写的交叉运用，从而获得了很好的艺术效果。上阕由绿槐、高柳、鸣蝉、南风等景物描写与碧纱窗、香烟、棋声等环境描写，以及午梦初醒的人物描写共同构成一幅有声有色的初夏闺情图。下阕又以微雨、小荷、石榴花等景物描写与洗弄清泉的人物描写结合，构成一幅活泼自然的庭园野趣图，女主人公的形象卓立其间。同时他还注意了动态描写，且不说"棋声惊昼眠""玉盆纤手弄清泉"的人物活动，就是景物也呈现出某种

动感。小荷为微雨而翻动，可以想见它的迎风摇曳之姿。石榴花本是静物，但用了一个"然"字，又使它仿佛动了起来。这些动态描写对活跃气氛、丰富画面无疑起了有益的作用。此词景中含情，将众多的景物以情纬之，故散而不乱，给人以整体感。作者善于抓住细微的心理感受并在无形中将客观环境的细微变化加以对比，通过景物描写、环境描写，

构成一幅活泼自然的庭园野趣，并在其中寄寓女主人公的单纯、天真和对自然、对生活的热爱。词中的少女形象，与一般闺情词中疏慵倦怠、孤闷愁苦的女性形象截然不同，充满了美好清新的勃勃生机和青春气息，给人以耳目一新的感觉。作品中活泼健康的少女形象，与初夏时节富有生气的景物、环境，构成了一种和谐、清丽、灵动的情调，令人流连忘返。

顶真举例

白云歌送刘十六归山

［唐］ 李 白

楚山秦山皆白云，白云处处长随君。
长随君，君入楚山里，云亦随君渡湘水。
湘水上，女萝衣，白云堪卧君早归。

诗文赏析

诗题为"白云歌"，诗中紧紧抓住白云这一形象，展开情怀的抒发。南朝时，陶弘景隐于句曲山，齐高帝萧道成有诏问他"山中何所有？"他作诗答说："山中何所有？岭上多白云。只可自怡悦，不堪持赠君。"此后多以白云代借隐士。白云自由不羁，超凡脱俗，洁白无瑕，是隐者品格的最好象征，李白这首诗直接从白云入手，一下子便将人们带入清逸高洁的境界。为了充分利用白云的形象和作用，这首送别诗没有再从别的方面申叙离情，只择取刘十六自秦归隐于楚的行程落笔。从首句"楚山秦山皆白云"起，这朵白云就与他形影不离，随他渡湘水，随他入楚山里，直到末句"白云堪卧君早归"，祝愿他高卧白云为止，可以说全诗从白云始，以白云终。我们似乎只看到一朵白云的飘浮，而隐者的高洁，隐逸行动的高尚，尽皆浮现。胡应麟说"诗贵清空"，又说"诗主风神"（《诗薮》），这首诗不直写隐者，也不咏物式地实描白云，而只把它当作隐逸的象征。因此，是隐者，亦是白云；是白云，亦是隐者，真正达到清空高妙，风神潇洒的境界。方弘静说：

"《白云歌》无咏物句，自是天仙语，他人稍有拟象，即属凡辞。"是体会到了这一妙处的。这首诗是唐玄宗天宝初年（742—756），李白在长安送刘十六归隐湖南所作。刘十六的名字不详，"十六"是其在家族中兄弟间排列长幼的次序数。诗八句四十二字，因为其中不少词语的重沓咏歌，便觉得声韵流转，含义深厚，意境超远，应当说是歌行中的上品。

这首诗的引人处首先在于一股真情扑人。诗人送刘十六归隐是饱含着自己的感情的，甚至不妨说，是借刘十六的酒杯浇自己的块垒。

天宝元年（742），李白怀着济世之志，奉召来到长安，然而长安"珠玉买歌笑，糟糠养贤才"（《古风》其十五）的政治现实，把他的期望击得粉碎，因此，不得不使他考虑到将来的去向和归宿。这时他送友人归山，不再是对待一般隐逸的感情，而是渗透着同腐败政治决裂的浓烈情绪，因而感情喷薄而出。

这首诗歌运笔极为自然，而自然中又包含匠心。首句称地，不直言秦、楚，而称"楚山""秦山"，不仅与归山相应，气氛谐调，增强隐逸色调；而且古人以为云触山石而生，自然地引出了白云。择字之妙，一笔双关。当诗笔触及湘水时，随事生情，点染

上"女萝衣"一句。屈原《九歌·山鬼》云："若有人兮山之阿,被薜荔兮带女萝。""女萝衣"即代指山鬼。山鬼爱慕有善行好姿的人,"被石兰兮带杜衡,折芳馨兮遗所思。"汉代王逸注云:"所思,谓清洁之士若屈原者也。"这里借用这一故实,意谓湘水对洁身修德之人将以盛情相待,进一步渲染了隐逸地的可爱和归者之当归。而隐以屈原喻归者,又自在言外。末句一个"堪"字包含无限感慨"白云堪卧",也

就是市朝不可居。有了这个"堪"字,"君早归"三字虽极平实,也含有无限坚定的意味了。表现得含蓄深厚,平淡中有锋芒。

此诗采用了歌体形式来表达倾泻奔放的感情是十分适宜的。句式上又多用顶真,即下一句之首重复上一句之尾的词语,具有民歌复沓歌咏的风味,增加了音节的流动美和情意的缠绵,使内容和艺术形式达到和谐统一。

双关举例

新添声杨柳枝词(其一)

［唐］　温庭筠

一尺深红蒙曲尘,
天生旧物不如新。
合欢桃核终堪恨,
里许元来别有人。

新添声杨柳枝词(其二)

［唐］　温庭筠

井底点灯深烛伊,
共郎长行莫围棋。
玲珑骰子安红豆,
入骨相思知不知?

诗文赏析

第一首

前两句"一尺深红蒙曲尘,天生旧物不如新。""一尺"系概数,"深红"指裙色。"曲尘"本酒曲所生细菌,色微黄如尘,所以称淡黄色,此指衣色。起句言深红裙上蒙以浅黄之衣。裙与衣,深红配浅黄,红黄谐调,两相映衬,绚丽多彩。爱美之心人皆有之。少女衣饰,讲究色彩美,正是情移于衣的自然流露,或者说衣

饰之艳丽是少女情窦初开之表象。谁也不愿老穿破旧衣服。故次句言"天生旧物不如新"。然而,就爱情而言,则不能"喜新厌旧",而应是"日久长新"才好,否则情不专而怨恨必生。窦玄妻《古怨歌》云:"衣不如新,人不如故。"诗人这里正是以"衣不如新"反衬"人不如故"。后两句说"合欢桃核终堪恨,里许元来别有人。"桃核由两半相合而成,故曰"合欢桃核",喻男女相遇合,或可作表达爱情之信物。《烟花记》载,炀帝以合欢水果赐吴绛仙,就是适例。"堪",可也。"里许"

即里面,许系助词。"元来",即原来,"元"同"原"。"人"字当本作"仁"。诗人用谐音双关法,写桃核内有"仁"以隐喻合欢之人心中原来别有"人"。既然对方心中已有他人,故第二句曰"旧物不如新";虽前有"合欢桃核"之约,然"终堪恨"也。这就既巧妙地讽刺了爱情上的喜新厌旧者,又曲折地表达了抒情主人公对所爱者的执着追求,那"恨"字流露出一种难言的幽恨之情。面对负心人,诗人委婉地提出自己的劝诫,言有尽而意无穷,反映了甜蜜爱情生活中的另一个侧面。

第二首

一、二句"井底点灯深烛伊,共郎长行莫围棋。""烛",谐音双关"嘱"。"长行",古博戏名。唐代李肇《国史补》下:"今之博戏,有长行最盛,其具有局有子,子有黄黑各十五,掷采之骰有二。其法生于握槊,变于双陆。"此处读作游子的"长行",隐喻"长别"。"围棋",音同"违期"。诗人仍使用谐音双关手法,造成字面上的隐语,使读者通过联想便知言在此而意在彼。即字面上是说点灯相照,与郎共作双陆之戏,实际上是说诗中女主人公与郎长别时,曾深嘱勿过时而不归。"莫违期"是"深嘱"的具体内容,又为下文的"入骨相思"埋下伏笔。三、四句"玲珑骰子安红豆,入骨相思知不知?""红豆"即相思子,古人常用以象征爱情或相思。王维《相思》诗云:"红豆生南国,春来发几枝?愿君多采撷,此物最相思。"唐朝时贵族的闺阁间流行一种玩物,拿一小块象牙剖成两面,镂空了镶入一颗红豆,再将剖开的两面嵌上去,复成六面,骰点当然亦是凿空的,一掷出去,六面皆红,即所谓"玲珑骰子安红豆"了。后来流传到民间,一般人买不起象牙这样贵重的材料,便改用兽骨,红豆又称相思子,"入骨相思",一

语双关,其中缠绵之意,教人不由魂销。在章法上,则是对前两句"深嘱"早归"莫违期"的对应。诗中,女子"共郎长行"时"深嘱"于前,客子"违期"未归时又"入骨相思"于后,最后以"知不知"设问寄意的口吻轻轻将全诗兜住,然后再表现出这位多情的闺中人亟盼游子早归的焦虑心情。"知不知"三字,把女子离别之久、会合之难、相思之深之苦,乃至欲说无人都淋漓尽致地表现了出来,可谓收得自然,余味不尽。而读者所感受到的正是女主人公内心深处诚挚而火热的爱情。有女钟情如此,令人读来倍觉感人。

整体鉴赏

清人曾益等在《温飞卿诗集笺注》云,《云溪友议》中写道庭筠与裴郎中友善,为此词,饮筵竞唱打令。"可知这两首系诗人与友人饮筵时为所唱小曲填的词,内容均属情诗。

两首诗写"合欢桃核终堪恨,里许元来别有人",以讽喜新厌旧;写"玲珑骰子安红豆,入骨相思知不知",以骰子喻己相思之情,就既未见浓艳的词藻,又未闻有些许脂粉气。其设想新奇,别开生面,在许多的爱情诗中,使人顿觉耳目一新。大量使用谐音双关修辞法,更使诗作独标一格,别有情致。人们表达爱的情感,力避直率明白,崇尚朦胧含蓄(当然不是晦涩费解),而双关隐语的运用,却能使人透过字面的意思,通过那些音同或音近的"别字",去细细品味那双关语中底层的无尽的意蕴。这些谐音词的寓意颇深,不可囫囵读之。它蕴含着诗人人为的特定含义和感情色彩,能使语言在表达上更含蓄、婉转和饶有风趣。用于表达爱情,则言浅意深,更富有感染力。

通感举例

听邻家吹笙

［唐］ 郎士元

凤吹声如隔彩霞,
不知墙外是谁家。
重门深锁无寻处,

疑有碧桃千树花。

诗文赏析

首句"凤吹声如隔彩霞"就似乎由曲作想,说笙曲似从天降,极言其超凡入神。具象地写出"隔彩霞"三字,就比一般地说"此曲只应天上有"(杜甫)、"如听仙乐耳暂明"(白居易)来得高妙。将听觉感受转化为视觉印象,给读者的感觉更生动具体。同时,这里的"彩霞",又与白居易《琵琶行》、韩愈《听颖师弹琴》中运用的许多摹状乐声的视觉形象不同。它不是说声如彩霞,而是说声自彩霞之上来;不是摹状乐声,而是设想奏乐的环境,间接烘托出笙乐的明丽新鲜。

"不知墙外是谁家",对笙乐虽以天上曲相比拟,但对其实际来源必然要产生悬想揣问。诗人当是在自己院内听隔壁"邻家"传来的笙乐,所以说"墙外"。这悬揣语气,不仅进一步渲染了笙声的奇妙撩人,还见出听者"寻声暗问"的专注情态,也间接表现出那音乐的吸引力。于是,诗人动了心,由"寻声暗问'吹'者谁",进而起身追随那声音,欲窥探个究竟。然而"重门深锁无寻处",一墙之隔竟无法逾越,不禁令人于咫尺之地产生"天上人间"的怅惘和更强烈的憧憬,由此激发了一个更为绚丽的幻想。

"疑有碧桃千树花"。以花为意象描写音乐,"芙蓉泣露香兰笑"(李贺)是从乐声(如泣如笑)着想,"江城五月落梅花"(李白)是从曲名(《梅花落》)着想,而此诗末句与它们都不同,仍是从奏乐的环境着想。与前"隔彩霞"呼应,这里的"碧桃"是天上碧桃,是王母桃花。灼灼其华,竟至千树之多,是何等繁缛绚丽的景象!它意味着那奇妙的、非人世间的音乐,宜乎如此奇妙的、非人世间的灵境。它同

时又象征着那笙声的明媚、热烈、欢快。而一个"疑"字,写出如幻如真的感觉。

此诗三句紧承二句,而四句紧承三句又回应首句,章法流走回环中有递进(从"隔彩霞"到"碧桃千树花")。它用视觉形象写听觉感受,把五官感觉错综运用,而又避免对音乐本身正面形容,单就奏乐的环境作"别有天地非人间"的幻想,从而间接有力地表现出笙乐的美妙。在"通感"运用上算得是独具一格的。

参考资料

[1] 谷会海. 关于中学语文教学中古代诗歌鉴赏能力培养研究[D]. 沈阳师范大学,2005.

[2] 萧涤非等. 唐诗鉴赏辞典[M]. 上海:上海辞书出版社,1983.

[3] 陈映,陈朗. 读故事赏古诗[M]. 上海:少年儿童出版社,2015.

[4] 毕磊菁. 艺术知识与文学常识[M]. 南京:南京师范大学出版社,2011.

[5] 王晓亮主编. 璀璨的中国[M]. 北京:中国戏剧出版社,2007.

[6] 张国举. 唐诗精华注译评[M]. 长春:长春出版社,2010.

[7] 詹福瑞等. 李白诗全译[M]. 石家庄:河北人民出版社,1997.

[8] 周啸天等. 唐诗鉴赏辞典补编[M]. 成都:四川文艺出版社,1990.

[9] 唐圭璋等. 唐宋词鉴赏辞典[M]. 上海:上海辞书出版社,1988.

[10] 李静等. 唐诗宋词鉴赏大全集[M]. 北京:华文出版社,2009.

第五讲

古代诗歌之修辞美（下）

九、互文

"互文"是古汉语中一种特殊的修辞手法。在古诗词中的运用一般来讲有两种表现形式。

其一是有时为了避免词语单调重复，行文时交替使用同义词。从这个角度讲与"变文"是一致的，这种互文的特点是在相同或基本相同的词组或句子里，处于相应位置的词可以互释。掌握了它，有时可以从已知词义来推知另一未知词义，如"忠不必用兮，贤不必以"（《涉江》），其中的"用"和"以"处相应位置，由此可推知"以"就是"用"的意思。又如"求全责备"这一短语，其中"求"与"责"处于相应位置，由此可推知"责"就是"求"的意思。这类互文是容易理解和掌握的。

其二是有时出于字数的约束、格律的限制或表达艺术的需要，必须用简洁的文字，含蓄而凝练的语句来表达丰富的内容。于是把两个事物在上下文只出现一个而省略另一个，即所谓"两物各举一边而省文"，以收到言简意繁的效果，这是其在结构上的特点。理解这种互文时，必须把上下文保留的词语结合起来，使之互相补充互相呼应彼此映衬才能现出其原意，故习惯上称之为"互文见义"。如"迢迢牵牛星，皎皎河汉女"（《古诗十九首》），其上句省去了"皎皎"，下句省去了"迢迢"。即"迢迢"不仅指牵牛星，亦指河汉女；"皎皎"不仅指河汉女，亦指牵牛星。"迢迢""皎皎"互补见义。两句合起来的意思是"遥远而明亮的牵牛星与织女星啊！"，并非牵牛星只遥远而不明亮，也并非织女星只明亮而

不遥远。这类互文，只有掌握了它的结构方式，才能完整地理解其要表达的意思。如只从字面理解，不但不能完整而准确地把握其要表达的内容，并且有时会令人进入迷宫，百思而不得其解。下面结合常见的一些诗文来具体谈一谈互文的具体应用。

1. 岐王宅里寻常见，崔九堂前几度闻。（杜甫《江南逢李龟年》）

其中"见"与"闻"互补见义。即"（当年我）常在岐王与崔九的住宅里见到你并听到你的歌声"，并非在岐王宅只见人而不闻歌；也并非在崔九堂只闻歌而不见人。

2. 开我东阁门，坐我西阁床。（北朝民歌《木兰诗》）

其上句省去了"坐我东阁床"，下句省去了"开我西阁门"。两句要表述的意思是：打开东阁门在床上坐坐，又打开西阁门在床上坐坐，以表达木兰对久别的家庭的喜爱。不然既开的是东阁门，怎么会坐西阁床呢？

3. 当窗理云鬓，对镜贴花黄。（同上）

其中"当窗"与"对镜"为互文。当窗以取亮，对镜以整容。全句是说对着窗户照着镜子梳理云鬓并贴上花黄。并非"理云鬓"只当窗而不对镜，亦并非"贴花黄"只对镜而不当窗。

4. 日月之行，若出其中；星汉灿烂，若出其里。（曹操《观沧海》）

其中"行"与"灿烂"互补见义。即"灿烂的日月星汉之运行均若出于沧海之中"。并非日月只运行而不灿烂，也并非星汉只灿烂而不运行。

5. 主人下马客在船,举酒欲饮无管弦。(《琵琶行》)

其中"下马"与"在船"互补见义。言主人下了马来到船上,客人也下了马来到船上。不然,主人在岸客人在船,这样举酒饯行就可笑了。

6. 烟笼寒水月笼沙(《泊秦淮》)

其中"烟"与"月"互补见义。即"烟雾与月光笼罩着一河清水,也笼罩着河边的沙地"。并非"笼寒水"的只是"烟"而无"月",也并非"笼沙"的只是"月"而无"烟"。

7. 秦时明月汉时关(《出塞》)

其中"秦"与"汉"互补见义,即明月仍是秦汉时的明月,山关仍是秦汉时的山关,以此来映衬物是人非。并非明月属秦关属汉。

8. 花径不曾缘客扫,蓬门今始为君开。(《客至》)

全联意思是:花径不曾缘客扫,今始为君扫;蓬门不曾为客开,今始为君开。上下两句在意义上互相补充,互相拼合,是对句互文。

十、排比

把三个或三个以上结构和长度均类似、语气一致、意义相关或相同的句子排列起来。作用:加强语势、语言气氛,使文章的节奏感加强,条理性更好,更利于表达强烈的感情(表达效果)。张养浩《双调·沉醉东风》"班定远飘零玉关,楚灵均憔悴江干。李斯有黄犬悲,(秦二世二年七月,丞相李斯因遭奸人诬陷,论腰斩咸阳市。临刑谓其中子曰:'吾欲与若复牵黄犬俱出上蔡东门逐狡兔,岂可得乎!')陆机有华亭叹。(他在临死前给后人留下了一个表示后悔进入仕途的典故——"华亭鹤"。据说,在被砍头前,他曾说过一句"华亭鹤唳,岂可复闻乎?")张柬之老来遭难,把个苏子瞻长流了四五番。因此上功名意懒。"画线部分使用了排比的修辞手法。马致远《天净沙·秋思》:"枯藤老树昏鸦,小桥流水人家,古道西风瘦马。""平沙细草斑斑,曲溪流水潺潺,塞上清秋早寒。"也使用了排比修辞。

十一、借代

不直接说出所要表达的人或事物,而是借用与它有密切关系的人或事物来代替。借代种类:特征

代事物、具体代抽象、部分代全体、整体代部分。作用:突出事物的本质特征,增强语言的形象性,使文笔简洁精练,语言富于变化和幽默感;引人联想,使表达收到形象突出、特点鲜明、具体生动的效果。

方法:①部分代整体。即用事物具有代表性的部分代本体事物。例如:两岸青山相对出,孤帆一片日边来。(李白《望天门山》)

②特征代本体。即用本体(人或事物)的特征、标志去代替本体事物的名称。例如:知否? 知否? 应是绿肥红瘦。(李清照《如梦令》)朱门酒肉臭,路有冻死骨。(杜甫《自京赴奉先咏怀五百字》)

③具体代抽象。例如:南国烽烟正十年。(陈毅《梅岭三章》)

④原料代本体。例如:"浔阳地僻无音乐,终岁不闻丝竹声""举酒欲饮无管弦"(白居易《琵琶行》)

⑤专名代泛称。用具有典型性的人或事物的专用名称代替本体事物的名称。例如:何以解忧,唯有杜康。"(曹操《短歌行》)

"折戟沉沙铁未销,自将磨洗认前朝。东风不与周郎便,铜雀春深锁二乔。"(杜牧《赤壁》)"二乔"指的是大乔、小乔,是专名,又代表了东吴国家的命运。

十二、叠字

又名"重言",系指由两个相同的字组成的词语。用叠字法作楹联,可以生动地表现楹联的意境,语音上和谐悦耳,韵律明朗,韵律协调,具有传情达意的形象性,因而可以增强楹联的艺术魅力,获得特定的表达效果。"年年岁岁花相似,岁岁年年人不同。"(刘希夷《代悲白头吟》)"山盟虽在,锦书难托,莫,莫,莫。"(陆游《钗头凤》)"寻寻觅觅,冷冷清清,凄凄惨惨戚戚。"(李清照《声声慢》)

十三、对偶

字数相等,结构形式相同,意义对称的一对短语或句子,表达两个相对或相近的意思。作用:整齐匀称,节奏感强,高度概括,易于记忆,有音乐美感。主要方式:①正对。上下句意思上相似、相近、相补、相衬的对偶形式。例如:"墙上芦苇,头重脚轻根底浅;山间竹笋,嘴尖皮厚腹中空。" ②反对。上下句意思上相反或相对的对偶形式。例如:"横眉冷对

千夫指，俯首甘为孺子牛。"③串对（流水对）。上下句意思上具有承接、递进、因果、假设、条件等关系的对偶形式。例句："才饮长沙水，又食武昌鱼。"

十四、反问

用疑问形式表达确定的意思，用肯定形式反问表否定，用否定形式反问表肯定，只问不答，答案暗含在反问句中。作用：加强语气，发人深思，激发读者感情，加深读者印象，增强文章的气势和说服力。

江东子弟今虽在，肯与君王卷土来？（王安石《叠题乌江亭》）

十五、设问

为了引起别人的注意，故意先提出问题，然后自己回答。作用：引起注意，启发读者思考；有助于

层次分明，结构紧凑；可以更好地描写人物的思想活动。李清照的《如梦令》："知否？知否？应是绿肥红瘦。"李煜的《虞美人》："问君能有几多愁？恰似一江春水向东流。"

十六、反复

①连续反复。连续出现同一个词语或句子，中间没有间隔叫连续反复。"少年不识愁滋味，爱上层楼。爱上层楼，为赋新词强说愁。而今识尽愁滋味，欲说还休。欲说还休，却道'天凉好个秋'！"（辛弃疾《丑奴儿·书博山道中壁》）

②间隔反复。同一个词语或句子不连续出现，有其他词语或句子间隔在中间叫间隔反复。"参差荇菜，左右采之。窈窕淑女，琴瑟友之。参差荇菜，左右芼之。窈窕淑女，钟鼓乐之。"（《诗经·周南·关雎》）作用：反复能加强某种思想感情的表达。

互文举例

江南逢李龟年①

[唐] 杜　甫

岐王②宅里寻常见，
崔九③堂前几度闻。
正是江南④好风景，
落花时节⑤又逢君。

诗文注释

①李龟年：唐代著名的音乐家，受唐玄宗赏识，后流落江南。

②岐王：唐玄宗李隆基的弟弟，名叫李隆范，以好学爱才著称，雅善音律。

③崔九：崔涤，在兄弟中排行第九，中书令崔湜的弟弟。玄宗时，曾任殿中监，出入禁中，得玄宗宠幸。崔姓，是当时一家大姓，以此表明李龟年原来受赏识。

④江南：这里指今湖南省一带。

⑤落花时节：暮春，通常指阴历三月。落花的寓意很多，人衰老飘零，社会的凋敝丧乱都在其中。君：指李龟年。

诗文翻译

当年在岐王宅里，常常见到你的演出，在崔九堂前，也曾多次欣赏你的艺术。眼下正是江南暮春的落花时节，没有想到能巧遇你这位老相识。

诗文赏析

诗是感伤世态炎凉的。李龟年是唐玄宗初年的著名歌手,常在贵族豪门歌唱。杜甫少年时才华卓著,常出入于岐王李隆范和中书监崔涤的门庭,得以欣赏李龟年的歌唱艺术。诗的开首二句是追忆昔日与李龟年的接触,寄寓诗人对开元初年鼎盛的眷怀;后两句是对国事凋零,艺人颠沛流离的感慨。仅仅四句却概括了整个开元时期(开元时期为713—741年)的时代沧桑,人生巨变。语极平淡,内涵却无限丰满。

李龟年是开元时期"特承顾遇"的著名歌唱家。杜甫初逢李龟年,是在"开口咏凤凰"的少年时期,正值所谓"开元全盛日"。当时王公贵族普遍爱好文艺,杜甫即因才华早著而受到岐王李隆范和中书监崔涤的延接,得以在他们的府邸欣赏李龟年的歌唱。而一位杰出的艺术家,既是特定时代的产物,也往往是特定时代的标志和象征。在杜甫心目中,李龟年正是和鼎盛的开元时代、也和他自己充满浪漫情调的青少年时期的生活,紧紧联结在一起的。几十年之后,他们又在江南重逢。这时,遭受了八年动乱的唐王朝业已从繁荣昌盛的顶峰跌落下来,陷入重重矛盾之中;杜甫辗转漂泊到潭州,"疏布缠枯骨,奔走苦不暖",晚境极为凄凉;李龟年也流落江南,"每逢良辰胜景,为人歌数阕,座中闻之,莫不掩泣罢酒"(《明皇杂录》)。这种会见,自然很容易触发杜甫胸中原本就郁积着的无限沧桑之感。

"岐王宅里寻常见,崔九堂前几度闻。"诗人虽然是在追忆往昔与李龟年的接触,流露的却是对"开元全盛日"的深情怀念。这两句下语似乎很轻,含蕴的感情却深沉而凝重。"岐王宅里""崔九堂前",仿佛信口道出,但在当事者心目中,这两个文艺名流经常雅集之处,是鼎盛的开元时期丰富多彩的精神文化的集中的地方,它们的名字就足以勾起诗人对"全盛日"的美好回忆。当年诗人出入其间,接触李龟年这样的艺术明星,是"寻常"而不难"几度"的,多年过后回想起来,简直是不可企及的梦境了。这里所蕴含的天上人间之隔的感慨,读者是要结合下两句才能品味出来的。两句诗在叠唱和咏叹中,流露了诗人对开元盛世的无限眷恋,犹如要拉长回味的时间。

梦一样的回忆,毕竟改变不了眼前的现实。"正是江南好风景,落花时节又逢君。"风景秀丽的江南,在承平时代,原是诗人们所向往的作快意之游的所在。诗人真正置身其间,所面对的竟是满眼凋零的"落花时节"和皤(pó)然白首的流落艺人。"落花时节",如同是即景书事,又如同是别有寓托,寄兴在有意无意之间。这四个字,暗喻了世运的衰颓、社会的动乱和诗人的衰病漂泊,但诗人丝毫没有在刻意设喻,这种写法显得特别浑成无迹。加上两句当中"正是"和"又"这两个虚词一转一跌,更在字里行间蕴藏着无限感慨。江南好风景,恰恰成了乱离时世和沉沦身世的有力反衬。一位老歌唱家与一位老诗人在颠沛流离中重逢了,落花流水的风光,点缀着两位面容憔悴的老人,成了时代沧桑的一幅典型画图。它无情地证实"开元全盛日"已经成为历史陈迹,一场翻天覆地的大动乱,使杜甫和李龟年这些经历过盛世的人,沦落到了不幸的地步。感慨是很深的,但诗人写到"落花时节又逢君",却黯然而收,在无言中有着深沉的慨叹,痛定思痛的悲哀。这样"刚开头却又煞了尾",连一句也不愿多说,显得蕴藉之极。清代沈德潜评此诗:"含意未申,有案未断。"诗人这种"未申"之意对于有着类似经历的当事者李龟年,是不难领会的;对于后世善于知人论世的读者,也不难把握。像《长生殿·弹词》中李龟年所唱的"当时天上清歌,今日沿街鼓板""唱不尽兴亡梦幻,弹不尽悲伤感叹,凄凉满眼对江山"等,尽管反复唱叹,意思并不比杜诗更多,倒很像是剧作家从杜甫的诗中抽绎出来的一样。

四句诗,从岐王宅里、崔九堂前的"闻"歌,到落花江南的重"逢","闻""逢"之间,联结着四十年的时代沧桑、人生巨变。尽管诗中没有一笔正面涉及时世身世,但透过诗人的追忆感喟,却表现出了给唐代社会物质财富和文化繁荣带来浩劫的那场大动乱的阴影,以及它给人们造成的巨大灾难和心灵创伤。可以说"世运之治乱,华年之盛衰,彼此之凄凉流落,俱在其中"(孙洙评)。正如同旧戏舞台上不用布景,观众通过演员的歌唱表演,可以想象出极广阔的空间背景和事件过程;又像小说里往往通过一个人的命运,反映一个时代一样。这首诗的成功创作表明:在具有高度艺术概括力和丰富生活体验的大诗人那里,绝句这样短小的体裁可以具有很大的容量,而在表现如此丰富的内容时,又能达到举重若轻、浑然无迹的艺术境界。

这首七言绝句脍炙人口,是杜甫晚年创作生涯中的绝唱,历代好评众多,如清代邵长蘅评价说:"子美七绝,此为压卷。"《唐宋诗醇》也说,这首诗"言情在笔墨之外,悄然数语,可抵白氏(白居易)一篇《琵琶行》矣。……此千秋绝调也。"诗中抚今思昔,世境的离乱,年华的盛衰,人情的聚散,彼此的凄凉流落,都浓

缩在这短短的二十八字中。语言极平易,而含义极深远,包含着非常丰富的社会生活内容。那种昔盛今衰,构成了尖锐的对比,使读者感到诗情的深沉与凝重。清代黄生《杜诗说》评论说:"今昔盛衰之感,言外黯然欲绝。见风韵于行间,寓感慨于字里。即使龙标(王昌龄)、供奉(李白)操笔,亦无以过。乃知公于此体,非不能为正声,直不屑耳。有目公七言绝句为别调者,亦可持此解嘲矣。"

排比举例

【双调】沉醉东风

[元] 张养浩

班定远飘零玉关①,楚灵均憔悴江干②。李斯有黄犬悲③,陆机有华亭叹④。张柬之老来遭难⑤,把个苏子瞻长流了四五番⑥。因此上功名意懒。

诗文注释

①"班定远"句:班定远即班超。超以战功封定远侯。年老思乡,因上疏请求调回关内说:"臣不敢望到酒泉郡,但愿生入玉门关。"

②"楚灵均"句:屈原,楚国人,字灵均,故称"楚灵均"。《楚辞·渔父》中写道:"屈原既放,游于江潭,行吟泽畔,颜色憔悴,形容枯槁。"

③"李斯"句:李斯,秦国的丞相。他在秦统一六国,巩固地主阶级专政的斗争中起过很大的作用。后被二世所杀。临刑时,他顾谓其中子曰:"吾欲与若复牵黄犬俱出上蔡东门逐狡兔,岂可得乎!"

④"陆机"句:陆机,字士衡,西晋的文学家,所作《文赋》为我国古代重要的文学论文。后被谗,为司马颖所杀。临刑,叹曰:"华亭鹤唳,岂可复闻乎?"(见《晋书·陆机传》)

⑤"张柬之"句:张柬之(625—706),字孟将,襄阳(今属湖北)人。中进士后,累迁至监察御史,武周后期,曾任宰相。后被武三思所排挤,贬为新州

司马,愤恨而死。

⑥"把个"句:苏子瞻即苏轼,北宋大文学家、大书画家。在政治上偏于保守,反对王安石变法。神宗时,被贬为黄州(今湖北黄冈市)团练副使。哲宗时,新党再度执政,又被谪贬到惠州(今广东惠阳区),六十三岁时被远徙琼州(今海南岛)。赦还的第二年,死于常州(今江苏省常州市)。

诗文翻译

班超远离家乡飘零在玉门关,楚大夫屈原被放逐容颜憔悴游荡在江边。李斯临刑哀伤他不能再行猎牵黄犬,陆机被执有再也听不到故乡华亭鹤唳的感叹。那张柬之年过八十还被贬遭难,把个大诗人苏轼远远地贬到边地四、五番。就因为这些我对功名心灰意懒。

诗文赏析

沉醉东风:原作共八首,除最后一首有题外,余

皆无题,为一组,每首皆以"因此上功名意懒"为结句,分述作者对功名心灰意懒的种种原因。这是第二首。

班定远飘零玉关:班定远指东汉名将班超。他留守西域三十一年,战功卓著,官至西域都护,被封为定远侯。晚年思乡,上疏乞归,有"臣不敢望到酒泉郡,但愿生入玉门关"的话。"飘零玉关"即指此。玉关即玉门关,故址在今甘肃敦煌西北,为古时通往西域的要道。

楚灵均憔悴江干:楚灵均指屈原。他字灵均,被楚顷襄王放逐至江南"被发行吟泽畔,颜色憔悴,形容枯槁"(见《史记·屈原贾谊列传》)。江干,即江边。

李斯有黄犬悲:李斯,上蔡(今属河南)人,曾助秦始皇吞并六国,官至丞相。秦始皇死后,又辅佐二世继位。后为宦官赵高所嫉,诬他谋反,被腰斩于咸阳。他临刑前对儿子说:"吾欲与若复牵黄犬俱出上蔡东门逐狡兔,岂可得乎!"(见《史记·李斯传》)

陆机有华亭叹:陆机,西晋著名诗人,华亭(今上海松江)。他随成都王司马颖讨伐长沙王司马乂,被执时"叹曰:'华亭鹤唳,岂可复闻乎?'遂遇害于军中"。(见《晋书·陆机传》)

张柬之老来遭难:张柬之,唐武后时因狄仁杰的推荐而受到重用,官至宰相。后又佐唐中宗复位有功,被封为汉阳郡王。不久被武三思构陷,被贬为新州(今广东新兴)司马,又流泷州(今广东罗定东),当时已八十多岁,终于忧愤而死。

苏子瞻长流了四五番:苏子瞻指北宋诗人苏轼,字子瞻。他因与王安石等新党政见不和,一生多次被贬。曾先后被贬至黄州(今湖北黄冈)、惠州(今广东惠阳区)、儋(dān)州(今海南儋州市西北)。

借代举例

【折桂令】问秦淮

〔清〕 孔尚任

问秦淮旧日窗寮,破纸迎风,坏槛当潮,目断魂消。当年粉黛,何处笙箫?罢灯船端阳不闹,收酒旗重九无聊。白鸟飘飘,绿水滔滔,嫩黄花有些蝶飞,新红叶无个人瞧。

诗文赏析

【折桂令】一曲写苏昆生重访秦淮。秦淮河横贯南京市,河两岸为景胜、繁华之地,但现在苏昆生见到的是一片残败。

"破纸迎风,坏槛当潮"两句,以声音衬寂寥。窗户上,破纸迎风瑟瑟作响;朽门外,潮水拍打空城阵阵传来。这风声、潮声反衬了人声寂寂,一片萧条冷落。接着,作者将人物和节日情况作今昔对比,突出今日秦淮河无人无乐无节日佳庆的空寂。过去,这里游人如织,佳丽云集,舞榭歌台,笙箫彻夜。河中,彩楫画舫闹端阳,岸上,酒旗耸立庆重九。作者用富有特征性的"粉黛""笙箫""灯船""酒旗",写尽了昔日秦淮河畔繁华竞逐的景象。而现在,歌女逃散,丝竹不闻,秦淮河再无当年的遗风余韵了。即使适逢节日,也是"端阳不闹""重九无聊"。"端阳""重九"代表了南方的重大节日,"不闹""无聊"突出了一片冷落凄清。"不闹"从环境气氛说,虽是佳节,却无热烈欢悦的氛围。"无聊"从情绪说,写出人们没有兴致,无心无绪的委顿精神状态。节日尚且如此,平日就更可想而知了。作者把人民的亡国哀痛心理,挖掘得多么深,表达得多么活啊!秦淮河舞歇歌罢,亦大有与南明王朝笙歌旖旎、舞榭歌台相对照的意味,在对比中,加深人们的兴亡感触。今昔对比后,"白鸟飘飘"四句的自然景象描写,进一步开拓意境。小鸟在白云端自由飞翔,秦淮河绿水滔滔,河岸红叶似火,黄花初绽,蝴蝶飞逐。好一派万物争自由的勃然生机。这繁茂、永恒的自然界与萧条没落的秦淮社会形成了强烈对照,在艺术的对照中,深化了主题的表达。

叠字举例

【越调】天净沙·即事

[元] 乔 吉

莺莺燕燕春春①,花花柳柳真真。事事风风韵韵②,娇娇嫩嫩,停停当当③人人。

诗文注释

①春春:暗用杜荀鹤《松窗杂记》故事:唐进士赵颜得到一位美人图,画家说画上美人名真真,为神女,只要呼其名,一百天就会应声,并可复活。后以"真真"代指美女。

②风风韵韵:指美女富于风韵。

③停停当当:指完美妥帖,恰到好处。

诗文翻译

一只只黄莺一只只春燕一派大好阳春,一朵朵红花一条条绿柳实实在在迷人。行为举止一言一事都富有风韵,娇嫩多情,真是体态完美卓绝非凡的佳人。

诗文赏析

《天净沙·即事》是描写女子的容貌和风韵的,乔吉的作品中此类题材并不鲜见。此曲所展示的是一幅美女游春图,并由此来赞美春天,赞美爱春、爱美的女子。先写景,后写人,精心构思,色彩鲜明。全篇用叠字,扩大和深化了曲的意境,增强了语言的节奏感和音乐美。

首句"莺莺燕燕春春",是说女子像飞燕般体态轻盈,像黄莺般话语娇软,让人感觉温暖如春。姜

夔《踏莎行》有"燕燕轻盈,莺莺娇软"句,形容女子体态轻盈,言语温软。"花花柳柳真真",是说女子面容如花,柳叶眉长,像从画中走出的美女。用花、柳形容女子的美貌是古诗词中惯用的,白居易《长恨歌》有"太液芙蓉未央柳,芙蓉如面柳如眉"之句。"真真"词则是用典。《太平广记·画工》载,唐代进士赵颜得一美女图,画工告之,此女名真真,若昼夜呼其名,至百日必应声而出。颜如其言,至百日果然走出并与颜结合。此处用以形容女子如画中仙女真真一样美丽动人。后三句赞美女子言谈举止事事都有风度,富有韵致,是那么年轻姣美而又仪容端庄。"人人"是口语,即人儿,是对所爱之人的昵称。

曲词从体态、言语、容貌、风度、举止等方面描写女子的美,一切都美得恰到好处,惹人不胜怜爱。"人人"两字,流露出作者对女子情不自禁的爱恋。晏几道《生查子》:"归傍碧纱窗,说与人人道:'真个别离难,不似相逢好。'"柳永《两同心》:"那人人,昨夜分明,许伊偕老。"另外,"人人"两字,在美的重叠形式中又填入"俚俗"的语汇,雅俗结合,体现了乔吉散曲"文而不文,俗而不俗"的散曲风格。

这首小令最突出的特点是通篇用叠字,属俳体中叠字体。李清照《声声慢》是诗词中妙用叠字的典范,乔吉此曲无疑是效仿"易安体"。乔吉之用叠字,在创造意境、抒情寄托方面虽然不可与易安词

同日而语,但"两字连形,并以少总多,情貌无遗"(《文心雕龙·物色》),使描写的对象更加婀娜多姿、妩媚传神,且境界柔弱清新,音韵和谐完美。

此外,看似刻意为之的叠字,往往都有其出处,运用得如此巧妙,令人不得不叹服作者高超的创作才华。

对偶举例

八 六 子

[宋] 秦 观

倚危亭①、恨如芳草,萋萋刬②尽还生。念柳外青骢③别后,水边红袂④分时,怆然暗惊。

无端⑤天与娉婷⑥。夜月一帘幽梦,春风十里柔情。怎奈向⑦、欢娱渐随流水,素弦声断,翠绡⑧香减,那堪片片飞花弄晚,蒙蒙残雨笼晴。正销凝⑨,黄鹂⑩又啼数声。

诗文注释

①危亭:高耸楼亭。

②刬:同"铲",消除。

③青骢:骏马名,指行人。

④红袂:红袖,代指女子。

⑤无端:没来由,无缘无故。

⑥娉婷:姿容姣美的样子。

⑦怎奈向:奈何。

⑧翠绡:碧丝纱巾。

⑨销凝:销魂凝魄,极度伤神达意。

⑩黄鹂:黄莺。

诗文赏析

此词表达作者与他曾经爱恋的一位歌女之间的离别相思之情。全词由情切入,突兀而起,其间绘景叙事,或回溯别前之欢,或追忆离后之苦,或感叹现实之悲,委婉曲折,道尽心中一个"恨"字。

首先,秦观词最大的特色是"专主情致"。抒情性原本就是词长于诗的特点,秦观则将词的这一特长加以光大,在这首词中体现得十分明显。词的上阕临亭远眺,回忆与佳人分手,以情直入,点出词眼

在于一个"恨"字。以"芳草"隐喻离恨,又是眼前的景物。忆及"柳外""水边"分手之时词人以"怆然暗惊"抒发感受,落到现实,无限凄楚。而词的下阕则设情境写"恨"。用"怎奈""那堪""黄鹂又啼数声"等词句进一步把与佳人分手之后的离愁别绪与仕途不顺,有才得不到施展的身世之"恨",融于一处,并使之具体化、形象化,达到融情于景、情景交融的境界。

其次,这首词的意境蕴藉含蓄,情致悠长,耐人寻味。秦观善于通过凄迷、朦胧的意境来传达自己伤感、迷惘的意绪。在这首词中,上阕以"萋萋刬尽还生"的芳草写离恨,使人感到词人的离别之恨就像原上之草,春风吹又生,生生不灭。下阕创设了三个情境具体表现这一点:"夜月一帘幽梦,春风十里柔情"的欢娱都随流水而去,"素弦声断,翠绡香减",词人对好景不长、离别在即的无奈溢于言表,此其一;其二是离别之时情境的渲染,"片片飞花弄晚,蒙蒙残雨笼晴",词人以凄迷之景寓怅惘、伤感之情,意蕴十分丰富,是极妙的景语;其三,结尾二句,以景结情,急转直下,声情并茂,"销凝之时,黄鹂又啼数声",一"又"字,既与起笔"倚危亭,恨如芳草,萋萋刬尽还生"遥相呼应,又再次突出了前面所述的两种情境,意蕴境中,韵逸言外,凄楚伤感之思

自在其中。作者善用画面说话，举重若轻，寄凝重之思于轻灵的笔触之中，如游龙飞空，似春风拂柳。

最后，这首词的语言清新自然，情辞相称，精工而无斧凿之痕。前人曾这样评论："子瞻辞胜乎情，耆卿情胜乎辞，辞情相称者，惟少游而已。"秦观的词之所以能有如此高超的语言成就，一方面是因为他工于炼字。这首词中"飞花弄晚""残雨笼晴"这二句是互文的，意思是飞花残雨在逗弄晚晴。这里的一"弄"一"笼"，既音韵和谐，又能使人产生无限想象，十分贴切生动。另一方面，由于秦观长于化

用古人诗句入词，使之为己所用，更加富于表现力，达到青出于蓝而胜于蓝的效果。"倚危亭"三句周济称为"神来之笔"，实则从李后主《清平乐》词"离恨恰如春草，更行更远还生"脱化而来；"夜月一帘幽梦，春风十里柔情"则暗用杜牧的"春风十里扬州路，卷上珠帘总不如"；洪迈《容斋随笔》认为词的结尾两句是模仿杜牧同一词牌的结尾"正消魂，梧桐又移翠阴"。不论模仿是否属实，秦观这两句的妙处远胜过杜牧的此句却是不争的事实。可见，秦观继承前人语言是有创造性的，唯有创造方能显其生命力。

反问举例

叠题乌江亭①

[宋] 王安石

百战疲劳壮士哀，
中原一败势难回。
江东②子弟今虽在，
肯③与君王卷土来？

诗文注释

①乌江亭：故址在今安徽和县乌江镇，为项羽兵败自刎之处。

②江东：指长江下游芜湖、南京以下的江南地区，是项羽起兵之地。

③肯：岂肯，怎愿。

诗文翻译

经过战争的疲劳的壮士非常悲哀，中原一败之后大势难以挽回。即便江东的子弟现在还在，但是，谁能保证他们愿意为了项羽而卷土重来？

诗文赏析

这首诗开篇以史实扣题，指出项羽的失败实在

是历史的必然。项羽的霸业以"鸿门宴"为转折，此后逐渐从顶峰走向下坡，到了"垓（gāi）下一战"，已经陷入了众叛亲离的境地，彻底失败的命运已经无可挽回了。项羽失败的因素固然很多，但最根本的就是他刚愎自用，一意孤行，倒行逆施，失尽人心。更为可悲的是，他毫无自知之明，至死不悟，"天亡我也，非战之罪"，他临死前的这番话，可为"壮士哀"作注脚，也可为"势难回"作证明。所以，三、四句诗人进一步深入剖析："江东子弟今虽在，肯与君王卷土来？"以辛辣的反问指出：即使项羽真的能重返江东，但对这么一个失尽人心而执迷不悟的人，江东子弟还肯为他拼死卖力吗？"卷土重来"实在是痴人说梦而已。

王安石的诗，十分辛辣冷峻，但却抓住了人心向背是胜败的关键这个根本，可以说是一针见血。

设问举例

【双调】蟾宫曲

[元] 阿鲁威

问人间谁是英雄？有酾酒临江，横槊曹公①。紫盖黄旗②，多应借得，赤壁东风③。更惊起南阳卧龙④，便成名八阵图⑤中。鼎足三分，一分西蜀⑥，一分江东⑦。

诗文注释

①"有酾(shī)酒临江"二句：此处指曹操临江饮酒，横握长矛吟诗，可谓一代英雄。酾酒：饮酒。槊(shuò)：长矛。

②紫盖黄旗：指一种云气，也叫紫云，形状如黄旗紫伞。按照古代迷信说法，黄旗紫盖状的云气在哪里出现，哪里就会有真龙天子。此处指东吴孙权建立了帝业。

③赤壁东风：指东吴周瑜在赤壁大败曹操。

④更惊起南阳卧龙：诸葛亮出山后辅助刘备建立统一大业。南阳卧龙，诸葛亮曾隐居于南阳卧龙岗，人称卧龙先生。

⑤八阵图：诸葛亮所作的阵形。

⑥西蜀：三国之一，又称蜀汉，历史上把刘备建立的国家称为西蜀。

⑦江东：指三国时孙权建立的吴国，地处江东，又称东吴。

诗文赏析

《蟾宫曲》是一首咏史的曲子。作者用设问引出并赞颂曹操、周瑜、诸葛亮的丰功伟业。借用典故，抓住"酾酒临江""赤壁东风"和"八阵图"等典型事件，言简义丰地塑造了曹操、周瑜、诸葛亮的英雄形象，并对三国鼎立的形势进行了鸟瞰与概括。全曲写得沉郁奔放，与所吟人物的胸襟抱负暗相契合。

反复举例

丑奴儿·书博山道中壁

[宋] 辛弃疾

少年不识愁滋味，爱上层楼①。爱上层楼，为赋新词强说愁②。而今识尽愁滋味，欲说还休③。欲说还休，却道"天凉好个秋"！

诗文赏析

这是辛弃疾被弹劾去职、闲居带湖时所作的一首词。他在带湖居住期间，闲游于博山道中，却无心赏玩当地风光。眼看国事日非，自己无能为力，一腔愁绪无法排遣，遂在博山道中一壁上题了这首词。在这首词中，作者运用对比手法，突出地渲染了一个"愁"字，以此作为贯串全篇的线索，感情真率而又委婉，言浅意深，令人回味无穷。

词的上阕，着重回忆少年时代自己不知愁苦。少年时代，风华正茂，涉世不深，乐观自信，对于人们常说的"愁"还缺乏真切的体验。首句"少年不识愁滋味"，乃是上阕的核心。我们知道，辛弃疾生长在中原沦陷区。青少年时代的他，不仅亲历了人民的苦难，亲见了金人的凶残，同时也深受北方人民英勇抗金斗争精神的鼓舞。他不仅自己有抗金复国的胆识和才略，而且认为中原是可以收复的，金人侵略者也是可以被赶出去的。因此，他不知何为"愁"，为了效仿前代作家，抒发一点所谓"愁情"，他是"爱上层楼"，无愁找愁。作者连用两个"爱上层楼"，这一叠句、反复的运用，避开了一般的泛泛描述，而是有力地带起了下文。前一个"爱上层楼"，同首句构成因果复句，意谓作者年轻时根本不懂什么是忧愁，所以喜欢登楼赏玩。后一个"爱上层楼"，又同下面"为赋新词强说愁"结成因果关系，即因为爱上高楼而触发诗兴，在当时"不识愁滋味"的情况下，也要勉强说些"愁闷"之类的话。这一叠句的运用，把两个不同的层次联系起来，上阕"不知愁"这一思想表达得十分完整。

词的下阕，着重写自己现在知愁。作者处处注意同上阕进行对比，表现自己随着年岁的增长，处世阅历渐深，对于这个"愁"字有了真切的体验。作者怀着捐躯报国的志愿投奔南宋，本想与南宋政权同心协力，共建恢复大业。谁知，南宋政权对他召之即来，挥之即去，他不仅报国无门，还落得被削职闲居的境地，"一腔忠愤，无处发泄"，其心中的愁闷痛楚可以想见。"而今识尽愁滋味"，这里的"尽"字，是极有概括力的，它包含着作者许多复杂的感受，从而完成了整篇词作在思想感情上的一大转折。接着，作者又连用两句"欲说还休"，仍然采用

叠句、反复的形式，在结构用法上也与上阕互为呼应。这两句"欲说还休"包含两层不同的意思。前句紧承上句的"尽"字而来，人们在实际生活中，喜怒哀乐等各种情感往往相反相成，极度的高兴转而潜生悲凉，深沉的忧愁翻作自我调侃。作者过去无愁而硬要说愁，如今却愁到极点而无话可说。后一个"欲说还休"则是紧连下文，因为，作者胸中的忧愁不是个人的离愁别绪，而是忧国伤时之愁。而在当时投降派把持朝政的情况下，抒发这种忧愁是犯大忌的，因此作者在此不便直说，只得转而言天气，"天凉好个秋"。这句结尾表面形似轻脱，实则十分含蓄，充分表达了作者之"愁"的深沉博大。

辛弃疾的这首词，通过"少年""而今"，无愁、有愁的对比，表现了他受压抑排挤、报国无门的痛苦，是对南宋统治集团的讽刺和不满。在艺术手法上，"少年"是宾，"而今"是主，以昔衬今，以有写无，以无写有，写作手法也很巧妙，突出强调了今日的愁深愁大，有强烈的艺术效果。

参考资料

[1] 谷会海. 关于中学语文教学中古代诗歌鉴赏能力培养研究[D]. 沈阳师范大学，2005.

[2] 萧涤非. 杜甫诗选注[M]. 北京：人民文学出版社，1998.

[3] 倪其心，吴鸥. 杜甫诗选译[M]. 南京：凤凰出版社，2011.

[4] 萧涤非等. 唐诗鉴赏辞典[M]. 上海：上海辞书出版社，1983.

[5] 傅德岷，余曲. 元曲鉴赏辞典（精）[M]. 上海：沪科文献出版社，2008.

[6] 王辉，邵士梅编译[M]. 西安：三秦出版社，2008.

[7] 任思源. 元曲三百首[M]. 北京：中国华侨出版社，2013.

[8] 邓元煊. 元曲：彩图版[M]. 成都：四川辞书出版社，2020.

[9] 陈鹏，闫丽红. 元曲三百首鉴赏辞典[M]. 武汉：崇文书局，2020.

[10] 贺新辉等. 宋词名篇赏析[M]. 北京：中国妇女出版社，2007.

[11] 高克勤. 王安石诗文选评[M]. 上海：上海古
　　籍出版社，2002.

[12] 卢如山. 绝句选译[M]. 上海：天马图书有限
　　公司，2002.

[13] 于明善主编. 元曲三百首鉴赏辞典[M]. 北

京：华语教学出版社，2015.

[14] 唐圭璋等. 唐宋词鉴赏辞典[M]. 上海：上海
　　辞书出版社，1988.

[15] 李静等. 唐宋词鉴赏大全[M]. 北京：华文出
　　版社，2009.

第六讲

古代诗歌之变化美(上)

"文似看山不喜平",古代诗歌特别注意记叙方式和描写角度的变化,以避免平铺直叙,形成变化之美。倒叙、抑扬、铺垫、烘托、衬托、对比、色彩映衬等手法,在后面我们将分别设专题讲座,这一讲不再专门涉及。这里拟对动静、虚实、视听、点面、大小和远近、高低、俯仰等描写角度的变化举例讲解。各种手法之间可能有交错运用的现象,比如以动写静也可以是反衬,虚实结合也可以是正面描写和侧面描写相结合,等等。

一、动静结合

动静技法可细分为以动衬静、化静为动、化动为静、动静结合等多个角度。现就每一种方法举例说明。

1. 以动衬静

如王维的《山居秋暝》:"空山新雨后,天气晚来秋。明月松间照,清泉石上流。竹喧归浣女,莲动下渔舟。随意春芳歇,王孙自可留。"颔联描写皓月当空,青松如盖,是静景描写,山泉清冽,流泻山石之上,是动景描写。山泉因雨后水量充足,流势增大,从石上流过,淙淙有声,以动衬静,反衬出山中的宁静。再比如王维的《鸟鸣涧》:"人闲桂花落,夜静春山空。月出惊山鸟,时鸣春涧中。"用花落、月出、鸟鸣等动景突出了春涧的幽静。王籍的《入若耶溪》"蝉噪林逾静,鸟鸣山更幽"也是以声写静,以动衬静。

2. 化静为动

一篇诗文,要想生动活泼,必须写出动态美。打开古人的诗集,谢灵运"池塘生春草,园柳变鸣禽",杜甫"吴楚东南坼,乾坤日夜浮",孟浩然"气蒸云梦泽,波撼岳阳城"都因动态写得生动而成为千古名句。作者笔下的景物是静态的,作者却用神来之笔用动态的词来描绘这静景,化静为动,收到了绝佳的艺术效果,如杜甫《绝句二首(其二)》:"江碧鸟逾白,山青花欲燃。今春看又过,何日是归年?""山青花欲燃"中"欲"字,在拟人化中赋予花朵以动态,摇曳多姿;"燃"这个动词更把山花烂漫之态表现得淋漓尽致。

3. 化动为静

与"化静为动"有相通之处,即把动态的事物用静态词语描绘,出新出奇。如李白《望庐山瀑布(其二)》:"日照香炉生紫烟,遥看瀑布挂前川。飞流直下三千尺,疑是银河落九天。"三句都直接从动态的角度展现瀑布奔涌而下、气势磅礴的动态之美,唯第二句则从静态的角度惟妙惟肖地表现出瀑布倾泻喷涌的动态之美,尤其是动词"挂"字更为传神,偌大的瀑布,谁能有这样的伟力将它挂起呢?显然,这正是化动为静带来的奇效。又如李白《访戴天山道士不遇》:"犬吠水声中,桃花带露浓。树深时见鹿,溪午不闻钟。野竹分青霭,飞泉挂碧峰。无人知所去,愁倚两三松。"颈联,对仗工整,意境优美,其中一线泉水,凌空飞泻,这本来是一幅动景,然而诗人用一个"挂"字,就由动化静了,它使人想见到山峰的陡峭和山泉垂直落下的图景。

4. 动静结合

戴叔伦《兰溪棹歌》:"凉月如眉挂柳湾,越中山色镜中看。兰溪三日桃花雨,半夜鲤鱼来上滩。"诗人将山水的明丽动人,月色的清爽皎洁,渔民的欣快欢畅,淋漓尽致地展现在明澈秀丽的画卷中,读后给人以如临其境的美感。从诗的结构看,前两句是静景,后两句是动景,结句尤为生动传神,一笔勾勒,把整个画面给画活了,使人感到美好兰溪山水充满蓬勃生机和趣味,是全诗点睛之笔。这就是动静结合带来的艺术效果。

白朴《天净沙·春》:"春山暖日和风,阑干楼阁帘栊,杨柳秋千院中。啼莺舞燕,小桥流水飞红。"这首诗描绘了春日的美好景象,"和风""杨柳""帘栊""秋千"为静态描写,"啼莺舞燕""流水飞红"如

神来之笔,尽展春日生机,具有动态美。

刘攽《雨后池上》:"一雨池塘水面平,淡磨明镜照檐楹。东风忽起垂杨舞,更作荷心万点声。"此诗一、二两句以"水面平""明镜""照檐楹",写出了荷花池塘雨后优美迷人的静态。三、四两句用"忽起""垂杨舞"及杨叶上的雨滴被风吹到荷叶上发出的"万点"声响等,表现了雨后池上的一种动态之美。诗既写出了静态,又写出了动态,动静结合,组成了一幅雨后池塘春景图。

以上这几首诗均为写景诗中动静结合的典型事例。

兰溪①棹歌②

[唐] 戴叔伦

凉月③如眉挂柳湾④,
越⑤中山色镜中看。
兰溪三日桃花雨⑥,
半夜鲤鱼来上滩。

诗文注释

①兰溪:兰溪江,也称兰江,浙江富春江上游一支流。在今浙江省兰溪市西南。
②棹歌:船家摇橹时唱的歌。
③凉月:新月。
④柳湾:种着柳树的河湾。
⑤越:古代东南沿海一带称为越。
⑤桃花雨:江南春天桃花盛开时下的雨。

诗文翻译

一弯娥眉月挂在柳湾的上空,月光清朗,凉爽宜人。越中山色倒映在水平如镜的溪面上,好看极了。淅淅沥沥的春雨,下了三天,溪水猛涨,鱼群在夜深人静之时纷纷涌上溪头浅滩。

诗文赏析

这是一首富于民歌风味的船歌。题中"兰溪",即婺州兰溪市境内的兰溪(又称东阳江,是富春江的上游);"棹"是船桨,"棹歌"即船家摇桨时唱的歌。戴叔伦德宗建中元年(780)旧历五月至次年春曾任东阳令,兰溪在东阳附近,这首诗大约是他在这段时间所作。

歌唱当地风光的民歌,除有特殊背景外(如刘禹锡《踏歌词》)取景多在日间。因为在丽日艳阳照映下,一切景物都显得生气蓬勃、鲜妍明媚,得以充分展示出它们的美。此篇却独出心裁,选取夜间作背景,歌咏江南山水胜地另一种人们不大注意的美。这是它在取材、构思上的一个显著特点。

"凉月如眉挂柳湾",首句写舟行所见岸边景色:一弯如眉的新月,映射着清冷的光辉,正低挂在水湾的柳梢上。雨后的春夜,月色显得更加清澄;

时值三月（从下文"桃花雨"可知），柳条已经垂缕披拂。眉月新柳，相映成趣，富于清新之感。

"越中山色镜中看"，次句转写水色山影。浙江一带古为越国之地，故称"越中"。"山色镜中看"，描绘出越中一带水清如镜，两岸秀色尽映水底的美丽图景。句内"中"字复迭，既增添了民歌的咏叹风味，又传递出夜间行舟时于水中一边观赏景色，一边即景歌唱的怡然自得的情趣。

"兰溪三日桃花雨，半夜鲤鱼来上滩"。船继续前行，不知不觉间已从平缓如镜的水面驶到滩头。听到滩声哗哗，诗人才联想到连日春雨，兰溪水涨，滩声听起来也变得更加急骤了。在滩声中，似乎时不时听到鱼儿逆水而行时发出的泼刺声，诗人又不禁想到，这该是撒欢的鲤鱼趁着春江涨水，在奔滩而上了。南方二三月间桃花开时，每有绵绵春雨。这种持续不断的细雨，能使江水上涨，却不会使水色变浑，所以次句有水清如镜的描写，如果是北方的桃花汛，则自无"山色镜中看"的清澈之景。由此可见诗人观察事物描写景物的真切。因是夜中行舟，夜色本来比较黯淡朦胧，这里特意选用"桃花雨"的字面，感觉印象中便增添了明艳的春天色彩；夜间本来比较宁静，这里特意写到鲤鱼上滩的声响，遂使静夜增添了活泼的生命跃动气息。实际上，这里所写的"三月桃花雨"与"鲤鱼来上滩"都不是目接之景，前者因滩声喧哗而有此联想，后者因游鱼泼刺而有此猜测。两句都是诗人的想象之景。正因为多了这一层想象的因素，诗情便显得更为浓郁。

通观全诗，可以发现，这首船歌虽然以兰溪之夜作为背景，但它着重表现的并非夜的静谧朦胧，而是兰溪夜景的清新澄澈，生趣盎然。而这，正体现出这首诗独特的民歌气韵，渔家的欢乐之情。

二、虚实结合

1. 当前之景为实，已逝之景为虚

作者把已逝之景写入诗词中，大多是通过与当前的实景构成某种关系来表达诗人内心的情怀。如李煜的《望江南·多少恨》："还似旧时游上苑，车如流水马如龙。花月正春风"三句，写往昔的繁华生活，与词人当时无限凄凉的处境形成了强烈的对比，以虚衬实，以虚写实，虚实结合，凸显出梦醒后的浓重的悲哀。这种通过写已逝之景，虚实结合表达感情的诗不少。特别是借古讽今的怀古诗大多运用这种写法。如刘禹锡《西塞山怀古》、李白的《越中览古》、苏轼《念奴娇·赤壁怀古》、辛弃疾《永遇乐·京口北固亭怀古》。诗人都是通过今昔的对比，表达对历史与现实思考。

2. 当前之景为实，设想未来之景是虚

古典诗词中有不少诗句是设想未来之境，诗人把它与当前之景当前之情进行对比或烘托，以虚衬实，来抒发心中的情怀。柳永《雨霖铃》："今宵酒醒何处，杨柳岸晓风残月。"这是设想酒醒梦回所见到的景象。弱柳扶晓风，残月挂枝头，这是虚写。词人设想的这种凄清的景象，为面前与恋人分别的场景平添了一层惜别感伤之情。这类诗常见的还有李商隐《夜雨寄北》等。

3. 从己方的角度写为实，从对方的角度写为虚。

这种写法与前一种似同实异。相同之处在于都是对对方进行设想，不同之处在于后一种设想是从对方的角度出发的，所以有人称之为"对写法"。如杜甫《月夜》的前四句："今夜鄜州月，闺中只独看。遥怜小儿女，未解忆长安。"此诗是诗人在安史之乱时身陷长安时思念妻子儿女之作，原本是诗人思念妻子儿女，而诗人却采用了"对写法"，从对方落墨，想象妻子在月夜里如何对月思念自己。有评论家说，"公本思家，偏想家人思己"。也即古人所云"代为之思，其情更远"。这种写法比说自己如何想念妻子儿女来得委婉，但感情却达到了双向交流的效果，所以感情更加深沉，因而更加动人，艺术感染力更强。常见的运用"对写法"的诗词还有高适的《除夜》、王维的《九月九日忆山东兄弟》、白居易的《邯郸冬至夜思家》、欧阳修的《踏莎行》。这样虚实结合，沟通了双方的情感，所以，有思念有愁苦有断肠之痛，也有温馨和慰藉。

4. 客观之景为实，梦境、仙境、誓愿为虚

通过写梦境、仙境来抒发感情、表达理想的诗词，最有名的当数李白的《梦游天姥吟留别》。作者用瑰丽的诗句写出了神仙世界的吉祥与美丽，反衬了现实世界的凶险和丑恶，表达了诗人对现实世界的憎恶。又如李清照的《渔家傲》："仿佛梦魂归帝所，闻天语，殷勤问我归何处。"词人塑造了一位关

心人民疾苦的温和的天帝形象,反衬了畏惧强敌,一路逃窜,置百姓于水火之中的宋高宗以及昏庸无能的朝廷官员。"九万里风鹏正举。风休住,蓬舟吹取三山去!"词人虽才华出众,但她却无力挽大厦于既倒。她希望到仙境去过幸福美好的生活,从而反衬了现实世界的苦难和无望。此外,常见的还有苏轼的《江城子·乙卯正月二十日夜记梦》,以梦境来写对亡妻的思念,虚实结合,可见思念之深之切之苦。再如汉乐府诗《上邪》设想了"山无陵,江水为竭,冬雷震震,夏雨雪,天地合"五种景象,而这些景象都是不可能发生的,是虚写,女主人公把这些作为"与君绝"的条件,更突出了誓死不"与君绝"的坚定信念,这种誓愿有力地表现了主人公对爱情忠贞不渝,海枯石烂不变心的决心。这类诗中,最奇的要数刘过的《沁园春》,词人把与杭州颇有渊源的几位大诗人白居易、苏东坡、林逋(此时白居易过世已350余年,东坡、君复也均已作古)请到词中,饮酒赋诗,化用他们描写杭州西湖的名句入词。想象奇特,掇拾珠玉,浑然天成。

5. 正面为实,侧面为虚

诗人在描写景物时,正面描绘景物的特征即可,但当有时景物的特征难以正面表达,或诗人着意追求一种委婉含蓄的美时,他们会采取侧面描写的方法,进行烘托或暗示,从而达到表现景物的目的。这种侧面描写其实也是一种虚实结合的写法。

《陌上桑》:"行者见罗敷,下担捋髭须。少年见罗敷,脱帽着帩头。耕者忘其犁,锄者忘其锄。来归相怨怒,但坐观罗敷。"诗人通过对行者、少年、耕者、锄者失常反应的描写来烘托罗敷的美貌无比。在这里,诸人的反映为实写,罗敷的美貌为虚写。

《琵琶行》中诗人三次写到江中的月亮,但描写月亮的目的却是为了烘托诗人的感情。"别时茫茫江浸月",烘托了诗人分别之时凄凉的心境。"东船西舫悄无言,唯见江心秋月白",烘托出琵琶声美妙动人,引人入胜的效果。"绕船月明江水寒"烘托了琵琶女孤独悲伤的心境。景是实,而通过景物烘托出来的情则是虚。

再如韦应物《淮上即事寄广陵亲故》:"前舟已眇眇,欲渡谁相待。秋山起暮钟,楚雨连沧海。风波离思满,宿昔容鬓改。独鸟下东南,广陵何处在。"这首诗通过景物来衬托感情的特点十分突出。"秋山起暮钟,楚雨连沧海",秋日傍晚,茫茫的天际挂着无边的雨幕,远山传来的寺庙悠扬钟声,这是实写。这种萧瑟苍凉黯淡的晚景烘托出诗人思念亲友的孤寂、凄怆之情,"独鸟下东南"则是虚写,更反衬了诗人思念的哀愁。

关于虚实的重要作用,清朝唐彪在《读书作文谱》中说得十分精辟:"文章非实不足以阐发义理,非虚不足以摇曳神情,故虚实常宜相济也。"鉴于诗词篇幅十分短小,容量有限,诗人谋求虚实结合,虚实相生,趣味、诗韵俱存,使其内涵丰富,外延无边。用今天的话来总结:虚实结合手法能够突出事物的特点,加强某种感情的抒发,使得行文富于变化,给读者以广阔的想象的空间。

塞上听吹笛

〔唐〕 高　适

雪净胡天牧马还,
月明羌笛①戍楼②间。
借问梅花何处落③,
风吹一夜满关山。

诗文注释

①羌（qiāng）笛：一种古代少数民族的乐器。羌：古代民族。

②戍（shù）楼：军营城楼。

③梅花何处落：是将曲调《梅花落》拆用，嵌入"何处"两字，从而构思成一种虚景。

诗文翻译

冰雪消融，胡地已是牧马的时节了。傍晚时分，战士们赶着马群回来，明月洒下一片清辉。在如此苍茫而又澄明的夜色中，从戍楼中传来熟悉的《梅花落》曲调。风传笛曲，一夜之间传满了关山。

诗文赏析

汪中《述学·内篇》说诗文里数目字有"实数"和"虚数"之分，今世学者进而谈到诗中颜色字亦有"实色"与"虚色"之分。现在读者还可看到诗中写景亦有"虚景"与"实景"之分，如高适这首诗就表现得十分突出。

前两句写的是实景：胡天北地，冰雪消融，是牧马的时节了。傍晚战士赶着马群归来，天空洒下明月的清辉。开篇就造成一种边塞诗中不多见的和平宁谧的气氛，这与"雪净""牧马"等字面大有关系。那大地解冻的春的消息，牧马晚归的开阔的情景使人联想到《过秦论》中的一段文字，"蒙恬北筑长城而守藩篱，却匈奴七百余里；胡人不敢南下而牧马"，则"牧马还"三字似还含另一重意味，这就是胡马北还，边烽暂息，于是"雪净"也有了几分象征危解的意味。这个开端为全诗定下了一个开朗壮阔的基调。

在如此苍茫而又清澄的夜景里，不知哪座戍楼吹起了羌笛，那是熟悉的《梅花落》曲调啊。"梅花何处落"是将"梅花落"三字拆用，嵌入"何处"二字，意谓：何处吹奏《梅花落》？诗的三、四句与"谁家玉笛暗飞声，散入春风满洛城"（李白《春夜洛城闻笛》）意近，是说风传笛曲，一夜之间声满关山，其境界很动人。"梅花落"本为羌笛声，但仿佛风吹的不是笛声，而是落梅的花瓣，它四处飘散，一夜之中和色和香洒满关山。

三、四句之妙不仅如此。将"梅花落"拆用，又构成梅花开满关山的虚景，呼应雪净月明的实景，委婉含蓄地表达了戍边将士思念家乡的强烈感情。仿佛风吹的不是笛声而是落梅的花片，它们四处飘散，一夜之中和色和香洒满关山。这固然是写声成像，但它是由曲名拆用形成的假象，以设问出之，虚之又虚。而这虚景又恰与雪净月明的实景配搭和谐，虚实交错，构成美妙阔远的意境，这境界是任何高明的画手也难以画出的。同时，它仍包含通感，即由听曲而"心想形状"的成分。战士由听曲而想到故乡的梅花（胡地没有梅花），而想到梅花之落。句中也就含有思乡的情调。不过，这种思乡情绪并不低沉，这不但是为首句定下的乐观开朗的基调所决定的，同时也有关乎盛唐气象。诗人时在哥舒翰幕府，同时所作《登陇诗》云："浅才登一命，孤剑通万里。岂不思故乡，从来感知己。"正是由于怀着盛唐人通常有的那种豪情，笔下的诗方能感而不伤。

沁园春

［宋］　刘　过

寄辛承旨。时承旨招，不赴。

斗酒彘肩，风雨渡江，岂不快哉！被香山居士，约林和靖，与坡仙老，驾勒吾回。坡谓西湖，正如西子，浓抹淡妆临镜台。二公者，皆掉头不顾，只管衔杯。

白云天竺飞来，图画里、峥嵘楼观开。爱东西双涧，纵横水绕；两峰南北，高下云堆。逋曰不然，暗香浮动，争似孤山先探梅。须晴去，访稼轩未晚，且此徘徊。

诗文赏析

据《桯(tīng)史》载:"嘉泰癸亥岁,改之在中都时,辛稼轩弃疾帅越。闻其名,遣介招之。适以事不及行。作书归辂者,因效辛体《沁园春》一词,并缄往,下笔便逼真。"那么,根据此词的小序和《桯史》记载可知,这首词作于宋宁宗嘉泰三年(1203),当时辛弃疾担任浙东安抚使,邀请刘过到绍兴府相会,刘过因事无法赴约,便在杭州写了此词以作答复。这是一首文情诙诡,妙趣横生的好词,词人招朋结侣,驱遣鬼仙,游戏三昧,充满了奇异的想象和情趣。

劈头三句,就是豪放之极的文字。"斗酒彘肩",用樊哙事。《史记·项羽本纪》载"樊哙见项王,项王赐予斗卮酒与彘肩。"樊哙在鸿门宴上一口气喝了一斗酒,吃了一只整猪腿。凭仗着他的神力与胆气,保护刘邦平安脱险。作者用这个典故,以喻稼轩招待自己之饮食。他与稼轩皆天下豪士,则宴上所食自与项羽、樊哙相若也。这段文字劈空而来,突兀而起,写得极有性格和气势,真是神来之笔。然而就在这文意奔注直下的时候,却突然来了一个大兜煞。词人被几位古代的文豪勒转了他的车驾,只得回头。笔势陡转,奇而又奇,真是天外奇想,令人无法琢磨。如果说前三句以赴会浙东为一个内容的话,那么第四句以下直至终篇,则以游杭州为另一内容。从章法上讲,它打破了两片的限制,是一种跨片之路,也显示出词人独创一格的匠心和勇气。"香山居士"为白居易的别号,"坡仙"就是苏东坡,他们都当过杭州长官,留下了许多名章句。林如靖是宋初高士,梅妻鹤子隐于孤山,诗也作得很好。刘过把这些古代的贤哲扯到一起不是太离奇了吗?因为这些古人曾深情地歌咏过这里的山水,实际上他

们已与杭州的湖光山色融为一体。东坡有"若把西湖比西子,淡妆浓抹总相宜"的妙句。白居易也有"一山分作两山门,两寺原从一寺分。东涧水流西涧水,南山云起北山云"(《寄韬光禅师》)等讴歌天竺的名篇。而林和靖呢,他结庐孤山,并曾吟唱过"疏影横斜水清浅,暗香浮动月黄昏"的梅花佳句。风景与名人相辅相成,相得益彰,湖光山色增添了人物的逸兴韵致,名人又加深了风景的文化内涵。

刘过将不同时代的文人放在一起,也体现了词人想象的独创性。刘勰主张"酌奇而不失其真,玩华而不坠其实",苏轼也说诗"以奇趣为宗,反常合道为趣"。这首词是新奇的,但并不荒诞。刘过掇拾珠玉,别出心裁,给读者带来一阵清新的空气,带来一种审美的愉悦。

刘过的行辈比辛弃疾晚,地位也相差悬殊。但他照样不拘礼数地同这位元老重臣、词坛泰斗指名道姓,开些玩笑。这种器量胸襟不是那些镂红刻翠、秦楼楚馆的词客所能企及的。洋溢于词中的豪情逸气、雅韵骚心是同他的"天下奇男子"的气质分不开的。俞文豹《吹剑录》云:"此词虽粗而局段高,固可睨视稼轩。视林、白之清致,则东坡所谓淡妆浓抹已不足道。稼轩富贵,焉能浼(měi,同"浼")我哉。"这首词的体制和题材都富有创造性,它大起大落,纵横捭阖,完全解除了格律的拘束,因而显得意象峥嵘,运意恣肆,虽略失之于粗犷,仍不失为一首匠心独运的好词。当然像这样调侃古人、纵心玩世的作品,在当时的词坛上的确是罕见的。难怪岳珂要以"白日见鬼"相讥谑。整首词全是想象之景,虚写自己流连杭州美景以婉拒辛弃疾之邀。

三、视听结合

鹧 鸪 天

[宋] 苏轼

林断山明①竹隐墙,乱蝉衰草小池塘。翻空②白鸟时时见,照水红蕖细细香。
村舍外,古城③旁,杖藜④徐步转斜阳。殷勤昨夜三更雨,又得浮生⑤一日凉。

诗文注释

①林断山明：树林断绝处，山峰显现出来。

②翻空：飞翔在空中。

③古城：当指黄州古城。

④杖藜：拄着藜杖。杜甫《漫兴九首》其五："杖藜徐步立芳洲。"

⑤浮生：意为世事不定，人生短促。李涉《题鹤林寺僧舍》："因过竹院逢僧话，又得浮生半日闲。"

诗文赏析

作品上阕写景，下阕刻画人物形象，描写人物的心理状态。开头两句，作者以推移镜头，由远而近，描绘自己所处的特殊环境：远处有郁郁葱葱的树林，树林尽头，有座高山清晰可见；近处，丛生的翠竹，像绿色的屏障，围护在一所墙院周围。这所墙院正是词人的居所。靠近院落，有一池塘，池边大约由于天旱缺水，满地长着枯萎的衰草。蝉声四起，叫声乱成一团，令人烦躁不安。在这两句词中，竟然描写出林、山、竹、墙、蝉、草、池塘七种景色，容量如此之大，在古典诗词里也是不多见的。这里呈现的景象，跟词人熙宁十年（1077）任徐州知州时所描写的景象迥然不同。那时作者写下的词句是："软草平莎过雨新，轻沙走马路无尘""麻叶层层苘叶光，谁家煮茧一村香"（《浣溪沙》）那是一种奔腾奋发、蒸蒸日上的景象。而"林断山明竹隐墙，乱蝉衰草小池塘"，则完全是一种杂乱、衰萎的景象，显得苍白无力、缺乏生机。词人为何会描写出此等景象呢？原来，词人在徐州任知州时，政绩卓著，深得民心，所以他当时写的词作，充满着积极奋发的精神。后来，他受到打击，被贬到黄州，充任团练副使，处境十分艰难，才能无从施展，被迫过着隐退生活，所以心情苦闷，精神不振。这就无怪乎他的词章变得这样凄清苍凉了。

三、四两句，含义更深邃。从词句上看，这两句描写得比较优美：在广阔的天空中，不时看到白鸟上下翻飞、自由翱翔，满池荷花，映照绿水，散发出柔和的芳香。意境如此清新淡雅，颇有些诗情画

意。"红蕖"，是荷花的别名。"细细香"，是说荷花散发出的香味不是扑鼻的浓烈香气，而是宜人的淡淡芳香。如果不是别的原因，这样的境界的确是修身养性的乐土。然而，对于词人来说，他并非安于现状，有心流连这里的景致。他虽然描绘出白鸟翻空，红荷照水的画面，但这和他倾心欣赏杭州西湖那种"淡妆浓抹总相宜"的美丽景色，是不能相提并论的。透过这样一幅画面，读者能够隐隐约约看到词人那种百无聊赖、自寻安慰、无可奈何的心境。词的下阕，作者又用自我形象的描绘，作了生动的说明。

下阕前三句，是写太阳在即将落山的时候，词人拄着藜杖在村边小道上徐徐漫步。这是词人自我形象的写照。但他表现的究竟是怎样的形象呢？是老态龙钟，还是病后的神态？是表现自得其乐的隐者生活，还是百无聊赖、消磨时光的失意情绪？读者仔细玩味，自然会得出正确的答案。

最后两句，是画龙点睛之笔。词句的表面是说：天公想得挺周到，昨天夜里三更时分，下了一场好雨，又使得词人度过了一天凉爽的日子。"殷勤"二字，犹言"多承"。细细品评，在这两个字里，还含有某些意外之意，即是说：有谁还能想到几经贬谪的词人呢？大概世人早已把我忘却了，唯有天公还想到我，为我降下"三更雨"。所以，在"殷勤"两字中还隐藏着词人的无限感慨。"又得浮生一日凉"，是词中最显露的一句。"浮生"，是说人生飘忽不定，是一种消极的人生哲学。《庄子·刻意》篇说："其生若浮，其死若休。"苏轼的这种消极思想，就是受庄子思想的影响。"又得浮生一日凉"中的"又"字，分量很重，对揭示主题，起着重要的作用，它表现词人得过且过、日复一日地消磨岁月的消极情绪。总观全词，从词作对特定环境的描写和作者形象的刻画，就可以看到一个抑郁不得志的隐者形象。

关于这首词的写作时间，从词中写翠竹丛生、鸣蝉四起、红蕖照水、雨后天凉等来分析，可以判断，它写于夏末秋初之际。

蝉鸣、鸟飞、荷香、天凉，分别从听觉、视觉、嗅觉、触觉角度描写了诗人身边的环境。

夏　意

［宋］　苏舜钦

别院深深夏席清，
石榴开遍透帘明。
树阴满地日当午，
梦觉流莺时一声。

诗文翻译

小院在宅庭幽深处，小院深深，曲径通幽，在这极清极静的环境中有小轩一座，竹席一领。诗人欹卧于其上，闲望户外，只见榴花盛开，透过帘栊，展现着明艳的风姿。值仲夏中午，而小院中仍清阴遍地，一片凉意。待到醒来时，只听得园林深处不时传来一两声流莺鸣啼的清韵。

诗文赏析

苏舜钦这首《夏意》诗，能于盛夏炎热之时写出一种清幽之境，悠旷之情。

"别院深深夏席清"："夏"字点明节令，而"别院""深深""清"三词却层层深入，一开始即构成清幽的气氛。别院即正院旁侧的小院。"深深"，言此小院在宅庭幽深处，小院深深，曲径通幽，在这极清极静的环境中有小轩一座，竹席一领。韩愈《郑群赠簟》诗曾以"卷送八尺含风漪""肃肃疑有清飙吹"形容竹席。"夏席清"，正同此意，谓虽当盛夏，而小院深处，竹席清凉。"深深"是叠词，"深深"与"清"，韵母又相近，音质均清亮平远。这样不仅从文字形象上，更从音乐形象上给人以凉爽幽深之感。

"石榴开遍透帘明"，"帘"字点明夏席铺展在轩屋之中。诗人欹卧于席上，闲望户外，只见榴花盛开，透过帘栊，展现着明艳的风姿。韩愈曾有句云"五月榴花照眼明"（《榴花》），第二句化用其意，却又加上了一重帷帘。隔帘而望榴花，虽花红如火，却无刺目之感。

陶渊明有句云："蔼蔼堂前林，中夏贮清阴"

（《和郭主簿》）。此诗第三句正由陶诗化出，谓虽当盛夏中午，而小院中仍清阴遍地，一片凉意。此句与上句设色相映，从"树阴满地"可想见绿树成林，不写树，而写阴，更显得小院之清凉宁谧。

在这清幽的环境中诗人又在干什么呢？"梦觉流莺时一声"，原来他已为小院清景所抚慰，虽然烈日当午，却已酣然入睡，待到"梦觉"，只听得园林深处不时传来一两声流莺鸣啼的清韵。写莺声而不写黄莺本身，既见得树荫之茂密深邃，又以阒静之中时歇时现的呖呖之声，反衬出这小院的幽深宁谧。南朝王籍诗云："鸟鸣山更幽。"（《入若耶溪》）王维《鸟鸣涧》："月出惊山鸟，时鸣春涧中。"末句意境正与二诗类似。

此诗无一句不切夏景，又句句透散着清爽之意，读之似有微风拂面之感。

诗的表现手法尚有三点可注意。

笔致轻巧空灵：写庭院，落墨在深深别院，用触觉；写榴花，则施以帷帘，用视觉；写绿树，从清阴看出；写黄莺，从啼声听得，用听觉。句句从空际着笔，遂构成与昼寝相应的明丽而缥缈的意境。

结构自然工巧：诗写昼寝，前三句实际上是入睡前的情景，但直至末句才以"梦觉"字挑明，并续写觉后之情景。看似不续，其实前三句清幽朦胧的气氛句句都是铺垫，而"日当午"一语更先埋下昼寝的伏线，待末句挑明，便觉悄然入梦，骤然而醒，风调活泼可喜，避免了质直之病。

风格清而不弱："曲径通幽处，禅房花木深。"《题破山寺后禅院》形象与此诗一、二句相似，但常诗写出世之想，寂灭之感，而此诗给人的印象是洒脱不羁。欧阳修称舜钦"雄豪放肆"(《祭苏子美文》),故虽同写清景,却能寓流丽俊爽于清邃幽远之中,清而不弱,逸气流转,于王、孟数家外别具一格。

这首诗主要用了反衬的手法,创造了优美的意境。

绝句二首(其一)

〔唐〕 杜 甫

迟日①江山丽,
春风花草香。
泥融②飞燕子,
沙暖睡鸳鸯③。

诗文注释

①迟日:指春天。

②泥融:春日来临,冻泥融化,又软又湿。

③鸳鸯:一种漂亮的水鸟,雄鸟与雌鸟常双双出没。

诗文翻译

江山沐浴着春光多么秀丽,春风送来花草的芳香。燕子衔着湿泥忙筑巢,鸳鸯睡在暖暖的沙地上。

诗文赏析

这首诗一开始,就从大处着墨,描绘出在初春灿烂阳光的照耀下,浣花溪一带明净绚丽的春景,用笔简洁而色彩浓艳。"迟日"即春日,语出《诗经·豳风·七月》"春日迟迟"。这里用以突出初春的阳光,以统摄全篇。同时用一"丽"字点染"江山",表现了春日阳光普照、四野青绿、溪水映日的秀丽景色。这虽是粗笔勾画,笔底却是春光骀荡。

第二句诗人进一步以和煦的春风、初放的百花、如茵的芳草、浓郁的芳香来展现明媚的春光。因为诗人把春风、花草及其散发的馨香有机地组织在一起,所以通过联想,可以有惠风和畅、百花竞放、风送花香的感受,收到如临其境的艺术效果。在明丽阔远的图景之上,三、四两句转向具体而生动的初春景物描绘。

第三句诗人选择初春最常见,也是最具有特征性的动态景物来勾画。春暖花开,泥融土湿,秋去春归的燕子,正繁忙地飞来飞去,衔泥筑巢。这生动的描写,使画面更加充满勃勃生机,春意盎然,还有一种动态美。杜甫对燕子的观察十分细致,"泥融"紧扣首句,因春回大地,阳光普照才"泥融";紫燕新归,衔泥做巢而不停地飞翔,显出一番春意闹的情状。

第四句是勾勒静态景物。春日冲融,日丽沙暖,鸳鸯也要享受这春天的温暖,在溪边的沙洲上静睡不动。这也和首句紧相照应,因为"迟日"才沙暖,沙暖引来成双成对的鸳鸯出水,沐浴在灿烂的阳光中,是那样悠然自适。从景物的描写来看,和第三句动态的飞燕相对照,动静相间,相映成趣。这两句以工笔细描衔泥飞燕、静睡鸳鸯,与一、二两句粗笔勾画阔远明丽的景物相配合,使整个画面和谐统一,构成一幅色彩鲜明、生意勃发、具有美感的初春景物图。就诗中所蕴含的思想感情而言,反映了诗人经过"一岁四行役""三年饥走荒山道"的奔波流离之后,暂时定居草堂的安适心情,也是诗人对初春时节自然界一派生机、欣欣向荣的欢悦情怀的表露。

参考资料

[1] 张树宝. 动静结合 相映成趣——古诗词教学札记[J]. 语文天地，2008.

[2] 杨秋焕. 古代诗歌常见的景物描写方法指导[J]. 学园，2011.

[3] 张怡. 高中语文教学中古诗词鉴赏方法的探究[J]. 现代语文. 理论研究，2005.

[4] 于海娣等. 唐诗鉴赏大全集[M]. 北京：中国华侨出版社，2010.

[5] 萧涤非等. 唐诗鉴赏辞典[M]. 上海：上海辞书出版社，1983.

[6] 易琳. 虚实相生，尽显风流——浅析古典诗词中的虚和实[J]. 湖南第一师范学报，2007.

[7] 周一柳. 古诗词中虚实手法的辨认方略[J]. 中学语文教学，2006(5).

[8] 谢楚发. 高适岑参诗选译[M]. 成都：巴蜀书社，1991.

[9] 唐圭璋等. 唐宋词鉴赏辞典[M]. 上海：上海辞书出版社，1988.

[10] 李静等. 唐诗宋词鉴赏大全集[M]. 北京：华文出版社，2009.

[11] 李梦生. 宋诗三百首全解[M]. 上海：复旦大学出版社，2007.

[12] 缪钺等. 宋诗鉴赏辞典[M]. 上海：上海辞书出版社，1987.

[13] 邓魁英. 杜甫选集[M]. 中华书局，1986.

[14] 聂巧平. 唐诗三百首[M]. 武汉：崇文书局，2015.

古代诗歌之变化美(下)

四、点面结合

什么是点面结合呢?所谓"点",指的是最能显示人事景物的形象、状态、特征的详细描写;所谓"面",指的是对人事景物的叙述或概括性描写。点面结合就是"点"的详细描写和"面"的叙述或概括性描写的有机结合。"点",可以突出重点,体现深度;"面",可以顾及全局,体现广度。点面结合,可以既有深度又有广度地反映人事景物的形象状态,最充分地表现思想,抒发感情。

江　雪①

[唐]　柳宗元

千山鸟飞绝②,
万径人踪③灭④。
孤舟蓑笠⑤翁,
独钓寒江雪。

诗文注释

①这是柳宗元被贬到永州之后写的诗,借寒江独钓的渔翁,抒发自己孤独郁闷的心情。
②绝:无,没有。
③人踪:人的踪迹。
④灭:消失,没有了。
⑤蓑笠(suō lì):蓑衣和斗笠。"蓑"的意思是古代用来防雨的衣服,"笠"的意思是古代用来防雨的帽子。

诗文翻译

四周的山上没有了飞鸟的踪影,小路上连一丝人的踪迹也没有。只有在江上的一只小船上,有个披着蓑衣、戴着斗笠的老翁,在寒冷的江上独自垂钓。

诗文赏析

这首诗大约作于谪居永州时期。这是一首押仄韵的五言诗。粗看起来，这像是一幅一目了然的山水画：冰天雪地寒江，没有行人、飞鸟，只有一位老翁独处孤舟，默然垂钓。但仔细品味，这洁、静、寒凉的画面却是一种遗世独立、峻洁孤高的人生境界的象征。

首先，它创造了峻洁清冷的艺术境界。单就诗的字面来看，"孤舟蓑笠翁"一句似乎是作者描绘的重心，占据了画面的主体地位。这位渔翁身披蓑笠独自坐在小舟上垂纶长钓。"孤"与"独"二字已经显示出他的远离尘世，甚至揭示出他清高脱俗、兀傲不群的个性特征。作者所要表现的主题于此已然透出，但是作者还嫌意兴不足，又为渔翁精心创造了一个广袤无垠、万籁俱寂的艺术背景：远处峰峦耸立，万径纵横，然而山无鸟飞，径无人踪。往日沸腾喧闹，处处生机盎然的自然界因何这般死寂呢？一场大雪纷纷扬扬，覆盖了千山，遮蔽了万径。鸟不飞，人不行。冰雪送来的寒冷制造了一个白皑皑、冷清清的世界。这幅背景强有力地衬托着渔翁孤独单薄的身影。此时此刻，他的心境该是多么幽冷孤寒呀！这里，作者采用烘托渲染的手法，极力描绘渔翁垂钓时候的气候和景物，淡笔轻涂，只数语便点染出峻洁清冷的抒情气氛。其笔触所到，连亘天地，高及峰巅，下及江水，咫尺之幅，涵盖万里。沈德潜评论说"清峭已绝"。顾璘则说"绝唱，雪景如在目前"。二人所指，大略都是就这首诗的境界创造来说的。

其次，形象地反映了作者贬谪永州以后不甘屈从而又倍感孤独的心理状态。晚于柳宗元的郑谷曾作《雪中偶题》："乱飘僧舍茶烟湿，密洒歌楼酒力微。江上晚来堪画处，渔人披得一蓑归。"此诗亦写江雪中的渔翁，但造语平常，更乏境界，作者并没有把自己的主观意识与鲜明的个性熔铸进去，所以苏轼批评他是"村学中语"，而称赞柳宗元末尾两句，说是"人性有隔也哉？殆天所赋，不可及也已！"苏轼所谓"人性"，即指诗人的情感熔铸。"人性有隔"的对立面便是"人性无隔"，做到"人性无隔"，亦即达到了情景交融的最高境界了。我们知道，柳宗元

在"永贞革新"失败后，连遭贬斥，始终保持着一种顽强不屈的精神状态。他的"永州八记"，专写穷乡僻壤之景，借题立意，寄托遥深，凡一草一木，均坦示出他极为孤苦寂寞的心情。他的兀傲脱俗的个性也得以充分展现。这首诗中的渔翁形象，身处孤寒之界而我行我素，足履渺无人烟之境而处之泰然。其风标，其气骨，其守贞不渝的心态，不是很令人钦慕吗？和柳宗元约略同时的诗人张志和作《渔歌子》说："西塞山前白鹭飞，桃花流水鳜鱼肥。青箬笠，绿蓑衣，斜风细雨不须归。"张氏造境选择春暖花开之际，画面美而幽，流露了"烟波钓徒"的怡然恬淡之性，闲适自在之情。柳宗元与张志和不同，他本是个坚持正义的政治家，却生长于充满矛盾斗争的土壤之上。所以，他遣境专取深冬寒凉之际，人的心情也不是只有纵情山水的一面，他还写出了严正清苦、凛然不可犯的一面，个性尤为突出。

最后，这首诗的结构安排至为精巧。诗题是"江雪"。但是作者入笔并不点题，他先写千山万径之静谧凄寂。栖鸟不飞，行人绝迹。然后笔锋一转，推出正在孤舟之中垂纶而钓的蓑翁形象。一直到结尾才着"寒江雪"三字，正面破题。读至结处，倒头再读全篇。一种豁然开朗的感觉油然生出。苍茫天宇，皑皑大地，其悠远的景界非常吸引人。

此诗的艺术构思很讲究，诗人运用了对比、衬托的手法：千山万径之广远衬托孤舟老翁之渺小；鸟绝人灭之阒寂对比老翁垂钓之生趣；画面之安谧冷寂衬托人物心绪之涌动。孤处独立的老翁实际是诗人心情意绪的写照。

诗中所写的景物是：座座山峰，看不见飞鸟的形影，条条小路，也都没有人们的足迹。整个大地覆盖着茫茫白雪，一个穿着蓑衣、戴着笠帽的老渔翁，乘着一叶孤舟，在寒江上独自垂钓。看，这是一幅多么生动的寒江独钓图啊！这幅画面究竟意味着什么呢？大家知道，在艺术作品中，绝不会有"纯粹"的风景诗或风景画，在它们里面总是要或多或少地反映作者的感情和现实内容。事实上，风景诗中的极品，尽管通篇花鸟，满纸烟霞，但必然是字字看来皆是景，声声细味总是情。这首诗也不例外，只要我们了解了柳宗元的一生经历，就可以看出这一点。

好事近·渔父词

[宋] 朱敦儒

摇首出红尘，醒醉更无时节。活计绿蓑青笠，惯披霜冲雪。

晚来风定钓丝闲，上下是新月。千里水天一色，看孤鸿明灭。

诗文赏析

朱敦儒曾作渔父词六首，这首是其中之一。

绍兴二年，朝廷"访求山林不仕贤者"（《二老堂诗话》），作者被召，回到临安，先后任秘书省正字，兼兵部郎官及两浙东路提点刑狱等官职。后又被劾，罪名是"专立异论，与李光交通"。（《宋史·朱敦儒传》）李光反对议和，为秦桧所忌，而遭排斥，朱敦儒也因此止仕。陆游说他"居嘉禾，与朋侪诣之，闻笛声自烟波间起，顷之，棹小舟而至，则与俱归。"（周密《澄怀录》）他自己也有词《好事近》记道："失却故山云，索手指空为客，莼菜鲈鱼留我，住鸳鸯湖侧……"过着远离世俗的生活。

这首词的开头"摇首出红尘，醒醉更无时节"，写出作者自由自在，无拘无束，潇洒疏放的襟怀。"活计"两句，勾勒出一位渔父的形象。

在词作中描写渔父的形象，在敦煌曲子词中就有了。如："倦却诗书上钓船，身披蓑笠执渔竿。棹向碧波深处，几重滩。"（《浣溪沙》），这实际上是徜徉山水的隐士生活的写照。这里的渔父形象，实际就是作者晚年的写照。他长期住在嘉禾，过着远离俗世的生活，所谓"醒醉无时""披霜冲雪"，都是指安闲自得，自由自在。

下阕写的晚景，更是景色迷人。请看，夜晚来临，一轮新月升起在天空，月光洒满大地，水天一色，万籁俱寂，只有孤鸿的身影时隐时现。在这样一幅山水画中，一位渔夫，也是作者自己，在静静地垂钓……

作者所描绘的鸳鸯湖，即浙江嘉兴南湖，那儿"波平岸远，酒酽鱼肥"，渔舟泛浪，菱荷沁香，引得许多画家、文人讴歌。唐人张志和有渔父词，元代画家吴镇曾"笔之成图"，并写下八首《酒泉子》，

"鸳湖春晓"即其中一景："湖合鸳鸯，一道长虹横跨水。涵波塔影见中流。终日射渔舟。彩云依傍真如墓。长水塔前有奇树。雪峰古甃冷于秋。策杖几经过。"与这些词作相比，朱敦儒的这首渔父词，当然是上乘的山水风物词。只是词人退隐之后，对于国事的关切逐渐淡漠，这是很可惋惜的。他曾月夜泛舟吴江垂虹亭，流连忘返："放船纵棹，趁吴江风露，平分秋色。帆卷垂虹波面冷，初落萧萧枫叶。万顷琉璃，一轮金鉴，与我成三客。碧空寥廓，瑞星银汉争白。"（《念奴娇》）进一步表示要"洗尽凡心，相忘世尘"。而不再是当年在"南海西头"时，"无酒可销忧，但说皇州……今夜只应清汴水，呜咽东流"（《浪淘沙》）那种痛心中原沦陷敌手的悲恨心情了。

这是一首经常被用作点面结合来赏析的词。"面"指的是对背景做粗线条的勾勒，"点"指的是在背景上作精妙的描画。点面结合的形式多样，可以是虚面上的实点，也可以是动面上的静点。例如，朱敦儒的《好事近》三、四句从面上对渔父的志趣和生活概貌做了总的交代，后用洗练的笔墨摹写了一个恬淡自适的渔父形象。而在静态的画面上，又加上了孤鸿这个动点。全诗点面结合，表达了诗人超脱世俗、不受约束的闲适生活。"

五、以小见大

以小见大指从小的可以看出大的，指通过小事可以看出大节，或通过一小部分看出整体。在写作中指对形象进行强调、取舍、浓缩，以独到的想象抓住一点或一个局部加以集中描写或延伸放大，以更充分地表达主题思想。

这种艺术处理以一点观全面，以小见大，从不

全到全的表现手法,给写作者带来了很大的灵活性和无限的表现力,同时为接受者提供了广阔的想象空间,获得生动的情趣和丰富的联想。

以小见大中的"小",是描写的焦点,它既是写作创意的浓缩和生发,也是写作者匠心独具的安排,因为它已不是一般意义的"小",而是小中寓大、以小胜大的高度提炼的产物,是简洁的刻意追求。

特征:以局部见全体、以有限见无限,通过典型和象征,借助于人们的生活体验,达到以小见大的表达效果。"物小蕴大",意趣无穷。同样,竹中观日、镜中映景、水中倒影,同样具有这种艺术效果。特点:一是诗歌抓住具有典型特征的小景物,可以在读者的脑海里唤起大的境界,所谓"以小景传大景之情"。如:"梅花落处疑残雪,柳叶开时任好风。"梅花纷落、柳叶初开都是小景,但从这些小景中,人们可以联想到东风骀荡、春意盎然的春天景色。清代刘熙载《艺概·诗概》说:"山之精神写不出,以烟霞写之;春之精神写不出,以草树写之。故诗无气象,则精神亦无所寓矣。"二是写社会生活,也是借具有典型意义的生活细节来表现重大的社会内容,绝句尤适宜用这一手法。

大 酺

［唐］ 杜审言

毗陵震泽九州通,士女欢娱万国同。
伐鼓撞钟惊海上,新妆袨服照江东。
梅花落处疑残雪,柳叶开时任好风。
火德云官逢道泰,天长地久属年丰。

诗文赏析

永昌元年(689)前后,杜审言在晋陵郡江阴县(今江苏江阴市)任县丞、县尉等地方小官时,写下不少诗,流传至今的以《大酺》为题的就有两篇。"大酺"指的是百姓聚集在一起饮宴。古时国家有"吉庆"事,允许百姓聚饮。其中一首《大酺》作于公元689年,因武则天选择正月庆祝自己加尊号"圣母神皇"而"亲享明堂,大赦天下,改元,大酺日。"(《旧唐书·则天皇后纪》)杜审言的诗从正面赞颂武则天的功德。

而这首《大酺》诗,大概作于天授元年(690)武则天改唐为周之后,因此诗里有"火德云官"之称。因为以五行相推武周是火德。这首《大酺》诗写得别开生面,突出表现民间的欢娱,那热闹的场面如同庆丰收或过传统的盛大节日一样,传达了诗人与民同乐的情绪。我国古代封建统治者是禁止百姓聚饮的,汉律规定,三人以上,无故群饮,罚金四两。唐亦有类似规定。百姓平时难得有欢聚开怀畅饮的机会,所以"大酺"时民情振奋,钟鼓齐鸣,欢声雷动。从诗中表现出的百姓的物质生活和精神状态,也反映了当时国力的强盛,经济的繁荣,一派太平盛世的景象。

这首诗发端别致,起句七个字连举三个地名,毗陵、震泽、九州,而最后以一"通"字,把它们的关系明确固定下来,构成一个恢宏辽阔的意境。"毗陵"代指诗人当时任职的江阴县,江阴为晋陵郡所属,毗陵为晋陵古名。诗歌常用古名,以求典雅不俗。同理用震泽不用太湖。"毗陵""震泽"除声音响亮、声调和谐外,还给人以丰富的意象。这句诗,从内容上看就是江阴通太湖达全国,但这句诗还为全诗布置一个旷大的背景,以利于感情的铺陈。诗题为"大酺",不便从小县写起,因此诗人从大处落笔,以毗陵、震泽通天下包举全国。次句接以"士女欢娱万国同"，指男男女女饮酒作乐，欢度这普天同庆的日子。

额联具体叙述"士女欢娱"的景象。诗中只选择了"伐鼓撞钟"的场面，并以"惊海上"的夸张表现了庆祝活动声势的浩大。又以"新妆袚服"光彩"照江东"来渲染庆祝场面的热烈壮观。清《石园诗话》认为这联诗与"啼鸟惊残梦，飞花搅独愁""云霞出海曙，梅柳渡江春"等均为审言名句。

颈联"梅花落处疑残雪，柳叶开时任好风"，写景兼抒情。梅花飘落，柳叶新发，正是乍暖还寒的初春季节。皑皑"白雪"，阵阵冷香，青青柔条，丝丝暖馨，形成一派春回大地的景象。春，既使万象更新又给人以希望。柳遇好风，比喻民逢

明君，暗寓皇恩浩荡如春风。这里是"以小见大"的写法。

尾联以赞颂和祈愿作结。"火德云官逢道泰"，是写武则天顺民意得大道，文武群臣时运亨通。"天长地久属年丰"，承上句意，为百姓祈福，但愿国家长存，年年岁岁五谷丰登。诗以民情开始，又以写民愿作结。首尾相应，自然浑成。

杜审言这首《大酺》正如胡应麟所评说的那样"极高华雄整"。若就其所要表现的《大酺》主题来说，其形式是精美得当的，而且内容和形式也达到了高度的统一。这首诗的突出特点是气象博大，给读者以高华雄整的美感。这虽然与造意取词、取象设色有关，但更主要的在于诗人的心胸和气质以及艺术修养等。

江村即事

[唐] 司空曙

钓罢^①归来不系^②船，
江村月落正堪眠^③。
纵然^④一夜风吹去，
只在芦花浅水边。

诗文注释

①罢：完了。
②系：系好。
③正堪眠：正是睡觉的好时候。
④纵然：即使。

诗文翻译

渔翁夜钓归来懒得系船，随即让渔船在水上漂泊。此时，已深夜，月亮也落下去了，人也疲倦了。即使一夜风吹去，没有拴住的船最多吹在长满芦花的浅水边，这又有什么关系呢？

诗文赏析

这首诗写江村眼前情事，但诗人并不铺写村景江色，而是通过江上钓鱼者的一个细小动作及心理活动，反映江村生活的一个侧面，写出真切而又恬美的意境。

"钓罢归来不系船"，写渔翁夜钓回来，懒得系船，而让渔船任意飘荡。"不系船"三字为全诗关键，以下诗句全从这三字生出。"江村月落正堪眠"，第二句上承起句，点明"钓罢归来"的地点、时间及人物的行动、心情。船停靠在江村，时已深夜，月亮落下去了，人也已经疲倦，该睡觉了，因此连船也懒得系。但是，不系船能安然入睡吗？这就引出了下文："纵然一夜风吹去，只在芦花浅水

边。"这两句紧承第二句,回答了上面的问题。"纵然""只在"两个关联词前后呼应,一放一收,把意思更推进一层:且不说夜里不一定起风,即使起风,没有缆住的小船也至多被吹到那长满芦花的浅水边,这又有什么关系呢?这里,诗人并没有刻画幽谧美好的环境,然而钓者悠闲的生活情趣和江村宁静优美的景色跃然纸上,表达了诗人对生活随性的态度。

这首小诗善于以个别反映一般,通过"钓罢归来不系船"这样一件小事,刻画江村情事,由小见大,就比泛泛描写江村的表面景象要显得生动新巧,别具一格。诗在申明"不系船"的原因时,不是直笔到底,一览无余,而是巧用"纵然""只在"等关联词,以退为进,深入一步,使诗意更见曲折深蕴,笔法更显腾挪跌宕。诗的语言真率自然,清新俊逸,和富有诗情画意的幽美意境十分和谐。

赤　壁

[唐] 杜　牧①

折戟②沉沙铁未销③,
自将④磨洗⑤认前朝⑥。
东风⑦不与周郎⑧便,
铜雀⑨春深锁二乔⑩。

诗文注释

①杜牧(803—852):唐代诗人,字牧之,京兆万年(今陕西西安)人。

②折戟:折断的戟。戟,古代兵器。

③销:销蚀。

④将:拿起。

⑤磨洗:磨光洗净。

⑥认前朝:认出戟是东吴破曹时的遗物。

⑦东风:指火烧赤壁一事。

⑧周郎:指周瑜,字公瑾,年轻时即有才名,人呼周郎。后任吴军大都督。

⑨铜雀:即铜雀台,曹操在今河北省临漳县建造的一座楼台,楼顶里有大铜雀,台上住姬妾歌伎,是曹操暮年行乐处。

⑩二乔:东吴乔公的两个女儿,一嫁前国主孙策(孙权兄),称大乔,一嫁军事统帅周瑜,称小乔,合称"二乔"。

诗文翻译

一支折断了的铁戟沉没在水底沙中还没有销蚀掉,经过自己又磨又洗发现这是当年赤壁之战的遗物。假如东风不给周瑜以方便,结局恐怕是曹操取胜,二乔被关进铜雀台了。

诗文赏析

这首诗是诗人经过赤壁(今湖北省武昌市西南赤矶山)这个著名的古战场时,有感于三国时代的英雄成败而写下的。发生于汉献帝建安十三年(208年)十月的赤壁之战,是对三国鼎立的历史形势起着决定性作用的一次重大战役。其结果是孙、刘联军击败了曹军,而三十四岁的孙吴军统帅周瑜,乃是这次战役中的头号风云人物。诗人观赏了古战场的遗物,对赤壁之战发表了独特的看法,认为周瑜胜利于侥幸,同时也抒发了诗人对国家兴亡的慨叹。

此诗的开头却只从一件不起眼的折戟写起。这一只与古代战争有联系的折戟，很自然地引起后文对历史的咏叹。凡是在历史上留下过踪迹的人物、事件，常会被无情的时光销蚀掉，也易从人们的记忆中消逝，就像这铁戟一样沉沦埋没，但又常因偶然的机会被人记起，或引起怀念，或勾起深思。正由于发现了这只折戟，使诗人心绪无法平静，因此他要磨洗并辨认一番，发现原来是"前朝"——三国赤壁之战时的遗物。这一场决定了三国鼎立局面的重大战斗，英雄云集，何等壮伟。"认前朝"进一步勃发了作者浮想联翩的思绪，为后二句论史抒怀作了铺垫。这里"以小见大"，以一只不起眼的折戟来反映赤壁之战的战况。全诗最精彩的，当然是久为人们传诵的末两句。这两句是议论。"认前朝"，本来可以写对这场战争的回顾，但是作者省略了，所以不是缅怀，不是描述，也不是一般的历史评价，而是直接地对历史结局提出自己的评判。他不以成败论英雄，对战争的一方——曹操提出了有异于史家的评价。但是杜牧之写史论，除了为表现出非凡的见识，还曲折地反映出他的抑郁不平和豪爽胸襟。慨叹历史上英雄成名的机遇，是因为他自己生不逢时，有政治军事才能而不得一展。它似乎又还有一层意思：只要有机遇，相信自己总会有所作为，显示出一种逼人的英气。

春　怨

［唐］　金昌绪

打起黄莺儿。
莫教枝上啼。
啼时惊妾梦，
不得到辽西。

诗文赏析

金昌绪，杭州人。《全唐诗》仅存诗一首。

在大量优美的唐诗中，这首五绝成为特别脍炙人口、广为传诵的名篇之一，绝不是偶然的。它取材单纯而含蕴丰富，意象生动而语言明快。引人入胜，耐人寻味，令人一读不忘，百读不厌。

这首小诗以妍美的生活意象体现幽怨的情思：一个春光明媚的清晨，和煦的微风中飘拂着温馨的花香，翡翠般的绿叶装扮着一株株树木，显得特别清新可爱。在一家庭院的树梢头上，有几只爱唱歌的黄莺儿正在欢唱着——突然，卧室的门被打开了，从里面走出一位钗横鬓乱的红颜少妇，嗔怒地把唱得正欢的黄莺儿赶跑了，口里还喃喃不已地自言自语着……

这就是此诗要描绘的一幅生活画面。人们不禁要问：春光如此可爱，黄莺儿婉转的歌声又那么悦耳动听，这位少妇为何无心欣赏良辰美景，反而要把黄莺儿赶走呢？原来，她的丈夫久戍边疆，遥遥千里，音容杳无，她寂寞惆怅而又无可奈何，只能寄希望于梦中和亲人相见。此刻，也许她在梦境中正走在去边地的路上，满心欢喜地盼望着和丈夫的会面，不知趣的黄莺儿偏偏在这个时候惊扰了她的美梦，她连这种虚幻的安慰也不能得到，怎能不把一腔怅恨无端地向着黄莺儿发泄呢？

五言绝句妙在以小见大，语短意长，本篇正是如此。它摄取了一位少妇日常生活中一个饶有趣味的细节，反映了一个重大的社会课题。诗中所说的辽西，为唐朝东北边境军事要地。据史载，当时在唐朝东北边境上居住着奚、契丹等少数民族，唐王朝和契丹族之间多次发生战争，朝廷曾先后派武攸宜、张守珪等进击契丹人。天宝之后，契丹族更加强大。由于边事频仍，到辽西一带戍守的士卒往往长期不得还家,甚至埋骨荒陲。因此,广大人民希望统治者能够安抚边庭,过安定团聚的生活。唐代有不少诗人曾写过这个题材,如高适著名的《燕歌行》就涉及张守珪击契丹事。令孤楚也写过一首五绝《闺人赠远》:"绮席春眠觉,纱窗晓望迷。朦胧残梦里。犹自在辽西。"这两诗的主旨与《春怨》并无二致。构思也颇为相似。不过,《闺人赠远》虽不能把丈夫盼回,却毕竟在梦中同亲人见了一面,《春怨》连这种虚幻的美梦也没有做成。怨情尤为沉重而凄惋。它以颇富民歌风味的清新的语言,通过一个意蕴丰富的动作性细节的描写,含蓄而又深刻地表现了广大人民在当时所承受的精神痛苦与哀怨情绪,所以最能拨动读者的心弦。

在结构上,这首诗不同于惯常的起承转合的思路,而是突如其来地先写一个"打起黄莺儿"的动作意象,然后层层递进地叙明原因。为何"打起黄莺儿"? 是因为不让黄莺在枝间啼叫;为何"莫教枝上啼"? 是因为黄莺儿的歌声惊扰了佳人的好梦;为何特别恼怒黄莺"惊妾梦"? 是因为它把佳人在梦中到辽西与丈夫会面这一线可怜的希望也给无情地打消了。四句小诗,句句设疑,句句作答,犹如抽丝剥茧 ,剥去一层,还有一层。所以,它不仅篇法圆净,而且在结构上也曲尽其妙。杨慎《升庵诗话》谓此诗"有神圣工巧",倒也不算过分。

六、先抑后扬

先抑后扬,也叫欲扬先抑,是一种写作手法,指

为肯定某人、事、物、景,先用曲解或嘲讽的态度尽力去贬低或否定它的一种构思方法。抑扬,分欲扬先抑和欲抑先扬两种。欲扬先抑,抑是为了扬,重点在扬;欲抑先扬,扬是为了抑,重点在抑。无论使用哪一种,所谓"先"都只是手段,是为了映衬所"欲",从而突出和强化所"欲"的内容,所"欲"才是目的。"扬"和"抑",在艺术上都是一种强调手段。古人做文章强调"蓄势",文章前后形成鲜明对比,使行文富于变化,波澜起伏,使文章主题突出,使文章更精彩,给读者留下深刻印象。

倒叙是把事件的结局或事件中最突出的片段提到文章的开头来叙述,然后再按事件的发展顺序进行叙述。采用倒叙一是为了表现文章中心思想,把最能表现中心思想的部分提到前面,加以突出;二是为了使文章结构富于变化,避免平铺直叙;三是为了表现效果,使文章曲折有致,造成悬念,引人入胜。

悬念是指作者为了激活读者的"紧张与期待的心情",在艺术处理上采取的一种积极手段。它包括"设悬"和"释悬"两个方面。前有"设悬",后必有"释悬"。通俗地说,它是故事发展中间只亮开谜面,藏起谜底,在适当的时候再予点破,使读者的期待心理得到满足。从而大大加强艺术效果。

古代诗歌中,诗人往往有意识地运用抑扬、倒叙、悬念、铺垫、延宕等手法,使得诗词做到尺幅兴波,跌宕起伏,变化有致。

贾　生①

[唐] 李商隐

宣室②求贤访逐臣③,
贾生才调更无伦。
可怜④夜半虚前席,
不问苍生⑤问鬼神⑥。

诗文注释

①贾生：贾谊，西汉著名的政论家，力主改革弊政，提出许多重要政治主张，但却遭谗被贬，一生抑郁不得志。

②宣室：汉未央宫前殿的正室。

③逐臣：被放逐的大臣。这里指曾被贬到长沙的贾谊。

④可怜：可惜，可叹。

⑤苍生：百姓。

⑥问鬼神：事见《史记·屈原贾生列传》。文帝接见贾谊，"问鬼神之本。贾生因具道所以然之状。至夜半，文帝前席"。

诗文翻译

汉文帝为了求贤曾在未央宫前的正室里召见被逐之臣，论那贾谊的才华和格调确实是十分脱俗超群。可惜的是——虽然谈到三更半夜竟是白白地向前移席，因为他问的并不是天下百姓，而是鬼神。

诗文赏析

这是一首托古讽时诗，意在借贾谊的遭遇，抒写诗人怀才不遇的感慨。诗选取汉文帝宣室召见贾谊，夜半倾谈的情节，写文帝不能识贤，任贤；"不问苍生问鬼神"却揭露了晚唐皇帝服药求仙，荒于政事，不能任贤，不顾民生的昏庸特性。诗寓慨于讽，讽刺效果颇好。

本诗是首咏叹贾生故事的短诗，其着眼点不在个人的穷通得失，而在于指出封建统治者不能真正重视人才，使其在政治上发挥作用。

贾谊贬长沙，久已成为诗人们抒写不遇之感的熟滥题材。作者独辟蹊径，特意选取贾谊自长沙召回，宣室夜对的情节作为诗材。《史记·屈原贾生列传》载："贾生征见。孝文帝方受厘（刚举行过祭祀，接受神的福佑），坐宣室。上因感鬼神事，而问鬼神之本。贾生因具道所以然之状。至夜半，文帝前席（在坐席上移膝靠近对方）。既罢，曰：'吾久不见贾生，自以为过之，今不及也。'"

在一般封建文人心目中，这大概是值得大加渲染的君臣遇合盛事。但诗人却独具慧眼，抓住不为人们所注意的"问鬼神"之事，翻出了一段新警透辟、发人深省的诗的议论。

"宣室求贤访逐臣，贾生才调更无伦。"前幅纯从正面着笔，丝毫不露贬义。首句特标"求""访"（咨询），仿佛热烈颂扬文帝求贤意愿之切、之殷，待贤态度之诚、之谦，所谓求贤若渴，虚怀若谷。"求贤"而至"访逐臣"，更可见其网罗贤才已达到"野无遗贤"的程度。次句隐括文帝对贾谊的推服赞叹之词。"才调"，兼包才能风调，与"更无伦"的赞叹配合，令人宛见贾生少年才俊、议论风发、华彩照人的精神风貌，诗的形象感和咏叹的情调也就自然地显示出来。这两句，由"求"而"访"而赞，层层递进，表现了文帝对贾生的推服器重。如果不看下文，几乎会误认为这是一篇圣主求贤颂。其实，这正是作者故弄狡狯之处。

第三句承、转交错，是全诗枢纽。承，即所谓"夜半前席"，把文帝当时那种虚心垂询、凝神倾听、以至于"不自知膝之前于席"的情状描绘得惟妙惟肖，使历史陈迹变成了充满生活气息、鲜明可触的画面。这种善于选取典型细节，善于"从小物寄慨"的艺术手段，正是李商隐咏史诗的绝招。通过这个生动的细节的渲染，才把由"求"而"访"而赞的那架"重贤"的云梯升到了最高处。而"转"，也就在这戏剧高潮中同时开始。不过，它并不露筋突骨，硬转逆折，而是用咏叹之笔轻轻拨转——在"夜半虚前席"前加上可怜两字。可怜，即可惜。不用感情色彩强烈的"可悲""可叹"一类词语，只说"可怜"，一方面是为末句——一篇之警策预留地步；另一方面也是因为在这里貌似轻描淡写的"可怜"，比剑拔弩张的"可悲""可叹"更为含蕴，更耐人寻味。仿佛给文帝留有余地，其实却隐含着冷峻的嘲讽，可谓似轻而实重。"虚"者，空自、徒然之谓。虽只轻轻一点，却使读者对文帝"夜半前席"的重贤姿态从根本上产生了怀疑，可谓举重而若轻。如此推重贤者，何以竟然成"虚"？诗人引而不发，给读者留下了悬念，诗也就显出跌宕波折的情致，而不是一览无余。这一句承转交错的艺术处理，精练，自然，和谐，浑然无迹。

末句方引满而发，紧承"可怜"与"虚"，射出直中鹄的一箭——"不问苍生问鬼神"。郑重求贤，虚心垂询，推重叹服，乃至"夜半前席"，不是为了询求治国安民之道，却是为了"问鬼神"的本原问题！这究竟是什么样的求贤，对贤者又究竟意味着什么啊！诗人仍只点破而不说尽——通过"问"与"不问"的对照，让读者自己对此得出应有的结论。词锋极犀利，讽刺极辛辣，感慨极深沉，却又极抑扬吞吐之妙。由于前几句围绕"重贤"逐步升级，节节上扬，第三句又盘马弯弓，引而不发，末句由强烈对照而形成的贬抑便显得特别有力。这正是通常所谓"抬得高，摔得重"。整首诗在正反、扬抑、轻重、隐显、承转等方面的艺术处理上，都蕴含着艺术的辩证法，而其新警含蕴、唱叹有情的艺术风格也就通过这一系列成功的艺术处理，逐步显示出来。

点破而不说尽，有论而无断，并非由于内容贫弱而故弄玄虚，而是由于含蕴丰富，片言不足以尽意。诗有讽有慨，寓慨于讽，旨意并不单纯。从讽的方面看，表面上似刺文帝，实际上诗人的主要用意并不在此。晚唐许多皇帝，大都崇佛媚道，服药求仙，不顾民生，不任贤才，诗人矛头所指，显然是当时现实中那些"不问苍生问鬼神"的封建统治者。在寓讽时主的同时，诗中又寓有诗人自己怀才不遇的深沉感慨。诗人夙怀"欲回天地"的壮志，但偏遭衰世，沉沦下僚，诗中每发"贾生年少虚垂涕""贾生兼事鬼"之慨。这首诗中的贾谊，正有诗人自己的影子。概而言之，讽汉文实刺唐帝，怜贾生实亦自悯。

游园不值①

[宋]　叶绍翁

应②怜③屐齿④印苍苔⑤，
小扣⑥柴扉⑦久不开。
春色满园关不住，
一枝红杏出墙来。

诗文注释

①游园不值：我在游园时没有遇到主人。值：遇。
②应：应该。
③怜：怜惜，爱惜。
④屐齿：木屐底下突出的部分。屐：木鞋
⑤苍苔：生长在阴暗潮湿地方的苔藓植物。
⑥小扣：轻轻地敲。
⑦柴扉：用树枝编成的简陋的柴门。

诗文翻译

大概是院子的主人爱惜青苔，怕我的木底鞋在上面留下脚印吧，轻轻地敲柴门，好久也没人来开门。满园子的春色是关不住的，开得正旺的红杏有

一枝枝条伸到墙外来了。

诗文赏析

此诗所写的大致是江南二月，正值云淡风轻、阳光明媚的时节。诗人乘兴来到一座小小花园的门前，想看看园里的花木。他轻轻敲了几下柴门，没有反应；又敲了几下，还是没人应声。诗人猜想，大概是怕园里的满地青苔被人践踏，所以闭门谢客吧。诗人在花园外面寻思着，徘徊着，很是扫兴。他在无可奈何、正准备离去时，抬头之间，忽见墙上一枝盛开的红杏花探出头来。"春色满园关不住，一枝红杏出墙来"。诗人从一枝盛开的红杏花，领略到满园热闹的春色，感受到满天绚丽的春光，总算是不虚此行了。

从诗意看，门前长有青苔，足见这座花园的幽僻，而主人又不在家，敲门很久，无人答应，更是冷

清，可是红杏出墙，仍然把满园春色透露了出来。从冷寂中写出繁华，这就使人感到一种意外的喜悦。

这首诗在写作上有很多好处。其一是写春景而抓住了特点，突出了重点。陆游《马上作》云："平桥小陌雨初收，淡日穿云翠霭浮。杨柳不遮春色断，一枝红杏出墙头。"用"杨柳"的金黄、嫩绿来衬托"红杏"的艳丽，可谓善于突出重点。叶绍翁这首诗应是从陆游诗中脱胎而来，用一"出"字把红杏拟人化，更是抓住了春景特点，突出了重点。其二是"以少总多"，含蓄蕴藉。比如"一枝红杏"就是"满园春色"具体而集中的表现，一枝红杏就代表了墙内百花。其三是景中有情，诗中有人，而且是优美的情、高洁的人。门虽设而常关，"小扣柴扉"又"久不开"，其人懒于社交，无心利禄，已不言可知。门虽常关，而满园春色却溢于墙外，其人怡情自然，丰神俊朗，更动人遐思。其四是不仅景中含情，而且景中寓理，能够引起许多联想，从而给人以哲理的启示和精神的鼓舞。"春色满园关不住，一枝红杏出墙来。"春色在这么一"关"一"出"之间，冲破围墙，溢出园外，显示出一种蓬蓬勃勃、关锁不住的生命力度。后人更赋予这两句诗以生活的哲理：新生事物一定会冲破重重困难，脱颖而出，蓬蓬勃勃地发展起来。这两句诗也便获得了新的生命，流传不绝。

闺① 怨

[唐] 王昌龄

闺中少妇不知愁②，
春日凝妆③上翠楼。
忽见陌头④杨柳色，
悔教夫婿觅封侯⑤。

诗文注释

①闺：一般指少女或少妇。古人"闺怨"之作，一般是写少女的青春寂寞，或少妇的离别相思之情。

②不知愁：又作'不曾愁'。

③凝妆：盛妆。

④陌头：意谓大路上。

⑤觅封侯：指从军远征，谋求建功立业，封官授爵。

诗文翻译

闺中少妇未曾有过相思离别之愁，在明媚的春日，她精心妆饰，登上高楼。忽然看到陌头的杨柳春色，惆怅之情涌上心头。她后悔当初不该让丈夫从军边塞，建功封侯。

诗文赏析

古人"闺怨"之作，一般是写少女的青春寂寞，或少妇的离别相思之情。具体来说就是丈夫常年出征在外，留守在家中的妻子那种寂寞难耐的思念之情。

王昌龄的一系列宫怨闺怨诗中《闺怨》尤为突出。诗题为《闺怨》，起笔却写道："闺中少妇不知愁"，紧接着第二句又写出这位不知愁的少妇，如何在春光明媚的日子里"凝妆"登楼远眺的情景。于是，一个有些天真和娇憨之气的少妇形象跃然纸上。闺中少妇果真不知愁吗？当然不是。读过全诗之后我们知道，这是一位丈夫远征他乡，自己独守空房的少妇，即使在唐朝封建礼教尚不严格束缚妇女的时代，她平日里也是不能随便出门的。

第三句是全诗的关键，称为"诗眼"。这位少妇所见,不过寻常之杨柳,作者何以称之为"忽见"?其实,诗句的关键是见到杨柳后忽然触发的联想和心理变化。杨柳在古代人的心目中,不仅仅是"春色"的代替物,同时,它又是友人别离时相赠的礼物,古人很早便有折柳相赠的习俗。因为那迷茫和朦胧的杨花柳絮和人的离愁别绪有着某种内在的相似。

故少妇见到春风拂动下的杨柳,一定会联想很多。她会想到平日里的夫妻恩爱,想到与丈夫惜别时的深情,想到自己的美好年华在孤寂中一年年消逝,而眼前这大好春光却无人与她共赏⋯⋯或许她还会联想到,丈夫戍守的边关,不知是黄沙漫漫,还是和家乡一样杨柳青青呢?

在这一瞬间的联想之后,少妇心中那沉积已久的幽怨、离愁和遗憾便一下子强烈起来,变得一发而不可收。"悔教夫婿觅封侯"便成为自然流淌出的情感。说到"忽见",杨柳色显然只是触发少妇情感变化的一个媒介,一个外因。如果没有她平时感情的积蓄,她的希冀与无奈,她的哀怨与幽愁,杨柳是不会如此强烈地触动她"悔"的情感的。故曰少妇的情感变化看似突然,实则并不突然,而在情理之中。

这首闺怨诗描写了上流贵妇赏春时心理的变化。王昌龄善于用七绝细腻而含蓄地描写宫闺女子的心理状态及其微妙变化。诗的首句,与题意相反,写她"不知愁":天真烂漫,富有幻想。二句写她登楼赏春:带有幼稚无知,成熟稍晚的憨态。三句急转,写忽见柳色而勾起情思:柳树又绿,夫君未归,时光流逝,春情易失。四句写她的省悟:悔恨当初怂恿"夫婿觅封侯"的过错。诗无刻意写怨愁,但怨之深,愁之重,已裸露无余。

王昌龄极善言情。如果说李白的诗如奔泻的瀑布,那么王昌龄的诗则如蜿蜒流淌的溪流。他以精练的语言、新颖独特的构思、含蓄委婉的笔法,留给人们悠长的艺术享受。诗贵曲而忌直,一览无余不是好诗。王昌龄的这首七绝含蓄、曲折,深得其妙。通篇叙别情而不着别字,言离愁而无愁字,写法极经济,意韵极深婉,可以说以最少的文字容纳了最多的语意。

七、远近、高低、俯仰

这里说的是写景的顺序,有由远及近、由高到低、由内而外等方法。

【越调】天净沙①·秋

[元] 白 朴

孤村落日残霞②,轻烟老树寒鸦③,一点飞鸿影下④。青山绿水,白草红叶黄花。

诗文注释

①天净沙:曲牌名。
②残霞:残缺的晚霞。
③寒鸦:受冻的乌鸦。
④飞鸿影下:雁影掠过。

诗文翻译

太阳渐渐西沉,已衔着西山了,天边的晚霞也逐渐开始消散,只残留有几分黯淡的色彩,映照着远处安静的村庄是多么地孤寂,多么地落寞,拖出那长长的影子。炊烟淡淡飘起,几只全身乌黑的乌鸦栖息在佝偻的老树上,时不时还发出几声令人辛酸的啼叫。忽然,远处的一只大雁飞掠而下,划过天际。顺着它远远望去,山清水秀;再往近处看,霜白的小草、火红的枫叶、金黄的菊花,在风中一齐摇曳着,颜色几近妖冶。

![诗文赏析]

白朴这首小令《天净沙·秋》与马致远的《天净沙·秋思》，无论写法还是构成的意境都有相似之处。此曲题目虽为"秋"，并且写尽秋意，却找不着一个"秋"字。此曲开篇先绘出了一幅秋日黄昏图，营造出一种宁静、寂寥的氛围，再以名词并列组合的形式，选取典型的秋天景物，由远及近，描绘出一幅色彩绚丽的秋景图。至此，读者眼前的秋景也由先前的萧瑟、寂寥变为明朗、清丽了。此曲仅二十八字，但语言简练优美，意义深刻。此曲表达了作者积极向上、乐观开朗的处世态度，真是所谓的"不以物喜，不以己悲"（范仲淹《岳阳楼记》）。

白朴这首曲子以秋景作为写作的题材，读者从其中的修辞可以看出，他的文学涵养是极高的。通篇作品，全都由一些美丽的自然图景构成，而白朴本人，就好像是拿着这些自然拼图的艺术家，拼出一幅美丽中带着和谐的人生图画。

写秋景，自然难免要烘托出萧瑟的气氛，但是如果全以萧瑟气氛为全篇的写作大旨，又会令读者感到沉闷而有压力。为了避免出现这种情况，白朴在选用语辞时，便颇费心神。前二句的"孤村落日残霞，轻烟老树寒鸦"，共用了六个图景："孤村""落日""残霞""轻烟""老树""寒鸦"，而其中任何一个图景，都代表着秋日秋景的萧瑟气氛。为了要使这种萧瑟气氛活泼起来，于是作者接下来选用了"一点飞鸿影下"作为上半段的结语。如此一来，原本萧瑟的画面转成了活跃，寂寥的秋景仿佛也展现了另一种鲜活的生气。最后为了加强作者心目中秋景是美丽而有韵味的形象，因此再以"青山绿水，白草红叶黄花"作为曲文的结束语。这两句用了"青""绿""白""红""黄"五种颜色，而且"白草红叶黄花"这三种颜色，是交杂在"青山绿水"两种颜色之中的；"青山绿水"是广大的图景，"白草红叶黄花"是细微的图景，如此交杂相错，于是原本是寂寥萧瑟的秋景，突然变得五颜六色而多彩多姿

了。由此可见，白朴的散曲写作技巧有多么高明了。

此曲描绘的秋景图由两部分构成：前面部分是暗淡、萧瑟、冷清的迟暮秋景，而后面部分画面色彩斑斓，鲜艳明丽，充满着勃勃的生机。前后画面同样都是秋天之景，而形成了强烈的反差。如果联系白朴不愿在元朝做官的态度，读者就不难理解同样的秋景会有如此巨大反差的原因。画面中的"一点飞鸿"，与李白的《送裴十八图南归嵩山（其一）》"举手指飞鸿，此情难具论。同归无早晚，颍水有清原"中的"飞鸿"有着异曲同工之妙，都暗喻作者本人。白朴不愿在朝廷中谋职，却希望自己像一只展翅高飞的鸿雁，飞离那种萧瑟、冷清、没有生气的地方，寻找到自己感到满意，有生机的乐土。因此"影下"的这片"青山绿水，白草红叶黄花"之地，读者可以理解为作者的归隐之地，是作者的心中之景。情调开朗平和，没有一点消极之感，表现了作者对隐居生活的热爱之情，应属于虚写。在这支曲子中，作者非常巧妙地、不露痕迹地把"心中之景"与当时真实的环境放在一起，产生强烈的对比效果，含蓄地流露出自己的爱憎之情。

此曲虽和马致远的《天净沙·秋思》有相似处，但却又自有特点。首二句以"孤村"领起，着意渲染秋日黄昏的冷寂。"一点飞鸿"给阴冷的静态画面带来了活力，造成曲子抒发情感的转移。接着诗人用青、绿、白、红、黄五色，以远及近、由高到低、多层次多侧面立体交叉式地描绘出秋日美丽的景象，使整个画面充满了诗意。此曲极富艺术张力，一笔并写两面，成功地将秋日迟暮萧瑟之景与明朗绚丽之景融合在一起，把赏心悦目的秋景作为曲子的主旋律，不失为又一篇写秋杰作。

词、曲有雅、俗之别，一般来说，词尚妩媚、含蓄，而曲贵尖新、直率。白朴的这支小令读来却有词的意境。曲中虽无"断肠人在天涯"之类句子，抒情主人公却时隐时现，在烟霞朦胧之中，传达出一种地老天荒式的寂寞和淡淡的哀愁。

画

[清] 高 鼎

远看山有色①，
近听水无声。
春去花还在，
人来鸟不惊②。

诗文注释

①色：颜色，也有景色之意。
②惊：吃惊，害怕。

诗文翻译

远看高山色彩明亮，走近一听水却没有声音。春天过去，可是依旧有许多花草争妍斗艳，人走近，可是鸟却依然没有被惊动。

诗文赏析

看远处的山往往是模糊的，但画上的山色却很清楚；在近处听流水，应当听到水声，但画上的流水却无声；在春天盛开的花，随着春天的逝去就凋谢了，而画上的花，不管在什么季节，它都盛开着；人走近停在枝头上的鸟，它就会受惊飞走，但画上的鸟，即使你走近了，它也不会惊飞。全诗读起来似乎样样违反自然规律，其实正是暗中设谜，写出了画的特点。

"远看山有色"，远山含笑，有色便是好山，何为有色？清秀俊朗红湿绿垂是色，寒色苍苍亦是佳色，奇诡峭拔也是异色，只因其距离而产生美感，让人觉其有无限的风光。此乃"静境"，静境之美出乎首句，在于有静心者能品之。这就好比是阳春白雪，一开始就将下里巴人给赶出了艺术空间——取消了浮躁者的欣赏美的资格。在这里，任何的浮躁都不行，有的只是心静如水。但不是死水而是活水。你看画中有水呢？一汪春水有着

挡不住的盛情倾泻而出。一种流动之美跳跃于诗人的眼中。

"近听水无声"，源头活水本是"动境"，而无声二字又进入静境，宁静致远，和首句并无矛盾之处，动静的取舍上诗人可以说是能够做到游刃有余。是什么如此神奇，静得让人如此难以放弃要去一探究竟？这样，我们就会接近此诗此画，这样心神和山水便靠近了。一切的妙处只是因为"无声"，无声是一种美。王羲之的诗中有"在山阴道上行，如在镜中游"，便也是这种美。有声无声都融在一起，完美的天籁之声！庄子所提的"天籁"之声就是如此，当"天籁"与"人籁""地籁"一起时，便共同构成一个常人无法言语的自然之声。

"春去花还在，人来鸟不惊。"花儿在那个最美的季节里尽情地开放，并最终将自己的生命燃烧般地开到最美。美到极致后，飘然而去。但此中花儿不谢，只因在画中。不仅仅是如此，写的是画中的花，是春尽之时，花儿尽逝，有无处得美而伤怀的感触在里面。

鸟儿不惊，不知青春已尽；岁月已逝，徒留下多少悔恨。

诗中的画似乎代表着一种梦想，一种可见而不可得的梦想，那种梦想只是在人的心灵处于一种安静的状态中我们才能够想起。但不可得已是事实，诗人唯有带着淡淡的幽思去寻觅世间最后的能够寄托情怀的东西。人已去，空留花，鸟未惊，人又来，没有永恒的美丽，而一切的美丽都将隐于虚幻。

苏 幕 遮①

[宋] 范仲淹

碧云天，黄叶地，秋色连波，波上寒烟翠。山映斜阳天接水，芳草无情，更在斜阳外。

黯乡魂②，追旅思③。夜夜除非，好梦留人睡。明月楼高休独倚，酒入愁肠，化作相思泪。

诗文注释

①此调原为西域传入唐教坊曲。"苏幕遮"是当时高昌国语之音译，宋代词家用此调是另度新曲，又名《云雾敛》《鬓云松令》。双调，六十二字，上下阕各五句四仄韵。

②黯乡魂：因思念家乡而黯然神伤。语出江淹《别赋》："黯然销魂者，唯别而已矣。"

③追：追随，可引申为纠缠。旅思（sì）：羁旅之思。

诗文翻译

白云满天，黄叶遍地，秋天的景色映进江上的碧波，水波上笼罩着寒烟一片苍翠。远山沐浴着夕阳的天空连接江水，岸边的芳草似是无情，又在西斜的太阳之外。

黯然感伤的他乡之魂，追逐旅居异地的愁思。每天夜里除非是美梦才能留人入睡。当明月照射高楼时不要独自依倚，端起酒来洗涤愁肠，可是都化作相思的眼泪。

诗文赏析

此词抒写乡思旅愁，以铁石心肠人作黯然销魂语，尤见深挚。

"碧云天，黄叶地"二句，一高一低，一俯一仰，展现了际天极地的苍莽秋景，为元代王实甫《西厢记·长亭送别》一折所本。

"秋色连波"二句，落笔于高天厚地之间的浓郁的秋色和绵邈秋波：秋色与秋波相连于天边，而依傍着秋波的则是空翠而略带寒意的秋烟。这里，"碧云""黄叶""绿波""翠烟"构成一幅色彩斑斓的画面。

"山映斜阳"句复将青山摄入画面，并使天、地、山、水融为一体，交相辉映。同时，"斜阳"又点出所状者乃是薄暮时分的秋景。

"芳草无情"二句，由眼中实景转为意中虚景，而离情别绪则隐寓其中。埋怨"芳草"无情，正见出作者多情、重情。

下阕"黯乡魂"二句，径直托出作者心头萦绕不去、纠缠不已的怀乡之情和羁旅之思。"夜夜除非"二句是说只有在美好梦境中才能暂时泯却乡愁。"除非"说明舍此别无可能。但天涯孤旅，"好梦"难得，乡愁也就暂时无计可施了。

"明月楼高"句顺承上文：夜间为乡愁所扰而好梦难成，便想登楼远眺，以遣愁怀；但明月反使他倍感孤独与怅惘，于是发出"休独倚"之叹。

歇拍二句，写作者试图借饮酒来消释胸中块垒，但这一遣愁的努力也归于失败："酒入愁肠，化作相思泪。"全词低回婉转，而又不失沉雄清刚之气，是真情流溢、大笔振迅之作。

描写视角独具匠心，从高到低或从上到下（碧云天、黄叶地），由近及远（山映斜阳天接水……更在斜阳外）。

参考资料

[1] 华叙冬. 别出心裁巧立意[J]. 中学课程辅导·

教师通讯，2012(10).

[2] 周家丞. 唐诗三百首新编[M]. 北京：中国言实出版社，2016.

[3] 陈素莲. 从《江雪》看情景交融的最高境界[J]. 星星，2007.

[4] 陆青柳. 高中语文古诗词鉴赏的五个切入点[J]. 中学教学参考，2010.

[5] 叶廷芳. 悠悠莱茵河[M]. 南昌：江西教育出版社，1999.

[6] 赵建莉. 初唐诗歌赏析[M]. 南宁：广西教育出版社，1990.

[7] 于海娣等. 唐诗鉴赏大全集[M]. 北京：中国华侨出版社，2010.

[8] 萧涤非等. 唐诗鉴赏辞典[M]. 上海：上海辞书出版社，1983.

[9] 蘅塘退士著，金性尧编. 唐诗三百首新注[M]. 上海：上海古籍出版社，1993.

[10] 张国举. 唐诗精华注译评[M]. 长春：长春出版社，2010.

[11] 刘永生. 宋诗选[M]. 天津：天津古籍出版社，1997.

[12] 缪钺等. 宋诗鉴赏辞典[M]. 上海：上海辞书出版社，1987.

[13] 孙安邦，李亚娜. 天边残照水边霞：白朴曲作精品类编[M]. 郑州：河南文艺出版社，2006.

[14] 王沛霖等编. 小学语文古诗讲解[M]. 天津：新蕾出版社，1986.

[15] 陆林编注. 宋词(白话解说)[M]. 北京：北京师范大学出版社，1992.

第八讲

古代诗歌之"用典"

用典,是古代诗人常用的一种表现方法,也是古典诗歌一道独特的风景。刘勰在《文心雕龙》里诠释"用典"为"据事以类义,援古以证今",有"举人事以征义"和"引成辞以明理"(刘勰语)两种。用典就是运用典故来以古比今,以古证今,借古抒怀。所谓典故是指"典例故实",具体地说,包括神话传说、历史故事、民俗掌故、寓言逸闻,以及流传下来的古书成句。

作品恰当运用典故,对丰满诗歌形象,丰富诗歌内涵,增强作品的表现力和感染力都很有好处。据说,王安石出任江宁知府时,三十余人同题作文:《桂枝香·金陵怀古》,写金陵旧事以抒怀古之情。比赛的结果是"惟王介甫为绝唱"。细究王安石成功的原因正是善用典故。什么叫典故呢?简言之,典故就是出于古典书籍中的逸事、趣闻、寓言,传说人物或有出处的诗句、文章,都可以当作典故运用。诗歌用典,可使诗意精练。读诗则应根据典故本身,领会诗人用典意图。由于诗歌使用典故,这给同学们阅读和理解诗歌带来了一定的困难,要想正确地理解诗歌,必须了解诗歌中常用典故的含义。

古典诗歌往往追求一种"言外之意""境外之境""象外之象"的审美效果,倾向于"不著一字,尽得风流"。中国诗歌长久以来讲究抒情的婉转曲折,反对直白。典故在诗歌中的运用自古有之。中国历史悠久,典籍丰富,为诗歌创作大量用典打下坚实基础。

古今人们用典的方式多种多样,一般采用明用、暗用、正用和反用四种方式。

一、明用典故

古典诗词在使用典故时,如果能使读者从字面一看便知使用了某个典故的就是明用典故。这种现象在古典诗词中是常见的,如苏轼《江城子·密州出猎》:"持节云中,何日遣冯唐?"这是明用《史记·冯唐列传》中的故实,东坡居士在这里明用这个典故,意在以魏尚自况,希望有一个像冯唐那样识才敢谏之人,为自己在宋神宗面前保荐,派人将自己召回,委以重任。这是古人忧国忧民的忧患意识的反映。在皖南事变后,周恩来奋笔疾书"同室操戈,相煎何急",这里明显化用了曹植《七步诗》里的句子:"本自同根生,相煎何太急?"

二、暗用典故

古典诗词在使用典故时,有时表面上看用典处似乎与上下文句融合为一,不细察则不知为用典,这就是暗用典故。例如《江城子·密州出猎》的末句是:"会挽雕弓如满月,西北望,射天狼。"表面看来好像是写"出猎",描写猎人弯弓射狼的情况。其实这是暗用了《楚辞·东君》"举长矢兮射天狼"的典故。"天狼",是星名,古代用以代表贪残掠夺者,作者在此代指辽和西夏统治者;"射天狼"则表明自己御敌保国的决心。

三、正用典故

李白的《宣州谢朓楼饯别校书叔云》中有"蓬莱文章建安骨,中间小谢又清发"的佳句,以典代人,通过文章既以赞李云,也以自赞。"蓬莱",为海中神山名,传说仙府中难得的典籍,均藏于此。《后汉书·窦章传》言:"是时学者称东观(后汉政府的藏书机构)为老氏藏室,道家蓬莱山。"这首诗中的"蓬莱",是借指校书郎李云。"建安骨"为建安风骨之简称。东汉末建安时期，以曹操父子和建安七子为代表的诗歌，风格清新刚健，被后人称为建安风骨。"小谢"，指谢朓；区别于"大谢"（谢灵运）。李白非常推崇谢朓，这里有自比的意思。这两句中，上句称赞李云文章得建安风骨，清新刚健；下句谓自己的诗歌应像谢朓那样清新隽永。

四、反用典故

就是将典故的固有含义反其意而用之。辛弃疾的《水龙吟·登建康赏心亭》中"休说鲈鱼堪脍，尽西风，季鹰归未"的句子，就是引用晋朝人张季鹰的典故。张季鹰在洛阳作官，见秋风起，想到家乡美味的莼羹、鲈鱼脍，遂弃官回家。他追求的是"人生贵得适志耳"（《晋书·张翰传》），根本不考虑国家民族的危亡。所以辛弃疾就用"休说"二字，表明他是批判地反用这个典故，正好从张季鹰的对立方面有力地衬托了作者的爱国主义的高尚情操。这可以算作明面上的反用典故。

典故的大量运用也带来了很多负面效应。随着典故的大量涌入，在扩充诗歌信息含量的同时，也使得文本与接受者的沟通变得困难起来。钟嵘认为诗"若专用比兴，患在意深，意深则词踬"。认为诗歌用典过滥就会"文章殆同书钞"，使诗味丧失殆尽。虽然他并没有提到诗歌的用典。早在南朝时，沈约就提出了"易见事"的主张，即诗歌用典要使人易于理解。不是故弄玄虚、故作高深的文字游戏。与钟嵘同时代的文论家刘勰，也对用典弊端予以了充分的重视。他认为"文章由学，能在天资。才自内发，学以外成"，如果"才馁"，就会"够劳于辞情"，即辞采贫瘠、感情空洞，自然也就缺乏文学性。解决问题的途径就是"才为盟主，学为辅佐，主佐合德，文采必覆"，具体而言"综学在博，取事贵约，校练务精，捃理须核，众美辐辏，表里发挥"。将才学情感与典故结合起来，博学而约取。

忆　昔

〔唐〕　韦　庄

昔年曾向五陵游，子夜歌清月满楼。
银烛树前长似昼，露桃花里不知秋。
西园公子名无忌，南国佳人号莫愁。
今日乱离俱是梦，夕阳唯见水东流！

诗文赏析

韦庄本来住在长安附近，后来移居虢州。黄巢起义军攻破长安时，他正来京城应试，目击这座古都的兴替盛衰，抚今伤昔，写下了这首"感慨遥深，婉而多讽"的七律。"感慨遥深"指其思想感情，"婉而多讽"言其情韵风调。

此诗艺术上主要有两点特色。

一是用典使事，使诗意委婉深曲。首句"五陵"，是长安城外唐代贵族聚居之地，诗中"五陵"不单指代长安，也泛指当时贵族社会。次句的"子夜歌"是乐府古曲，歌词多写男女四时行乐之情，诗人以此讽刺豪门贵族一年四季追欢逐乐、笙歌达旦的奢靡生活。分明讽其沉湎声色，却用"月满楼"为衬景，把讽意深藏在溶溶月色中，不露声色。三句"银烛树前长似昼"，取邢邵"夕宴银为烛"诗意，写王公豪富之家酒食征逐，昼夜不分，也是意存鞭挞，而赋色清丽，辞意似依于美刺之间。四句"露桃花里不知秋"，语出王昌龄《春宫曲》"昨夜风开露井桃"，借龙标诗语，笔锋暗指宫廷，斥其沉迷酒色以至春秋不辨，同样辞旨微婉，蕴藉不吐。第三联"西园公子名无忌，南国佳人号莫愁"，于对仗工绝之外，尤见使事之巧,尽委婉深曲之能事。"西园公子"指魏文帝曹丕及其弟曹植等,至于"无忌",却是战国时代魏国公子信陵君的名号。韦庄巧妙地把曹魏之"魏"与战国七雄之"魏"牵合在一起,由此引出"无忌"二字。但又不把"无忌"作专名看待,仅取其"无所忌惮"之意。这句诗的实际意思是指斥王孙公子肆无忌惮。诗人把这层真意寄寓在两个历史人物的名号中。由于曹丕和信陵君都是历史上值得称道的风流人物,因此,读起来倒像对那些王孙公子放荡不羁的行为津津乐道,而容易忽略其微讽的深意。下句"莫愁"同此手法,用传说中一位美丽歌女的名字,慨叹浮华女子不解国事衰微,深寓"隔江犹唱后庭花"的沉痛。由于巧妙地使事用典,全诗但见花月管弦,裘马脂粉,真意反而朦胧,如雾里看花,隐约缥缈,不见色相。感慨之诗意藉婉而多讽的风调而显得更为深沉,更加耐人咀嚼。

二是借助于双关、象征、暗示等多种修辞手法的错综运用,传出弦外之音和味外之味。"子夜歌"是乐府古调名,也含有"半夜笙歌"的微意,语意双关。"银烛树前"则暗示贵族生活的豪华奢侈。"露桃花里"象征红袖青螺;"不知秋"又用双关手法,含有不知末日将临的深意。"无忌""莫愁",均取双关。"俱是梦"的"梦"字,绾上三联,既慨叹往昔繁华,如梦如烟;又有双关"醉生梦死"之意。结句"夕阳唯见水东流",从修辞角度看,"夕阳"象征唐末国运已如日薄西山,"水东流"象征唐王朝崩溃的大势如碧水东去,颓波难挽;从诗的色彩看,则见残阳惨淡,照着滔滔逝水,暮色苍茫中,万物萧瑟。有此一结句,无限怆怀,顿生纸墨。有此一结句,就使诗情更为饱满、凄怆。水流无已,此恨绵绵,都包含在这七个字中,这正是全诗结穴之处。

全诗以"昔年"领起,前六句紧扣题旨"忆"字,描绘昔日繁华景象。末联一跌,顿起波澜,发为变徵之音,结出无限感慨。由于前六句色彩秾丽,人们很容易产生错觉:似乎韦庄是在回味、留恋乱前长安贵族豪右那种灯红酒绿的生活。其实,韦庄出身于早已破落的大族之家,那时他是没有资格进入诗中描绘的那种上流社会的。诗中隐含着对上层统治阶级醉生梦死、竞逐奢靡的批判,抒发了他对社稷倾危的感叹。只是由于用语华艳,给全诗蒙上了一层粉红色的轻纱,使人乍读之难察幽隐,细品之却有深意。这种曲曲传情、意在言外的构思,形成了"婉而多讽"的情韵风调。以华绮侧艳之辞,寄感慨遥深之志,是晚唐诗风的特征之一。韦庄这首诗,正体现了这一特征。

辋川闲居赠裴秀才迪

[唐] 王 维

寒山转苍翠,秋水日潺湲。①
倚杖柴门外,临风听暮蝉。
渡头余落日,墟里上孤烟。②
复值接舆③醉,狂歌五柳④前。

诗文注释

①潺湲(chán yuán):水流缓慢的样子。
②孤烟:直升的炊烟。
③接舆:春秋楚隐士,装狂遁世。在这里代指裴迪。

诗文翻译

寒冬过后的山愈加显得郁郁葱葱,那条小河也开始缓缓流淌。

我挂杖倚在我家柴屋门前,和着风的方向听着日暮时分蝉的鸣叫。

夕阳的余晖洒在那渡头上，一缕烟从村里的烟囱中冒出。

又碰上裴迪喝醉了，在恰如陶渊明的我前发酒狂。

诗文赏析

这首诗所要极力表现的是辋川的秋景。一句和三句写山水原野的深秋晚景，诗人选择富有季节和时间特征的景物：苍翠的寒山、缓缓的秋水、渡口的夕阳、墟里的炊烟，有声有色，动静结合，勾勒出一幅和谐幽静而又富有生机的田园山水画。诗的二句和四句写诗人与裴迪的闲居之乐。倚杖柴门，临风听蝉，把诗人安逸的神态，超然物外的情致，写得栩栩如生；醉酒狂歌，则把裴迪的狂士风度表现得淋漓尽致。全诗物我一体，情景交融，诗中有画，画中有诗。

《新唐书·王维传》："别墅在辋川，地奇胜……与裴迪游其中，赋诗相酬为乐。"这首诗即与裴迪相酬为乐之作。

这是一首诗、画、音乐完美结合的五律。首联和颈联写景，描绘辋川附近山水田园的深秋暮色；额联和尾联写人，刻画诗人和裴迪两个隐士的形象。风光人物，交替行文，相映成趣，形成物我一体、情景交融的艺术境界，抒写诗人的闲居之乐和对友人的真切情谊。"寒山转苍翠，秋水日潺湲。"首联写山中秋景。时在水落石出的寒秋，山间泉水不停歇地潺潺作响；随着天色向晚，山色也变得更加苍翠。不待额联说出"暮"字，已给人以时近黄昏的印象。"转"和"日"用得巧妙。转苍翠，表示山色愈来愈深，愈来愈浓；山是静止的，这一"转"字，便凭借颜色的渐变而写出它的动态。日潺湲，就是日日潺湲，每日每时都在喧响；水是流动的，用一"日"字，却令人感觉它始终如一地守恒。寥寥十字，勾勒出一幅有色彩，有音响，动静结合的画面。

"渡头余落日，墟里上孤烟。"颈联写原野暮色。夕阳欲落，炊烟初升，这是田野黄昏的典型景象。渡头在水，墟里在陆；落日属自然，炊烟属人事：景物的选取是很见匠心的。"墟里上孤烟"，显系从陶

潜"暧暧远人村，依依墟里烟"（《归田园居（其一）》）点化而来。但陶句是拟人化地表现远处村落上方炊烟萦绕、不忍离去的情味，王句却是用白描手法表现黄昏第一缕炊烟袅袅升到半空的景象，各有各的形象，各有各的意境。这一联是王维修辞的名句，历来被人称道。"渡头余落日"，精确地剪取落日行将与水面相切的一瞬间，富有包孕地显示了落日的动态和趋向，在时间和空间上都为读者留下想象的余地。"墟里上孤烟"，写的也是富有包孕的片刻。"上"字，不仅写出炊烟悠然上升的动态，而且显示已经升到相当的高度。

首、颈两联，以寒山、秋水、落日、孤烟等富有季节和时间特征的景物，构成一幅和谐静谧的山水田园风景画。但这风景并非单纯的孤立的客观存在，而是画在人眼里，人在画图中，一景一物都经过诗人主观的过滤而带上了感情色彩。那么，诗人的形象是怎样的呢？请看额联："倚杖柴门外，临风听暮蝉。"这就是诗人的形象。"柴门"，表现隐居生活和田园风味；"倚杖"，表现年事已高和意态安闲。柴门之外，倚杖临风，听晚树鸣蝉、寒山泉水，看渡头落日、墟里孤烟，那安逸的神态，潇洒的闲情，和"策扶老以流憩，时矫首而遐观"（《归去来辞》）的陶渊明不是有几分相似吗？事实上，王维对那位"古今隐逸诗人之宗"，也是十分仰慕的，就在这首诗中，不仅仿效了陶的诗句，而且在尾联引用了陶的典故："复值接舆醉，狂歌五柳前。"陶文《五柳先生传》的主人公，是一位忘怀得失、诗酒自娱的隐者，"宅边有五柳树，因以为号焉"。实则，这位先生正是陶潜的自我写照；而王维自称五柳，就是以陶潜自况的。"接舆"，是春秋时代"凤歌笑孔丘"的楚国狂士，诗人把沉醉狂歌的裴迪与楚狂接舆相比，乃是对这位年轻朋友的赞许。陶潜与接舆——王维与裴迪，个性虽大不一样，但那超然物外的心迹却是相近相亲的。所以，"复值接舆醉"的复字，不表示又一次遇见裴迪，而是表示诗人情感的加倍和进层：既赏佳景，更遇良朋，辋川闲居之乐，至于此极啊！末联生动地刻画了裴迪的狂士形象，表明了诗人对他的由衷的好感和欢迎，诗题中的赠字，也便有了着落。

额联和尾联，对两个人物形象的刻画，也不是孤立进行，而是和景物描写密切结合的。柴门、暮

蝉、晚风、五柳,有形无形,有声无声,都是写景。五柳,虽是典故,但对王维来说,模仿陶渊明笔下的人物,植五柳于柴门之外,不也是自然而然的吗?

木兰花·拟古决绝词柬友

[清] 纳兰性德

人生若只如初见①,何事秋风悲画扇②。
等闲变却故人心,却道故人心易变③。
骊山语罢清宵半,泪雨零铃终不怨④。
何如薄幸锦衣郎,比翼连枝当日愿⑤。

诗文注释

①"人生"句:意思是说与意中人相处应当总像刚刚相识的时候,那样甜蜜,那样温馨,那样深情和快乐。

②"何事"句:此用汉班婕妤被弃典故。班婕妤为汉成帝妃,被赵飞燕谗害,退居冷宫,后有诗《怨歌行》,以秋扇为喻抒发被弃之怨情。南北朝梁刘孝绰《班婕妤怨》诗又点明"妾身似秋扇",后遂以秋扇见捐喻女子被弃。这里是说本应当相亲相爱,但却成了今日的相离相弃。

③"等闲"句:意思是说如今轻易地变了心,却反而说情人间就是容易变心的。故人,指情人。

④"骊山"句:《太真外传》载,唐明皇与杨玉环曾于七月七日夜,在骊山华清宫长生殿里盟誓,愿世世为夫妻。白居易《长恨歌》:"在天愿作比翼鸟,在地愿为连理枝。"对此作了生动的描写。后安史乱起,明皇入蜀,于马嵬坡赐死杨玉环。杨死前云:"妾诚负国恩,死无恨矣。"又,明皇此后于途中闻雨声、铃声而悲伤,遂作《雨霖铃》曲以寄哀思。这里借用此典说即使是最后作决绝之别,也不生怨。

⑤"何如"句:化用唐李商隐《马嵬》:"如何四纪为天子,不及卢家有莫愁"之句意。"薄幸",薄情。"锦衣郎",指唐明皇。又意谓怎比得上当年的唐明皇呢,他总还是与杨玉环有过比翼鸟、连理枝的誓愿!意思是纵死而分离,也还是刻骨地念念不忘旧

情。亦可通。

诗文翻译

如果相爱永远像初识,
就不会出现婕妤怨秋扇的旧事。
当薄情郎轻易变心时,
却说男女的感情中本来就会出现这类事。
想当初唐皇与贵妃的山盟海誓犹在耳边,
却难熬栈道雨声铃声声声怨。
现在我身边的薄幸锦衣郎,
还不如当年唐明皇许过比翼连枝愿。

诗文赏析

词题说这是一首拟古之作,其所拟之《决绝词》本是古诗中的一种,是以女子的口吻控诉男子的薄情,从而表态与之决绝。如古辞《白头吟》、唐元稹《古决绝词三首》等。纳兰性德的这首拟作是借用汉唐典故而抒发"闺怨"之情。

用"决绝"这个标题,很可能就是写与初恋情人的绝交这样一个场景的。这首词确实也是模拟被抛弃的女性的口吻来写的。第一句"人生若只如初见"是整首词里最平淡又是感情最强烈的一句,一段感情,如果在人的心里分量足够重的话,那么无论他以后经历了哪些变故,初见的一刹那,永远是清晰难以忘怀的。而这个初见,词情一下子就拽回

到初恋的美好记忆中去了。

"何事秋风悲画扇"一句用汉朝班婕妤被弃的典故。扇子是夏天用来驱走炎热的,到了秋天就没人理睬了,古典诗词多用扇子来比喻被冷落的女性。这里是说本应当相亲相爱,但却成了相离相弃。又将词情从美好的回忆一下子拽到了残酷的现实当中。

"等闲变却故人心,却道故人心易变"二句:因为此词是模拟女性的口吻写的,所以这两句写出了主人公深深地自责与悔恨。纳兰不是一个负心汉,只是当时十多岁的少年还没主宰自己的命运。其实像李隆基这样的大唐皇帝都保不住心爱的恋人,更何况是纳兰。

"骊山语罢清宵半,泪雨霖铃终不怨"二句用唐明皇与杨玉环的爱情典故。七夕的时候,唐杨二人在华清宫里山盟海誓。山盟海誓言犹在,马嵬坡事变一爆发,杨贵妃就成了政治斗争的牺牲品。据说后来唐明皇从四川回长安的路上,在栈道上听到雨中的铃声,又勾起了他对杨贵妃的思恋,就写了著名的曲子《雨霖铃》。这里借用此典说即使是最后作决绝之别,也不生怨。

"何如薄幸锦衣郎,比翼连枝当日愿"二句化用唐李商隐《马嵬》诗句"如何四纪为天子,不及卢家有莫愁",承接前二句句意,从另一面说明主人公情感之坚贞。

全词假托失恋女子的口吻,抒写了被男子抛弃的幽怨之情。词情哀怨凄婉,曲折缠绵,富有哲思。"秋风悲画扇"即是悲叹自己遭弃的命运;"骊山"之语暗指原来浓情蜜意的时刻;"泪雨霖铃"写像唐玄宗和杨贵妃那样的亲密爱人也最终肠断马嵬坡;"比翼连枝"出自《长恨歌》诗句,写曾经的爱情誓言已成为遥远的过去。而这"闺怨"的背后,似乎更有着深层的痛楚,"闺怨"只是一种假托。故有人认为此篇别有隐情,词人是用男女间的爱情为喻,说明与朋友也应该始终如一,生死不渝。

扬 州 慢

[宋] 姜 夔

淳熙丙申至日,予过维扬。夜雪初霁,荠麦弥望。入其城,则四顾萧条,寒水自碧。暮色渐起,戍角悲吟。予怀怆然,感慨今昔,因自度此曲,千岩老人以为有黍离之悲也。

淮左名都,竹西佳处,解鞍少驻初程。过春风十里,尽荠麦青青。自胡马窥江去后,废池乔木,犹厌言兵。渐黄昏,清角吹寒,都在空城。杜郎俊赏,算而今、重到须惊。纵豆蔻词工,青楼梦好,难赋深情。二十四桥仍在,波心荡、冷月无声。念桥边红药,年年知为谁生?

诗文赏析

这首词写于宋孝宗淳熙三年(1176)冬至日,词前的小序对写作时间、地点及写作动因均作了交代。姜夔因路过扬州,目睹了战争洗劫后扬州的萧条景象,抚今追昔,悲叹今日的荒凉,追忆昔日的繁华,发为吟咏,以寄托对扬州昔日繁华的怀念和对今日山河破碎的哀思。

姜夔到达扬州之时,离金主完颜亮南犯只有十五年,当时作者只有二十几岁。这首震古烁今的名篇一出,就被他的叔岳肖德藻(即千岩老人)称为有"黍离之悲"。《诗经·五风·黍离》篇写的是周平王东迁之后，故宫衰败，长满禾黍，诗人见此，悼念故园，不忍离去。

"淮左名都，竹西佳处，解鞍少驻初程。""淮左名都"：宋朝设置淮南东路和淮南西路，淮南东路称淮左，扬州是淮南东路的治所。"竹西"是扬州城东的竹西亭，是扬州的一处古迹。词一开始就点出扬州是淮左的著名的都城，而竹西亭又是环境清幽、景色迷人的名胜，这一切吸引着词人在开始的旅程中下马驻足停留。

"过春风十里，尽荠麦青青。"词人想好好地游游名城，观赏古迹，但看到的却是一番凄凉荒芜的景象。杜牧《扬州》诗描写扬州是"街垂千步柳，霞映两重城。"在《赠别》诗中又说："春风十里扬州路，卷上珠帘总不如。"昔日的扬州如此风光绮丽，而如今的扬州却是一片青青的荠菜和野麦了。"荠麦青青"，衬托出昔日的亭台楼阁已荡然无存，这里的居民也已在战乱中死亡或逃散，无比萧条。

"自胡马窥江去后，废池乔木，犹厌言兵。"自从高宗时金人两次南侵，古都扬州只剩下荒废的池台和高大的古树，而劫后幸存的人们不愿再提起那几次可怕残忍的战争。可见战争给人的创痛太巨大了，伤痕还刻在他们的心上。"犹厌言兵"表示人们对战争的极度憎恨，也刻画了曾经创伤的人们的复杂的心理状态。陈廷焯在《白雨斋词话》中说："'犹厌言兵'四字，包括无限伤乱语，他人累千百言，亦无此韵味。"

"渐黄昏，清角吹寒，都在空城。"词继续描写空城荒凉的景象。到了黄昏时分，戍楼上又吹起了凄凉清苦的号角，使人感受到阵阵的寒意，号角声在空城上回荡。号角的声音，更反衬出这座空城的可怕的寂静。有时是无声胜有声，这里是以有声反衬无声，更觉凄凉静寂

词的上阕写景，着重写词人初到扬州的所见所闻，一片萧条、空阔、冷落、荒凉的景象。下阕写情，用杜牧重新来到扬州的假想，伤今怀古，抒发感慨。

"杜郎俊赏，算而今，重到须惊。"杜牧是一个有卓越赏鉴的诗人，假如杜牧重到扬州，看到古都的今昔沧桑之变，一定会十分吃惊的。这几句写杜牧，实际上也是写词人自己，扬州的变化出乎他的意料，使他心灵受到很大的震动。

"纵豆蔻词工，青楼梦好，难赋深情。"杜牧《赠别》诗："娉娉袅袅十三余，豆蔻梢头二月春。"以初春枝头的豆蔻比喻十三四岁少女的美好姿态。杜牧的《遣怀》诗有"十年一觉扬州梦，赢得青楼薄幸名"诗句，回忆自己当年在扬州时的放浪生活。这里的"豆蔻词工，青楼梦好"，是指杜牧的才华。纵然有写"豆蔻""青楼梦"那样的春风词笔，也难以表达此时悲怆的深情。前面"重到须惊"为一层，这里"难赋深情"又进一层。

"二十四桥仍在，波心荡，冷月无声。"杜牧《寄扬州韩绰判官》诗："二十四桥明月夜，玉人何处教吹箫？"二十四桥旧址在今扬州西郊，相传古有二十四个美人在此吹箫。夜晚，作者还在月下徘徊，看到的是二十四桥仍然存在，可如今再也听不到美人吹箫的声音了，冰冷的月光沉浸在水中，水波空自荡漾，显得十分清冷、空寂。

"念桥边红药，年年知为谁生？""红药"是指红色的芍药花。二十四桥又名红药桥，附近盛产红芍药花。这几句是说，想桥边的红芍药，还是一年一度地盛开着，可它们是为谁生长为谁开放呢？可见已经无人来欣赏它们了。经过战乱，这里的人有的死去，有的逃亡，即便留下来的，也没有赏花的心情了。芍药花的情怀是多么地寂寞啊，物尚如此，何况是人？结处含不尽之意于言外。

姜夔终身布衣，不曾仕宦，当然更不可能带兵杀敌，因此，他不能像岳飞、辛弃疾那样发为壮词。他对国事的关怀，是用比兴寄托的手法写入词中的，委婉蕴藉。张炎《词源》说他的词"不惟清空，又且骚雅，读之使人神观飞越。""骚雅"便有格调，"清空"就有神韵。这首《扬州慢》词，写扬州战乱后的萧条景象，感怀家国，哀时伤乱，抒写了深沉的"黍离之悲"。词中还融化了杜牧的诗句，使形象更加鲜明，增加了文采，又以昔日的繁华，反衬了今日的荒凉，反而使词更沉郁，内容更丰厚。词中"过""尽""自""废""渐""杜""算""纵""二""念"等字都作去声，用于领头处，增加了句子的跌宕飞动之美，而将去声字用于句子中间，则增加句子的传神之韵，如"波心荡，冷月无声"中的"荡"字，以响亮的声音来体现水波荡漾，冷月无声的境界，既具神韵又添音韵之谐婉。这首词正体现了姜夔作词追求"骚雅"和"清空"的特点。

用今昔对比的反衬手法来写景抒情，是这首词

的特色之一。上阕用昔日的"名都"来反衬今日的"空城";以昔日的"春风十里扬州路"(杜牧《赠别》)来反衬今日的一片荒凉景象——"尽荠麦青青"。下阕以昔日的"杜郎俊赏""豆蔻词工""青楼梦好"等风流繁华,来反衬今日的风流云散、对景难排和深情难赋。以昔时"二十四桥明月夜"(杜牧《寄扬州韩绰判官》)的乐章,反衬今日"波心荡,冷月无声"的哀景。下阕写杜牧情事,主要目的不在于评论和怀念杜牧,而是通过"化实为虚"的手法,点明这样一种"情思":即使杜牧的风流俊赏,"豆蔻词工",可是如果他而今重到扬州的话,也定然会惊讶河山之异了。借"杜郎"史实,逗出和反衬"难赋"之苦。"波心荡,冷月无声"的艺术描写,是非常精细的特写镜头。二十四桥仍在,明月夜也仍有,但"玉人吹箫"的风月繁华已不复存在了。词人用桥下"波心荡"的动,来映衬"冷月无声"的静。"波心荡"是俯视之景,"冷月无声"本来是仰观之景,但映入水中,又成为俯视之景,与桥下荡漾的水波合成一个画面,从这个画境中,似乎可以看到词人低首沉吟的形象。总之,写昔日的繁华,正是为了表现今日之萧条。

善于化用前人的诗境入词,用虚拟的手法,使其一波未平,一波又起,余音缭绕,余味不尽,也是这首词的特色之一。《扬州慢》大量化用杜牧的诗句与诗境(有四处之多),又点出杜郎的风流俊赏,把杜牧的诗境,融入自己的词境。

参考资料

[1] 张辉. 谈古诗词的用典[J]. 襄阳职业技术学院学报,2003(3).

[2] 闫子强. 古典诗歌"用典"手法的运用[J]. 中学语文. 大语文论坛,2010(4).

[3] 曾小月. 中国古代诗歌用典的符号学分析[J]. 重庆大学学报(社会科学版),2010(3).

[4] 漆水强. 多维视角下的用典观照及教学策略[J]. 华中师范大学,2005.

[5] 萧涤非等. 唐诗鉴赏辞典[M]. 上海:上海辞书出版社,1983.

[6] 张国举. 唐诗精华注译评[M]. 长春:长春出版社,2010.

[7] 邓安生等. 王维诗选译[M]. 成都:巴蜀书社,1990.

[8] 徐宇编著. 纳兰词[M]. 南京:江苏凤凰文艺出版社,2020.

[9] 徐燕婷,朱惠国. 纳兰词评注[M]. 上海:上海三联书店,2018.

[10] 唐圭璋等. 唐宋词鉴赏辞典[M]. 上海:上海辞书出版社,1988.

古代诗歌之"托物言志"

托物言志就是诗人把自己的某种理想、人格或感情融于某种具体事物，就是物与志的结合。传情言志是文学创作的基本任务，更是诗歌艺术的使命。刘勰在《文心雕龙·神思》中对这种传情思维曾作过具体的论述："神用象通，情变所孕。物以貌求，心以理通。"这就是说作者的情感，是由"象"（物）感发的，而情感又是离不开"貌"（形）的；情是融于理的，理则又是情的升华了。古人很喜欢咏物，仅《全唐诗》已存 6021 首，初唐 504 首，盛唐 746 首，中唐 1455 首，晚唐 3556 首。自然界中的万物，大至山川河岳，小至花鸟虫鱼，都可以成为诗人描摹歌咏的对象。他们在细致描摹的同时，寄托自己的感情。"咏物隐然只是咏怀，盖个中有我也。"——刘熙载《艺概》"体物肖形，传神写意。""不沾不脱，不即不离。""不即不离"，就是说不停留在事物的表面上（不滞于物），而要切合所咏之物，写出物的特点（曲尽其妙）。咏物"不即不离"，状物"似与不似"——由形写神，物我一境——所写似物非物，意在写人——写时曲尽"物"之妙处而寄情其中。要抓住诗歌中所表现的"物"的主要特征（某一与诗人情感相吻合的特征）——揣摩诗中的比喻意和象征意。①托物言志——表达诗人志向情感。②借物喻人——赞美或批判社会上某类人。③借物喻理——劝世道德箴言。物之特征具有多面性，诗人写时"只取一瓢饮"；诗人性格、经历各异，故同咏一物，诗歌主题可能有差异。但因文化积淀，不同诗人对同一"物"的吟咏，所抒之情感也可能相同，注意诗歌具体的意境。内容上以某一物为描写对象，抓住其某些特征着意描摹。思想上往往是托物言志。由物到人，由实到虚，写出精神品格。常常同时伴有比喻、象征、拟人、对比等表现手法。

托物言志，即将个人之"志"寄托在某个具体"物"上。于是，这个"物"便具有了某种象征意义，成为作者的志趣、意愿或理想的寄托者。

咏物诗鉴赏要诀

世间万物纷繁芜杂，各具形态，各有情性，其中颇有些与人情或相近，或相似，或相通的，这就成为诗人们吟咏的对象。中华诗词中有不少咏物精品，意蕴深邃，感人肺腑，令人击节叹赏。但要做到领会咏物诗词的精髓，却非易事，因为咏物诗词只是以"物"为吟咏的对象，或借物抒怀，或托物寓意，而上乘的咏物诗词往往达到"物我一境"的境界，因此，我们必须仔细体味诗人用意，才能达到鉴赏的目的。鉴赏咏物诗词的主要秘诀有如下几条。

第一，要了解咏物诗词在创作时采用的"不即不离"的吟咏方法。

那么，什么叫作"不即不离"呢？通俗一点儿说，就是诗人在创作时，要在切合所咏之物，曲尽"物"的妙处的基础上来抒发作者的情思、感慨，而不仅仅停留在"物"上。例如，《语文读本》第三册中的苏轼的《水龙吟·次韵章质夫杨花词》，刘熙载在《艺概》中评论曰："东坡《水龙吟》起句云：'似花还似非花。'此句可作全词评语，盖不即不离也。"也就是说，苏轼在咏杨花的同时，也在咏思妇，二者水乳交融，密不可分，达到"物我一境"的最高境界。词中的杨花像是很有情意,能万里随梦寻郎,能化为浮萍,还能变成离人泪;而词中的思妇"愁绪满怀无着处",梦中万里寻郎"不得到辽西",又"无计留春住",梦醒后"眼空蓄泪泪空垂,暗洒闲抛更向谁",咏物与抒情就似水中着盐。所以王国维在《人间词话》中盛赞此词曰:"东坡《水龙吟》咏杨花,和韵而似原唱,章质夫词原唱而似和词,才之不可强也如是。"虞世南、骆宾王、李商隐的咏蝉诗,杜甫、崔涂的咏孤雁诗,姜夔的咏蟋蟀词,林逋、陆游、姜夔的咏梅诗与词,于谦的咏石灰诗,郑板桥的咏竹诗,等等,也都属于这类精品,不可不细心研读,以求能做到举一反三,触类旁通。我们即以于谦的《石灰吟》"千锤万凿出深山,烈火焚烧若等闲。粉骨碎身浑不怕,要留清白在人间。"出这样一道练习题:"诗中的石灰有何比喻或象征意义?抒发了诗人怎样的一种情怀?"思考时应该想到诗人在咏石灰的同时,也在咏己,二者完全融为一体,不分彼此,然后才能做出这样正确的回答:"诗人以石灰自喻,抒发了自己不畏艰险,勇于牺牲的高尚精神,表达了洁身自好、清白自守的高风亮节,展示了诗人的远大理想和坦荡的胸襟。"

第二,要抓住所咏之"物"的主要特点及其比喻或象征意义,也有人把这叫作有"寄托"。

比如说,松与竹,它们都是常青的植物,都有耐寒的品性,都能在极其恶劣的环境下顽强而茁壮地生存下来,孔子曰:"岁寒,然后知松柏之后凋也。"岑参《范公丛竹歌》云:"寒天草木黄落尽,犹自青青君始知。"这就是松与竹的最大特点,也有别于梅、兰、菊。所以这二者往往成为坚贞不屈之品格、傲然直立之形象、刚正不阿之品质等的象征。试以郑板桥的《竹石》"咬定青山不放松,立根原在破岩中。千磨万击还坚劲,任尔东西南北风"为例来做个简要的分析:诗人先表现出竹子坚韧顽强的鲜明性格,即使环境再恶劣也无所畏惧;然后展现竹子的旺盛的生命力和风貌、神采。诗人对竹子的这些描写既抓住了竹子的最大特色,又和自己历尽磨难的身世、耿直傲岸的性格等结合了起来。而他的《竹》"一节复一节,千枝攒万叶。我自不开花,免撩蜂与蝶"也写得很不错,抓住了竹子枝繁叶茂而不开花的特点,表现出诗人不与世俗同流合污的清高品性。为了巩固对这一诀窍的理解和认识,我们可以

用李商隐《初食笋呈座中》"嫩箨(tuò 笋皮)香苞初出林,於陵论价重如金。皇都陆海应无数,忍剪凌云一片心"来出一道这样的鉴赏题:"诗人在初次吃笋时产生了哪些联想?抒发了自己怎样的感慨?"在思考时既要想到笋与竹的关系,又要想到笋、竹与人的关系,当然还要想到笋的特点,它虽然只有"一片心",但是,当春天来临后,它将"梢云耸百寻"。然后就能做出正确的回答:"诗人想到竹生于笋,长大而成林,从而又联想到人的成长历程,其规律又何其相似。又从笋的被吃联想到人才之被扼杀。抒发了自己'欲构中天正急才'却落得'辜负凌云万丈才'的愤慨之情。"

此为咏物诗鉴赏要诀二。

第三,要懂得"物"虽为一,而情各有别的道理。

谁都知道,世间万"物"都有多面性,而诗人在咏物时往往"只取一瓢饮",也就是说只抓住其中的一个特点来加以发挥,吟咏成章,再加上各人的处境、性格、思想等的差异,因此虽同咏一"物",而主题大多各异。以咏蝉三绝为例,就可以看得很清楚。虞世南之《蝉》曰:"垂绥(ruí)饮清露,流响出疏桐。居高声自远,非是藉秋风。"骆宾王的《在狱咏蝉》曰:"西陆蝉声唱,南冠客思侵。那堪玄鬓影,来对白头吟。露重飞难进,风多响易沉。无人信高洁,谁为表予心。"李商隐的《蝉》曰"本以高难饱,徒劳恨费声。五更疏欲断,一树碧无情。薄宦梗犹泛,故园芜已平。烦君最相警,我亦举家清。"其差异之大,形同霄壤。清人施补华《岘佣说诗》有个很好的评论:"同一咏蝉,虞世南'居高声自远,非是藉秋风',是清华人语;骆宾王'露重飞难进,风多响易沉',是患难人语;李商隐'本以高难饱,徒劳恨费声',是牢骚人语,比兴不同如此。"三位诗人一为高官,暗喻品行高尚,声望自大;一为囚徒,自哀自怜,显其清高;一为落拓士人,悲蝉悲己,自叹身世。都写得物我无间,情意胶合。为了提高比较鉴赏的能力,我们可用杜甫和崔涂的两首《孤雁》来命题:杜诗曰:"孤雁不饮啄,飞鸣声念群。谁怜一片影,相失万重云。望尽似犹见,哀多如更闻。野鸦无意绪,鸣噪自纷纷。"崔诗曰:"几行归塞尽,念尔独何之。暮雨相呼失,寒塘欲下迟。渚云低暗度,关月冷相随。未必逢矰缴,孤飞自可疑。"题曰:"这两首咏孤雁的五律写得同样工巧,宋人范元实在读完崔

诗后又读了杜诗,说'知崔涂之无奇',请你为他做简要的阐述。"要答对这道题,必须从立意的高度出发,做如下的回答:"崔诗仅写出了诗人漂泊异乡,郁郁不得志的苦况,暗喻畏旅途之多有不测,并托孤雁以自悲;而杜诗在此基础上把离乱漂泊中失散的人们的痛苦心情也融进诗中,具有更深、更广的社会意义。"

第四,要懂得"物"虽各异,而其情亦有无别的道理。

自古以来,中国人就有"岁寒三友"之说,松、竹、梅虽则各异,但它们凌霜傲雪的风格却毫无二致,因此,不同的诗人在咏不同之"物"时,所表达的主题有时却是一样的。先说一下陆游的《卜算子·咏梅》:"驿外断桥边,寂寞开无主。已是黄昏独自愁,更着风和雨。无意苦争春,一任群芳妒。零落成泥碾作尘,只有香如故。"这首咏梅词自然是有寄托的,诗人咏梅花就是咏自己,梅花的那种不随流俗、不畏谗毁、坚贞不屈、死而不悔的风格和陆游的身世、遭遇、人格、品性、情操完全一样。而王安石的《北陂(bēi)杏花》:"一陂春水绕花身,花影妖娆各占春。纵被东风吹作雪,绝胜南陌碾成尘。"虽然咏的是杏花,但和陆游所咏的梅花却有惊人的相似之处。你看,诗中的杏花不也和陆游词中的梅花一样,宁可粉身碎骨,也不屈服于邪恶势力吗?陆游和王安石的志趣在这一词和一诗中得到了和谐的统一。由此看来,对于诗词中的寄托,不能用固定的模式或框框来随便一套,就以为可以偃旗息鼓,得胜回朝;也不能牵强附会,妄加臆断。而必须实事求是,从全篇着眼,从作品及作者的实际出发来做准确的剖析,只有这样才能作出正确的回答,否则会南辕北辙,适得其反。比如,我们可以用李商隐《屏风》:"六曲连环接翠帷,高楼夜半酒醒时。掩灯遮雾密如此,雨落月明俱不知。"来出这样一道练习题:"诗中的屏风有何象征意义?这样写好在哪里?请作较简要而深入的分析。"要辨明这首绝句有无寄托和有何寄托,一要考虑到李商隐的身世,二要紧紧抓住"掩灯遮雾"这四个关键字不放,若能联系李白的"总为浮云能蔽日,长安不见使人愁",回答起来就容易多了。把屏风比喻为一种阻挡或隐瞒真实情况的人物,而它的主人又是在高楼上,半夜里,并且酒醉才醒的人。这是一个不能明察秋

毫,而易受蒙蔽的人。诗题是"屏风",那么这首诗可以解释为讽刺蔽贤之人。其答案是:"诗中屏风的'掩灯遮雾'寓含小人障明,李商隐一生郁郁不得志,是因为受人谗害很深的缘故,诗人借咏屏风表达了自己对其怨恨。这样写显得极其含蓄委婉,在文网森然的当时现实中还可免祸。"

第五,要懂得所咏之"物"怎样才能达到形神俱似的最佳境界。

咏物诗要达到形似比较容易,而要达到神似就比较难了。以绘画打个比方,同是画人物肖像,一般的画匠只能达到形似,而真正的天才画家才能达到神似,把人物画得活灵活现,富有神韵,如达·芬奇的《蒙娜丽莎》等。画龙点睛这一成语说的也是这么一回事。就拿苏轼的《东栏梨花》"梨花淡白柳深青,柳絮飞时花满城。惆怅东栏一株雪,人生看得几清明"来说,诗人以柳青衬梨白,可谓是一青二白,这就抓住了梨花的特点,它不妖艳,也不轻狂的神态,又在"一株雪"里再次赋予梨花以神韵,并把咏梨花与自咏结合了起来。其实,这"一株雪"不正是诗人自己的化身吗?因为苏轼一生正道直行,清廉洁白,坦荡如砥。在咏梨花时,苏轼用了"柳絮飞时花满城"来加以衬托,你看梨花既不像"颠狂柳絮随风去",也不像"轻薄桃花逐水流",其品格是何其高尚的;诗人还用了"人生看得几清明"来加以侧面烘托梨花之"清明"。我们可以拿史达祖的《双双燕》"过春社了,度帘幕中间,去年尘冷。差池欲住,试入旧巢相并。还相雕梁藻井,又软语、商量不定。飘然快拂花梢,翠尾分开红影。""芳径。芹泥雨润。爱贴地争飞,竞夸轻俊。红楼归晚,看足柳昏花暝。应自栖香正稳。便忘了、天涯芳信。愁损翠黛双蛾,日日画阑独凭。"来出这么一道题:"作者在描写燕子时采用了哪些手法?起到怎样的表达效果?请作较深入而简要的分析。"

首先要看出词中所运用的衬托、拟人手法和细节描写,更要看到全词没有一个字提到燕子,但又没有一句不是写燕子,可谓不出字而形神俱备,最后才能做出如下的正确回答:"一是用复杂的背景来衬托,二是采用拟人的手法,三是抓住最富特征的细节来描写。显得非常自然,毫不斧凿,达到形神俱备,尽态极妍的最佳境界,且'不着一字,尽得风流'。"

咏物诗词的鉴赏诀窍大体就是这些,但要做到

融会贯通,学以致用并非易事。笔者只是想授之以"渔"。然而,光有捕鱼的工具和方法还是远远不够的,要想捕到更多、更大的鱼,还须在捕鱼的实践中多加锻炼,炼得一身过硬的真本领才行。

简而言之,鉴赏托物言志诗,要把握以下三点。

第一归纳"物"的形象特征。

诗人总要借助对特定之物的描绘来抒发情志,因此,鉴赏托物言志诗首先要抓住诗中的物象,并概括归纳出物象的特征。我们可以从具体描写物象的诗句入手,从物象的颜色、气味、声音、动作、形态等特征出发,挖掘出物象的个性气质、精神品质等。如《早梅》中,从作者的描写中我们不难概括出梅花的特征:风韵素艳、不畏严寒、傲然独立。

第二理解"物"寄托的情感。

概括出物象特征,还仅仅停留在对托物言志诗表面的理解上,要进一步理解诗歌内涵,还应该把握作者在描摹的事物中所寄托的感情,或喜悦,或悲哀,或愤慨……表现在诗歌里,诗人往往通过诗眼、典故、抒情议论等暗示出来,因此我们要抓住这些信息,理解诗歌情感。如于谦《石灰吟》中"粉骨碎身浑不怕,要留清白在人间",作者以石灰自喻,寄寓了自己不畏艰险、勇于牺牲、保持清白的高尚品质。

第三弄清诗中运用的艺术技巧。

诗人怎样让"物"与"志"有机地结合在一起呢?其实就是要掌握咏物诗的写作技巧,明确作者是通过哪些艺术手法来借"物"言"志"的。如《早梅》的首联"万木冻欲折,孤根暖独回"两句,作者将万木在严寒中枝干摧折与梅树独凝地下暖气于根茎而恢复生机作对比,反衬出梅花不畏严寒、傲然独立的品格。

总之,抓住物象特征,理解物象寄托的情感,弄清诗歌的表达技巧,对托物言志诗的鉴赏,就能做到游刃有余。

小　松

[唐]　杜荀鹤

自小刺头深草里,
而今渐觉出蓬蒿。
时人不识凌云木,
直待凌云始道高。

诗文翻译

小松刚出土,路边野草都比它高,以至被淹没在深深的草堆里。

小松原先被百草踩在脚底下,可现在它已超出蓬蒿的高度。

但那时有人不认识这些能够高耸入云的树木。

一直等到这些凌云树长高长大。

诗文赏析

这是一首典型的、寓意深长的托物讽喻诗。头两句,极其生动地刻画出了松树小时的特性以及它在不被关注的环境中渐渐成长的过程。它刚刚出土时,被周边的杂草深深地掩盖着,尽管不被人识,它依然表现出了特异的品格,长着一个"刺头"。一个"刺"字,就把它的不同凡俗的特质鲜活地表现了出来:周边柔弱的杂草们怎么能和它相比呢?它的自强不息、不畏困苦、奋发向上的品质也是它们根本无法企及的。经过它自己不懈的努力、顽强的拼搏,"而今渐觉出蓬蒿",是说慢慢地它已经崭露头角,比那些不能成大器的"蓬蒿"要高出了一筹。三、四句的议论,既是一种讽刺和鞭笞,也是一种感慨和愿望。它讽刺的是社会对小人物的成长缺乏关注与培养,大人物往往不能慧眼识人,在小人物还胸怀凌云志的时候便将他选拔出来,感慨的是,为什么总是在小树长成参天大树后才能被人发觉与接纳?为什么不能有伯乐,在其弱小的时候便将它们挖掘出来呢?这首诗也是作者借用"小松"来哀叹自己。

松,树木中的英雄、勇士。数九寒天,百草枯萎,万木凋零,而它却苍翠凌云,顶风抗雪,泰然自若。然而凌云巨松是由刚出土的小松成长起来的。小松虽小,即已显露出必将"凌云"的苗头。《小松》前两句,生动地刻画出这一特点。

"自小刺头深草里"——小松刚出土,的确小得可怜,路边野草都比它高,以至被淹没在"深草里"。但它虽小而并不弱,在"深草"的包围中,它不低头,而是"刺头"——那长满松针的头,又直又硬,一个劲地向上冲刺,锐不可当。那些弱不禁风的小草是不能和它相匹敌的。"刺头"的"刺",一字千钧,不但准确地勾勒出小松外形的特点,而且把小松坚强不屈的性格、勇敢战斗的精神,活脱脱地勾画出来了。一个"刺"字,显示出小松具有强大的生命力;它的"小",只是暂时的,相对的,随着时间的推进,它必然由小转大。

"而今渐觉出蓬蒿。""蓬蒿",即蓬草、蒿草,草类中长得较高者。小松原先被百草踩在脚底下,可现在它已超出蓬蒿的高度;其他的草当然更不在话下。这个"出"字用得精当,不仅显示了小松由小转大、发展变化的情景,而且在结构上也起了承前启后的作用:"出"是"刺"的必然结果,也是未来"凌云"的先兆。事物发展总是循序渐进的,不可能一步登天,故小松从"刺头深草里"到"出蓬蒿",只能"渐觉"。"渐觉"说得既有分寸,又很含蓄。是谁"渐觉"的呢?只有关心、爱护小松的人,时时观察、比较,才能"渐觉";至于那些不关心小松成长的人,视而不见,哪能谈得上"渐觉"呢?故作者笔锋一转,发出深深的慨叹:"时人不识凌云木,直待凌云始道高。"

这里连说两个"凌云",前一个指小松,后一个指大松。大松"凌云",已成事实,称赞它高,并不说明有眼力,也无多大意义。小松尚幼小,和小草一样貌不惊人,如能识别出它就是"凌云木",而加以爱护、培养,那才是有识见,才有意义。然而世俗之人所缺少的正是这个"识"字,故诗人感叹道:眼光短浅的"时人",是不会把小松看成是栋梁之材的,有多少小松,由于"时人不识",而被摧残,被砍杀啊!这些小松,和韩愈笔下"骈死于槽枥之间"的千里马,不是遭到同样悲惨的命运吗?

杜荀鹤出身寒微,虽然年轻时就才华毕露,但由于"帝里无相识"(《辞九江李郎中入关》),以至屡试不中,报国无门,一生潦倒。埋没深草里的"小松",不也正是诗人的自我写照吗?

由于诗人观察敏锐,体验深切,诗中对小松的描写,精练传神;描写和议论,诗情和哲理,幽默和严肃,在这首诗中得到有机的统一,字里行间,充满理趣,耐人寻味。

柳

[唐] 李商隐

曾逐东风拂舞筵,
乐游春苑断肠天。
如何肯到清秋日,
已带斜阳又带蝉!

诗文赏析

诗写的是秋日之柳，但诗人不从眼前写起，而是先追想它在春日的情景，然后再回到眼前的柳上来。你看，在士女如云的乐游苑上，在繁花似锦的春日，婀娜多姿的春柳和飘然起舞的舞女在热闹的舞筵上结合了起来，分不清谁是舞女，何为柳枝，意境是何等的优美！而眼前的秋柳，却是完全相反的另一种景象。"清秋""斜阳""秋蝉"点染了环境的凄凉，春日之柳的繁盛，正反衬出秋日之柳的枯凋；春日愈是繁华得意，愈显出秋日之柳的零落憔悴。诗人正是通过这种强烈的对比，表达了对秋柳稀疏衰落的悲叹之情。全诗句句写柳，却不着一个"柳"字。句句写景，又句句抒情。诗人年轻时充满幻想和信心，怀有远大抱负，正如洋溢着勃勃生机的春柳。然而由于党争倾轧，诗人一直过着一种沉沦的生活，诗中经历荣枯悬殊变化的秋柳，正是诗人自伤迟暮、自叹身世的真实写照。作者以柳自喻，借春柳之荣，写秋柳之衰，构成强烈的反差。叹己之少年得志，老来沉沦失意。

"逐"有随着之意，用了拟人手法。本来是东风吹动柳枝，用一"逐"字，说柳枝追随东风，变被动为主动，形象更加生动可爱，表现了柳枝的生机可爱。

春日柳长，迎风摆动，但诗人并没有直接描写，而是赋一"逐"字，把柳人格化。本是风吹柳动，却偏要写成柳逐风起，再加上"拂舞筵"三字，更易让人联想到那迎风而动的柳条就是一位酒筵之上翩翩起舞的美女，翠袖绿裙，左摆右摇，煞是好看。可谓将拟人手法运用得深入无痕。

第四句两个"带"字也分明是将柳写作人。两句连起来读，我们可以这样来解释：你怎么愿意在清秋之日，既带着昏黄的斜阳，又带着凄鸣的寒蝉呢？诗人把斜阳照柳，秋蝉鸣柳反说成"带斜阳又带蝉"，这一反，却将柳的形象凸现出来了。

前两句写春日之柳追逐东风，在繁花似锦的春日，在热闹非凡的乐游苑的舞筵上，与舞女翩翩起舞；后两句写秋日之柳，清秋斜阳，秋蝉哀鸣，何等萧条凄凉。春日之柳的繁盛反衬出秋日之柳的衰落，表现出作者对秋日之柳的悲叹之情。

作者以柳自喻，借春柳之荣，写秋柳之衰，构成强烈的反差。叹己之少年得志，老来沉沦失意。自伤迟暮，自叹身世。表达作者壮志难酬、命途多舛的悲凉心境。

病 牛

[宋] 李 纲

耕犁千亩实千箱，
力尽筋疲谁复伤？
但得众生皆得饱，
不辞羸病卧残阳。

诗文赏析

在中国诗歌史上，自第一部诗歌总集《诗经》里吟咏鸱鸮（chīxiāo，猫头鹰）的诗作之后，吟咏日月星辰、山川草木、花鸟鱼虫的咏物诗可谓层出不穷。在浩如烟海的咏物诗中有不少格调颇高、艺术精湛、韵味无穷的佳作。李纲的这首《病牛》便是其中之一。这里，我们不谈此诗所具有的高度概括力，也不说此诗质朴无华的语言美，只是想欣赏一下其"离形得似""托物言志"的艺术。司空图《诗品·形容》认为，诗人"形容"（指描摹客观事物）能不拘形似而求得神似，才是精于"形容"者："离形得似，庶几斯人。"李纲正是精于"形容"者，其《病牛》诗达到了"离形得似"，也即不拘于描写对象的外形外貌相似,而求得描写对象精神相似的境界。作者吟咏病牛,笔墨重点不在绘其形,而在传其神。

诗的前两句"耕犁千亩实千箱,力尽筋疲谁复伤",写病牛耕耘千亩,换来了劳动成果装满千座粮仓的结果,但它自身却精神极为疲惫,力气全部耗尽,然而,又有谁来怜惜它力耕负重的劳苦呢?这里,作者从揭示病牛"耕犁千亩"与"实千箱"之间的因果关系上落笔,将病牛"力尽筋疲"与"谁复伤"加以对照,集中描写了病牛劳苦功高、筋疲力尽及其不为人所同情的境遇。首句中的两个"千"字,分别修饰"亩"与"箱"(同"厢",指粮仓),并非实指,而是极言病牛"耕犁"数量之大、劳动收获之多,同时,也暗示这头牛由年少至年老、由体壮及体衰的历程。次句反诘语气强烈,增添了诗情的凝重感。

诗的后两句笔锋陡地一转,转为述其志:"但得众生皆得饱,不辞羸病卧残阳。"病牛劳苦功高,筋疲力尽,却无人怜惜,但它没有怨天尤人,更未消极沉沦。因为它具有心甘情愿为众生的温饱而"羸病卧残阳"之志。这两句诗将病牛与"众生"联系起来写,以"但得"与"不辞"对举,强烈地抒发了病牛不辞羸病,一心向着众生的志向。结句中的"残阳"是双关语,既指夕阳,又象征病牛的晚年,它与"卧"等词语相结合,有助于表现老牛身体病弱却力耕负重、死而后已的精神。

这首诗惟妙惟肖地刻画了一个病牛的形象,既绘出其身体病弱之形,更传出了其不辞羸病、志在众生之神。如此咏牛,颇为切合牛任劳任怨、唯有奉献、别无他求的性格特点。不过,此诗并非为咏牛而咏牛,而是"托物言志",借咏牛来为作者言情述志。我们只要能像前人所说的那样"知人论世",便不难看出这一点。

本诗赞颂了牛不辞羸病、任劳任怨、志在众生、唯有奉献、别无他求的性格特点。——"托物言志",借咏牛来为作者言情述志。

诗人疲惫不堪,却耿耿不忘抗金报国,想着社稷,念着众生,因此其笔下力尽筋疲、无人怜惜而不辞羸病、志在众生的老牛即诗人形象的化身。

作者正是这样怀着强烈的爱国热忱来吟咏病牛,托物言志的。因而,此诗中的病牛,也即作者自身的形象,活了,动了,能在读者心中引起共鸣,产生美感。

孤　桐①

[宋]　王安石

天质②自森森③,孤高几百寻④。
凌霄⑤不屈己,得地本虚心。
岁老根弥⑥壮,阳骄叶更阴。
明时⑦思解愠⑧,愿斫⑨五弦琴。

诗文注释

①桐木是造琴的上好材料。据《孔子家语》记载:帝舜曾一面弹着五弦琴,一面唱"南风之熏兮,可以解吾民之愠兮"。
②天质:天生的性质。
③森森:树木茂盛繁密。
④寻:古代度量单位,八尺为一寻。

⑤凌霄:形容桐树长得高,接近了云霄。
⑥弥:更加。
⑦明时:政治清明的时代。
⑧愠:疾苦、怨愤。
⑨斫:砍。

诗文翻译

梧桐树天生就能长得茂盛繁密,岿然屹立,拔地高达几百寻。

　　接近了云霄，也不屈服，这是由于深深扎根大地的缘故。

　　岁月越久根越壮实，太阳越炽烈叶子越浓密。

　　政治清明时想着解决民间疾苦（像帝舜抚琴唱的那样），愿被砍伐制作成五弦琴。

诗文赏析

　　如果了解了王安石积极变法的经历，了解了他的思想性格，了解了他生活的时代背景，就不难把握此诗的主题。王安石在这首诗中借"孤桐"以言志，孤桐即为他的人格写照：尽管在变法中，他受到种种打击，但他志存高远，正直不屈；经历的磨难越多，斗志越坚；为了天下苍生，不惜粉身碎骨。拔地几百寻的孤桐，之所以岿然屹立，高干凌霄，是因为它"得地本虚心"，善于从大地汲取养分和力量。如

果离开大地，它一刻也活不下去，更别想"孤高几百寻"了。犹如希腊神话中力大无比的英雄安泰，离开了大地，就失去了力量的源泉，终于被他的敌手扼死一样。由此我们想到，任何英雄豪杰都是从群众中产生的，他的力量来自群众。离开了群众（大地），再伟大的英雄也将一事无成。孤桐的特点：虽孤独却笔直高耸入云，深深扎根于大地，越老越强。孤桐的精神品格：孤独、正直、向上、贴近大地、坚强。王安石（1021—1086），字介甫，抚州临川人。宋仁宗庆历二年（1042）中进士后，曾任过地方官。神宗时为宰相，创新法以改革弊政，遭到大官僚大地主的反对。后辞官退居南京。作者所抒发的是正直向上，虚心扎实，坚强不屈，甘愿为解救百姓疾苦而献身的情怀。

　　这是一首借物言志的诗，是诗人表明立志改革决心的宣言书。以形象的孤桐自喻，却给人以坚定亲近之感，令人赞佩、崇敬之心油然而生。

东栏梨花

［宋］　苏　轼

梨花淡白柳深青，
柳絮飞时花满城。
惆怅东栏一株雪，
人生看得几清明。

诗文赏析

　　苏东坡最为得心应手且作得最好的诗体，自然是七言古诗，然而苏轼另有一绝，在宋朝诗坛堪称独步的，那就是七言绝句。比起波澜壮阔、气象万千的七古，这些清新绝俗的小品诗或许更有它令人喜爱的特色。

　　苏东坡的七绝纯粹是性灵的流露、天才的横溢，不假修饰，不用典故，几乎全是白话的作品，这些全是苏轼这位伟大的诗人，伟岸的心灵在闲暇时偶发的，是对人生的明澈观照。有的如晶莹浑圆的

明珠，有的如清晨，有的如朝露，有的如儿童的嬉笑。总之这些作品是读者一读就会喜欢的而且百读不厌的。《东栏梨花》就是其中最有名的一首。

　　《东栏梨花》看似很平淡，好像人人都写得出这样的诗，但古今以来却只有这一首写梨花的诗篇，传诵千古，至今仍脍炙人口。至于原因，要说出个所以然来，实在不容易，只觉得他所描写的景物很美，又很亲切，真是近在眼前。

　　梨花的淡白，柳的深青，这一对比，景色立刻就鲜活了，再加上第二句的动态描写——满城飞舞的柳絮，真是"春风不解禁杨花，蒙蒙乱扑行人面"，同

时柳絮写出梨花盛开的季节,春意之浓,春愁之深,更加烘托出来。诗人见梨花而"惆怅"是因为他感到春光易逝,人生短促。

柳絮飘飞,梨花亦开遍了一城的雪白。这里更加强调的是白色——春色之美原在万紫千红,花团锦簇,如锦绣般的大地——但是这里单只描写雪白的梨花(柳絮只是陪衬),更着眼于自己家门口东栏边的一株梨花——它愈开得热闹,愈引人惆怅——到这里,此诗的浓烈特色完全显现出来了,一株如雪的梨花,一味强烈的白色这引起人共鸣的关键所在,任何人面对如此画面,也不能不为之动容:东坡此诗似伤春而实未伤春,一点也没有颓废衰飒的调子,只是纯美的欣赏与人生哲理的透视。

这首诗抒发了诗人感叹春光易逝,人生短促之愁情;也抒发了诗人淡看人生,从失意中得到解脱的思想感情,让人们感受到了"人生苦短",引人深思。

清明时节,草熏风暖,梨花如雪,已是暮春繁华过眼即空,但是这一刻仍是一年当中最美的,人生能有几度清明?诗人以柳青衬梨白,可谓是一青二白,这就抓住了梨花的特点,它不妖艳,也不轻狂的神态,又在"一株雪"里再次赋予梨花以神韵,并把咏梨花与自咏结合了起来。其实,这"一株雪"不正是诗人自己的化身吗?因为苏轼一生正道直行,清廉洁白,坦荡如砥。在咏梨花时,苏轼用了"柳絮飞时花满城"来加以衬托,你看梨花既不像"颠狂柳絮随风去",也不像"轻薄桃花逐水流",其品格是何其高尚的;诗人还用了"人生看得几清明"来加以侧面烘托梨花之"清明"。

双双燕·咏燕

[宋] 史达祖

过春社①了,度帘幕中间,去年尘冷。差池②欲住,试入旧巢相并。还相③雕梁④藻井⑤,又软语⑥商量不定。飘然快拂花梢,翠尾⑦分开红影⑧。

芳径,芹泥⑨雨润。爱贴地争飞,竞夸轻俊。红楼⑩归晚,看足柳昏花暝。应自栖香正稳。便忘了、天涯芳信。愁损翠黛双蛾⑪,日日画阑独凭。

诗文注释

①春社:古俗,农村于立春后、清明前祭神祈福,称"春社"。

②差池:燕子飞行时,有先有后,尾翼舒张貌。《诗经·邶风·燕燕》:"燕燕于飞,差池其羽。"

③相(xiàng):端看,仔细看。

④雕梁:雕有或绘有图案的屋梁。

⑤藻井:用彩色图案装饰的天花板,形状似井栏,故称藻井。

⑥软语:燕子的呢喃声。

⑦翠尾:燕尾。

⑧红影:花影。

⑨芹泥:水边长芹草的泥土。

⑩红楼:富贵人家所居处。

⑪翠黛双蛾:指闺中少妇。

诗文翻译

春社已经过了,燕子穿飞在楼阁的帘幕中间,屋梁上落满了旧年的灰尘,清清冷冷。双燕的尾轻轻扇动,欲飞又止,试着要钻进旧巢双栖并宿。它还又飞去看房顶上的雕梁和藻井,要选地点筑新的巢。她们软语呢喃地商量着。飘飘然轻快地掠过花梢,如剪的翠尾分开了花影。

小径间芳香弥漫,春雨滋润得芹泥又柔又软。燕子喜欢贴地争飞,显示自身的灵巧轻便。回到红楼时天色已晚,看够了昏冥中的柳枝花影。归到新巢中,相依相偎睡得香甜。以致忘了把天涯游子的芳信传递。使得佳人终日愁眉不展,天天独自凭着栏杆。

诗文赏析

燕子是古诗词中常用的意象,诗如杜甫,词如晏殊,等等,然古典诗词中全篇咏燕的妙词,则要首推史达祖的《双双燕》了。

这首词对燕子的描写是极为精彩的。通篇不出"燕"字,而句句写燕,极妍尽态,神形毕肖。而又不觉繁复。"过春社了","春社"在春分前后,正是春暖花开的季节,相传燕子这时候由南方北归,词人只点明节候,让读者自然联想到燕子归来了。此处妙在暗示,有未雨绸缪的朦胧,既节省了文字,又使诗意含蓄蕴藉,调动读者的想象力。"度帘幕中间",进一步暗示燕子的回归。"去年尘冷"暗示出是旧燕重归及新变化。在大自然一派美好春光里,北归的燕子飞入旧家帘幕,红楼华屋、雕梁藻井依旧,所不同的,空屋无人,满目尘封,不免使燕子感到有些冷落凄清。怎么会有这种变化呢?

"差池欲住"四句,写双燕欲住而又犹豫的情景。由于燕子离开旧巢有些日子了,"去年尘冷",好像有些变化,所以要先在帘幕之间"穿"来"度"去,仔细看一看似曾相识的环境。燕子毕竟恋旧巢,于是"差池欲住,试入旧巢相并"。因"欲住"而"试入",犹豫未决,所以还把"雕梁藻井"仔细相视一番,又"软语商量不定"。小小情事,写得细腻而曲折,像一对小两口居家度日,颇有情趣。沈际飞评这几句词说:"'欲'字、'试'字、'还'字、'又'字入妙。"(《草堂诗余正集》)妙就妙在这四个虚字一层又一层地把双燕的心理感情变化栩栩如生地传达出来。

"软语商量不定"形容燕语呢喃,传神入妙。"商量不定"写出了双燕你一句、我一句,亲昵商量的情状。"软语",其声音之轻细柔和、温情脉脉形象生动,把双燕描绘得就像一对充满柔情蜜意的情

侣。人们常用燕子双栖,比喻夫妻,这种描写是很切合燕侣的特点的。恐正是从诗词的妙写中得到的启发吧!果然,"商量"的结果,这对燕侣决定在这里定居下来了。于是,它们"飘然快拂花梢,翠尾分开红影",在美好的春光中开始了繁忙紧张快活的新生活。

"芳径,芹泥雨润",紫燕常用芹泥来筑巢,正因为这里风调雨顺,芹泥也特别润湿,真是安家立业的好地方啊,燕子得其所哉,双双从天空中直冲下来,贴近地面飞着,你追我赶,好像比赛着谁飞得更轻盈漂亮。广阔丰饶的北方又远不止芹泥好,这里花啊柳啊,样样都好,风景是观赏不完的。燕子陶醉了,到处飞游观光,一直玩到天黑了才飞回来。

"红楼归晚,看足柳昏花暝",春光多美,而它们的生活又多么快乐、自由、美满。傍晚归来,双栖双宿,其乐无穷。可是,这一高兴啊,"便忘了、天涯芳信"。在双燕回归前,一位天涯游子曾托它俩给家人捎一封书信回来,它们全给忘记了!这天外飞来的一笔,出人意料。随着这一转折,便出现了红楼思妇倚栏眺望的画面:"愁损翠黛双蛾,日日画阑独凭"。由于双燕的玩忽职守,害得受书人愁损盼望。

这结尾两句,似乎离开了通篇所咏的燕子,转而去写红楼思妇了。看似离题,其实不然,这正是词人匠心独到之处。试想词人为什么花了那么多的笔墨,描写燕子徘徊旧巢,欲住还休?对燕子来说,是有感于"去年尘冷"的新变化,实际上这是暗示人去境清,深闺寂寥的人事变化,只是一直没有道破。到了最后,将意思推开一层,融入闺情更有余韵。

原来词人描写这双双燕,是意在言先地放在红楼清冷、思妇伤春的环境中来写的,他是用双双燕子形影不离的美满生活,暗暗与思妇"画阑独凭"的寂寞生活相对照;接着他又极写双双燕子尽情游赏大自然的美好风光,暗暗与思妇"愁损翠黛双蛾"的命运相对照。显然,作者对燕子那种自由、愉快、美满的生活的描写,是隐含着某种人生的感慨与寄托的。这种写法,打破宋词题材结构以写人为主体的常规,而以写燕为主,写人为宾;写红楼思妇的愁苦,只是为了反衬双燕的美满生活;也可以认为写燕为宾,写人为主,用双燕的自由、快乐来反衬红楼思妇的愁苦:两种理解都能给人以耳目一新之感。

读者自会从燕的幸福想到人的悲剧,不过作者有意留给读者自己去体会罢了。这种写法,因多一层曲折而饶有韵味,因而能更含蓄更深沉地反映人生,煞是别出心裁。但写燕子与人的对照互喻又粘连相接,不即不离,确是咏燕词的绝境。

作为一首咏物词,《双双燕》获得了前人最高的评价。王士禛说:"咏物至此,人巧极天工错矣!"(《花草蒙拾》)这首词成功地刻画了燕子双栖双宿恩爱羡人的优美形象,把燕子拟人化的同时,描写它们的动态与神情,又处处力求符合燕子的特征,达到了形神俱似的地步,真的把燕子写活了。例如同是写燕子飞翔,就有几种不同姿态。"飘然快拂花梢,翠尾分开红影",是写燕子在飞行中捕捉昆虫、从花木枝头一掠而过的情状。"飘然",既写出燕子的轻,但又不是在空中漫无目的地悠然飞翔,而是在捕食,所以又说"快拂花梢"。正因为燕子飞行轻捷,体形又小,飞起来那翠尾像一把张开的剪刀掠过"花梢",就好似"分开红影"了。"爱贴地争飞",是燕子又一种特有的飞翔姿态,天阴欲雨时,燕子飞得很低。由此可见词人对燕子的观察异常细腻,用词非常精刻。词中写燕子衔泥筑巢的习性,写软语呢喃的声音,也无一不肖。"帘幕""雕梁藻井""芳径""芹泥雨润"等,也都是诗词中常见的描写燕子的常典。"差池欲住"中"差池"二字本出《诗经·邶风·燕燕》:"燕燕于飞,差池其羽。""芹泥雨润"中"芹泥"出杜甫《徐步》诗:"芹泥随燕嘴。""便忘了、天涯芳信"则是化用南朝梁代江淹《李都尉陵从军》中"而我在万里,结发不相见。袖中有短书,愿寄双飞燕"的诗意,反从双燕忘了寄书一面来写。

这首词刻画双燕,有环奇警迈之长,不愧为咏物词之上品。至于求更深的托喻,则是没有的。有的论者认为,"红楼归晚"四句,有弦外之音,隐喻韩侂胄之事,虽可备一说,但总不免穿凿太深,反而损害了这首词深广细致的韵致。

参考资料

[1] 林军红. 物我一境,形神俱似——咏物诗词鉴赏要诀[J]. 南北桥,2009(5).

[2] 时彩霞. 一草一木总关情——咏物诗及其鉴赏[J]. 中学语文. 大语文论坛,2008.

[3] 危福平. 高中生诗词自主鉴赏教学模式探究[D]. 江西师范大学,2006.

[4] 林阳. "咏物诗"鉴赏教学设计[J]. 读写算. 教育教学研究,2012.

[5] 萧涤非等. 唐诗鉴赏辞典[M]. 上海:上海辞书出版社,1983.

[6] 赵信,王杨. "咏物诗"鉴赏教学设计[J]. 中学语文. 大语文论坛(下旬),2007(9).

[7] 傅德岷,李元强,卢晋等编著. 宋诗名篇赏析[M]. 成都:巴蜀书社,2012.

[8] 陈君朴编译. 汉英对照宋诗绝句二百首[M]. 上海:上海交通大学出版社,2012.

[9] 刘福荣. 古诗欣赏——从王安石的《孤桐》说起[J]. 语文知识,2006.

[10] 缪钺等. 宋诗鉴赏辞典[M]. 上海:上海辞书出版社,1987.

[11] 徐中玉,金启华. 中国古代文学作品选(二)[M]. 上海:华东师范大学出版社,1999.

[12] 蘅塘退士等. 唐诗三百首·宋词三百首·元曲三百首[M]. 北京:华文出版社,2009.

[13] 唐圭璋等. 唐宋词鉴赏辞典[M]. 上海:上海辞书出版社,1988.

古代诗歌之"炼字"

古往今来，文人墨客们为我们留下了许多锤炼语言的佳话。"吟安一个字，捻断数茎须"是卢延让锤炼语言时的真实写照；"求得一字稳，耐褥五更寒"是欧阳修对锤炼语言的执着；"两句三年得，一吟双泪流"是贾岛对锤炼语言的一份感动；"语不惊人死不休"是杜甫炼字炼句的铮铮誓言。

传说中，苏东坡有个聪明的妹妹苏小妹，其诗才在东坡之上。一次妹妹出题考哥哥，要大哥在"轻风细柳"和"淡月梅花"之中各加一字，作为诗眼。苏东坡不假思索，张口就来：前句加"摇"，后句加"映"，即成为"轻风摇细柳，淡月映梅花"。不料苏小妹不屑，讥之曰"下品"。苏东坡认真地思索后，再来两句："轻风舞细柳，淡月隐梅花。"小妹微笑道："虽好，但仍不属上品。"东坡哑然。苏小妹不慌不忙，念出答案："轻风扶细柳，淡月失梅花。"东坡吟诵玩味之后，不禁叫绝。

我们也不妨吟玩一下其中的味道："轻风"徐徐，若有若无，"细柳"动态不显，唯有"扶"字才恰到好处地形象地描绘出轻风徐来，柳枝拂然的柔态，与"轻""细"相宜，和谐自然。"扶"字又把风人格化了，给人以一种柔美之感。东坡的"摇""舞"当与"狂风"相配才妥帖。下句中添"映"全无朦胧之美，"隐"也欠贴切。既然恬静的月亮已经辉满大地，梅花自然就没有白天那么显眼。在月光照映下，也就似有若无了。这样，一个"失"字，就勾画了月色和梅花相互交融的情景。一着此字，满句生辉。在中国古代诗歌中，这种手段叫炼字。炼字是古代诗人提升诗歌品味的重要手段。

大家都比较熟悉贾岛"推敲"的故事。到底是"僧推月下门"好，还是"僧敲月下门"好。这实际上是古人诗歌创作中炼字的又一个典型。

王驾写《晴景》一诗："雨前初见花间蕊，雨后全无叶底花。蜂蝶飞来过墙去，却疑春色在邻家。"王安石改"飞来"为"纷纷"，借蜂忙蝶乱和不甘心的"疑"写出了诗人的惜春之情。

还有王安石"春风又绿江南岸"的"绿"字，陶潜"悠然见南山"的"见"字，张先"云破月来花弄影"的"弄"字，宋祁"红杏枝头春意闹"的"闹"字，尽人皆知。一个"闹"字把诗人心头感到蓬勃的春意写出来了，一个"弄"字把诗人欣赏月下花枝在轻风中舞动的美写出来了。

炼字的妙处分析可以有以下不同的着手点。

1. 从词性入手

一般来说，诗歌中最要紧的地方往往落在动词、形容词和副词这三类词语上，根据这三类词语的语法特点分析，动词主要表现描写对象的动态变化，强调过程及变化；形容词主要表现描写对象的性质状态，跟动词比较，形容词主要着眼对象的静态；副词主要表现描写对象的程度范围等。

例1：古人评诗时常用"诗眼"的说法，所谓"诗眼"往往是指一句诗中最精练传神的一个字，你认为下面这首诗第三联两句诗的"诗眼"分别是哪一个字？为什么？请结合全诗简要赏析。

过香积寺　　　　　王　维

不知香积寺，数里入云峰。
古木无人径，深山何处钟。

泉声咽危石,日色冷青松。

薄暮空潭曲,安禅制毒龙。

分析:唐人五言诗功在一字,谓之"诗眼",沈德潜在《唐诗别裁》中说:"'咽'与'冷'见用字之妙。"

这两句中的诗眼当是"咽""冷"二字,"咽"字是动词,"冷"字是形容词,"咽"着重从动态的方面来写,写的是山间的流泉,由于危石的阻拦而发出低弱的吟声,仿佛人的呜咽之声;"冷"从静态方面来写,写的是泼洒在青松上的日色,因为山林的幽暗,似乎显得十分阴冷;诗句中的"咽""冷"二字一静一动绘声绘色、精炼传神地勾画出了香积寺外山中的幽僻冷寂。

例2:"绿水人家绕"中的"绕"字,有的版本写作"晓"。你认为哪个字更恰当?为什么?(2005年辽宁卷)

蝶恋花 苏 轼

花褪残红青杏小。燕子飞时,绿水人家绕。枝上柳绵吹又少,天涯何处无芳草。

墙里秋千墙外道。墙外行人,墙里佳人笑。笑渐不闻声渐悄,多情却被无情恼。

分析:如果从词语的表现力来看,"绕"是动词,"晓"是名词,一般来说动词的表现力会强一些,所以,在分析时我们可以肯定"绕"字更好一些,然后从他具体描写的内容去加以分析,如,因为它切实具体地描绘出了绿水环抱人家的场景,生动形象,具有动态美。

参考答案:"绕"字好,因为它切实具体地描绘出了绿水环抱人家的场景,生动形象,具有动态美。或答"晓"字好,因为它既点明了时间,又渲染了早晨的清新氛围,能够使读者有更自由、更广阔的想象空间。(只答"绕"字好或"晓"字好,而不作具体分析,不给分。只从字音角度来比较"绕"与"晓"的,言之成理,给2分。答案不必拘泥,言之成理即可)

例3:第二句中的"又"字用得好,好在那里?(2006年江苏卷)

鹧鸪天 魏 初

室人降日,以此奉寄。

去岁今辰却到家,今年相望又天涯。一春心事闲无处,两鬓秋霜细有华。

山接水,水明霞,满林残照见归鸦。几时收拾田园了,儿女团圆(luán,即团圆)夜煮茶。

分析:"又"字是一个副词,副词主要从描写对象的范围、程度、频次方面去考虑,结合上联中的"却到家",可以知道这里"又"暗示作者在时间上不止一次浪迹天涯,字里行间饱含天涯流浪的愁苦与无奈。

还有一些特殊词,在诗文中,有一些词本身与众不同,读者能很快找到它们。

a.叠词:

叠词作用不外两种:增强语言的韵律感或是起强调作用。

寻寻觅觅,冷冷清清,凄凄惨惨戚戚。(李清照《声声慢》)

b.拟声词:

有些拟声词就属于叠词,因为其出现频率很高,特单列一条。作用:使诗文更生动形象,使人有身临其境之感。

无边落木萧萧下,不尽长江滚滚来。(杜甫《登高》)

从篇法结构来讲,这首诗四联八句,句句皆对仗,对得圆浑自然,不见斧凿之痕。"无边落木"对"不尽长江",使诗的意境显得广阔深远,"萧萧"的落叶声对"滚滚"的水势,更使人觉得气象万千。更重要的是,从这里感受到诗人韶华易逝、壮志难酬的苦痛。

c.表颜色的词:

颜色一般表现心情,增强描写的色彩感和画面感,渲染气氛。

欣赏时,或抓住能表现色彩组合的字眼,体会诗歌的浓郁的画意与鲜明的节奏:

"两个黄鹂鸣翠柳,一行白鹭上青天",黄、翠、白、青四种颜色,点缀得错落有致,而且由点到线,向着无限的空间延伸,画面静中有动,富有鲜明的立体节奏美感。

或抓住能表现鲜明对比色彩的字眼,体会诗歌感情色彩的浓度:

"流光容易把人抛,红了樱桃,绿了芭蕉。"红与绿道出了蒋捷感叹时序匆匆、春光易逝的这份"着色的思绪"。

就是抓住单一色彩表现的词也能体会到诗人的浓情:

"记得绿罗裙,处处怜芳草。""晓来谁染霜林醉,总是离人泪!"怜惜与伤别离的情愫尽在"绿"与"醉"人之红的颜色中。

d.数词:

诗僧齐己写了一首《早梅》,有句云:"前村深雪里,昨夜数枝开。"郑谷将"数"改为"一",因为题为"早梅",如果开了数枝,说明花已开久,不能算是"早梅"了,齐己佩服不已,尊称郑谷为"一字师"。

2.从描写对象入手

古人写诗,"看山则情满于山,观海则情溢于海",这里所指的山和海都是特定的写作对象,也就是诗人在诗歌中描写的特定意象,我们在分析诗人炼字的时候,不要舍近求远,有时答案就在写作对象诗句当中,而很多考生往往忽视了这个最简单的现象。

例1:结合全诗,评析第三联中"穿""数"的艺术效果。(2007年广东卷)

溪亭　　　　　　林景熙

清秋有余思,日暮上溪亭。
高树月初白,微风酒半醒。
独行穿落叶,闲坐数流萤。
何处渔歌起?孤灯隔远汀。

分析:诗人于清秋日暮在溪亭散心。月上高树,酒已半醒,周围一片冷清幽寂。"穿""数"描写所涉及对象的都是诗人自己,"穿"描写的是诗人独自一人在落叶飘零的树林中穿行,"穿"字形象地传达出诗人孤独、徘徊的情绪。"数"描写的是诗人独自一人在百无聊赖地数起了流萤,"数"字传神地描绘出诗人苦闷无聊。综合全诗分析,"穿""数"两个字生动传神地表现了诗人孤独、寂寞、苦闷、无聊的心境。

例2:第三联上下两句中最精练传神的分别是哪两个字?请简要分析。

新晴野望　　　　　　王维

新晴原野旷,极目无氛垢。
郭门临渡头,村树连溪口。
白水明田外,碧峰出山后。
农月无闲人,倾家事南亩。

分析:分别是"明"和"出"充分显示出雨后的"新晴"。"明"就是分外耀眼光亮,描写的对象是田野外河水上涨,在阳光的照耀下波光粼粼;"出"就是呈现出来,描写雨后群山在太阳光的照射下更加

秀丽清新,更加有层次感。

3.从表现手法入手

诗歌的表现手法极为丰富,常见的有比喻、拟人、夸张、对比、起兴、映衬、抑扬、双关、渲染、用典、托物言志、借景抒情、情景交融等,分析诗歌的炼字时,如果能够从表现手法切入,先点明作者使用了什么表现手法,然后分析使用这种手法的表达效果,那将更加准确。

例1:简析诗中"带"字的妙处。(2006年广东卷)

粤秀峰晚望同黄香石诸子二首(其一)　谭敬昭

江上青山山外红,远帆片片点归艭(shuāng,一种小船)。
横空老鹤南飞去,带得钟声到海幢(即海幢寺)。

分析:"带"采用了拟人手法,赋予"老鹤"人的动作,不说钟声远播,而说老鹤带钟声到海幢,使画面具有动感。

例2:本诗的诗眼是什么?(2006年江西卷)

三江小渡　　　　　　杨万里

溪水将桥不复西,小舟犹倚短篙开。
交情得似山溪渡,不管风波去又来。

分析:这首诗写友情恒久不变,经得起风浪,而这种情感是通过运用比喻的手法表达出来的,"交情得似山溪渡",因此可以推知诗眼是"交情"。

例3:此诗无一"情"字,而无处不含"情"。请从三、四句中找出最能体现诗人感情的一个字,并在对全诗整体感悟的基础上,简要分析诗人在这两句诗中是如何营造意境的。(2004年福建卷)

秋夜　　　　　　朱淑真

夜久无眠秋气清,烛花频剪欲三更。
铺床凉满梧桐月,月在梧桐缺处明。

分析:"凉"运用了双关的写法,表层的意思是写天气凉,深层的意思是写心境的孤寂(或心凉)。观察的角度上由床上之月写到天上之月,运用顶针,过渡自然巧妙;愁情、凉床、月影和梧桐,共同营造出孤寂(离愁别怨)的意境。

4.从表达效果入手

表达效果主要是作者通过某一表现形式所要达到的目的,就诗歌而言主要是作者通过某一特定意象的描写而达到的效果,这种效果从语言方面来说可以概括为生动传神、含蓄凝练、形象鲜明、质朴

自然、色彩丰富、辞藻优美、节奏感强、韵律和谐等;就风格方面来说主要可以概括为苍凉悲壮、雄浑豪迈、清新、平淡、沉郁、缠绵、俊逸等。

例1:请结合全诗赏析"铿然"一词的妙用。(2006年辽宁卷)

东　坡　　　　苏轼

雨洗东坡月色清,市人行尽野人行。
莫嫌荦确坡头路,自爱铿然曳杖声。

分析:"铿然"一词传神地描绘出手杖碰撞在石头上发出的响亮有力的声音,与月下东坡的宁静清幽形成鲜明对比;联系前文对道路坎坷的交代,可使读者体味到作者坚守信念、乐观旷达的情怀。

例2:诗的第二联中"一挥手"和"万壑松"分别表现了什么?(2004年天津卷)

听蜀僧弹琴　　　　李白

蜀僧抱绿绮,西下峨眉峰。
为我一挥手,如听万壑松。
客心洗流水,余响入霜钟。
不觉碧山暮,秋云暗几重。

分析:"一挥手"是写蜀僧弹琴的姿态(动作、技艺);"万壑松"写出了琴声的音乐效果,表现了弹奏技巧的高超。

5. 从结构作用入手

诗歌的结构作用主要表现为词语在起、承、转、合方面的作用,起就是总领全文,一般有渲染气氛、埋下伏笔、提示下文、设置悬念等方面的作用;承就是承接过渡的意思,一般有承上启下的作用;转就是转折的意思,一般是由一个内容到另一个内容,通常是诗歌的关键处;合就是总结的意思,通常有总结全诗、点明主题、画龙点睛的作用。

例:本诗是怎样以"夜归"统摄全篇的?请结合全诗简要赏析。(2006年四川卷)

夜　归　　　　周密

夜深归客依筇(qióng,竹杖)行,冷磷依萤聚土塍。
村店月昏泥径滑,竹窗斜漏补衣灯。

分析:本诗写景扣住"夜"字,写情扣住"归"字。首句直接点明"夜深",刻画出"归客"拄杖而行的疲惫之态。随后,诗人以"冷磷""萤""月"等意象渲染夜色的凄凉,以夜深仍在田塍中孤身前行的艰难表现出归家的心切。而最末一句以深夜犹见"补衣灯"的感人画面收束全诗,与先前的艰难和凄

清形成反差,更烘托出游子深夜归家的复杂心情,意味深长。

6. 从文化知识入手

古代诗歌本身就是文化品位很高的一种文化表现形式,诗人在写作过程中往往会将大量的文化知识巧妙地熔铸在诗歌里,如果我们在平时的学习中重视文化知识的积累,在考试的关键时刻结合诗歌进行理解,就能左右逢源。

例1:前人在评论这首诗时曾说"折柳"二字是全诗的关键。诗中"折柳"的寓意是什么?你是否同意"关键"之说?为什么?(2003年全国卷)

春夜洛城闻笛　　　　李白

谁家玉笛暗飞声,散入春风满洛城。
此夜曲中闻折柳,何人不起故园情。

分析:本题考查对诗歌"关键"之处(即"诗眼")的理解,实际就是炼字的考查。如果平时对"折柳"这个文化知识有所了解,解答这个问题应该不会很难。其实,中学教材中有关"柳"这个意象的诗歌很多,如《诗经》中的"昔我往已,杨柳依依",王维的"客舍青青柳色新",柳永的"杨柳岸,晓风残月",等等。根据传统文化的解析,"柳"谐音"留",希望留下,不要离开,有依依不舍的意思。因此,如果考生能够从平时积累的文化知识入手,解答时就容易得多了。

答案:杨柳(柳、杨)——"柳"者,"留"也,柳枝依依——缠绵悱恻,离愁别绪——送别怀人。"柳"者,"留"也,"柳""留"二音相谐,因而"折柳"相留,表示情真意切的惜别之情。古人取其义表示眷恋不舍,以柳相留,故有"折柳赠别"的习俗。

例2:两首送别诗都写到的"水",各有什么寓意?请作简要说明。(2006年湖北卷)

丹阳送韦参军　　　　严维

丹阳郭里送行舟,一别心知两地秋。
日晚江南望江北,寒鸦飞尽水悠悠。

暮春浐(chǎn)水送别　　　　韩琮

绿暗红稀出凤城,暮云楼阁古今情。
行人莫听宫前水,流尽年光是此声。

分析:本诗考查对"水"这个特定诗歌意象的把握。"水"在古诗中也是一个常见而且意思比较固定的文化现象,通常借水来表达情感,如离愁,譬如"恰似一江春水向东流""抽刀断水水更流"等;也有

用水来表达时间流逝,如"子在川上曰:'逝者如斯夫,不舍昼夜'"。本诗中前一首用"水悠悠"象征离别的惆怅和友情的悠长,后一首借"宫前水"的不断流淌来抒发对人生、对历史以及对社会的感慨。

7. 从文学常识入手

这里所说的文学常识主要是诗歌体裁方面的知识,具体表现为诗歌的平仄、对仗、押韵、节奏等方面的基本知识,有时我们从这些最基本而又最容易被忽视的地方入手,常常可以事半功倍。

例:此诗第二联"潮平两岸失",有的版本作"潮平两岸阔",你觉得"失"与"阔"哪个字更好,为什么?(2004年湖北卷)

次北固山下   王 湾

客路青山外,行舟绿水前。
潮来两岸失,风正一帆悬。
海日生残夜,江春入旧年。
乡书何处达?归雁洛阳边。

分析:两字各有其妙,如果说"阔"字更好,就可以从诗歌平仄去分析,因为"阔"字是仄声,"悬"字是平声,诗歌要讲究平仄相对,读起来才有韵律美,声调也更为响亮;另外因为它直抒胸臆地表达了春潮把江面变得渺远无际,所以有视野十分开阔的强烈感受。

8. 从联想想象入手

联想想象是文学的基础,正如刘勰在《文心雕龙》所言"观古今于须臾,抚四海为一方";金开诚先生也说过,诗词鉴赏始终离不开一个想字,在鉴赏过程中,根据诗词的内容进行联想想象,就可以有效地还原诗歌的场景,把握作者的用字之妙。

例:词中"红杏枝头春意闹"的"闹"字,你认为写得好不好?为什么?[2004年(吉林、黑龙江、四川、云南)卷]

木兰花   宋 祁

东城渐觉风光好,縠皱波纹迎客棹。绿杨烟外晓寒轻,红杏枝头春意闹。

浮生长恨欢娱少,肯爱千金轻一笑?为君持酒劝斜阳,且向花间留晚照。

分析:这是一首著名的宋词。上阕写景,由"风光"(风景、景色)总领,从"渐觉"(越看越好)展开。下阕抒情,前两句由大好春光引发感慨,慨叹人生欢娱少,而艰难困苦很多,怎么能吝惜千金而不欢娱呢?结尾两句,要举起酒杯劝说斜阳延迟西下,

在花丛之间多陪伴一会儿。读至此可领会到词人之所以盛赞春光,是因为深感人生苦多,与"一曲新词酒一杯""夕阳西下几时回"同一样情怀。作者用一"闹"字,不仅使人觉得杏花绽放得热烈,还运用通感让人联想到花丛中蜂蝶飞舞,春鸟和鸣,把一派春意盎然、生机勃勃的景色表现得淋漓尽致。

9. 从词语本身的意义入手

词语的意义就是词语最基本的意思,词语的意思可以分为基本义、比喻义和引申义,一般来说,我们在分析炼字妙用的时候,首先必须理解词语的基本义,然后在这个基础上结合语言环境进行分析。

例:两首诗的末句,一用"应有",一用"犹有",哪个更好?为什么?请简要赏析。(2005年辽宁卷)

江宁夹口三首(其三)   王安石

落帆江口月黄昏,小店无灯欲闭门。
侧出岸沙枫半死,系船应有去年痕。

舟下建溪   方惟深

客航收浦月黄昏,野店无灯欲闭门。
倒出岸沙枫半死,系舟犹有去年痕。

分析:"应有"更好。"应有"就是应该会有,这种存在与作者的期望是相符的,二字蕴含丰富,传达出了诗人在孤寂中力寻旧影时的复杂心情,其中既有希冀与自信,也有失意与怅惘,更有寻而未见的不甘心,可谓传神之笔;"犹有"是客观存在,没有悬念,似乎本来就应该如此,因此没有"应有"那么好。

可以有三种答案:①"应有"更好。"应有"二字蕴含丰富,传达出了诗人在孤寂中力寻旧影时的复杂心情,其中既有希冀与自信,也有失意与怅惘,更有寻而未见的不甘心,可谓传神之笔;"犹有"二字则无此意趣。("心情"只要答出其中两个方面即可,不要求全面。)②"犹有"更好。"犹有"二字,自然道出,却出人意料,去年系舟的痕迹还保存到现在,说明在此停留的旅客不多,进一步传达出了诗人那种孤寂怅惘的心绪;而"应有"二字却不能道出此意。③二者各有其妙。(理由见上)只答出哪一个更好而没有具体分析的,不给分。

10. 从情感入手

诗歌是最能直接表达情感的一种文学形式,正如著名诗人何其芳所言,没有情感就没有诗歌,诗

人情感的表达有的比较直接,有的比较含蓄,但不管如何表达,诗歌中信息量最大、含金量最高的往往在那些带有情感的诗眼当中。所以,抓住情感分析作者的炼字,也是一种行之有效的方法。

例1: "诗眼倦天涯"中的"倦"字用得好,请简要说明理由。(2006年上海卷)

[黄钟]人月圆·山中书事　　　　张可久

兴亡千古繁华梦,诗眼倦天涯。孔林乔木,吴宫蔓草,楚庙寒鸦。

数间茅舍,藏书万卷,投老村家。山中何事,松花酿酒,春水煎茶。

分析: "倦"字作为本诗的诗眼,直接抒发了诗人饱尝人间世态炎凉之苦的凄苦之情,同时又为后文写作者归隐山村、诗酒自娱作铺垫。

例2: 古典诗词特别讲究炼字。请简要分析"空"字在表情达意上的作用。(2004年浙江卷)

菩萨蛮　　　　　　　　　　李　白

平林漠漠烟如织,寒山一带伤心碧。暝色入高楼,有人楼上愁。

玉阶空伫立,宿鸟归飞急。何处是归程?长亭更短亭。

分析: 从上阕中的"伤心""愁"等词可以看出全诗直接抒发了主人公内心的伤感与愁苦,因此着一"空"字表达了苦苦等待而没有结果的孤寂、惆怅,增添了全词的"愁"味,使主题更加鲜明。

例3: 从首句的"聊"到末句的"惊",反映了诗人怎样的感情变化?请联系全诗进行分析。(2005年广东卷)

春日登楼怀归①　　　　　　　寇　准

高楼聊引望,杳杳一川平。

野水无人渡,孤舟尽日横。

荒村生断霭,古寺语流莺。

旧业遥清渭,沉思忽自惊。

注: ①此诗约作于980年,诗人时年十九,进士及第,初任巴东知县。②旧业:这里指田园家业。清渭:指渭水。

分析: 诗人登楼远望,本是闲情,却触景生情,联想起家乡,当他从乡思中醒悟,发现自己身在异乡,心中不由一惊。这前后的感情变化,突出了作者的思乡之情。

上面是结合近几年高考典型题目中有关炼字方面所作的探究,在具体运用的时候不要孤立分析,可以将几个方面结合起来综合分析,以达到最佳的效果。

与夏十二登岳阳楼

[唐]　李　白

楼观岳阳尽,川迥洞庭开。

雁引愁心去,山衔好月来。

云间连下榻,天上接行杯。

醉后凉风起,吹人舞袖回。

诗文赏析

开元二年(759),李白流放途中遇赦,回舟江陵,南游岳阳而作此诗。夏十二,李白朋友,排行十二。岳阳楼坐落在今湖南岳阳市西北高丘上,"西面洞庭,左顾君山",与黄鹤楼、滕王阁同为南方三大名楼,于开元四年(716)扩建,楼高三层,建筑精美,历代迁客骚人,登临游览,莫不抒怀写志。李白登楼赋诗,留下了这首脍炙人口的篇章,使岳阳楼更添一层迷人的色彩。

整首诗,诗人将自己隐在楼、川、雁、山等景观后，让楼去观览，川去迂回，让雁牵愁心飞去，山衔好月走来。天地万象都在不知不觉中成为人的生命和感情的载体了。

首联描写岳阳楼四周的宏丽景色。登上岳阳楼，无边景色尽收眼底。江水流向茫茫远方，洞庭湖面浩荡开阔，汪洋无际。这是从楼的高处俯瞰周围的远景。站得高，望得远，"岳阳尽""川迥""洞庭开"，这一"尽"一"迥"一"开"的渺远辽阔的景色，形象地表明了诗人立足点之高。这是一种旁敲侧击的衬托手法，不正面写楼高而楼高已自见。

颔联中诗人笔下的自然万物好像被赋予了生命，你看，雁儿高飞，带走了诗人忧愁苦闷之心；月出山口，仿佛是君山衔来了团圆美好之月。"山衔好月来"一句，想象新颖，有独创性，着一"衔"字而境界全出，写得诡谲纵逸，诙谐风趣。诗眼分别是"引"和"衔"。"引"字形象地写出了大雁懂得人情，

把愁心带走的情境；"衔"字形象地写出了山懂得人的心意，把好月送来，与诗人共享欢乐的情境。"引"和"衔"两字形象地写出了诗人遇赦后喜悦的心情。

颈联写诗人在岳阳楼上住宿、饮酒，仿佛在天上云间一般。这里又用衬托手法写楼高，夸张地形容其高耸入云的状态，这似乎是醉眼朦胧中的幻景。

尾联收笔写得气韵生动，蕴藏着浓厚的生活情趣。楼高风急，高处不胜寒。醉后凉风四起，着笔仍在写楼高。凉风习习吹人，衣袖翩翩飘舞，仪表何等潇洒自如，情调何等舒展流畅，态度又何其超脱豁达，豪情逸致，溢于言表。

整首诗运用陪衬、烘托和夸张的手法，没有一句正面直接描写楼高，句句从俯视纵观岳阳楼周围景物的渺远、开阔、高耸等情状落笔，却无处不显出楼高，不露斧凿痕迹，可谓自然浑成，巧夺天工。

溪　亭

［宋］　林景熙

清秋有余思，日暮尚溪亭。
高树月初白，微风酒半醒。
独行穿落叶，闲坐数流萤。
何处渔歌起？孤灯隔远汀。

诗文赏析

在诗歌中，如果能在真实描摹客观景物的同时，又把诗人的某种独特感受倾注在景物描写之中，使读者从思想上受到感染，艺术上得到享受，这就需要诗人在思想深度和艺术造诣两个方面下功夫。林景熙的《溪亭》诗正是借景抒情，达到情景交融的艺术境界的佳作。

溪亭，指临溪水的亭子。唐张祜《题上饶亭》诗："溪亭拂一琴，促轸坐披衿。"宋李清照《如梦令》词："常记溪亭日暮，沉醉不知归路。"首联破题。"清秋有余思，日暮尚溪亭"。表明全诗以溪亭为中

心，逐一描绘周围的清秋初月的景色。乍读起来，似有恬静闲适的印象，细细品味，又觉不然。诗人徙倚溪亭，观览景色，思绪纷披，直至日暮，尚徘徊不下。"余思"，是指诗人在南宋灭亡之后，时时所怀有的旧君故国之思，同那种多愁善感的"悲秋"有着本质的区别。不了解首句所要表达的意图，就会把全篇看成单纯写景之作。只有真正领悟到诗人在特定的历史环境下的心理状态，才能透过迷蒙的景色去探索诗人的悠悠孤愤和高洁品格。这种破题法，既无"突兀高远，如狂风卷浪，势欲滔天"（《诗家法数·律诗要法》）的气派，也没有运用比兴的表现手法，而是语淡辞婉，直叙其事，于平淡之中留下

意余象外的情韵。

额联紧承首联。"高树月初白",是说高高树颠挂着一弯洁白的初月,切上联"日暮"。"微风酒半醒",在微风吹拂之下,诗人酒意初醒,与上联"余思"呼应。月上高树,周围一片冷清幽寂。当此之时,诗人心绪不宁,"余思"萦绕,难以去怀,从其半醉半醒的精神状态,正说明他感慨至深。

颈联写诗人举止。"独行穿落叶",踽踽独行之状如见,"穿"字尤妙。"闲坐数流萤",独坐百无聊赖,只得借数流萤以遣闷,其侘傺(chà chì,失意而神情恍惚的样子)不平的心情可以想见,用一"数"字,更见生动。这两句诗把其复杂的矛盾心情注入形象鲜明的画面,不难看出,其中隐现着诗人对生活的感受和时代乱离的影子。注家评曰:"此联本

平,然用'穿''数'二字,便觉精神振竦,所谓五言诗以第三字为眼,是也。"足见诗人用字之工。"穿"在文中有"穿行"之意,"数"即数数。诗人于清秋日暮在溪亭散心。月上高树,酒已半醒,周围一片冷清幽寂。诗人独自在落叶飘零的树林中穿行,又坐在林中百无聊赖地数起了流萤。"穿"字形象地传达出诗人孤独、徘徊的情绪,"数"字传神地描绘出诗人苦闷无聊的心境。

末联写景。"何处渔歌起? 孤灯隔远汀。"一声声悠长的渔歌,打乱了诗人的冥思遐想,举目四顾,只有远处水面上飘动着一点若明若暗的灯火,此情此景,倍添凄凉孤寂,蕴含着国破家亡、漂泊无依之感。

通观全诗,以景传情,用富有象征意义的景物描写,寄寓诗人的感慨余思,情韵深长,颇具特色。

过香积寺①

[唐] 王 维

不知香积寺,数里入云峰②。
古木无人径,深山何处钟③。
泉声咽④危⑤石,日色冷青松⑥。
薄暮⑦空潭曲⑧,安禅⑨制毒龙⑩。

诗文注释

①香积寺:香积寺位于古都西安城南约三十五华里处,终南山子午谷正北神禾原西畔,这里南临镐河,北接风景秀丽的樊川,濠河与潏河汇流萦绕于其西,整个寺院幽而不僻,静而不寂。

②入云峰:登上入云的高峰。

③钟:寺庙的钟鸣声。

④咽:鸣咽。

⑤危:突出的危石。

⑥冷青松:为青松所冷。

⑦薄暮:黄昏。

⑧曲:水边。

⑨安禅:指身心安然进入清寂宁静的境界。

⑩毒龙:佛家比喻邪念妄想。见《涅槃经》:"但我住处有一毒龙,想性暴急,恐相危害。"

诗文翻译

不知香积寺在此山中,行来数里身入云峰。

无人的石径旁丛生古树,深山里是何处响起钟声。

流泉声咽,穿过峭立的崖石;日色清冷,照着浓荫的青松。

暮色降临空潭侧畔,入定的禅心制服了邪念妄想。

诗文赏析

诗题《过香积寺》的"过",意谓"访问""探望"。

既是去访香积寺，却又从"不知"说起；"不知"而又要去访，见出诗人的洒脱不羁。因为"不知"，诗人便步入茫茫山林中去寻找，行不数里就进入白云缭绕的山峰之下。此句正面写人入云峰，实际映衬香积寺之深藏幽邃。还未到寺，已是如此云封雾罩，香积寺之幽远可想而知矣。

接着四句，是写诗人在深山密林中的目见和耳闻。先看三、四两句。古树参天的丛林中，杳无人迹；忽然又飘来一阵隐隐的钟声，在深山空谷中回响，使得本来就很寂静的山林又蒙上了一层迷惘、神秘的情调，显得越发安谧。"何处"二字，看似寻常，实则绝妙：由于山深林密，使人不觉钟声从何而来，只有"嗡嗡"的声音在四周缭绕；这与上句的"无人"相应，又暗承首句的"不知"。有小径而无人行，听钟鸣而不知何处，再衬以周遭参天的古树和层峦叠嶂的群山。这是十分荒僻而又幽静的境界。

五、六两句，仍然意在表现环境的幽冷，而手法和上二句不同，写声写色，逼真如画，堪称名句。诗人以倒装句，突出了入耳的泉声和触目的日色。"咽"字在这里下得极为准确、生动：山中危石耸立，流泉自然不能轻快地流淌，只能在嶙峋的岩石间艰难地穿行，仿佛痛苦地发出幽咽之声。诗人用"冷"来形容"日色"，粗看极谬，然而仔细玩味，这个"冷"字实在太妙了。夕阳西下，昏黄的余晖涂抹在一片幽深的松林上，这情状，不能不"冷"。这两句中的诗眼当是"咽""冷"二字，"咽"字是动词，"冷"字是形容词，"咽"着重从动态的方面来写，写的是山间的流泉，由于危石的阻拦而发出低弱的吟声，仿佛人的鸣咽之声；"冷"从静态方面来写，写的是泼洒在青松上的日色，因为山林的幽暗，似乎显得十分阴冷；诗句中的"咽""冷"二字一静一动绘声绘色、精练传神地勾画出了香积寺外山中的幽僻冷寂。诗人涉荒穿幽，直到天快黑时才到香积寺，看到了寺前的水潭。"空潭"之"空"不能简单地理解为"什么也没有"。王维诗中常用"空"字，如"空山不见人""空山新雨后""夜静春山空"之类，都含有宁静

的意思。暮色降临，面对空阔幽静的水潭，看着澄清透彻的潭水，再联系到寺内修行学佛的僧人，诗人不禁想起佛教的故事：在西方的一个水潭中，曾有一毒龙藏身，累累害人。佛门高僧以无边的佛法制服了毒龙，使其离潭他去，永不伤人。佛法可以制毒龙，亦可以克制世人心中的欲念啊。"安禅"为佛家术语，即安静地打坐，在这里指佛家思想。"毒龙"用以比喻世俗人的欲望。

王维晚年诗笔常带有一种恬淡宁静的气氛。这首诗，就是以他沉湎于佛学的恬静心境，描绘出山林古寺的幽邃环境，从而造成一种清高幽僻的意境。王国维谓"不知一切景语，皆情语也"。这首诗的前六句纯乎写景，然无一处不透露诗人的心情，可以说，王维是把"晚年惟好静"的情趣融化到所描写的景物中去了。因此最后"安禅制毒龙"，便是诗人心迹的自然流露。诗采用由远到近、由景入情的写法，从"入云峰"到"空潭曲"逐步接近香积寺，最后则吐露"安禅制毒龙"的情思。这中间过渡毫无痕迹，浑然天成。诗人描绘幽静的山林景色，并不一味地从寂静无声上用力，反而着意写了隐隐的钟声和鸣咽的泉声，这钟声和泉声非但没有冲淡整个环境的平静，反而增添了深山丛林的僻静之感。这就是通常所讲的"鸟鸣山更幽"的境界。

参考资料

[1] 魏羲之. 解答高考古诗炼字题的十个切入点[J]. 广东教育. 高中版, 2007(12).

[2] 刘忆萱, 王玉璋. 李白诗选讲[M]. 沈阳：辽宁人民出版社, 1985.

[3] 萧涤非等. 唐诗鉴赏辞典[M]. 上海：上海辞书出版社, 1983.

[4] 缪钺等. 宋诗鉴赏辞典[M]. 上海：上海辞书出版社, 1987.

[5] 于海娣等. 唐诗鉴赏大全集[M]. 北京：中国华侨出版社, 2010.

[6] 邓安生等. 王维诗选译[M]. 成都：巴蜀书社, 1990.

第十一讲

古代诗歌之"代为之思,其情更远"

古代诗人常常采用"心往彼处驰去,诗从对面飞来"(清·蒲起龙)的"对写法"。古代诗词作家思念亲人时,往往撇开自己,而从对方写起,委婉含蓄地抒发深挚的情感,就叫作"对写法"。"对写法"是我国古典诗歌中常用的表现手法之一,也称"主客移位",即移情于景、移情于人的写法。明明是主人公对对方有所举动,作者却不直接描述自己,而从对方落笔,选择巧妙的角度,以故乡亲人对自己的思念来表达自己对故乡亲人的思念,把深挚的情思表达得婉曲含蓄、愈有意味。运用"对写法"最典型的诗有:王维《九月九日忆山东兄弟》、高适《除夜作》、杜甫《月夜》、白居易《邯郸冬至夜思家》等。明人陆时雍《诗镜总论》云:"代为之思,其情更远。"有人又称之为"妙设悬想、营造虚境""隔空悬想"等。今人多称之为联想想象、侧面描写、虚写的写作技巧。

中国古代诗歌讲究宛转、曲达、含蓄。"贵直者人也,贵曲者文也。"(袁枚《小仓山房尺牍》)因为优秀的艺术作品并不是直露无疑,而是能令人回味无穷的。可谓"言简意赅,一语胜千百人"(赵翼《瓯北诗话》)。

为使诗意含蓄,侧面描写是一种重要方法。何谓侧面描写?据说当年宋徽宗曾命题"深山藏古寺"考察画家,要手下的画家按题画画。画家们苦思冥想,要把古庙"藏"在深山老林中,有的把庙画得很小,有的只画一角或残垣断壁,乃至只画庙的幡旗在山林中飘扬……这些画法均不合徽宗之意。只有一位画师根本没画古庙,而是画崇山之中,一个老态龙钟的和尚在清溪边舀山泉倒入桶内,妙极!这就叫侧面描写。古诗中也是如此,即不直接正面地表情状物抒怀,而是借用其他事物、事件来间接地侧面地表情达意。

一、以"宾体"托"主体"

如果把侧面描写比作"宾体",把正面描写比作"主体",那么,写"宾"就是为了突出"主"。写"宾体"不是目的,而是以"宾"托"主"。

1. 无形的事物,没法正面描写,就必须借用他物侧面表现主体。

陈长生《春日信笔》:"软红无数欲成泥,庭草催春绿渐齐。窗外忽传鹦鹉语,风筝吹落画檐西。"这首诗前两句写庭院中红花绿草,扣住"春日",并无多大特色。妙的是后两句:鹦鹉在叫,风筝吹落到屋顶的西边了。为什么写风筝,细细品味,噢,这是在侧面描绘"东风劲吹,春意浓"!东风把风筝吹落到西边了。江湜《彦冲画柳燕》诗:"柳枝西出叶向东,此非画柳实画风。风无本质不上笔,巧借柳枝相形容。"诗中讲的是画画,风是无形的,如何可画?借柳枝的动态,岂非形象生动?

音乐也是无形的,用"有形"的人的神态动作就突出了音乐的魅力。李益《从军北征》:"天山雪后海风寒,横笛偏吹行路难。碛(qì,沙漠)里征人三十万,一时回首月中看。"这首边塞诗描绘戍边征程的艰难及征人的离别伤感,一曲"行路难"竟然使三十万士兵回头望月思乡,笛声何等感人。又如,"引坐霜中弹一弄,满船商客有归心。"(卢纶《河口逢江州朱道士因听琴》)"忽闻水上琵琶声,主人忘归客不发。""凄凄不似向前声,满座重闻皆掩泣。"(白居易《琵琶行》)写人们忘了归去,掩面哭泣,都是以"宾"托"主",表达音乐魅力。

2. 借用相关的他人、他物的描写来突出主体。

汉乐府《陌上桑》写美女罗敷,先正面描写:"头上倭堕髻(jì),耳中明月珠。缃绮为下裙,紫绮为上襦(rú)。"接着用不少笔墨以"宾"托"主",生动地写出见到她的人的各种神态:挑担的人放下担子,拈着髭须,看呆了;少年人下意识摘了帽子,露出头巾,看傻了;耕地的人忘了种地;锄草的人忘了锄草;这些人回家还和妻子互相埋怨生气,只因为看见了罗敷。("行者见罗敷,下担捋髭(zī)须。少年见罗敷,脱帽着帩(qiào)头。耕者忘其耕,锄者忘其锄。来归相怨怒,但坐观罗敷。")

在抒发内心情感时,古诗中也常常侧面借物表达本意。

郑仲贤《送别》:"亭亭画舸系春潭,直到行人酒半酣。不管烟波与风雨,载将离恨过江南。"船儿停在河中,离别的酒喝到半醉时,为何船就要开走了呵!诗中借对画船的怨恨来抒发离愁别恨。

李商隐《锦瑟》:"锦瑟无端五十弦,一弦一柱思华年。"琴弦有五十根,关你什么事?诗人却埋怨它"无端"(无缘无故),这是借锦瑟抒发追忆往事的感慨。

李白《劳劳亭》:"天下伤心处,劳劳送客亭。春风知别苦,不遣柳条青。"劳劳亭是送客亭,古代送客折柳送别,"柳"者,勿分别,留也。柳色青青,更添离别之苦,所以,春风如果知道送别之苦,就不应吹绿柳条。这种埋怨岂不好笑?不。诗人正是借埋怨春风表达了离别的沉痛。

类似的诗作很多。可以看出这类诗句中确实运用了比拟的修辞手法,也把诗人的"情"移到了外界景物之中,但不等同于"景中寓情",因为这个"景"和诗人的"情"毫无关系,只是借用而已。

3. 借用对他物的想象来突出主体。

这种描写,往往运用了夸张的手法,因为在客观世界中这种事物、这种情况是不可能出现的。超越实际的描写,正是为了突出主体,衬托一种极度的情感和状态。

汉乐府《上邪》:"上邪!我欲与君相知,长命无绝衰。山无陵,江水为竭,冬雷震震,夏雨雪,天地合,乃敢与君绝!"诗中主人公在对上天发誓要与爱人永久相爱,除非高山夷平,长江枯竭,冬天打雷,夏天下雪,天地相合,才敢两情断绝。以不可能发生的事来反衬,突出坚贞不渝的爱情。后人沿用这种手法的很多。如敦煌曲子词《菩萨蛮》:"枕前发尽千般愿,要休且待青山烂。水面上秤锤浮,直待黄河彻底枯。白日参辰现,北斗回西南。休即未能休,且待三更见日头。"两个情人在枕边发的誓,要等青山腐烂,秤砣上浮,黄河枯竭……这些事永不会发生,所以两人永不分离。

古典诗歌中用这种手法描绘女子美貌的也十分普通。用夸张手法,浪漫主义的想象侧面突出主体。宋之问《浣纱篇赠陆上人》中写西施的美丽:"艳色夺人目,效颦亦相夸。一朝还旧都,靓妆寻若耶。鸟惊入松网,鱼畏沉荷花。""鸟惊""鱼畏",实在是她太美了。而用"沉鱼落雁""闭月羞花"来侧面形容的,更是举不胜举。"秀色掩今古,荷花羞玉颜。"(李白《西施》)"沉鱼落雁鸟惊喧""羞花闭月花愁颤"(汤显祖《牡丹亭》描绘杜丽娘美貌),《红楼梦》二十七回写大观园的美女:"这些人打扮得桃羞杏让,燕妒莺惭。"同样用的是此类手法。

浪漫主义的夸张手法,以"宾"托"主",在音乐的描写中也常见。韦庄《赠峨眉山弹琴李处士》:"一弹猛雨随手来,再弹白雪连天起。凄凄清清松上风,咽咽幽幽陇头水。吟蜂绕树去不来,别鹤引雏飞又止。锦麟不动惟侧头,白马仰听空竖耳。"描写琴声,不直接写琴声优美,只写这种美所产生的作用,化用了不少有关音乐的传说,以风、雪、雨、水、蜂、鹤、鱼、马作为"宾"来突出音乐这个"主"。

应该指出,上述写法和白居易《琵琶行》那段音乐描写有不同。《琵琶行》中是以"急雨""私语""大珠小珠落玉盘"等声音形象比喻琵琶的乐声,不是以"宾"托"主",而是正面描写。

另外,这种侧面描写的手法和以景物来渲染、烘托气氛的手法也不同。烘托气氛的景物是客观存在的,不是受主体影响产生的。"浔阳江头夜送客,枫叶荻花秋瑟瑟。"渲染离别伤感气氛。"风萧萧兮易水寒,壮士一去兮不复还。"是烘托壮士的豪情,风萧水寒,不是由壮士"主体"直接影响而产生的。

二、写对宾体的影响突出主体

人和物对外界会产生作用和影响,古诗中常常侧面描写由本体和主体所产生的作用,而将本体和主体表现出来。

《诗经·卫风·伯兮》:"自伯之东,首如飞蓬。岂无膏沐,谁适为容。"诗中说一位女子自从丈夫往东远出服役,所以整天不梳头,头发像蓬草一样乱。不是不能抹油梳洗发髻,而是丈夫不在,去为谁化妆打扮呢?是什么造成"首如飞蓬"这种影响的呢?人们要想一想,才能悟出这是因为思妇在怀念征夫。正是侧面描写,才使这种思念之情显得格外含蓄隽永。

《诗经》之后,后代诗词沿用这种手法的很多。"自君之出矣,明镜暗不治。"(东汉徐干《室思》)每天连镜子也不照了,所以明镜蒙尘发暗。"罗襦不复施,对君洗红妆。"(杜甫《新婚别》)丈夫从军,新妇诀别,把花衣裙脱下,把红妆洗掉,这种写法也是脱胎于此。

因为忧愁会使人消瘦,消瘦会使人腰带宽松,所以,古诗中又常用衣带宽松来侧面突出人的忧思。离乡背井的游子思念故乡:"相去日已远,衣带日已缓。"(《行行重行行》)"离家日趋远,衣带日趋缓。"(《古歌》)女子思念远方的夫婿:"荡子十年别,罗衣双带长。"(南朝梁刘孝绰《古意》)"绮罗日减带,桃李无颜色。思君君未归,归来岂相识。"(北齐邢邵《思公子》)你看,因为相思而瘦得将来丈夫回来都不认识自己了!

把漂泊异乡的荡魄与思念意中人的恋情缠绵交织一起,而以侧面描写"曲径通幽",令人回肠荡气的,当推柳永的《蝶恋花》词:"伫倚危楼风细细,望极春愁,黯黯生天际。草色烟花残照里,无言谁会凭栏意。拟把疏狂图一醉,对酒当歌,强乐还无味。衣带渐宽终不悔,为伊消得人憔悴。"

词的开头就写主人公长久站在高楼,极目天涯而生"春愁",看到的是夕阳映照的烟雾草色。他久久不离去,为什么呢?无人领会。诗人在卖关子,闪烁其词。越是含蓄,读者越想悟出其真情,下阕更是宕开一笔,写他准备借酒狂欢,还要大声高歌,可是乐不起来,为什么呢?写到这里,"主体"还是没写出,诗人始终在写主人公的神态、动作、打算。"衣带渐宽终不

悔",更是侧面写出"春愁"的影响,直至最后一句才一语破的,原来是在苦苦思乡,思念故乡的那位恋人!千回百折,扑朔迷离,以侧面描写,含蓄表达,刻画出一位对爱情忠贞不移的游子形象。所以,王国维称之"求之古今词中,曾不多见"。

三、换位描写突出主体

所谓"换位"就是不正面写主体,而是换个方位,从与主体相对的面来写。《三国演义》写张飞的威武,在与曹军对阵时,罗贯中把大量笔墨用在对曹军的描写上。在小说中,写张飞三次大喝,第一次大喝:"我乃燕人张翼德也!""曹军闻之,尽皆股栗。"第二次大喝后,"曹操见张飞如此气概,颇有退心。"张飞第三次大喝后,"喊声未绝,曹操身边夏侯杰惊得肝胆碎裂,倒撞于马下。操便回马而走。于是诸军众将一齐往西奔走……"写曹军是为了写张飞。

古诗中写人抒怀也常常不从自己的角度落笔,而换个方位从对方角度来写,猜测悬想,婉转含蓄地表达自己的情意。王维《九月九日忆山东兄弟》:"独在异乡为异客,每逢佳节倍思亲。遥知兄弟登高处,遍插茱萸少一人。"明明是自己在异乡思念家乡的亲人,却说家乡的兄弟们在登高插茱萸时,想到身边"少一个人",即在思念我王维。杜甫的名诗《月夜》也用的是同样手法。至德元年八月,杜甫为避安史之乱,携家逃难至鄜州,自己却被叛军虏至长安。只身在长安思念家人,却说妻子"今夜鄜州月,闺中只独看"在思念自己,接着揣想妻子在思念中的情景"香雾云鬟湿,清辉玉臂寒"。儿女还小,却不懂妈妈的心意啊!结尾两句想象将来会面的情景。后来,李商隐的《夜雨寄北》,其手法简直如出一辙:"君问归期未有期,巴山夜雨涨秋池。何当共剪西窗烛,却话巴山夜雨时。"诗人自己思家,却先写妻子思念他,问他何时回家;接着写巴山夜雨今晚景色,寓思念之情于景。正是用换位描写手法,把思念之意曲折表达而益显得真切。

现实与梦幻也是相对的。把现实的事情写得如同梦幻,委婉别致,更耐人寻味。杜甫《羌村三首》(其一):"夜阑更秉烛,相对如梦寐。"杜甫在安史之乱中回到了家,同妻儿相会是真实的,却怀疑是梦中景。"信而疑","疑而信",含意不尽。这种写法,古诗中又不乏例外。"乍见翻疑梦,相悲各问

年。"（司空曙《云阳馆与韩绅宿别》）"久别偶相逢，俱疑是梦中。"（白居易《逢旧》）"了知不是梦，忽忽心未稳。"（宋朝陈师道《示三子》）"今宵剩把银釭照，犹恐相逢是梦中。"（晏几道《鹧鸪天》）以上例句均属此类侧面表达手法。范希文在《对床夜话》中评论此类写法曰："皆唐人会故人之诗也。久别重逢之意，宛然在目，想而味之，情融神会，殆如直述。"可是，读这样的诗是需要读者去"想而味之"，仔细体会的。

换位描写是一种独特的艺术构思，有人又称之"折绕联想"，即需要读者从描写的字面去绕着联想去体会其真意。而这种方法不仅可用以表达哀怨愁思、儿女之情、亲友之情，即使是抒发豪情壮志的

边塞诗中，也常应用。例如，唐王翰《凉州词》："葡萄美酒夜光杯，欲饮琵琶马上催。醉卧沙场君莫笑，古来征战几人回？"写战争，一般是正面写沙场作战，可是这首诗却换位写战争间歇时沙场上将士们的吃喝玩乐：捧着夜光杯喝美酒，骑在马上弹着琵琶作乐，而且还要喝得酩酊大醉。为何？诗的末句点主旨，因为为了国家，明天要上战场拼死捐躯了！这种豪迈壮烈情怀在寻欢作乐的描写中，让你去体会吧！

以上分三个方面，分述了侧面描写的一些表现手法，未必完全，也不需要十分完全。因为在实际鉴赏中，我们只要大体知道，这种写法就是"侧面描写、婉转含蓄"，如此而已。

邯郸①冬至夜思家

[唐]　白居易

邯郸驿②里逢冬至③，
抱膝灯前影伴身。
想得家中夜深坐，
还应说着远行人。

诗文注释

①邯郸：唐县名，今河北邯郸市。
②驿：驿站，客店，古代的传递公文、转运官物或出差官员途中的歇息的地方。
③冬至：农历二十四节气之一。在十二月下旬，这一天白天最短，夜晚最长。古代冬至有全家团聚的习俗。

诗文翻译

我居住在邯郸客店（客栈）的时候，正好是农历冬至。晚上，我抱着双膝坐在灯前，只有影子与我相伴。我相信，家中的亲人今天会相聚到深夜，还应该谈论着我这个"远行人"。

诗文赏析

"邯郸驿里逢冬至，抱膝灯前影伴身。"冬至佳节，在家中和亲人一起欢度，才有意思。如今远在邯郸的客店里，将是怎样的过法呢？只能抱着膝坐在孤灯前，在静夜中，唯有影子相伴。第一句叙客中度节，已植"思家"之根。第二句，"抱膝"二字，活画出枯坐的神态；"灯前"二字，既烘染环境，又点出"夜"，自然引出"影"；而"伴"字，又将"身"和"影"联系起来，并赋予"影"以人的感情；"影"与"身"皆抱膝枯坐，其孤寂之感，思家之情，已溢于言表。

"想得家中夜深坐，还应说着远行人。"这个冬至佳节，由于自己离家远行，家里人一定也过得不快乐。当自己抱膝灯前，想念家人，直想到深夜的时候，家里人大约同样还没有睡，坐在灯前，在谈论

着我这个"远行人"吧!三、四两句十分感人,也颇耐人寻味:诗人在思家之时想象出来的那幅情景,却是家里人如何想念自己。至于"说"了些什么,则给读者留下了驰骋想象的广阔天地,每一个人都可以根据自己的生活体验,给予补足。

构思精巧别致:首先,诗中无一"思"字,只平平叙来,却处处含着"思"情;其次,写自己思家,却从对面

着笔,与王维《九月九日忆山东兄弟》"遥知兄弟登高处,遍插茱萸少一人"、杜甫《月夜》"今夜鄜州月,闺中只独看",有异曲同工之妙。宋人范希文(范仲淹的字)在《对床夜语》里说:"白乐天'想得家中夜深坐,还应说着远行人',语颇直,不如王建'家中见月望我归,正是道上思家时',有曲折之意。"这议论并不确切。二者各有独到之处,不必抑此扬彼。

月　夜

[唐]　杜　甫

今夜鄜州① 月,闺中② 只独看。
遥怜③ 小儿女,未解④ 忆长安。
香雾云鬟⑤ 湿,清辉玉臂寒⑥ 。
何时倚虚幌⑦ ,双照⑧ 泪痕干。

诗文注释

①鄜(fū)州:今陕西省富县。当时杜甫的家属在鄜州的羌(qiāng)村,杜甫在长安。这两句设想妻子在鄜州独自对月怀人的情景。

②闺中:内室。看,读平声(kān)。

③怜:想。

④未解:尚不懂得。

⑤云鬟:古代妇女的环形发饰。

⑥香雾云鬟(huán)湿,清辉玉臂寒:写想象中妻独自久立,望月怀人的形象。香,指云鬟里流溢出来的膏泽的芬芳。云,形容鬟的稠密蓬松。因为云鬟在夜雾笼罩之下,所以把雾说成香雾。望月已久,雾深露重,故云鬟沾湿,玉臂生塞。

⑦虚幌(huǎng):透明的窗帷。

⑧双照:与上面的"独看"对应,表示对未来团聚的期望。

诗文翻译

今夜在鄜州的上空有一轮皎洁的明月,我在这

看明月,妻子一定在闺房中独自望月:希望相公快点回来!

幼小的儿女却还不懂得思念远在长安的父亲,只是东瞧瞧,西瞧瞧看着天上圆圆的东西:真好看,像一轮白玉盘。

香雾沾湿了妻子的秀发,清冽的月光辉映着她雪白的双臂。

什么时候才能和她一起倚着窗帷,仰望明月,让月光照干我们彼此的泪痕呢!我不禁流下了眼泪,滴在了妻子的心中!

诗文赏析

安史之乱爆发之后,杜甫把妻儿家室安置在鄜州,八月太子在灵武即位,消息传来,杜甫一人从鄜州奔向灵武,希望投奔新帝有所作为,半途中却被安史叛军俘虏,押解到长安。诗人身居已经沦陷的长安,心中牵挂鄜州的妻子。在一个秋天的月夜里,杜甫写下了这首真挚感人的思亲之作。此诗的突出特点在于诗人本意是要表达自己对妻子深切的思念,但却用曲笔从妻子对自己的思念来写,让思念从彼岸飞来,愈见得杜甫的思念之深切。

在一、二两联中，"怜"字，"忆"字，都不宜轻易滑过。而这，又应该和"今夜""独看"联系起来加以吟味。明月当空，月月都能看到。特指"今夜"的"独看"，则心目中自然有往日的"同看"和未来的"同看"。未来的"同看"，留待结句点明。往日的"同看"，则暗含于一、二两联之中。"今夜鄜州月，闺中只独看。遥怜小儿女，未解忆长安。"——这不是分明透露出他和妻子有过"同看"鄜州月而共"忆长安"的往事吗？我们知道，安史之乱以前，作者困处长安达十年之久，其中有一段时间，是与妻子在一起度过的。和妻子一同忍饥受寒，也一同观赏长安的明月，这自然就留下了深刻的记忆。当长安沦陷，一家人逃难到了羌村的时候，与妻子"同看"鄜州之月而共"忆长安"，已不胜其辛酸！如今自己身陷乱军之中，妻子"独看"鄜州之月而"忆长安"，那"忆"就不仅充满了辛酸，而且交织着忧虑与惊恐。这个"忆"字，是含义深广，耐人寻思的。往日与妻子同看鄜州之月而"忆长安"，虽然百感交集，但尚有自己为妻子分忧；如今呢，妻子"独看"鄜州之月而"忆长安"，"遥怜"小儿女们天真幼稚，只能增加她的负担，哪能为她分忧啊！这个"怜"字，也是饱含深情，感人肺腑的。

第三联通过妻子独自看月的形象描写，进一步表现"忆长安"。雾湿云鬟，月寒玉臂。望月愈久而忆念愈深，甚至会担心她的丈夫是否还活着，怎能不热泪盈眶？而这，又完全是作者想象中的情景。当想到妻子忧心忡忡，夜深不寐的时候，自己也不免伤心落泪。两地看月而各有泪痕，这就不能不激起结束这种痛苦生活的希望；于是以表现希望的诗句作结："何时倚虚幌，双照泪痕干？""双照"而泪痕始干，则"独看"而泪痕不干，也就意在言外了。

作者在半年以后所写的《述怀》诗中说："去年潼关破，妻子隔绝久""寄书问三川（鄜州的属县，羌村所在），不知家在否""几人全性命，尽室岂相偶。"两诗参照，就不难看出"独看"的泪痕里浸透着天下乱离的悲哀，"双照"的清辉中闪耀着四海升平的理想。字里行间，时代的脉搏是清晰可辨的。

题为"月夜"，字字都从月色中照出，而以"独看""双照"为一诗之眼。"独看"是现实，却从对面着想，只写妻子"独看"鄜州之月而"忆长安"，而自己的"独看"长安之月而忆鄜州，已包含其中。"双照"兼包回忆与希望：感伤"今夜"的"独看"，回忆往日的同看，而把并倚"虚幌"（薄帷）、对月舒愁的希望寄托于不知"何时"的未来。词旨婉切，章法紧密。如黄生所说："五律至此，无忝诗圣矣！"

借助想象，抒写妻子对自己的思念，也写出自己对妻子的思念。

这首诗借看月而抒离情，但抒发的不是一般情况下的夫妇离别之情。字里行间，表现出时代的特征，离乱之痛和内心之忧熔于一炉，对月惆怅，忧叹愁思，而希望则寄托于不知"何时"的未来。

诚如明代诗评家王嗣奭所言"公本思家，偏想家人思己，已进一层。至念及儿女不能思，又进一层。鬟湿臂寒，看月之久也。月愈好而苦愈增，语丽情悲。末尾又想到聚首时，对月舒愁之状，词旨婉切，见此老钟情之至。"（《杜臆》）全诗以明月兴思情，同一轮明月寄寓着两地彼此的思念，思情的悠远绵长与月夜的朦胧相织相融，形成一种清丽深婉、寂寥苦思的凄清氛围，使读者不觉之间与之同悲共泣。绵长的深情、时空的转移和卓越的艺术构思使这首诗成为杜甫五律中最杰出的代表，也使得这首诗成为千年以来望月怀人的典范。

送 魏 二

〔唐〕 王昌龄

醉别江楼橘柚香，
江风引雨入舟凉。
忆君遥在潇湘月，
愁听清猿梦里长。

诗文翻译

在橘柚清香的高楼上设宴为朋友送别，

江风引来江雨感到了夜凉后送友人上船。

好像看到了友人远远地在潇湘的月照下难以成眠，

愁绪里听到两岸猿啼一声一声而感到夜长难眠。

诗文赏析

诗作于王昌龄贬龙标尉时。

送别魏二在一个清秋的日子（从"橘柚香"见出）。饯宴设在靠江的高楼上，空中飘散着橘柚的香气，环境幽雅，气氛温馨。这一切因为朋友即将分手而变得尤为美好。这里叙事写景已暗挑依依惜别之情。"今日送君须尽醉，明朝相忆路漫漫"（贾至《送李侍郎赴常州》），首句"醉"字，暗示着"酒深情亦深"。

"方留恋处，兰舟催发"，送友人上船时，眼前秋风瑟瑟，"寒雨连江"，气候已变。次句字面上只说风雨入舟，却兼写出行人入舟；逼人的"凉"意，虽是身体的感觉，却也双关着心里的感受。"引"字与"入"字呼应，有不疾不徐，飒然而至之感，善状秋风秋雨特点。此句寓情于景，句法字法运用皆妙，耐人涵咏。

按通常作法，后二句似应归结到惜别之情。但诗人却将眼前情景推开，"忆君遥在潇湘月"（"潇湘月"一作"湘江上"），以"忆"字勾勒，从对面生情，为行人虚构了一个境界：在不久的将来，朋友夜泊在潇湘（潇水在零陵县与湘水会合，称潇湘）之上，那时风散雨收，一轮孤月高照，环境如此凄清，行人恐难成眠吧。即使他暂时入梦，两岸猿啼也会一声一声闯入梦境，令他睡不安恬，因而在梦中也摆不脱愁绪。诗人从视（月光）听（猿声）两个方面刻画出一个典型的旅夜孤寂的环境。月夜泊舟已是幻景，梦中听猿，更是幻中有幻。所以诗境颇具几分朦胧之美，有助于表现惆怅别情。

末句的"长"字状猿声相当形象，使人想起《水经注·三峡》关于猿声的描写："时有高猿长啸，属引凄异，空谷传响，哀转久绝。""长"字作韵脚用在此诗之末，更有余韵不绝之感。

这首诗运用了虚实结合的手法。第一、二两句写在一个空中飘散着橘柚清香的清秋的日子里，诗人在靠江的高楼上设宴为朋友送别，然后在秋风秋雨中送友人上船。这两句是写眼前实景。后两句诗人以"忆"为行人虚构了一个典型的旅夜孤寂的场景：友人难以成眠，即使友人暂时入梦，两岸猿啼也会一声一声闯入梦境，使他摆脱愁绪。这两句是虚拟，月夜泊舟已是幻景，梦中听猿，更是幻中有幻。这样整首诗虚实结合，借助想象，拓展了表现空间，扩大了意境，使诗更具朦胧之美，深化了主题，更有助于表现惆怅别情。通过造境，"道伊旅况愁寂而已，惜别之情自寓"（敖英评《唐诗绝句类选》），"代为之思，其情更远"（陆时雍《诗镜总论》）。在艺术构思上是颇有特色的。

2010年高考江苏语文卷考查此诗，设计的一道题目是："三、四两句诗，明人陆时雍《诗镜总论》云：'代为之思，其情更远。'请作具体分析。"有的考生告诉笔者：这道题有难度，不知如何"具体分析"。

笔者回答说，陆时雍《诗镜总论》"代为之思，其情更远"这八个字明确了解题的思路。诗人在橘柚飘香，细雨微凉之时，送别朋友魏二。"代为之思"即代送别的对象"遥在潇湘"的魏二设想。诗人宕开一笔，不写自己对魏二的思念，而用"忆君"引起，描写魏二离别之后夜泊潇湘，在凄凉月色中，愁听凄清猿啼，表达思友深情。"其情更远"之"远"有比较的意味。送别诗的一般写法是写送者思念行者，此诗却写远行之人思念自己，诗情也就表达得更为深远。

笔者进一步说，认真读过苏教版高中语文选修教科书《唐诗宋词选读》的学生，对这种"代为之思"的手法应当不陌生。柳永《八声甘州》下阕："不忍登高临远，望故乡渺邈，归思难收。叹年来踪迹，何事苦淹留？想佳人、妆楼颙（yóng，仰）望，误几回、天际识归舟。"

除夜①作

[唐] 高 适

旅馆寒灯独不眠，
客心何事转②凄然③？
故乡今夜思千里，
霜鬓④明朝⑤又一年。

诗文注释

①除夜：除夕的晚上。
②转：变得。
③凄然：凄凉悲伤。
④霜鬓：白色的鬓发。
⑤明朝（zhāo）：明天。

诗文翻译

我独自在旅馆里躺着，寒冷的灯光照着我，久久难以入眠。是什么事情，让我这个游客的心里变得凄凉悲伤？除夕之夜，故乡的亲人定是在想念着千里之外的我；我的鬓发已经变得斑白，到了明天又是新的一年。

诗文赏析

除夕之夜，传统的习惯是一家欢聚，"达旦不眠，谓之守岁"（《风土记》）。诗题《除夜作》，本应唤起作者对这个传统佳节的美好记忆，然而这首诗中的除夕夜却是另一种情景。诗的开头就是"旅馆"二字，看似平平，却不可忽视，全诗的感情就是由此而生发开来的。这是一个除夕之夜，诗人眼看着外面家家户户灯火通明，欢聚一堂，而他却远离家人，身居客舍。两相对照，诗人触景生情，连眼前那盏同样有着光和热的灯，也变得"寒"气袭人了。"寒灯"二字，渲染了旅馆的清冷和诗人内心的凄寂。除夕之夜，寒灯只影，诗人难于入眠，而"独不眠"又会想

到一家团聚，其乐融融的守岁景象，这更让诗人内心难耐。所以这一句看上去是写眼前景、眼前事，但是却处处从反面扣紧诗题，描绘出一个孤寂清冷的意境。第二句"客心何事转凄然"，这是一个转承的句子，用提问的形式将思想感情更明朗化，从而逼出下文。"客"是自指，因身在客中，故称"客"。诗中问道，是什么使得客人心里面变得凄凉悲伤？原因就是他身处除夕之夜。晚上那一片浓厚的除夕气氛，把诗人包围在寒灯只影的客舍之中，他的孤寂凄然之感便油然而生了。此句中"转凄然"三个字写出了在除夕之夜，作者单身一人的孤苦；对千里之外故乡亲人的思念；以及对时光流逝之快的感叹。

诗中写完一、二句后，诗人似乎要倾吐他此刻的心绪了，可是，他却又撇开自己，从远方的故乡写来："故乡今夜思千里。""故乡"，是借指故乡的亲人；"千里"，借指千里之外的诗人自己。意思是说："故乡的亲人在这个除夕之夜定是在想念着千里之外的我，想着我今夜不知落在何处，想着我一个人如何度过今晚。"其实，这也正是"千里思故乡"的一种表现。"霜鬓明朝又一年"，"今夜"是除夕，所以明朝又是一年了，由旧的一年又将"思"到新的一年，这漫漫无边的思念之苦，又要为诗人增添新的白发。清代沈德潜评价说："作故乡亲友思千里外人，愈有意味。"（《唐诗别裁》）之所以"愈有意味"，就是因为诗人巧妙地运用"对写法"，把深挚的情思抒发得更为婉曲含蕴。这在古典诗歌中也是一种常见的表现手法，如杜甫的《月夜》："今夜鄜州月，闺中只独看。"诗中写的是妻子思念丈夫，其实恰恰

是诗人自己感情的折射。

明代胡应麟认为，绝句"对结者须意尽。如……高达夫（高适字达夫、仲武）'故乡今夜思千里，霜鬓明朝又一年'，添著一语不得乃可"（《诗薮·内编》卷六）。所谓"意尽"，是指诗意的完整；所谓"添著一语不得"，也就是指语言的精练。"故乡今夜思千里，霜鬓明朝又一年"，正是把双方思之久、思之深、思之苦，集中地通过除夕之夜抒写出来了，完整地表现了诗的主题思想。"只写眼前景，口边语，一倒转过来说，便曲折有意味。"（《挑灯夜话》）因此，就这首诗的高度概括和精练含蓄的特色而言，已经收到了"意尽"和"添著一语不得"的艺术效果。

参考资料

［1］严小梅. 婉曲含蓄，愈有意味——古诗鉴赏"对写法"例析［J］. 现代语文. 教学研究，2008（5）.

［2］尚献玲. 古诗词中的"对写法"［J］. 现代语文. 高中读写与考试，2005.

［3］吴大奎，马秀娟. 元稹白居易诗选译［M］. 成都：巴蜀书社，1991.

［4］萧涤非等. 唐诗鉴赏辞典［M］. 上海：上海辞书出版社，1983.

［5］戴燕. 历代诗词曲选注［M］. 杭州：浙江文艺出版社，2006.

［6］韩成武. 杜甫诗全译［M］. 石家庄：河北人民出版社，1997.

［7］张国举等. 唐诗精华注译评［M］. 长春：长春出版社，2010.

［8］薛天纬注评. 名家注评古典文学丛书（高适岑参诗选评）［M］. 西安：三秦出版社，2010.

［9］李元秀主编. 素质教育经典文库（三十八）［M］. 呼和浩特：内蒙古人民出版社，2007.

［10］王永成编. 唐诗鉴赏大典［M］. 上海：金城出版社，2002.

第十二讲

古代诗歌之"以景结情"

"以景结情"是诗歌结句的一种技巧,是指在抒情诗歌中,以写景结束诗句,从而抒发感情。它是借景抒情的方式之一。结句写景,可以使读者从景物描写中,驰骋想象,体味诗的意境,产生韵味无穷的艺术效果。当代李嘉言先生称之为"篇终接混茫"(见1963年3月10日《光明日报》)。还有人称之为"以景收结"。前人论诗词作法,很注重开头和结尾。开头也叫发端、起句、破题;结尾也叫收束、落句、尾句。托名白乐天撰的《金针诗格》说:"破题欲似狂风卷浪,势欲滔天;落句欲如高山放石,一去无回。"明代谢榛《四溟诗话》卷一也说:"凡起句当如爆竹,骤响易彻;结句当如撞钟,清音有余。"周邦彦词一般平平起笔,起势突兀如天外奇峰飞降的篇章寥寥。相比之下,他更注重也更擅长结尾。宋人沈义父《乐府指迷》云:"结尾须要放开,含有余不尽之意,以景结情最好。""善言情者,吞吐深浅,欲露还藏"(陆时雍《诗镜总论》)。周词多数词结尾是"以景结情",即展现生动的景物画面,或兼有画外音,把浓郁诗情融入画中,并宕出远神,给予读者丰富的美感和无穷的回味。

以景结情,是指诗歌在议论或抒情的过程中,戛然而止,转为写景,以景代情作结,结束诗句,使得诗歌"此时无情胜有情",显得意犹未尽,可以使读者从景物描写中,驰骋想象,体味诗的意境,产生韵味无穷的艺术效果。

如王昌龄《从军行》:"琵琶起舞换新声,总是关山旧别情。撩乱边愁听不尽,高高秋月照长城。"诗前三句均就乐声抒情,说到"边愁"用了"听不尽"三字,那么结句如何以有限的七字来表现"不尽"呢?诗人轻轻宕开一笔,以景结情。仿佛在军中置酒饮乐的场面之后,忽然出现一个月照长城的莽莽苍苍的景象:古老雄伟的长城绵亘起伏,秋月高照,景象壮阔而悲凉。对此,你会生出什么感想?是无限的乡愁?是立功边塞的雄心和对于现实的忧怨?许浑《谢亭送别》:"日暮酒醒人已远,满天风雨下西楼"末两句,上句极写别后酒醒的怅惘空寂,结句却并不接着直抒离愁,而是宕开写景。这种借景寓情,以景结情,比直抒别情更富感染力,别具一种不言而神伤的情韵。

诗歌最讲究韵味。"以景结情"是诗人们获取韵味的一种方式。

"以景结情"在各类诗歌中都有运用。

送别诗如王昌龄《送十五舅》:"深林秋水近日空,归棹演漾清阴中。夕浦离觞意何已,草根寒露悲鸣虫。"本诗第三句是议论,直言离别之愁绪无穷无尽。第四句转而写景,写寒露下落,草根间传来昆虫凄凉的悲鸣。结句寓离情于哀景,情景交融。

怀古诗如李白《夜泊牛渚怀古》:"牛渚西江夜,青天无片云。登舟望秋月,空忆谢将军。余亦能高咏,斯人不可闻。明朝挂帆席,枫叶落纷纷。"此诗首联写景,中间二联借怀古而抒发作者怀才不遇的感慨和寂寞凄凉的孤苦情怀,尾联宕开一笔,写想象之景,是全诗的妙处,将诗人不可名状的惆怅之情在景物描写中烘托了出来。

边塞诗如岑参的《火山云歌送别》:"火山突兀赤亭口,火山五月火云厚。火云满山凝未开,飞鸟千里不敢来。平明乍逐胡风断,薄暮浑随塞雨回。缭绕斜吞铁关树,氛氲半掩交河戍。迢迢征路火山东,山上孤云随马去。"诗的最后两句写友人已经远去,诗人还在伫立远望着眼前向东悠悠飘去的、一朵孤零零的火山云。此处便是以景结情,以对眼前景的描绘含蓄地表现诗人惜别的情怀和别后的怅惘之情。

温庭筠的《瑶瑟怨》:"冰簟银床梦不成,碧天如水夜云轻。雁声远过潇湘去,十二楼中月自明。"这是一首闺怨诗,抒写少妇别离的悲怨。在中国古典诗词中,瑟往往同琴合用,以两者声调的和谐,比作夫妻关系的和美。这首温庭筠的《瑶瑟怨》诗仅诗题就包涵了许多意蕴。首句"冰簟"表明时令已是秋天,也指明是闺房;"银床"不仅是形容其精美,也表明少妇的身份;"梦不成"三字含义很深广,这不是一般的因为离别之苦而不能成眠,而是由于相思之深而去寻梦,希望在梦中和久别的丈夫相会,然

而"梦不成",就是说,在耿耿秋夜,寄希望于虚幻的梦境也成泡影,其悲苦哀怨之情可以想见。次句写夜空景色。因为长夜不寐,好梦难成,在窗前仰视青空,只见万里长空,清澈澄碧,秋月在天,清辉似水,几缕白云,飘浮空际,这是一幅秋空夜月图。面对这良宵美景,这个独守空闺的少妇,更加会感到孤寂凄清。第三句紧承第二句,偏于听觉感受来写景。在这月色朦胧的秋夜,雁声凄厉,更能勾起少妇的无限惆怅。"雁声远过潇湘去",写出了大雁鸣叫自远而近,又由近而远,在夜空中逐渐消失这一持续性的动态,也暗示少妇所思念的丈夫远在潇湘。结句描绘在月光照耀下的"十二楼",表面看来纯系写景,实际上是以景结情。这个贵家少妇和丈夫各在一方,但明月当空,不能不产生人隔千里,明月相共的情怀,怨情自然也含于其中,诗篇极富余味。就写景来说,也是很经典的。

山 中

[唐] 王 勃

长江悲已滞,万里念将归。
况属高风晚,山山黄叶飞。

诗文赏析

这是一首抒写旅愁归思的诗,大概作于王勃被废斥后在巴蜀作客期间。

诗的前半首是一联对句。诗人以"万里"对"长江",是从地理概念上写远在异乡、归路迢迢的处境;以"将归"对"已滞",是从时间概念上写客旅久滞、思归未归的状况。两句中的"悲"和"念"二字,则是用来点出因上述境况而产生的感慨和意愿。诗的后半首,即景点染,用眼前"高风晚""黄叶飞"的深秋景色,进一步烘托出这个"悲"和"念"的心情。

首句"长江悲已滞",在字面上也许应解释为因长期滞留在长江边而悲叹。可以参证的有他的《羁游饯别》诗中的"游子倦江干"及《别人四首》之四中的"雾色笼江际""何为久留滞"诸句。但如果与下

面"万里"句合看,可能诗人还想到长江万里、路途遥远而引起羁旅之悲。这首诗的题目是《山中》,也可能是诗人在山上望到长江而起兴,是以日夜滚滚东流的江水来对照自己长期滞留的旅况而产生悲思。与这句诗相似的有杜甫《成都府》诗中的"大江东流去,游子日月长",以及谢朓的名句"大江流日夜,客心悲未央"。这里,"长江"与"已滞"以及"大江"与"游子""客心"的关系,诗人自己可以有各种联想,也任读者作各种联想。在一定范围内,理解可以因人而异,即所谓"诗无达诂"。

次句"万里念将归",似出自宋玉《九辩》"登山临水兮送将归"句,而《九辩》的"送将归",至少有两种不同的解释:一为送别将归之人;一为送别将尽之岁。至于这句诗里的"将归",如果从前面提到的《羁游饯别》《别人四首》以及《王子安文集》中另外

一些客中送别的诗看,可以采前一解释;如果从本诗后半首的内容看,也可以取后一解释。但联系本句中的"念"字,则以解释为思归之念较好,也就是说,这句的"将归"和上句的"已滞"一样,都指望远怀乡之人,即诗人自己。但另有一说,把上句的"已滞"看作在异乡的客子之"悲",把这句的"将归"看作万里外的家人之"念",似也可通。这又是一个"诗无达诂"的例子。

三、四两句"况属高风晚,山山黄叶飞",写诗人在山中望见的实景,也含有从《九辩》"悲哉秋之为气也,萧瑟兮草木遥落而变衰"两句化出的意境。就整首诗来说,这两句所写之景是对一、二两句所写之情起衬映作用的,而又有以景喻情的成分。这里,秋风萧瑟、黄叶飘零的景象,既用来衬映旅思乡愁,也可以说是用来比拟诗人的萧瑟心境、飘零旅况。当然,这个比拟是若即若离的。同时,把"山山黄叶飞"这样一个纯景色描写的句子安排在篇末,在写法上又是以景结情。南宋沈义父在《乐府指迷》中说:"结句须要放开,含有余不尽之意,以景结情最好。"这首诗的结句就有宕出远神、耐人寻味之妙。

诗歌在艺术上常常是抒情与写景两相结合、交织成篇的。明代谢榛在《四溟诗话》中说:"作诗本乎情、景。……景乃诗之媒,情乃诗之胚,合而为诗。"这首诗,前半抒情,后半写景。但诗人在山中、江边望见的高风送秋、黄叶纷飞之景,正是产生久客之悲、思归之念的触媒;而他登山临水之际又不能不是以我观物,执笔运思之时也不能不是缘情写景,因此,后半首所写之景又必然以前半首所怀之情为胚胎。诗中的情与景是互相作用、彼此渗透、融合为一的。前半首的久客思归之情,正因深秋景色的点染而加浓了它的悲怆色彩;后半首的风吹叶落之景,也因旅思乡情的注入而加强了它的感染力量。

王勃还有一首《羁春》诗:"客心千里倦,春事一朝归。还伤北园里,重见落花飞。"诗的韵脚与这首《山中》诗完全相同,抒写的也是羁旅之思,只是一首写于暮春,一首写于晚秋,季节不同,用来衬托情意的景物就有"落花飞"与"黄叶飞"之异。两诗参读,有助于进一步了解诗人的感情并领会诗笔的运用和变化。

黄鹤楼送孟浩然之广陵①

[唐] 李 白

故人②西辞黄鹤楼,烟花③三月下④扬州。
孤帆远影碧空尽⑤,唯见⑥长江天际流⑦。

诗文注释

①黄鹤楼:中国著名的名胜古迹,故址在今湖北武汉市武昌蛇山的黄鹤矶上,传说有神仙在此乘黄鹤而去,故称黄鹤楼。原楼已毁,最新一次修葺黄鹤楼,竣工于1985年。孟浩然:李白的好朋友。之:到达。广陵:即扬州。

②故人:老朋友,这里指孟浩然。其年龄比李白大,在诗坛上享有盛名。李白对他很敬仰,彼此感情深厚,因此称之为"故人"。

③烟花:形容柳絮如烟,鲜花似锦的春天景物。
④下:顺流向下而行。
⑤碧空尽:在碧蓝的天空消失。
⑥唯见:只看见。
⑦天际流:流向天边。天际,天边。

诗文翻译

老朋友在黄鹤楼与我辞别,在鲜花烂漫的三月去往扬州。李白心中只看见孤帆远去,渐渐在碧空消失,只看见浩浩荡荡的江水向天边奔流。

诗文赏析

这首送别诗有它特殊的情味。它不同于王勃《送杜少府之任蜀州》那种少年刚肠的离别，也不同于王维《送元二使安西》那种深情体贴的离别。这首诗，表现的是一种充满诗意的离别。其所以如此，是因为这是两位风流潇洒的诗人的离别，还因为这次离别跟一个繁华的时代、繁华的季节、繁华的地区相联系，在愉快的分手中还带着诗人李白的向往，这就使得这次离别有着无比的诗意。

李白与孟浩然的交往，是在他刚出四川不久，正当年轻快意的时候，他眼里的世界，还几乎像黄金一般美好。比李白大十多岁的孟浩然，这时已经诗名满天下。他给李白的印象是陶醉在山水之间，自由而愉快，所以李白在《赠孟浩然》诗中说："吾爱孟夫子，风流天下闻。红颜弃轩冕，白首卧松云。"这次离别正是开元盛世，太平而又繁荣，季节是烟花三月、春意最浓的时候，从黄鹤楼到扬州，这一路都是繁花似锦。而扬州，更是当时整个东南地区最繁华的都会。李白是那样一个浪漫、爱好游览的人，所以这次离别完全是在很浓郁的畅想曲和抒情诗的气氛里进行的。李白心里没有什么忧伤和不愉快，相反地，他认为孟浩然这趟旅行快乐得很，他向往扬州，又向往孟浩然，所以一边送别，一边心也就跟着飞翔，胸中有无穷的诗意随着江水荡漾。

"故人西辞黄鹤楼"，这一句不光是为了点题，更因为黄鹤楼是天下名胜，可能是两位诗人经常流连聚会之所。因此一提到黄鹤楼，就带出种种与此处有关的富于诗意的生活内容。而黄鹤楼本身，又是传说仙人飞上天空去的地方，这和李白心目中这次孟浩然愉快地去扬州，又构成一种联想，增加了那种愉快的、畅想曲的气氛。

"烟花三月下扬州"，在"三月"上加"烟花"二字，把送别环境中那种诗的气氛涂抹得尤为浓郁。烟花，指烟雾迷蒙，繁花似锦。给读者的感觉绝不是一片地、一朵花，而是看不尽，看不透的大片阳春烟景。三月是烟花之时，而开元时代繁华的长江下游，又正是烟花之地。"烟花三月"，不仅再现了那暮春时节、繁华之地的迷人景色，而且也透露了时代气氛。此句意境优美，文字绮丽，清人孙洙誉为"千古丽句"。

"孤帆远影碧空尽，唯见长江天际流。"诗的后两句是写景，但在写景中包含着一个充满诗意的细节。李白一直把朋友送上船，船已经扬帆而去，而他还在江边目送远去的风帆。李白的目光望着帆影，一直看到帆影逐渐模糊，消失在碧空的尽头，表现出目送时间之长。帆影已经消失了，然而李白还在翘首凝望，这才注意到一江春水，在浩浩荡荡地流向水天交接之处。"唯见长江天际流"是眼前景象，但又不是单纯写景。李白对朋友的一片深情，李白的向往，李白的怅惘，正体现在这"以景结情"富有诗意的神驰目注之中。诗人的心潮起伏，正像浩浩东去的一江春水；也通过长江的永恒、天地的辽阔，来反衬自己的渺小和孤独。

总之，这一场极富诗意的、两位风流潇洒的诗人的离别，对李白来说，又是带着一片向往之情的离别，被诗人用绚烂的阳春三月的景色，将放舟长江的宽阔画面，将目送孤帆远影的细节，极为传神地表现出来了。

闻乐天授江州司马

[唐] 元　稹

残灯无焰影幢幢，
此夕闻君谪九江。
垂死病中惊坐起，
暗风吹雨入寒窗。

诗文翻译

残灯已没有火焰，周围留下模糊不清的影子，这时听说君被贬官九江。在垂死的重病中，我被这个消息震惊得坐了起来，暗夜的风雨吹进我窗户，感觉分外寒冷。

诗文鉴赏

元稹和白居易有很深的友谊。元和五年（810），元稹因弹劾和惩治不法官吏，同宦官刘士元冲突，被贬为江陵士曹参军，后来又改授通州（州治在今四川达县）司马。元和十年（815），白居易上书，请捕刺杀宰相武元衡的凶手，结果得罪权贵，被贬为江州司马。这首诗就是元稹在通州听到白居易被贬的消息时写的。诗的中间两句是叙事言情，表现了作者在乍一听到这个不幸消息时的陡然一惊，语言朴实而感情强烈。诗的首尾两句是写景，形象地描绘了周围景物的暗淡凄凉，感情浓郁而深厚。

元稹贬谪他乡，又身患重病，心境本来就不佳。此时忽然听到挚友也蒙冤被贬，内心更是极度震惊，万般怨苦，满腹愁思一齐涌上心头。以这种悲凉的心境观景，一切景物也都变得阴沉昏暗了。于是，看到"灯"，觉得是失去光焰的"残灯"；连灯的阴影，也变成了"幢幢"——昏暗得摇曳不定的样子。"风"，本来是无所谓明暗的，而今却成了"暗风"。"窗"，本来无所谓寒热的，而今也成了"寒窗"。只因有了情的移入，情的照射，情的渗透，连风、雨、灯、窗都变得又"残"又"暗"又"寒"了。"残灯无焰影幢幢""暗风吹雨入寒窗"两句，既是景语，又是情语，是以哀景抒哀情，情与景融会一体，"妙合无垠"。

诗中"垂死病中惊坐起"一语，是传神之笔。白

居易曾写有两句诗："枕上忽惊起，颠倒着衣裳。"这是白居易在元稹初遭贬谪、前往江陵上任时写的，表现了他听到送信人敲门，迫不及待地想看到元稹来信的情状，十分传神。元稹此句也是如此。其中的"惊"，写出了"情"——当时震惊的感情；其中的"坐起"，则写出了"状"——当时震惊的模样。如果只写"情"不写"状"，不是"惊坐起"而是"吃一惊"，那恐怕就神气索然了。而"惊坐起"三字，正是惟妙惟肖地摹写出作者当时陡然一惊的神态。再加上"垂死病中"，进一步加强了感情的深度，使诗句也更加传神。既曰"垂死病中"，那么，"坐起"自然是很困难的。然而，作者却惊得"坐起"了，这样表明：震惊之巨，无异针刺；休戚相关，感同身受。元、白二人友谊之深，于此清晰可见。

按照常规，在"垂死病中惊坐起"这句诗后，大概要来一句实写，表现"惊"的具体内涵。然而作者却偏偏来了个写景的诗句："暗雨吹风入寒窗。"这样，"惊"的具体内涵就蕴含于景语之中，成为深藏不露、含蓄不尽的了。作者对白氏被贬一事究竟是惋惜，是愤懑，还是悲痛，全都没有说破，全都留给读者去领悟、想象和玩味了。这是"以景结情"的表现力。

元稹这首诗所写的，只是听说好友被贬而陡然一惊的片刻，这无疑是一个"有包孕的片刻"，也就是说，是有千言万语和多种情绪涌上心头的片刻，是有巨大的蓄积和容量的片刻。作者写了这个"惊"的片刻而又对"惊"的内蕴不予点破，这就使全诗含蓄蕴藉，情深意浓，诗味隽永，耐人咀嚼。

元稹把他这首诗寄到江州以后，白居易读了非常感动。他在给元稹的信中说："此句他人尚不可闻，况仆心哉！至今每吟，犹恻恻耳。"（《与微之书》）是的，像这样一首情景交融、形神俱肖、含蓄不尽、富有包孕的好诗，它是有很强的艺术魅力的。别人读了尚且会受到艺术感染，何况当事人白居易呢！

谢亭送别

[唐] 许 浑

劳歌一曲解行舟，红叶青山水急流。
日暮酒醒人已远，满天风雨下西楼。

![诗文赏析]

这是许浑在宣城送别友人后写的一首诗。谢亭，又叫谢公亭，在宣城北面，南齐诗人谢朓任宣城太守时所建。他曾在这里送别朋友范云，后来谢亭就成为宣城著名的送别之地。李白《谢公亭》诗说："谢亭离别处，风景每生愁。客散青天月，山空碧水流。"反复不断的离别，使优美的谢亭风景也染上一层离愁了。

第一句写友人乘舟离去。古代有唱歌送行的习俗。"劳歌"，本指在劳劳亭（旧址在今南京市南面，也是一个著名的送别之地）送客时唱的歌，后来遂成为送别歌的代称。劳歌一曲，缆解舟行，从送别者眼中写出一种匆遽而无奈的情景气氛。

第二句写友人乘舟出发后所见江上景色。时值深秋，两岸青山，霜林尽染，满目红叶丹枫，映衬着一江碧绿的秋水，显得色彩格外鲜艳。这明丽之景乍看似与别离之情不大协调，实际上前者恰恰是对后者的有力反衬。景色越美，越显出欢聚的可恋，别离的难堪，大好秋光反倒成为添愁增恨的因素了。江淹《别赋》说："春草碧色，春水绿波，送君南浦，伤如之何！"借美好的春色反衬别离之悲，与此同一机杼。这也正是王夫之所揭示的"以乐景写哀，以哀景写乐，一倍增其哀乐"（《姜斋诗话》）的艺术辩证法。

这一句并没有直接写到友人的行舟。但通过"水急流"的刻画，舟行的迅疾自可想见，诗人目送行舟穿行于夹岸青山红叶的江面上的情景也宛然在目。"急"字暗透出送行者"流水何太急"的心理状态，也使整个诗句所表现的意境带有一点逼仄忧

伤、骚屑不宁的意味。这和诗人当时那种并不和谐安闲的心境是相一致的。

诗的前后联之间有一个较长的时间间隔。朋友乘舟走远后，诗人并没有离开送别的谢亭，而是在原地小憩了一会儿。别前喝了点酒，微有醉意，朋友走后，心绪不佳，竟不胜酒力睡着了。一觉醒来，已是薄暮时分。天色变了，下起了雨，四望一片迷蒙。眼前的江面，两岸的青山红叶都已经笼罩在蒙蒙雨雾和沉沉暮色之中。朋友的船呢？此刻更不知道随着急流驶到云山雾嶂之外的什么地方去了。暮色的苍茫黯淡，风雨的迷蒙凄清，酒醒后的朦胧仿佛中追忆别时情景所感到的怅惘空虚，使诗人此刻的情怀特别凄黯孤寂，感到无法承受这种环境气氛的包围，于是默默无言地独自从风雨笼罩的西楼上走了下来。（西楼即指送别的谢亭，古代诗词中"南浦""西楼"都常指送别之处。）

第三句极写别后酒醒的怅惘空寂，第四句却并不接着直抒离愁，而是宕开写景。但由于这景物所特具的凄黯迷茫色彩与诗人当时的心境正相契合，因此读者完全可以从中感受到诗人的萧瑟凄清情怀。这样借景寓情，以景结情，比起直抒别情的难堪来，不但更富含蕴，更有感染力，而且使结尾别具一种不言而神伤的情韵。

这首诗前后两联分别由两个不同时间和色调的场景组成。前联以青山红叶的明丽景色反衬别绪，后联以风雨凄凄的黯淡景色正衬离情，笔法富于变化。而一、三两句分别点出舟发与人远，二、四两句纯用景物烘托渲染，则又异中有同，使全篇在变化中显出统一。

从 军 行

[唐] 王昌龄

琵琶起舞换新声，
总是关山旧别情。
撩乱边愁听不尽，
<u>高高秋月照长城。</u>

诗文赏析

此诗截取了边塞军旅生活的一个片断,通过写军中宴乐表现征戍者深沉、复杂的感情。

"琵琶起舞换新声"。随着舞蹈的变换,琵琶又翻出新的曲调,诗境就在一片乐声中展开。琵琶是富于边地风味的乐器,而军中置酒作乐,常常少不了"胡琴琵琶与羌笛"。这些器乐,对征戍者来说,带着异域情调,容易唤起强烈感触。既然是"换新声",总能给人以一些新的情趣、新的感受吧?

不,"总是关山旧别情"。边地音乐主要内容,一言以蔽之,"旧别情"而已。因为艺术反映实际生活,征戍者谁个不是离乡背井乃至别妇抛雏?"别情"实在是最普遍、最深厚的感情和创作素材。所以,琵琶尽可换新曲调,却换不了歌词包含的情感内容。《乐府古题要解》云:"《关山月》,伤离也。"句中"关山"在字面的意义外,双关《关山月》曲调,含意更深。

此句的"旧"对应上句的"新",成为诗意的一次波折,造成抗坠扬抑的音情,特别是以"总是"作有力转接,效果尤显。次句既然强调别情之"旧",那么,这乐曲是否太乏味呢?不,"撩乱边愁听不尽",那曲调无论什么时候,总能扰得人心烦乱不宁。所以那奏不完、"听不尽"的曲调,实叫人又怕听,又爱听,永远动情。这是诗中又一次波折,又一次音情的抑扬。"听不尽"三字,是怨?是叹?是赞?意味深长。作"奏不完"解,自然是偏于怨叹。然作"听不够"讲,则又含有赞美了。所以这句提到的"边愁"既是久戍思归的苦情,又未尝没有更多的意味。当时北方边患未除,尚不能尽息甲兵,言念及此,征戍者也会心不宁意不平的。前人多只看到它"意调酸楚"的一面,未必十分全面。

诗前三句均就乐声抒情,说到"边愁"用了"听不尽"三字,那末尾句如何以有限的七字尽此"不尽"就最见功力。诗人这里轻轻宕开一笔,以景结情。仿佛在军中置酒饮乐的场面之后,忽然出现一个月照长城的莽莽苍苍的景象:古老雄伟的长城绵亘起伏,秋月高照,景象壮阔而悲凉。对此,你会生出什么感想?是无限的乡愁?是立功边塞的雄心和对于现实的忧怨?也许,还应加上对于祖国山川风物的深沉的爱,等等。

读者也许会感到,在前三句中的感情细流一波三折地发展(换新声——旧别情——听不尽)后,到此却汇成一汪深沉的湖水,荡漾回旋。"高高秋月照长城",这里离情入景,使诗情得到升华。正因为情不可尽,诗人"以不尽尽之""思入微茫,似脱实粘",才使人感到那样丰富深刻的思想感情,征戍者的内心世界表达得入木三分。此诗之臻于七绝上乘之境,除了音情曲折外,这绝处生姿的一笔也是不容轻忽的。

参考资料

[1] 李仰臣. 以景结情含蓄隽永——古诗的"尾景"欣赏[J]. 初中生辅导, 2008(10).

[2] 蔡伟潭. 青苔黄叶 自是情深——结尾的技巧:以景结情[J]. 语文世界. 教师之窗, 2005(9).

[3] 陶文鹏. 以景结情余味悠长[J]. 古典文学知识, 2007(4).

[4] 萧涤非等. 唐诗鉴赏辞典[M]. 上海:上海辞书出版社, 1983.

[5] 张国举. 唐诗精华注译评[M]. 长春:长春出版社, 2010.

[6] 于海娣等. 唐诗鉴赏大全集[M]. 北京:中国华侨出版社, 2010.

[7] 裴斐. 李白诗歌赏析集[M]. 成都:巴蜀书社, 1988:400.

第十三讲

古代诗歌之"色彩映衬"

"诗中有画",诗歌虽然不能像绘画那样直观地再现色彩,却可以通过语言的描写表情达意,在运用色彩上往往追求色彩搭配之美。色彩有冷暖分别,暖色让人感觉华丽,橙色是最暖色,红、黄是暖色,红紫、黄绿是中性微暖色;而冷色给人感觉朴素,紫、绿是中性微冷色,蓝紫、蓝绿是冷色,蓝色冷极;灰色、白色为中间色。有的诗采用多色组合,有的诗全篇用色,有的诗运用色彩对比,有的诗采用单一色调的变化之美,有的诗不用直接表示色彩的词语,各种景物巧妙组合,也能形成色调之美,都想唤起读者相应的联想和体验,展示出一幅幅多彩的画卷,突出景物的特点,以利表情达意。这就是古代诗歌中的色彩美,有人称之为"色彩映衬"或"色彩对比"。

许多诗人写诗在运用色彩上往往追求复色搭配之美。用色时,或组合,或对比,方法多样。

诗人通过多种色彩的组合给诗歌带来了浓郁的画意。"两个黄鹂鸣翠柳,一行白鹭上青天",黄、翠、白、青四种颜色,点缀得错落有致;而且由点到线,向着无垠的空间延伸。这里,明丽的色彩组合,绘出了诗人舒展开阔的心境。我们知道,运用于文学艺术中的色彩已不再是简单的自然界色彩,而是经过加工提炼融入作者的主观感情的形象即意象,它往往由表示色彩的词语和表示富有色彩的事物的词组成,如"红花""碧波"等。秦观《如梦令》:"莺嘴啄花红溜,燕尾点波绿皱。"作者连用两组色彩,黄嘴啄红花,燕尾点绿波,色彩分明,调子和谐,不仅在直观上引起对色彩的美感和联想,而且色彩美

增加意境美,生动形象地展现如画春光,表达作者欢快的心情。从这首诗中我们也可看出诗人用色很注意搭配,处理好各种不同色彩间的对比关系,使它们彼此烘托,互相映衬,是许多著名诗人常用的艺术手法,如杜甫"野径云俱黑,江船火独明",李贺"黑云压城城欲摧,甲光向日金鳞开"都是先用大块黑色,用暗调,又用亮光点染,色调明暗变化,彼此烘托,构成一幅幅色调鲜明的画面,给人艺术的享受。除了黑白、明暗对比,古诗中常常有红(暖)绿(冷)两色的映衬,"红树青山日欲斜,长郊草色绿无涯"(欧阳修《丰乐亭游春》)"绿肥红瘦"(李清照《如梦令》)"枝间新绿一重重,小蕾深藏数点红"(元好问《同儿辈赋未开海棠》)。这些作者或以"红"衬"绿",使"绿"更为突出,或以"绿"托"红",使红更加耀眼,或红绿互相映衬,形象鲜明,达到"诗中有画,画中有诗"的完美境界。

诗人爱用鲜明的色彩对比,来增加感情的浓度。白居易回忆江南春色之美:"日出江花红胜火,春来江水绿如蓝。"杨万里赞美西湖荷花风韵:"接天莲叶无穷碧,映日荷花别样红。"这些佳句都是用鲜明的对比色,使画面显得十分绚丽,使情感表现得明朗而热烈。这种"着色的情感",具有绘画的鲜明性和直观感,增强了诗歌意境的感染力,达到"诗中有画,画中有诗"的完美境界。

诗人用色有时还不局限于一句一联,所写诗词全篇用色,色彩更加丰富,诗的境界更为开阔。岑参《白雪歌送武判官归京》中"北风卷地白草折,胡天八月即飞雪。忽如一夜春风来,千树万树梨花

开"，一开始便出人意料地用洁白的梨花比喻落在树上的积雪，生动地勾画出塞外八月飞雪的奇景。接着又以空旷荒凉的塞外、乌云沉沉的天空、纷纷扬扬的白雪构成了送别的背景。"纷纷暮雪下辕门，风掣红旗冻不翻"，在一片银白的世界中，诗人特地描绘了那面鲜艳的红旗。在整个背景和个别事物的映衬上，在色彩的调配上，是那么美丽而又和谐，真是"独树一帜"。全诗展现出一幅色彩鲜明、奇异壮伟的边塞图景。

有时诗人不用复色搭配，而是追求单一色调深浅浓淡的变化之美。这样也能浸润情感，收到很好的抒情效果。"儿童急走追黄蝶，飞入菜花无处寻"（杨万里《宿新市徐公店》），淡黄深黄相互映衬，蝴蝶和花融为一体，表达了诗人的喜爱之情。

还有的诗不用直接表示色彩的词语，各种景物巧妙组合，形成色调之美。北朝民歌《敕勒歌》："敕勒川，阴山下，天似穹庐，笼盖四野。天苍苍，野茫茫，风吹草低见牛羊。"苍天、草原、牛羊，这些具有不同色彩的形象构成了一幅苍茫的画面。

王维的"大漠孤烟直，长河落日圆"，也是不用直接表示色彩的词语，各种景物巧妙组合，形成色调之美，广阔无垠的大漠黄沙漫漫，橘红色的夕阳辉映着闪着白光的河水，一缕白色的烽烟直上高空，雄浑辽阔的边塞风光如在眼前。

诗歌中的色彩饱蘸着感情，在诗人笔下可以产生神奇的魅力。它已经超越了客观的写景效果，而成为独特的抒情手段。从色彩美的角度来欣赏诗歌，我们对诗歌的美便有了更深层的认识。

征 人 怨

[唐] 柳中庸

岁岁①金河复玉关，
朝朝马策②与刀环。
三春③白雪归青冢，
万里黄河绕黑山④。

诗文注释

①岁岁：指年年月月，下文的"朝朝"同义。金河：即黑河，在今呼和浩特市城南。玉关：玉门关的简称。

②马策：马鞭。刀环：刀柄上的铜环，喻征战事。

③三春：春季的三个月或暮春，此处为暮春。青冢：汉王昭君墓，在今内蒙古呼和浩特之南。

④黑山：一名杀虎山，在今内蒙古呼和浩特市东南。

诗文翻译

去年驻金河今年来守玉门关，天天只有马鞭和大刀与我作伴。暮春季节，白雪还在昭君墓地，我走过万里黄河又绕过了黑山。

诗文赏析

这是一首传诵极广的边塞诗。诗中写到的金河、青冢、黑山，都在今内蒙古自治区境内，唐时属单于都护府。由此可以推断，这首诗写的是一个隶属于单于都护府的征人的怨情。全诗四句，一句一景，表面上似乎不相连属，实际上却统一于"征人"的形象，都紧紧围绕着一个"怨"字铺开。

前两句就时记事，说的是：年复一年，东西奔波，往来边城；日复一日，跃马横刀，征战不休。这两句"岁岁""朝朝"相对，"金河""玉关""马策""刀环"并举,又加以"复"字、"与"字,给人以单调困苦、无尽无穷之感,怨情自然透出。

前两句从"岁岁"说到"朝朝",似乎已经把话说尽。然而,对于满怀怨情的征人来说,这只是说着了一面。他不仅从那无休止的时间中感到怨苦之无时不在,而且从即目所见的景象中感到怨苦之无处不有,于是又有三、四句之作。

三句写时届暮春,在苦寒的塞外却"春色未曾看",所见者唯有白雪落向青冢而已。肃杀如此,令人凄绝。末句写边塞的山川形势:滔滔黄河,绕过沉沉黑山,复又奔腾向前。这两句写景,似乎与诗题无关,其实都是征人常见之景,常履之地,因而从

白雪青冢与黄河黑山这两幅图画里,诗人巧妙使用"色彩映衬",读者不仅看到征戍之地的苦寒与荒凉,也可以感受到征人转战跋涉的辛苦。诗虽然不直接发出怨语,而蕴蓄于其中的怨恨之情足以使人回肠荡气。

通篇不着一个"怨"字,却又处处弥漫着怨情。诗人抓住产生怨情的缘由,从时间和空间两方面落笔,让"岁岁""朝朝"的戎马生涯以及"三春雪"与"黄河""黑山"的自然景象去现身说法,收到了"不着一字,尽得风流"(司空图《二十四诗品》)的艺术效果,可谓妙绝。全诗对仗精工,巧于炼字,别具情韵。

绝　句(其三)

[唐]　杜　甫

两个黄鹂①鸣翠柳,一行白鹭②上青天。
窗含西岭③千秋雪,门泊东吴④万里船。

诗文注释

①黄鹂:黄莺。

②白鹭:鹭鸶,羽毛纯白,能高飞。

③西岭:即成都西南的岷山,其雪常年不化,故云千秋雪。这是想象之词。

④东吴:指长江下游的江苏一带。成都水路通长江,故云长江万里船。

诗文赏析

这首《绝句》是诗人住在成都浣花溪草堂时写的,描写了草堂周围明媚秀丽的春天景色。诗中大量使用了表示颜色的形容词,如"黄""翠""白""青"等,使画面色彩绚丽鲜明,更显示出春天景色的明朗秀丽。通过诗中生机勃勃的春景描写,我们不难体会到诗人隐藏在字里行间的那种欢快喜悦之情。

《绝句四首》是杜诗中的佳作,其中以第三首最为著名。

这首诗是杜甫广德二年(764)春初回草堂时写的,是杜诗写景的佳作。四句诗一句一景,两两对仗,写法非常精致考究,但读起来却一点儿也不觉得雕琢,十分自然流畅。此诗犹如一幅绚丽生动的彩画:黄鹂、翠柳、白鹭、青天、江水、雪山,色调淡雅和谐,图象有动有静,视角由近及远,再由远及近,给人以既细腻又开阔的感受。其空间感和时间感运用巧妙,使人觉得既在眼前,又及万里;既是瞬间观感又通连古今甚至未来;既是写实又富于想象。短短四句小诗,把读者由眼前景观引向广远的空间和悠长的时间之中,引入对历史和人生的哲思理趣之中。《艇斋诗话》引韩子苍云:"古人用颜色字,亦须配得相当方用。'翠'上方见得'黄','青'上方见得'白',此说有理"。《杜臆》:"此四诗盖作于入居草堂之后,拟客居以此终老,而自述情事如此。其三是自适语。"《唐宋诗醇》:"虽非正格,自是绝唱。"

"两个黄鹂鸣翠柳,一行白鹭上青天。"黄鹂、翠柳显出活泼的气氛,白鹭、青天给人以平静、安适的感觉。"鸣"字表现了鸟儿的怡然自得,"上"字表现

出白鹭的悠然飘逸。黄、翠、白、青,色泽交错,展示了春天的明媚景色,也传达出诗人欢快自在的心情。诗句有声有色,意境优美,对仗工整。

"窗含西岭千秋雪,门泊东吴万里船。"一个"含"字,表明诗人是凭窗远眺,此景仿佛是嵌在窗框中的一幅图画。这两句表现出诗人心情的舒畅和喜悦。"千秋雪"言时间之久,"万里船"言空间之广。诗人身在草堂,思接千载,视通万里,胸襟何等开阔!"西岭",即成都西南的岷山,其雪常年不化,故云"千秋雪"。"东吴",三国时孙权在今江苏南京定都建国,国号为吴,也称东吴。这里借指长江下游的江南地区。这首绝句一句一景,两两对仗,写法精致考究,但读起来十分自然流畅,一点儿也不觉得有雕琢之感。因为一以贯之的是诗人的内在情感。一开始写草堂的春色,情绪是陶然的;而随

着视线的游移、景物的转换、江船的出现,触动了他的乡情。四句景语完整表现了诗人这种复杂细致的内心思想活动。苏轼曾经说过:"少陵翰墨无形画。"此诗就像一幅绚丽生动的山水条幅:画的中心是几棵翠绿的垂柳,黄莺儿在枝头婉转歌唱;画面的上半部是青湛湛的天,一行白鹭映于碧空;远处高山明灭可睹,遥望峰巅犹是经年不化的积雪;近处露出半边茅屋,门前一条大河,水面停泊着远方来的船只。从颜色和线条看,作者把两笔鹅黄点染在一片翠绿之中,在清淡的空间斜勾出一条白线。点线面有机结合,色彩鲜明而又和谐。图象有动有静,视角由近及远,再由远及近,给人以既细腻又开阔的感受。其空间感和时间感运用巧妙,使人觉得既在眼前,又及万里;既是瞬间观感,又通连古今甚至未来;既是写实又富于想象。

同儿辈赋未开海棠①

[金] 元好问

枝间新绿一重重②,小蕾③深藏数点红。
爱惜芳心④莫轻吐⑤,且教⑥桃李闹春风⑦。

诗文注释

①同儿辈赋未开海棠:和儿女们一起作关于还没开放的海棠花的诗。赋,吟咏。

②一重重:一层又一层。形容新生的绿叶茂盛繁密。

③小蕾:指海棠花的花蕾。

④芳心:原指年轻女子的心。这里一语双关,一指海棠的花芯,二指儿辈们的心。

⑤轻吐:轻易、随便地开放。

⑥且教:还是让。

⑦闹春风:在春天里争妍斗艳。

诗文翻译

海棠枝间新长出的绿叶层层叠叠,小花蕾隐匿

其间微微泛出些许红色。一定要爱惜自己的芳心,不要轻易盛开,姑且让桃花李花在春风中尽情绽放吧。

诗文赏析

诗句写了深藏于重重新绿之中的、尚未开放而仅仅是"数点红"的海棠蓓蕾。诗人忠告它们"爱惜芳心",不要轻易地吐蕾。那么,诗人为什么要如此深情地忠告?也许,诗人想到了,一旦开放,几场风雨之后,花就会很快坠落、凋零,"林花谢了太匆匆",为了它的不至于很快谢落,为了它的长久,诗人宁愿红蕾深藏。也许,诗人想得更深,认为真正的"芳心"是不应该轻易吐露的,像桃李那样在春风中追逐、嬉闹,只是一种炫耀,一种浅薄的表现。诗人不希望像"桃李卖阳艳",希望"慎勿作桃李"(李

白《赠韦侍御黄裳》)。总之,诗句虽然用语平易,却意味醇厚,耐人咀嚼,留给我们很多的思考。诗人曾经说过:"动可以周万物而济天下,静可以崇高节而抗浮云。"(《新斋赋》)诗人作此诗时已入暮年,时金已灭亡,他回到了自己的故乡,抱定了"今是中原一布衣"(《为邓人作诗》)、"衰年那与世相关"(《己卯端阳日感怀》)的态度,过着遗民生活,他自觉已无能周济天下,于是只能坚守自己的节操,独善其身。诗人托物言志,也许是从一个侧面,借告诫未开之海棠,不要轻易吐露花蕊,寄托了自己的这种心志。

海棠花比桃花、李花开得晚,而且花朵红白相间,色彩淡雅,深藏在浓密的绿叶之中,并不起眼,不像桃花、李花那样,在春天争相开放,吸引人们的眼球。诗人通过对海棠的描述,赞美海棠洁身自爱,甘于清静的品性。

它的清新,它的传神,它的志趣,无一不感动着我。公历四月上、中旬,正是百花盛开的时候。当然,最早开放的是桃杏了。故有"占断春风是此花"(唐·向敏中)和"红杏枝头春意闹"(宋·宋祁)的歌咏。海棠,开放略晚,先叶后花。当那嫩绿的叶片重重叠起的时候,它的花蕾也才刚刚绽裂花萼,露出花瓣的点点鲜红。作者所赋的就是这时的海棠。我特别赞叹作者抓取的时机是那么的准确,观察得是如此细致!然而作者的本意却在后面两句,赞扬海棠的矜持高洁,不趋时,不与群芳争艳。这正是作者自己精神的写照。

作者以一首海棠诗暗示、告诫自己的儿女们要稳重行事,要像海棠一样不轻易显露自己的芳心,保持自己的心的纯洁。

"芳心"是一个双关词语,一层意思是海棠花的花心;另一层是儿女和自己的心志。

好　事　近

[宋]　陆　游

溢口放船归,薄暮散花洲宿。两岸白苹红蓼(liǎo),映一蓑新绿。
有沽酒处便为家,菱芡(qiàn)四时足。明日又乘风去,任江南江北。

诗文赏析

首二句,点明了作者自己从溢口坐船而来,到了黄昏时,就停留在散花洲准备夜宿。散花洲这个地名,前面介绍了,是有典故的。陆游的一生中,曾在散花洲夜宿过两次,写这首词时,是第二次。我们知道,陆游是爱国诗人,是很想收回金国所占失地的有理想、有抱负的爱国诗人,我们都学过他"家祭无忘告乃翁"那样情怀的诗句。而当他到了散花洲时,应该会对孙权在散花洲犒劳赤壁之战大胜的周瑜及将士这段历史有很深的感慨。陆游的抱负实现了吗?一直到他80多岁去世时,都是没有实现的。而且,我们从这段时期他的平生简介中了解

到,陆游在从福建专管茶盐的提举改任到江西做提举,应该是离朝廷又近了一点,心中是有希冀在的,可提举又并不是个什么很大的官职。我们还了解到,陆游在这段时间,是个被同僚认为"不拘礼法,恃酒颓放"的人,那么,他对实现抱负,又的确是抱有怀疑的态度。他应该一直都有一种矛盾的心理。这十多首《好事近》词,就写于东归江行途中。

次两句,就描绘了陆游欣赏到的薄暮中散花洲两岸的美丽风景。这里应该是写的春夏之交时的景色。白苹和红蓼,色彩就很醒目了,再加上新绿的大背景,多么地美。蓑,我认为这里是指船上覆盖的草顶,才比较恰当。当然,也有可能是人身上穿的蓑衣。但全首词都没有写有雨,没有雨,一般自然不会穿蓑衣。"映一蓑新绿"的意思,应该是绿

色的大背景,绿树、绿草、绿水映衬着这一艘小船(一蓑就是代指小船了),把小船都映衬得似乎染上了一层新绿。色彩明快、对比强烈的美,在这二句中表现得非常好,可以想象出画面,像一幅山水画。读到这里,想象中陆游的心情应该是闲适遣玩般的兴致吧。标准答案的赏析是:"蓑"字勾连"新绿","新绿"如蓑,引人联想,近观长短参差,远望绵延润泽,形象生动。"映"字体悟甚细,将绿草与前句之白苹、红蓼相映衬,构成一幅深浅对比、冷暖交融的色彩丰富的美景,足以怡悦人心。我不懂"新绿如蓑"是什么意思?而且也未见有表示"冷暖交融"的词语。"冷"指的白色?"暖"指的红色?那"绿"指的呢,是什么?看标准答案,我首先想起的是郭敬明的"华丽"词句,其次想起的是道家的"玄之又玄"。"华丽"词句隐含的是浮浅空洞,"玄之又玄"隐含不知所云。(答案有两个要点:只当美景读即可,"新绿如蓑"的本体是散花洲)

到了下阕,作者的心情转变了,变得低回沉郁起来。首先谈到了"酒",只要有"酒"的地方,那就是"家"。你想,一个心情好的人,会以"酒"为"家"吗?不过是借酒消愁而已。"菱芡四时足",是对上一句的补充。陆游幻想就这样坐着船,到处漂泊,喝喝酒,反正有吃的,就这么什么也不想,什么也不用想不用做,放纵生涯算了,不管什么理想、抱负了

就好。等夜宿一晚,到明天又顺着风前行,那前面江南江北是什么样子的,就随它去吧,我懒得想了。这里"江南江北"仍是有含义的。江南是南宋管辖,江北大部分地区被金国所占。那么,陆游是真的什么也不想了吗?他的理想抱负,想收回复地的理想,就这么轻易地放弃了?我们知道,他并没有,一直到老,他都是积极的。标准答案说下阕是:紧扣江行特点,抒发了自己只需以酒为伴、生活上别无奢求,乘风顺流、随意飘荡、处处为家的旷达自适的情怀。我认为他并没有像苏轼、欧阳修那样的旷达自适的心情。下阕写得沉郁,在表面的词义下,还隐藏着更多的难言的心情。从"任"字就可以看出这点,如果很自适,他不会使用这个"任"字。平时我们口头语有"任他去",不管他的意思。是不是带有一点无可奈何又赌气的意味呢?而且,他仍是为官的,而且一直都在做官,到他70多岁了,皇帝诏他仍是出来做官的。他不是范蠡,他并不是那种无所求的人,所以,标准答案所说的,就有一定的问题。

整首词,我认为表达了陆游当时矛盾的心理。这种矛盾的心理,是陆游无意识中从词句中表达出来的,有叶嘉莹先生所说的"具含了花间词之深微幽隐富含言外意蕴的特色",虽然说,陆游的词还算不上最好的词,他一生中所作的词留下来的只有130首,而诗却有9300首之多。他的诗比词写得好的数量多。

如 梦 令

[宋] 秦 观

莺嘴啄花红溜,燕尾点波绿皱。指冷玉笙寒,吹彻小梅春透。依旧,依旧,人与绿杨俱瘦。

诗文赏析

这首词诸本题作"春景",乃因伤春而作怀人之思。

首二句直笔写春。莺歌燕舞,花红水绿,色彩映衬,旨在突出自然春光之美好。

三、四句却转作悲苦语,化用李璟《山花子》"小楼吹彻玉笙寒"句。春光明媚,本应产生舒适欢畅之感受,而女主人公何以有这般与外界景物格格不入的忧伤情绪?"依旧,依旧,人与绿杨俱瘦。"为点题之笔。柳絮杨花,标志着春色渐老,春光即逝。同时也是作为别情相思的艺术载体。飞絮蒙蒙,是那一段剪不断理还乱的念人之情。因为有那刻骨

深情的相思，所以忧思约带、腰肢瘦损。"人与绿杨俱瘦"以生动的形象表达感情，而"为伊消得人憔悴"的含义自在其中。直让人想象到一幅花落絮飞，佳人对花兴叹、怜花自怜的图画。

词人之心，或欲借春光盛衰之过程展示流转在节序交替中的伤春念远之情。词从愉快之景象叙起，乃欲反衬其心境之愈为悲苦。然而词人为了最大限度地达到反衬的效果，甚而不惜极尽雕琢气力状物写景，终不免落于攻琢之痕。"溜"字本写花红之鲜艳欲滴，"皱"则欲状摹水波漾漪之态，亦不可谓不巧矣！然味之终觉神韵欠焉！究其原委，就在于它显得雕琢、吃力。正如其"天连芳草"句，如换"连"为"粘"，则失于穿凿矣！故《吹剑录》谓"莺嘴"二句："咏物形似，而少生动，与'红杏枝头'费如许气力。"可谓一语中的。其实，很多词评家们都恰切地指出了这一点：《草堂诗余》批曰"琢句奇峭"，《弇

州山人词评》评曰"险丽"，《古今词话词品》亦云"的是险丽矣，觉斧痕犹在"。如此雕炼奇峭，有《粹编》本要以为此词乃黄庭坚所作，实在也是事出有因。

"诗缘情"，贵其感发之力量，"词之为体，要眇宜修"，尤重其内在之情味意境。而由于诗、词体裁的限制，其用字造句，又特别讲究锤炼洗净。但是这种锤炼不是刻意地雕章琢句。其用心尽管良苦而出之必须自然，浑成无迹，信手拈来，所谓"羚羊挂角，无迹可求"是也。秦观此词中，"瘦"字的运用就应该说是较为成功的。所以《草堂诗余》才又说："春柳未必瘦，然易此字不得。"是公允之评。以花木之"瘦"比人之瘦，诗词中也不乏此例。如李清照"莫道不销魂，帘卷西风，人比黄花瘦。"（《醉花阴》）"知否，知否，应是绿肥红瘦。"（《如梦令》）程垓"人瘦也，比梅花，瘦几分。"（《摊破江城子》）新鲜奇特，形象生动，各具情深。

喜外弟卢纶见宿①

[唐] 司空曙

静夜四②无邻，荒居旧业③贫。雨中黄叶树，灯下白头人。
以④我独沉久，愧君相见频。平生自有分⑤，况是蔡家亲⑥。

诗文注释

①见宿：留下住宿。
②四：四方。
③旧业：指家中的产业。
④以：因为。
⑤分：缘分。
⑥蔡家亲：典出《晋书》，羊祜是蔡邕的外孙，蔡邕之孙蔡袭与羊祜是姑表兄弟。羊祜因伐吴有功，将得到爵禄和封邑。他上表晋主，表示不要，请求转赐给不如自己家境的表兄弟蔡袭。因为他们姑表关系特别好，所以延续了好几代。后以此为姑表亲戚的代称。

诗文翻译

寂静的夜晚四周没有邻居，因为家贫，居住在荒野中。夜雨中树上的黄叶飘落下来，灯下是白发老人。我这样孤独沉沦很久了，愧对你屡次来慰问我。我们本来就有情分，何况又是表亲。

诗文赏析

这首诗是作者因表弟卢纶到家拜访有感而作。首句是写作者悲凉的境遇：年老独居荒野，近无四邻，孤苦无依，生活贫困。"雨中黄叶树，灯下白头人"一联写景抒情，把一位穷愁潦倒的白头老人的形象刻画得很丰满。后两句写对表弟到来的感激，这是写"喜"，但喜中仍有悲。喜的是因为自己被贬

沉沦,亲人还来探望,自然喜出望外;但自己的处境不佳,又感到对不起亲人,所以仍感辛酸惭愧。全诗语言朴实,语调低沉悲切,真实感人。

司空曙和卢纶都在"大历十才子"之列,诗歌功力相匹,又是表兄弟。从这首诗,尤其是末联"平生自有分(情谊),况是蔡家亲(羊祜为蔡邕外孙,因称表亲为蔡家亲)",可以看见他俩的亲密关系和真挚情谊;而且可以感受到作者生活境遇的悲凉。据《唐才子传》卷四载,司空曙"磊落有奇才",但因为"性耿介,不干权要",所以落得宦途坎坷,家境清寒的结局。这首诗正是作者这种境遇的写照。

前四句描写静夜里的荒村,陋室内的贫士,寒雨中的黄叶,昏灯下的白发,通过这些,构成一个完整的生活画面。这画面充满着辛酸和悲哀。后四句直揭诗题,写表弟卢纶来访见宿,在悲凉之中见到知心亲友,因而喜出望外。近人俞陛云《诗境浅说》说,这首诗"前半首写独处之悲,后言相逢之喜,反正相生,为律诗一格"。从章法上看,确是如此。前半首和后半首,一悲一喜,悲喜交集,总的倾向是统一于悲。后四句虽然写"喜",却隐约透露出"悲":"愧君相见频"中的一个"愧"字,就表现了悲凉的心情。因之,题中虽着"喜"字,背后却有"悲"的滋味。一正一反,互相生发,互相映衬,使所要表现的主旨更深化了,更突出了。这就是"反正相生"手法的艺术效果。

比兴兼用,色彩映衬,也是这首诗重要的艺术手法。"雨中黄叶树,灯下白头人",不是单纯的比喻,而是进一步利用作比的形象来烘托气氛,特别富有诗味,成了著名的警句。用树之落叶来比喻人之衰老,是颇为贴切的。树叶在秋风中飘落,和人的风烛残年正相类似,相似点在衰飒。这里,树作为环境中的景物,起了气氛烘托的作用,类似起兴。自从宋玉《九辩》提出"悲哉秋之为气也,萧瑟兮草木摇落而变衰",秋风落叶,常常被用以塑造悲的气氛,"黄叶树"自然也烘托了悲的情绪。比兴兼用,所以特别富有艺术感染力。明谢榛《四溟诗话》卷一云:"韦苏州曰:'窗里人将老,门前树已秋。'白乐天曰:'树初黄叶日,人欲白头时。'司空曙曰:'雨中黄叶树,灯下白头人。'三诗同一机杼,司空为优:善状目前之景,无限凄感,见乎言表。其实,三诗之妙,不只是善于状景物,而且还善于设喻。司空曙此诗颔联之所以为优,在于比韦应物、白居易诗多了雨景和昏灯这两层意思,虽然这两层并无"比"的作用,却大大加强了悲凉的气氛。"雨中""灯下"两句之妙,就在于运用了兴而兼比的艺术手法。

春夜喜雨

[唐] 杜 甫

好雨①知时节,当春乃②发生③。
随风潜④入夜,润物⑤细无声。
野径⑥云俱⑦黑,江船⑧火独⑨明。
晓⑩看红湿处⑪,花重⑫锦官城⑬。

诗文注释

①好雨:指春雨,及时的雨。
②乃:就。
③发生:催发植物生长,萌发生长。
④潜:暗暗地,静悄悄地。
⑤润物:使植物受到雨水的滋养。
⑥野径:田野间的小路。
⑦俱:全,都。
⑧江船:江面上的渔船。
⑨独:独自,只有。
⑩晓:早晨。

⑪红湿处：指带有雨水的红花的地方。

⑫花重（zhòng）：花因沾着雨水，显得饱满沉重的样子。

⑬锦官城：故址在今成都市南，亦称锦城。三国蜀汉管理织锦之官驻此，故名。后人又用作成都的别称。也代成都。

诗文翻译

这一场雨就好似选好了时候，正当春天万物生长之时就随即降临。细雨随着春风在夜里悄悄来到，它默默地滋润万物，没有一点声音。雨夜中，田野间的小路黑茫茫，只有江中渔船上灯火独自明亮着。要是早晨起来看看，锦官城里该是一片万紫千红吧！

诗文赏析

《春夜喜雨》是杜甫在唐肃宗上元二年（761）春天，在成都浣花溪畔的草堂时写的。此时杜甫因陕西旱灾来到四川定居成都已两年。他亲自耕作，种菜养花，与农民交往，因而对春雨之情很深，写下了这首描写春夜降雨、润泽万物美景的诗，抒发了诗人的喜悦之情。文章中虽没有一个喜字，但四处洋溢着作者的喜。《春夜喜雨》抒发诗人对春夜细雨的无私奉献品质的喜爱赞美之情。

诗歌一开头（首联）就用一个"好"字赞美"雨"。在生活里，"好"常常被用来赞美那些做好事的人。这里用"好"赞美雨，已经会唤起关于做好事的人的联想。接下去，就把雨拟人化，说它"知时节"，懂得满足客观需要。的确，春天是万物萌芽生长的季节，正需要下雨，雨就下起来了。它是多么"好"。

第二联（颔联），进一步表现雨的"好"。雨之所以"好"，就好在适时，好在"润物"。称赞春雨霏霏、悄无声息的特点，而且表现了它无私的品质。春天的雨，一般是伴随着和风细细地滋润万物的。然而也有例外。有时候，它会伴随着冷风，由雨变成雪；有时候，它会伴随着狂风，下得很凶暴。这样的雨尽管下在春天，但不是典型的春雨，只会损物而不会"润物"，自然不会使人"喜"，也不可能得到"好"评。所以，光有首联的"知时节"，还不足以完全表现雨的"好"。等到第二联写出了典型的春雨伴随着和风的细雨，那个"好"字才落实了。

"随风潜入夜，润物细无声。"这仍然用的是拟人化手法。这两句也是名句，比喻无微不至的关爱与和风细雨的教诲。"潜入夜"和"细无声"相配合，不仅表明那雨是伴随和风而来的细雨，而且表明那雨有意"润物"，无意讨"好"。如果有意讨"好"，它就会在白天来，就会造一点声势，让人们看得见，听得清。唯其有意"润物"，无意讨"好"，它才选择了一个不妨碍人们工作和劳动的时间悄悄地来，在人们醋睡的夜晚无声地、细细地下。

雨这样"好"，就希望它下多下够，下个通宵。倘若只下一会儿，就云散天晴，那"润物"就很不彻底。诗人抓住这一点，写了第三联（颈联）。在不太阴沉的夜间，小路比田野容易看得见，江面也比岸上容易辨得清。此时放眼四望，"野径云俱黑，江船火独明。"只有船上的灯火是明的。此外，连江面也看不见，小路也辨不清，天空里全是黑沉沉的云，地上也像云一样黑。看起来，准会下到天亮。

尾联写的是想象中的情景。如此"好雨"下上一夜，万物就都得到润泽，发荣滋长起来了。万物之一的花，最能代表春色的花，也就带雨开放，红艳欲滴。等到明天清早去看看吧：整个锦官城（成都市南）杂花生树，一片"红湿"，一朵朵红艳艳、沉甸甸，汇成花的海洋。

这首诗写的是"雨"，诗人敏锐地抓住这场雨的特征，从各个方面进行描摹。前两句写了下雨的季节，直接赞美了这场雨的及时。雨仿佛知晓人们的心思，在最需要的时候悄然来临。后面六句集中写了"夜雨"。野外一片漆黑，只有一点渔火若隐若现。诗人于是兴奋地猜测：等到天明，锦官城里该是一片万紫千红吧。诗中没有一个"喜"字，但从"潜""润""细""湿"等字，都体现着诗人的喜悦之情。

浦起龙说："写雨切夜易，切春难。"这首《春夜喜雨》诗，不仅切夜、切春，而且写出了典型春雨的、也就是"好雨"的高尚品格，表现了诗人的、也是一切"好人"的高尚人格。

参考资料

[1] 佑优. 古诗词中的色彩美[J]. 阅读与鉴赏，2008(4).

[2] 郝光霞. 古诗词中的色彩美[J]. 文学教育，2007(12).

［3］刘建卫. 中考语文阅读新点拨［M］. 广州：华南理工出版社，2009.

［4］李希华. 浓妆淡抹总相宜——浅议诗词的色彩美［J］. 科教导刊，2011.

［5］蘅塘退士等选编. 唐诗三百首·宋词三百首·元曲三百首［M］. 北京：华文出版社，2009.

［6］张国举. 唐诗精华注译评［M］. 长春：长春出版社，2010.

［7］萧涤非等. 唐诗鉴赏辞典［M］. 上海：上海辞书出版社，1983.

［8］张海鸥. 唐名家诗导读［M］. 广州：广东人民出版社，1999.

［9］郑力民. 元好问诗选译［M］. 南京：凤凰出版社，2011.

［10］马兴荣，刘乃昌，刘继才. 全宋词广选·新注·集评［M］. 沈阳：辽宁人民出版社，1997.

［11］惠淇源编注. 婉约词全解［M］. 上海：复旦大学出版社，2007.

［12］于海娣等. 唐诗鉴赏大全集［M］. 北京：中国华侨出版社，2010.

［13］萧涤非. 杜甫诗选注［M］. 北京：人民文学出版社，1998.

第十四讲

古代诗歌之"细节描写"

从诗歌创作的理论上来说,细节也叫"有包孕的片刻",也就是最有情趣、最耐人寻味、最能引起人们联想想象的片刻:或写人物的一句话,一个动作,一颦一笑;或写平常生活场景中的一瞬。细节的恰当运用,往往能使作品产生夺人心魄的艺术魅力。"从某种意义上说,细节是文学写作的出发点,或者说是文学写作的触发点。"(晓苏《文学写作系统论》)。王安石评论张籍诗歌的风格是:"看似寻常最奇崛,成如容易却艰辛。"细节描写是文学作品中非常重要的表现手法,也是诗歌产生感染力的重要因素。中国古典诗词一般篇幅短小精悍,但形象鲜明,而鲜明的形象和细节描写是分不开的。不少优秀的诗人常常"抓拍"特写镜头,通过传神的细节描写来打动读者。

古代诗人深谙细节描写在表达思想感情中的重要作用,因此,他们写诗,往往特别注意去写那些最能表达思想感情的细节,或描写人物的某一动作,或再现人物的某一神态,或抓住人物的某一语言,精雕细刻,穷形尽相,以此反映人物的精神和心理。当好友元稹入蜀后,白居易与他久未谋面。忽一日,有盐商送得信来,白居易便用"枕上忽惊起,颠倒著衣裳"来表达自己的惊喜之情。一个"惊"字,其欣喜之情已然在目,再用"颠倒著衣裳"这一细节,更表现了诗人喜不自禁的情怀。诗人听说有好友的信来,喜得衣服都穿倒了,也许连鞋都来不及穿,就光着脚去开门了。有如此的表现,足见出白居易对友人的思念之深。

诗人运用细节描写,更多的是在写人上。写他

人也好,写自己也罢;实写也好,虚写也罢,他们均能抓住那些最能表现人物精神或心理的瞬间的细微动作或片言只语或神态变化。高兴或痛苦除了应有的理由外,还应有具体的表现,而人物的瞬间心理变化和语言以及动作神态正是人物某一特定感情的外露。只要看一看人物的这些方面的表现,读者就会知道人物此时此刻的精神和思想。诗歌的语言非常凝练,即便是那些写得精彩的细节,语言的张力也是很大的。因此,在鉴赏过程中,我们要抓住那些极富张力的语言,结合前后语境,在不违背原诗背景和意境的前提下,将思维的触角伸向不同的方向和角落,充分发挥自己的想象进行再创造,结合自己的某些体验,把诗人省略了的内容挖掘出来,从而感知诗歌主人公此时此境的内心和精神。只有这样,才能对诗中的人物有深刻的了解,才能比较准确地把握住人物的形象特点,才能比较准确地体会出人物的思想情感。

细节描写的种类

文学作品中的细节描写有:肖像细节、行动细节、语言细节、心理细节、物品细节、景物细节和场面细节等。把这些常用的细节概括起来,可分为两大类:生活细节与情态细节。

细节描写是刻画人物性格,揭示人物内心世界,表现人物细微复杂感情,点化人物关系,暗示人物身份、处境等最重要的方法。它是最生动、最有表现力的手法,它往往用极精彩的笔墨将人物的真善美和假丑恶和盘托出,让读者欣赏评价。细节描

写在文章描写中的地位看似闲笔或赘笔，信手拈来，无关紧要，可有可无；但都是作者精心的设置和安排，不能随意取代。一篇文章，恰到好处地运用细节描写，能起到烘托环境气氛、刻画人物性格和揭示主题思想的作用。

古代诗歌中的细节描写，大致可以获得以下三个方面的审美奇效。

一、写足意态情韵

诗歌中的人物形象之美，不止美于容貌、形体，更当美于意态、情韵。而这灵动飞扬之美，往往要借助于细节描写来表现。例如《诗经·卫风·硕人》："手如柔荑(tí，刚长出的茅草，比喻女子的手纤细柔嫩)，肤如凝脂，领如蝤蛴(qiú qí，蝎虫，借以比喻妇女脖颈之美)，齿如瓠犀(hù xī，瓠瓜的子，因排列整齐，色泽洁白，所以常用来比喻美女的牙齿)。螓首蛾眉，巧笑倩兮，美目盼兮。"前五句是静态层面上的描摹刻画，作者连用了六个比喻，绘出了美人之形，然而，这"雕绘满眼"的形象似乎写得太实了些，正如美学大师朱光潜先生所说的，"我们无法把一些嫩草、甘油、蚕蛹、瓜子之类东西凑合起来，产生一个美人的意象"(《诗论》)。可贵的是，作者在后两句，笔墨一换，以动取势，只用了寥寥八字的细节，便写足了人物的意态情韵："巧笑倩兮"，笑得是那么娴静、甜美，两个浅浅的酒窝贮满了令人心醉的意态之美；"美目盼兮"则传出了顾盼生辉、秋水流慧的万千情韵，这楚楚动人的眼神足以涤荡尘世间所有的污秽杂念。此时，你看到的是一个冰清玉洁、温婉凝情的美人形象。这一人物形象之所以会有如此摄人心魄的艺术魅力，乃是由于细节的暗示，给读者提供了广阔的想象空间。

二、增添幽默谐趣

诗歌写得有"趣"，才会有"味"。中国的传统诗论非常讲究诗歌的趣味，有的甚至认为"诗以趣为主"。幽默谐趣是诗趣之一。盎然谐趣的产生，有时也依赖于细节。如辛弃疾的《西江月·遣兴》"醉里且贪欢笑，要愁那得工夫。近来始觉古人书，信着全无是处。昨夜松边醉倒，问松'我醉何如'。只疑松动要来扶，以手推松曰：'去！'"这首词的下阕便极有谐趣。作者具体描绘了一次酒后的醉态，这

是一个极富戏剧性的场面。在某天的夜晚，他醉倒松边，在醉眼迷离中，误把松树看成了人，看成了知心朋友，于是跟松树说起话来。他问松树："老松，我醉得怎么样了？"他醉后的身体摇摇晃晃，却以为是松枝摇动。自己扶着松树要站起来，却当是松树要来扶他，便用手推开松树，大声呵斥："闪开！醒着不如醉着。"整个下阕都是由作者与松树的对话构成的。他之所以以松为友，与松对话，是因为在那个是非颠倒时的封建社会中，他找不到一个真正的知音，其抗金复国的政治主张得不到任何回响：卖国苟安的南宋朝廷，呈现出的是一派黑暗、死寂的气象，理想与现实的矛盾，使他深味着"知音世所稀"的悲凉。作者写自己"以手推松"并喝令松树滚开，则足以见出其"苏世独立，横而不流"(屈原《橘颂》)的品格操守。作者被诬罢官之后，尽管心情抑郁，但对当权者从无请托之词和阿谀之容以求复得高官厚禄。他一个人孤独地咀嚼着报国无门、壮志难酬的忧愁。因而，下阕一连串的关于语言、动作的细节，不仅将作者的醉态狂态摹状得非常逼真，而且还从风趣幽默的氛围中曲折地抒写了作者政治失意的苦闷和愤激。

三、表现复杂情思

诗词妙用细节，亦能表现人物深幽曲折、复杂微妙的情思。例如纳兰性德的《减字木兰花》："相逢不语，一朵芙蓉着秋雨。小晕红潮，斜溜鬟心只凤翘。待将低唤，直为凝情恐人见。欲诉幽怀，转过回阑叩玉钗。"这首写恋人相见情状的爱情小令对女主人公的情思，作了细腻的刻画。词的上阕侧重静态描摹，但静中有动。起首两句，写相爱者在邂逅而遇的片刻间四目交投又默默走开的情形，作者以花喻人，把女主人公描绘得美丽而忧伤，像一朵秋雨过后的芙蓉花，不胜凉风的娇羞。蓦然间，她那犹带泪痕的脸上，不禁红云飞渡。"斜溜"句写玉钗抖动的细节，暗示出女主人公心灵的强烈震动，其步履含愁、惶恐不安的形象，宛然在目。词的下阕侧重动态摹状。女主人公对自己的心上人本想含羞回避，佯装不理的，但转而觉得这样不妥，有可能会铸成终身遗憾，倒不如轻唤一声，再向他倾诉衷情，可是话未出口，又咽了回去，只因为担心这爱慕深情会被别人知晓，毕竟人言可畏啊。眼看偶

然相见的时刻就会溜走,倾诉幽情机会可能不再拥有,她便转过回廊,在僻静一隅,轻叩玉钗。这一扣就扣出了女主人公的柔情蜜意:也许是约他在此幽会,也许是要他转过身来多看自己一眼。如此复杂微妙的情思,被表现得淋漓尽致,这便是细节的魅力。

社　日①

[唐] 王　驾

鹅湖②山下稻粱③肥,豚栅④鸡栖半掩扉。
桑柘⑤影斜春社散⑥,家家扶得醉人归。

诗文注释

①社日:古代祭祀土神的日子,春秋两祭,分为春社和秋社。古代劳动人民不但通过这种方式表达他们对减少自然灾害、获得丰收的良好祝愿,同时也借这样的节日开展对他们来说十分难得的娱乐活动。在社日到来时,民众集会竞技,进行各种类型的社日表演,并集体欢宴,非常热闹。

②鹅湖:在江西省铅山县。

③粱:古代对粟的优良品种的通称。

④豚:小猪。栅:猪圈。

⑤桑柘(zhè):桑树和柘树,这两种树的叶子均可用来养蚕。

⑥春社散:春社的聚宴已经散了。

诗文翻译

鹅湖山下,庄稼长势喜人,家家户户猪满圈,鸡成群。天色已晚,桑树柘树的影子越来越长,春社的欢宴才渐渐散去,喝得醉醺醺的人在家人的搀扶下高高兴兴地回家。

诗文赏析

古时的春秋季节有两次例行的祭祀土神的日子,分别叫作春社和秋社。古代百姓不但通过作社活动表达他们对减少自然灾害、获得丰收的良好祝愿,同时也借以开展娱乐。在社日民众集会竞技,进行各种类型的作社表演,集体欢宴,非常热闹。宋代诗人杨万里《观社》写道:"作社朝祠有足观,山农祈福更迎年。忽然箫鼓来何处? 走煞儿童最可怜! 虎头豹面时自顾,野讴市舞各争妍。王侯将相饶尊贵,不博渠侬一晌癫!"王驾《社日》虽没有一字正面写作社的情景,却描绘出了这个节日的欢乐。

诗一开始不写"社日"的题面,却从村居风光写起。鹅湖山,在今江西铅山县境内,这地名本身十分诱人。湖的名字使人想到鹅鸭成群,鱼虾满塘,一派山明水秀的南方农村风光。春社时属仲春,"稻粱肥",是指田里庄稼长得很好,丰收在望。村外风光如此迷人,而村内到处是一片富裕的景象,猪满圈,鸡栖埘,联系第一句描写,真可以说是五谷丰登、六畜兴旺。所以一、二句虽只字未提作社的事,先就写出了节日的喜庆气氛。这两句也没有写到村居的人,"半掩扉"三字暗示村民都不在家,门都半掩着。古人常用"夜不闭户"表示环境的太平安宁,"半掩"而不上锁,可见民风淳厚,丰年富足。这个细节描写是极有表现力的。同时,它又暗示出村民家家参加社日,巧妙地将诗意向后联过渡。

后两句写"社日"正题。值得注意的是诗人没有就作社表演热闹场面着笔,却写社散后的景象。"桑柘影斜",夕阳西下,树影在地越来越长,说明天色将晚。古代习惯,祭社之处必植树。所谓"故园乔木",即指社树,它象征乡里,故受人崇拜。其中桑、梓二木即古人常用为社树的树种。此诗的"桑柘"紧扣社日,即此之谓。可见笔无旁骛。同时,村里植有"桑柘",可见养蚕也搞得不错。遣词用语体现出诗人的艺术匠心。春社散后，人声渐少，到处都可以看到喝得醉醺醺的村民，被家人邻里搀扶着回家。"家家"是夸张说法，说明醉倒情形之普遍。诗未写社日的热闹与欢乐场面，却选取高潮之后渐归宁静的这样一个尾声来表现它，是颇为别致的。它的暗示性很强，读者通过这个尾声，会自然联想到作社、观社的全过程。"醉人"这个细节可以使人联想到村民观社的兴高采烈，畅怀大饮，而这种欣喜之情又是与丰收分不开的。

此诗不写正面写侧面，通过富有典型意义和形象暗示作用的生活细节写社日景象，笔墨极省，反映的内容却极为丰富。这种含蓄的表现手法，与绝句短小体裁极为适应，使人读后不觉其短，回味深长。当然，在封建社会，农民的生活一般不可能像此诗所写的那样好，诗人把田家生活作了"桃花源"式的美化。但也应看到，在自然灾害减少、农业丰收的情况下，农民过节时显得快活，也是很自然的。

听 筝

[唐] 李 端

鸣筝金粟柱①，素手玉房②前。
欲得周郎顾，时时误拂弦。

诗文注释

①金粟柱：古也称桂为金粟，这里当是指弦轴之细而精美。

②玉房：弹筝女子的住处。

诗文翻译

金粟轴的古筝发出优美的声音，那素手拨筝的美人坐在玉房前。想尽了办法为博取周郎的青睐，你看她故意地时时拨错了琴弦。

诗文赏析

为了所爱慕的人顾盼自己，便故意将弦拨错，弹筝女可爱形象跃然纸上。相传三国时代的周瑜，二十四岁为建威中郎将，人称周郎，他精通音乐，别人奏曲有误，他就回头一看，当时人称："曲有误，周郎顾。"此诗当然受到这个故事的启发。

筝，一种弦乐器。从唐诗中所描写的筝来看，筝是十三根弦，如："花脸云鬟坐玉楼，十三弦里一时愁"（白居易《听崔七妓人筝》）。"大艑(biàn，大

船)高船一百尺，清声促柱十三弦"（刘禹锡《夜闻商人船中筝》）。柱，定弦调音的短轴；金粟，指柱上饰有金星一样的花纹；素手，指弹筝女子纤细洁白的手；房，筝上架弦的枕，玉房，指玉制的筝枕。诗的一、二句写弹筝的女子纤手拨筝，正处于弹奏状态。按此写法，接下去似乎应该描写女子的弹奏技艺，或者表现秦筝极富感染力的音乐形象，但出人意料的是，三、四句并不沿袭通常的写法，而是描写女子为了引起知音的注意，故意错拨筝弦。周郎，即三国时的周瑜，"瑜受建威中郎将，时年二十四，吴中皆呼周郎，少精意于音乐，虽三爵之后，其有阙误瑜必知之，知之必顾。时人谣曰：'曲有误，周郎顾。'"（《吴志·周瑜传》）

"欲得周郎顾"，就意味着当时坐在一旁的"周郎"（喻指听者）没有看她，为什么不看她呢？大概已经完全陶醉在那美妙的筝声中了，本来这应该是演奏者最祈盼的效果，最欣慰的时刻。然而，这情景却不是这位女子此时最渴望的效果，因为她心中另有所思，思不在听者赏音，而在于一"顾"，怎么办呢？她灵机一动，故意不时地错拨它一两个音，于是充满戏剧性的场景出现了：那不谐和的旋律，突然惊动了沉醉在音乐境界中的"周郎"，他下意识地

眉头一皱,朝她一看,只见她非但没有丝毫"误拂"的遗憾和歉意,两眼反而闪烁出得意的眼神:啊,原来是误非真误。"欲得周郎顾,时时误拂弦",正面写出了弹者藏巧于拙,背面又暗示了听者以假当真,而这种巧与拙、假与真,又在那无言的一顾之中获得了奇妙的统一。它不仅说明弹者是高手,听者是知音,而且传神地表现出两者的心理神态,意趣

韵味无穷。有些描写人物的细节往往通过一个动作、一个神态刻画出人物幽微的心理活动,让形象毕现于眼前,展现出人物的万种风情。诗中运用这一典故,以"时时误拂弦"的细节,传达出弹筝的少女为赢得心上人的顾盼,故意弹错曲子的情态,把一个天真活泼大胆追求爱情的少女刻画得风情毕现。

秋　思

[唐] 张　籍

洛阳城里见秋风,欲作家书意万重。
复恐匆匆说不尽,行人临发又开封。

诗文翻译

一年一度的秋风,
又吹到了洛阳城中,
催我写一封家书,
将万重心意与亲人沟通。
捎信人即将出发,
我又拆开了缄上的信封,
赶快再添上几句,
说不尽的心事,
无奈太匆匆。

诗文赏析

盛唐绝句,多寓情于景,情景交融,较少叙事成分;到了中唐,叙事成分逐渐增多,日常生活情事往往成为绝句的习见题材,风格也由盛唐的雄浑高华、富于浪漫气息转向写实。张籍这首《秋思》寓情于事,借助日常生活中的一个片断——寄家书时的思想活动和行动细节,异常真切细腻地表达了羁旅之人对家乡亲人的深切思念。

第一句说客居洛阳,又见秋风。平平叙事,不事渲染,却有含蕴。秋风是无形的,可闻、可触、可感,而仿佛不可见。但正如春风可以染绿大地,带

来无边春色一样,秋风所包含的肃杀之气,也可使木叶黄落,百卉凋零,给自然界和人间带来一片秋光秋色、秋容秋态。它无形可见,却处处可见。羁留异乡的游子,见到这一派凄凉摇落之景,不可避免地要勾起羁泊异乡的孤子凄寂情怀,引起对家乡、亲人的悠长思念。这平淡而富于含蕴的"见"字,所给予读者的暗示和联想,是异常丰富的。

第二句紧承"见秋风",正面写思字。晋代张翰"因见秋风起,乃思吴中菰菜、莼羹、鲈鱼脍,曰:'人生贵得适志,何能羁宦数千里,以要名爵乎?'遂命驾而归"。(《晋书·张翰传》)张籍祖籍吴郡,此时客居洛阳,情况与当年的张翰相仿,当他见秋风而起乡思的时候,也许曾经联想到张翰的这段故事。但由于种种没有明言的原因,竟不能效张翰的"命驾而归",只好修一封家书来寄托思家怀乡的感情。这就使本来已经很深切强烈的乡思中又平添了欲归不得的惆怅,思绪变得愈加复杂多端了。"欲作家书意万重",这"欲"字颇可玩味。它所表达的正是诗人铺纸伸笔之际的意念和情态:心中涌起千愁万绪,觉得有说不完、写不尽的话需要倾吐,而一时间竟不知从何处说起,也不知如何表达。本来显得比较抽象的意万重,由于有了这欲作家书而迟迟无法下笔的神情意态描写,反而变得鲜明可触、易于想象了。

三、四两句,撇开写信的具体过程和具体内容,

只剪取家书即将发出时的一个细节——"复恐匆匆说不尽,行人临发又开封"。诗人既因"意万重"而感到无从下笔,又因托行人之便捎信而无暇细加考虑,深厚丰富的情意和难以表达的矛盾,加以时间匆匆,竟使这封包含着千言万语的信近乎"书被催成墨未浓"(李商隐《无题四首》)了。书成封就之际,似乎已经言尽;但当捎信的行人将要上路的时候,却又突然想起刚才由于匆忙,生怕信里漏写了什么重要的内容,于是又匆匆拆开信封。"复恐"二字,刻画心理入微。这"临发又开封"的细节,与其说是为了添写几句匆匆未说尽的内容,不如说是为了验证一下自己的疑惑和担心。而这种毫无定准的"恐",竟然促使诗人不假思索地作出"又开封"的

决定,正显出他对这封"意万重"的家书的重视和对亲人的深切思念——千言万语,唯恐遗漏了一句。当然,并非生活中所有"行人临发又开封"的现象都具有典型性,都值得写进诗里。只有当它和特定的背景、特定的心理状态联系在一起的时候,方才显出它的典型意义。这首诗,在"见秋风""意万重",而又"复恐匆匆说不尽"的情况下来写"临发又开封"的细节,本身就包含着对生活素材的提炼和典型化,而不是对生活的简单摹写。王安石评张籍的诗说:"看似寻常最奇崛,成如容易却艰辛。"(《题张司业诗》)此评深得张籍优秀作品创作要旨和甘苦三昧。这首极本色、极平淡,像生活本身一样自然的诗,其实印证了王安石精到的评论。

点　绛　唇

[宋]　李清照

蹴①罢秋千,起来慵整②纤纤手。露浓花瘦③,薄汗轻衣透。
见客入来,袜刬④金钗溜。和羞走。倚门回首,却把青梅嗅。

诗文注释

①蹴(cù):踩,踏。这里指荡(秋千)。
②慵整:懒洋洋地收拾。
③花瘦:形容花枝上的花瓣已经凋零。
④袜刬(chǎn):即刬袜("刬"同"铲"),未穿鞋子,只穿着袜子行走。

诗文赏析

此词为清照早年作品,写尽少女纯情的神态。
上阕写少女荡完秋千的精神状态。词人不写荡秋千时的欢乐,而是剪取了"蹴罢秋千"以后一刹那间的镜头。此刻全部动作虽已停止,但仍可以想象得出少女在荡秋千时的情景,罗衣轻扬,像燕子一样地在空中飞来飞去,妙在静中见动。"起来慵整纤纤手","慵整"二字用得非常恰切,从秋千上下来后,两手有些麻,却又懒得稍微活动一下,写出少

女的娇憨。"纤纤手"语出《古诗十九首》:"娥娥红粉妆,纤纤出素手。"借以形容双手的细嫩柔美,同时也点出人物的年纪和身份。"露浓花瘦"一语既表明时间是在春天的早晨,地点是在花园,也烘托了人物姣美的风貌。"薄汗轻衣透",她身穿"轻衣",也就是罗裳初试,由于荡秋千时用力,出了一身薄汗,额上还渗有晶莹的汗珠。这份娇弱美丽的神态恰如在娇嫩柔弱的花枝上缀着一颗颗晶莹的露珠。整个上阕以静写动,以花喻人,生动形象地勾勒出少女荡完秋千后的神态。

下阕写少女乍见来客的情态。她荡完秋千,正累得不愿动弹,突然花园里闯进来一个陌生人。"见客入来",她感到惊诧,来不及整理衣装,急忙回避。"袜刬",指来不及穿鞋子,仅仅穿着袜子走路。"金钗溜",是说头发松散,金钗下滑坠地,写匆忙惶遽时的表情。词中虽未正面描写这位突然来到的客人是谁,但从词人的反应中可以印证,他定是一位翩翩美少年。"和羞走"三字,把她此时此刻的内

心感情和外部动作作了精确的描绘。"和羞"者,含羞也;"走"者,疾走也。然而更妙的是"倚门回首,却把青梅嗅"二句。它以极精湛的笔墨描绘了这位少女怕见又想见、想见又不敢见的微妙心理。最后她只好借"嗅青梅"这一细节掩饰一下自己,以便偷偷地看他几眼。下阕以动作写心理,几个动作层次分明,曲折多变,把一个少女惊诧、惶遽、含羞、好奇以及爱恋的心理活动,栩栩如生地刻画出来。在我们心中立起了一个天真纯洁、感情丰富却又带有几分矜持的少女形象。唐人韩偓《香奁集》中写过类

似的诗句:"见客入来和笑走,手搓梅子映中门。"但相比之下,"和笑走"见轻薄,"和羞走"现深挚;"手搓梅子"只能表现不安,"却把青梅嗅"则可描画矫饰;"映中门"似旁若无人,而"倚门"则有所期待,加以"回首"一笔,少女窥人之态宛然眼前。

这首词写少女情况心态,虽有所本依,但却能青出于蓝而胜于蓝,获"曲尽情悰(cóng,欢乐)"之誉。全词风格明快,节奏轻松,仅用四十一字,就刻画了一个天真纯洁、感情丰富却又矜持的少女形象,可谓妙笔生花。

约　客①

[宋]　赵师秀

黄梅时节②家家雨③,青草池塘处处蛙④。
有约⑤不来过夜半,闲敲棋子落灯花。⑥

诗文注释

①约客:约请客人来相会。
②黄梅时节:农历四、五月间,江南梅子黄了,熟了,大都是阴雨连连的时候,所以称"黄梅时节"为江南雨季。
③家家雨:家家户户都赶上下雨。形容雨水多,到处都有。
④处处蛙:到处是蛙跳蛙鸣。
⑤有约:即邀约友人。
⑥落灯花:旧时以油灯照明,灯芯烧残,落下来时好像一朵闪亮的小花。

诗文翻译

梅子黄时,家家户户都笼罩在烟雨之中。
远远近近那长满青草的池塘里,传出蛙声阵阵。
已约请好的客人说来却还没有来,时间一晃就过了午夜。
我手拿棋子轻轻地敲击着桌面,等着客人,只看到灯花隔一会儿就落下一朵。

诗文赏析

前两句交代了当时的环境和时令。"黄梅""雨""池塘""蛙声",写出了江南梅雨季节的夏夜之景:雨声不断,蛙声一片。读来使人身临其境,仿佛细雨就在身边飘,蛙声就在身边叫。这看似表现得很"热闹"的环境,实际上诗人要反衬出它的"寂静"。

后两句点出了人物和事情。主人耐心地而又有几分焦急地等着,没事可干,"闲敲"棋子,静静地看着闪闪的灯花。第三句"有约不来过夜半",用"有约"点出了诗人曾"约客"来访,"过夜半"说明了等待时间之久,本来期待的是约客的叩门声,但听到的却只是一阵阵的雨声和蛙声,比照之下更显示出作者焦躁的心情。第四句"闲敲棋子"是一个细节描写,诗人约客久候不到,灯芯很长,诗人百无聊赖之际,下意识地将黑白棋子在棋盘上轻轻敲打,而笃笃的敲棋声又将灯花都震落了。这种姿态貌似闲逸,其实反映出诗人内心的焦躁。

全诗通过对撩人思绪的环境及"闲敲棋子"这一细节动作的渲染,既写了诗人雨夜候客来访的情景,也写出约客未至的一种怅惘的心情,可谓形神

兼备。全诗生活气息较浓，又摆脱了雕琢之习，清丽可诵。

该诗流传千古，与诗中的一个流传千古的"细节"大有关系。本来"有约不来过夜半"似乎已把期客不至的情形写尽。但末句的"闲敲棋子"却使得本诗有了"一语天然万古新"的神奇效果。"闲敲棋子"本是诗人的一个动作，联系上文的"有约不来过夜半"和下文的"落灯花"，仔细体味，约客久候不到，诗人下意识地将黑白棋子在棋盘上轻轻敲打，正是这个动作将诗人那焦躁而又期望的心理刻画得细致入微。孤身一人，无法下棋，所以是"闲敲棋子"，"闲"说明了无聊，"敲"点明了苦闷，隐含着诗人焦躁而失望的情绪。故"敲棋"这一细节，貌似闲逸，其实反映出诗人内心十分焦躁。

采 莲 曲

〔唐〕 白居易

菱叶萦波荷飐（zhǎn，摇动）风，
荷花深处小船通。
逢郎欲语低头笑，
碧玉搔头落水中。

诗文赏析

《采莲曲》，乐府旧题，为《江南弄》七曲之一。内容多描写江南一带水国风光，采莲女子劳动生活情态，以及她们对纯洁爱情的追求，等等。描写采莲生活的诗歌很早就出现了，汉乐府中就有《采莲曲》《江南可采莲》："江南可采莲，莲叶何田田。鱼戏莲叶间：鱼戏莲叶东，鱼戏莲叶西，鱼戏莲叶南，鱼戏莲叶北。"南北朝出现了不少写采莲生活的名作，如《西洲曲》："采莲南唐秋，莲花过人头。低头弄莲子，莲子清如水。"到了唐代，写采莲更是成为一种时尚，很多名家如李白、白居易、王昌龄、戎昱、崔国辅、皇甫松等都写过这类诗歌。白居易的《采莲曲》写得尤为细腻动人。

白居易这首诗描写的是一位采莲姑娘腼腆的情态和羞涩的心理。前两句写风中婀娜舞动的荷叶荷花，从荷花的深处有小船悠然划出，画面充满了动感。"菱叶萦波荷飐风"，在碧水荡漾一望无际的水面上，菱叶荷叶一片碧绿，阵阵清风吹来，水波浮动，绿叶随风摇摆，菱叶在绿波荡漾的湖面上飘飘荡荡，荷花在风中摇曳生姿。正因为绿叶的摇动，才让人们看到了"荷叶深处小船通"。荷花深处，暗示了荷花的茂盛、广阔，而"小船通"，则告诉我们有人有活动。这就像一组电影长镜头，先见一片风光，然后将人物活动呈现在其中，给人以真切感。

然后诗人用了一个日常习见、颇具情趣的细节："逢郎欲语低头笑，碧玉搔头落水中。"采莲少女看见了自己的情郎，正想说话却又突然止住，羞涩地在那里低头微笑，不想一不小心，头上的碧玉簪落入了水中。"欲语低头笑"既表现了少女的无限喜悦，又表现了少女初恋时的羞涩难为情。"碧玉搔头落水中"进一步暗示了少女"低头笑"的激动神态。后两句描写细致，生动逼真。诗人抓住人物的神情和细节精心刻画，一个欲语还休、含羞带笑的姑娘宛然出现在读者眼前。

"碧玉搔头落水中"是上承"荷花深处小船通"而来，由写景转为写景中之人。荷花深处，遮天蔽日，凉风习习，是水乡少男少女在劳动之余私下相会的极佳场所。这里并没有说明他们是故意寻找还是无意撞见，也许是兼而有之吧。诗歌仅以欲语而止，搔头落水两个动作细节的描写，就活灵活现刻画出一个痴情、娇羞、可爱的少女形象。恋人相遇,互诉衷肠,何止千言万语,而此时此地,这个娇羞的少女却一句话也说不出来,唯有低头含笑而已;而且情贯一心,甚至不小心将碧玉搔头落入水中。这些都是初恋少女在羞怯、微带紧张的状态上才会有的情态,被诗人细心地捕捉住并传神地再现出来。在男女授受不亲的年代,小姑娘有这个胆是不容易的,过去的三从四德和封建礼法约束人,是

现在我们不可想象的。

《采莲曲》为民歌体裁,同类的作品历来很多。但白居易没有落入俗套,在短短的四句二十八个字中,既写景,又写人,生动形象,富有情趣,层层深入,活灵活现。此诗用乐府旧题写男女恋情,少女欲语低头的羞涩神态,以及搔头落水的细节描写,都自然逼真,意味无穷。犹如一卷望不尽的画面,使人百读不厌。

西江月·遣兴

[宋] 辛弃疾

醉里且贪欢笑,要愁那得工夫。近来始觉古人书,信着全无是处。
昨夜松边醉倒,问松"我醉何如"。只疑松动要来扶,以手推松曰:
"去!"

诗文翻译

喝醉了酒后恣意欢笑,我哪里有那闲工夫发愁呢。最近才明白古书上的话,的的确确是没有半点可信的!

昨儿晚上我在松边喝醉了,醉眼迷蒙,把松树看成了人,就问他:"我醉得怎么样啊?"恍惚中看见松树活动起来,疑是要来扶我,于是我用手不耐烦地推推松树说:"走开,走开!"。

诗文赏析

欣赏这首词,我们似乎可以这样说:品读辛弃疾的词,可从词中品出更有韵味的戏剧来,虽然在写词中,恰如其分地引入戏剧性场景并非辛弃疾发明,但是在他手上得到了发扬光大,在他的词中,这种情况十分常见。这是值得肯定的。

"醉里且贪欢笑,要愁那得工夫。"通篇"醉"字出现了三次。难道词人真成了沉湎醉乡的"高阳酒徒"吗? 否。盖因其力主抗金而不为南宋统治者所用,只好借酒消愁,免得老是犯愁。说没工夫发愁,是反话,骨子里是说愁太多了,要愁也愁不完。

"近来始觉古人书,信着全无是处。"才叙饮酒,又说读书,并非醉后说话无条理。这两句是"醉话","醉话"不等于胡言乱语,它是词人的愤激之言。《孟子·尽心下》:"尽信书,则不如无书。"本意是说古书上的话难免有与事实不符的地方,未可全信。辛弃疾翻用此语,话中含有另一层意思:古书上尽管有许多"至理名言",现在却行不通,因此信它不如不信。

以上种种,如直说出来,则不过慨叹"世道日非"而已。但词人曲笔达意,正话反说,便有咀嚼不尽之味。

下阕写出了一个戏剧性的场面。词人"昨夜松边醉倒",居然跟松树说起话来。他问松树:"我醉得怎样了?"看见松枝摇动,只当是松树要扶他起来,便用手推开松树,并厉声喝道:"去!"醉憨神态,活灵活现。词人性格之倔强,亦表露无遗。在当时的现实生活里,醉昏了头的不是词人,而是南宋小朝廷中那些纸醉金迷的昏君佞臣。哪怕词人真醉倒了,也仍然挣扎着自己站起来,相比之下,小朝廷的那些软骨头们是多么地渺小和卑劣。

下阕更具体写醉酒的神态,是细节描写。"松边醉倒",这不是微醺,而是大醉。他醉眼迷蒙,把松树看成了人,问他:"我醉得怎样?"他恍惚还觉得

松树活动起来,要来扶他,他推手拒绝了。这四句不仅写出惟妙惟肖的醉态,也写出了作者倔强的性格。仅仅二十五个字,构成了剧本的片段:这里有对话,有动作,有神情,又有性格的刻画。小令词写出这样丰富的内容,是从来少见的。

"以手推松曰:'去!'",这是散文的句法。《孟子》中有"'燕可伐欤?'曰:'可'"的句子;《汉书·二疏传》有疏广"以手推常曰:'去!'"的句子。用散文句法入词,用经史典故入词,这都是辛弃疾豪放词风格的特色之一。从前持不同意见的人,认为以散文句法入词是"生硬",认为用经史曲故是"掉书袋"。他们认为:词应该用婉约的笔调、习见的词汇、易懂的语言,而忘粗豪、忌用典故、忌用经史词汇,这是有其理由的。因为词在晚唐、北宋,是为配合歌曲而作的。当时唱歌的多是女性,所以歌词要婉约,配合歌女的声音;唱来要使人容易听懂,所以忌用典故和经史词汇。但是到辛弃疾生活的南宋时代,词已有了明显的发展,它的内容丰富复杂了,它的风格提高了,词不再专为应歌而作了。尤其是像辛弃疾那样的大作家,他的创造精神更不是一切陈规惯例所能束缚的。这是因为他的政治抱负、身世遭遇,不同于一般词人。若用陈规惯例和一般词人的风格来衡量这位大作家的作品,那是不从发展的观点看问题。

辛弃疾的这首小词,粗看,正如标题所示,是一时即兴之作。但如果再往里仔细一看,那么会发现作者是在借诙谐幽默之笔发泄内心的不平。如再深入研究,我们还可洞察到作者是由于社会现实的黑暗而忧心忡忡,满腹牢骚和委屈,不便明说而又不能不说,所以,只好借用这种方式,来畅快淋漓地宣泄他的真情实感。

这首词题目是"遣兴"。从词的字面看,好像是抒写悠闲的心情,但骨子里却透露出他那不满现实的思想感情和倔强的生活态度。

参考资料

[1] 韩冬. 古典诗词的细节之美[J]. 考试. 高考语文版,2010(11).

[2] 蒋晶. 诗歌细节的包孕之美[J]. 语文教学与研究,2007(11).

[3] 丛金华. 豪放词人也细腻——辛弃疾词细节运用举隅[J]. 现代语文·文学研究,2008.

[4] 王本利. 细节处宜细思量——从2004年高考语文全国甲卷诗词鉴赏题说起[J]. 中学语文教学,2004(11).

[5] 雅瑟. 唐诗三百首鉴赏大全集[M]. 北京:新世界出版社,2011.

[6] 张国举. 唐诗精华注译评[M]. 长春:长春出版社,2010.

[7] 萧涤非等. 唐诗鉴赏辞典[M]. 上海:上海辞书出版社,1983.

[8] 唐诗三百首(下卷)[M]. 北京:光明日报出版社,2002.

[9] 李静等. 唐诗宋词鉴赏大全集[M]. 北京:华文出版社,2009.

[10] 唐圭璋等. 唐宋词鉴赏辞典[M]. 上海:上海辞书出版社,1988.

[11] 张鸣. 宋诗选[M]. 北京:人民文学出版社,2004.

[12] 黄瑞云. 两宋诗三百首[M]. 郑州:中州古籍出版社,1997.

[13] 缪钺等. 宋诗鉴赏辞典[M]. 上海:上海辞书出版社,1987.

[14] 蔡景仙主编. 爱情诗词鉴赏[M]. 呼和浩特:内蒙古人民出版社,2008.

[15] 杨忠. 辛弃疾词选译[M]. 成都:巴蜀书社,1991.

[16] 秦新民. 感情真切 描绘入微——读辛弃疾《西江月·遣兴》[J]. 文史知识,1995(5).

第十五讲

古代诗歌之情感美(上)

"一切景语皆情语"——写景诗

王国维说:"一切景语皆情语也。"我国古典诗词很讲究情与景的交融。刘勰说:"繁采寡情,味之必厌。"(《文心雕龙》)谢榛说:"景乃诗之媒,情乃诗之胚;合而为诗,以数言而统万形,元气浑成,其浩无涯矣。"(《四溟诗话》)刘熙载《艺概》的"雅人深致,正在借景言情"。借景抒情诗,是借助客观景物的描写来抒发诗人主观感情的诗作。诗人在诗中不是直接抒发感情,而是移情于物,融情于景,将自己的感情转移到景物上去,使景物带上感情色彩。诗人带着有情之眼去观察景物,以有情之笔去描写景物,使感情附着于景物,景物浸染上感情,景生情,情生景,情景交融,浑然无隔。借景抒情诗往往含而不露,蕴藉悠远,情丰意密,深切动人。

王国维《人间词话》谈到"有我之境,以我观物,故物皆着我之色彩",谈到"无我之境,以物观物,故不知何者为我,何者为物","有我""无我"是中国古代文艺美学研究以境界论美的代表观念。李渔"情为主,景为客"都是强调情与景的关系。"以乐景写乐,以哀景写哀",乃人情之常,文法之规。清人王夫之在《姜斋诗话》中写道:"以乐景写哀,以哀景写乐,一倍增其哀乐。"这又是情与景另一种变化了的关系。

由于诗人所怀的感情不同,相同的景也会被抹上不同的感情色彩,就拿李白笔下的"月"来说,可以是光明纯洁的象征:"小时不识月,呼作白玉盘。又疑瑶台镜,飞在青云端。"(《古朗月行》)可以是美好的向往:"青天有月来几时,我今停杯一问之。人攀明月不可得,月行却与人相随。"(《把酒问月》)可以是诗人的知己:"举杯邀明月,对影成三人。"(《月下独酌》)可以是思念的寄托:"我寄愁心与明月,随君直到夜郎西。"(《闻王昌龄左迁龙标遥有此寄》)可以是伤心的哀悼:"明月不归沉碧海,白云愁色满苍梧。"(《哭晁卿衡》)……这些情态各异、变化多端的"月"各自都染上了诗人特定的情绪色彩,正如王国维所说的"一切景语皆情语也"。

不少诗作看起来纯然模山范水,其实不然。例如杜甫的《绝句》:"两个黄鹂鸣翠柳,一行白鹭上青天。窗含西岭千秋雪,门泊东吴万里船。"这首诗摄入了黄鹂、翠柳、白鹭、青天、远山、白雪、江水、泊船等物象,通过"鸣""上""含""泊"这几个关键的动词,使所有的物象都获得了"生命",成为一种动态化、形象化的呈现,使人感受到自然的美好、春天的明丽、生命的欢欣,感受到诗人内心的宁静和胸襟的开阔。"言有尽而意无穷",诗人在诗中所表现出来的"象外之象""言外之意"隽永蕴藉,令人寻绎,也是在抒情。

村　行

[宋] 王禹偁

马穿山径菊初黄，信马悠悠野兴长。
万壑(hè)有声含晚籁，数峰无语立斜阳。
棠梨叶落胭脂色，荞麦花开白雪香。
何事吟余忽惆怅？村桥原树似吾乡。

诗文翻译

马儿穿行在山路上，菊花已经微微变黄，任由马匹自由地行走着兴致格外悠长。

千万的山谷回荡着声响，静静聆听夜晚，看默默无语伫立在夕阳下的数座山峰。

棠梨的落叶好似胭脂般颜色红艳，香气扑鼻的荞麦花洁白得如同雪一般。

是什么让我在吟诗时突然觉得很惆怅？原来乡村的小桥像极了我的家乡！

诗文赏析

《村行》是一首七言律诗，是王禹偁在宋太宗淳化二年(991)被贬为商州团练副使时写的。写的是山村的傍晚景色，季节是秋天。诗中的内容大概是说诗人骑在马上，安闲地欣赏着，沿途的风光，听黄昏时山谷的声响。

作者在欣赏风景、吟咏诗歌的时候，突然发现眼前村庄里的小桥和原野上的树木，与自己故乡地十分相似，因而产生了思乡的愁绪。

诗中首先细致地描写了秋天的景色，然后再借眼前村庄里的小桥和原野上的树木，以触景生情的写作手法，表达了作者对农村的喜爱和家乡的怀念，这种触景生情的写作方法，是先描写眼前的景物，接着抒发自己因这些景物而产生的思想感情，这样能令全文结构更有条理，而且能引起读者的阅读兴趣。

这首诗的首段是写作者骑着马，欣赏秋天的风景，本是一件乐事，但后来却因为看见小桥和树木，想起故乡，这样能使诗中的首段和末段作出对比，使读者更能体会到作者对家乡的怀念。

"数峰无语立斜阳"是本诗广为传诵的名句。钱锺书先生《宋诗选注》："按逻辑说来，'反'包含先有'正'，否定命题总预先假设着肯定命题。诗人常常运用这个道理。山峰本来是不能语而'无语'的，王禹偁说它们'无语'或如龚自珍《己亥杂诗》说的'送我摇鞭竟东去，此山不语看中原'，并不违反事实；但是同时也仿佛表示它们原先能语、有语、欲语而此刻忽然'无语'。这样，'数峰无语''此山不语'才不是一句不消说得的废话。……改用正面的说法，例如'数峰毕静'，就削减了意味，除非那种正面字眼强烈暗示山峰也有生命或心灵，像李商隐《楚宫》：'暮雨自归山悄悄。'"

这首《村行》是北宋王禹偁即景抒情小诗中的代表作之一。开头两句，交代了时、地、人、事。时令是秋季，这是以"菊初黄"间接交代的；地点是山间小路，这是以"山径"直接点明的；人物是作者本人，这是从诗的结句中的"吾"字而得出的结论；事情是作者骑马穿山间小路而行，领略山野旖旎的风光，这是从诗行里透露出来的消息。这两句重在突出作者悠然的神态、浓厚的游兴。

三、四两句分别从听觉与视觉方面下笔。前句写傍晚秋声万壑起，这是耳闻；后句写数峰默默伫立在夕阳里，这是目睹。这里，"有声"与"无语"两种截然不同的境界相映成趣，越发显示出山村傍晚的沉寂。尤其值得一提的是："数峰"句写数峰宁静，不从正面着墨，而从反面出之，读来饶有情趣。

五、六两句进一步描写山村原野的景色，作者选择了"棠梨"与"荞麦"这两种具有秋日山村特征的事物来加以描绘,用"胭脂"和"白雪"分别比喻"棠梨叶落"的红色与"荞麦花开"的白色,把山村原野写得色彩斑斓,可谓有声有色有香。

读完这六句诗,我们自然会产生这样一种感觉:在那菊花初黄的时节,人到中年的诗人骑着马在山间小路穿行,他神态悠然,任凭马儿随意行走,尽兴地观赏着秋日黄昏山野的景色:时而倾听着回荡在众山沟里的秋声,时而观看默默无语伫立在夕阳下的数座山峰,时而又将视线投向那红似胭脂的棠梨落叶与洁白如雪的荞麦花……

作者在这六句诗里为我们描绘了一幅色彩斑斓、富有诗意的秋日山村晚晴图,较好地体现了宋人"以画入诗"的特点。

诗的最后两句由写景转入抒情。前句设问,写诗人在吟诗之后不知为什么忽然感到闷闷不乐;后句作答,原来是诗人因蓦然发现村桥原野上的树像他故乡的景物而产生了思乡之情。这样写,就使上文的景物描写有了着落,传神地反映出了作者的心情由悠然至怅然的变化,拓深了诗意。

总之,《村行》这首诗以村行为线索,以多彩之笔逼真地描绘了山野迷人的景色,以含蓄的诗语真切地抒发了诗人拳拳思乡之情。诗中,写景与抒情相结合,写景是为抒情打伏笔,抒情是为写景作结的。诗人的心情由悠然至怅然的变化过程,正从这"两结合"中传神地反映了出来。这是一首风物如画的秋景诗,也是一支婉转动人的思乡曲。从中,可窥见王诗简淡清新诗风之一斑。

望江南·超然台作

[宋] 苏 轼

春未老,风细柳斜斜。试上超然台上看,半壕春水一城花。烟雨暗千家。

寒食后,酒醒却咨嗟。休对故人思故国,且将新火试新茶。诗酒趁年华。

诗文翻译

春天还没有过去,杨柳在和煦的春风中飘荡。登上超然台眺望,只见半沟护城河的春水,满城的春花,烟雨笼罩着千家万户。

寒食过后,酒醒反而因思乡而叹息,只得自我安慰:不要在老朋友面前思念故乡了,姑且用新火来烹煮新茶,趁着时光未老,借吟诗饮酒来自得其乐吧。

诗文赏析

宋神宗熙宁七年(1074)秋,苏轼由杭州移守密州(今山东诸城)。次年八月,他命人修葺城北旧台,并由其弟苏辙题名"超然",取《老子》"虽有荣观,燕处超然"之义。熙宁九年(1076)暮春,苏轼登超然台,眺望春色烟雨,触动乡思,写下了此作。这首豪迈与婉约相兼的词,通过春日景象和作者感情、神态的复杂变化,表达了词人豁达超脱的襟怀和"用之则行,舍之则藏"的人生态度。词的上阕写登台时所见暮春时节的郊外景色。

首句以春柳在春风中的姿态——"风细柳斜斜",点明当时的季节特征:春已暮而未老。"试上"二句,直说登临远眺,而"半壕春水一城花",在句中设对,以春水、春花,将眼前图景铺排开来。然后,以"烟雨暗千家"作结,居高临下,说烟雨笼罩着千家万户。于是,满城风光,尽收眼底。作者写景,注意色彩上的强烈对比作用,把春日里不同时空的色彩变幻,用明暗相衬的手法传神地传达出来。

下阕写情,乃触景生情,与上阕所写之景,关系紧密。"寒食后,酒醒却咨嗟",进一步将登临的时间点明。寒食,在清明前二日,相传为纪念介子推,从这一天起,禁火三天;寒食过后,重新点火,称为"新火"。此处点明"寒食后",一是说,寒食过后,可以另起"新火",二是说,寒食过后,正是清明节,应当返乡扫墓。但是,此时却欲归而归不得。以上两句,词情荡漾,曲折有致,寄寓了作者对故国、故人思念之情。"休对故人思故国,且将新火试新茶"写作者为摆脱思乡之苦,借煮茶来作为对故国思念之情的自我排遣,既隐含着词人难以解脱的苦闷,又表达出词人解脱苦闷的自我心理调适。

"诗酒趁年华",进一步申明:必须超然物外,忘却尘世间一切,而抓紧时机,借诗酒以自娱。"年华",指好时光,与开头所说"春未老"相应合。全词所写,紧紧围绕着"超然"二字,至此,进入了"超然"的最高境界。这一境界,便是苏轼在密州时期心境与词境的具体体现。

这首词情由景发,情景交融。词中浑然一体的斜柳、楼台、春水、城花、烟雨等暮春景象,以及烧新火、试新茶的细节,细腻、生动地表现了作者细微而复杂的内心活动,表达了游子炽烈的思乡之情。将写异乡之景与抒思乡之情结合得如此天衣无缝,足见作者艺术功力之深。

这首词上阕写景,下阕抒情,是典型的借景抒情。上阕之景,有"以乐景衬哀情"的成分,寄寓作者对有家难回、有志难酬的无奈与怅惘。更重要的是,整首词表达思乡的感情,作者以茶聊以慰藉尤其突出。

望洞庭湖赠张丞相①

[唐] 孟浩然

八月湖水平,涵(hán)虚混太清②。
气蒸云梦泽③,波撼岳阳城④。
欲济⑤无舟楫,端居⑥耻圣明⑦。
坐观垂钓者,徒有羡鱼情⑧。

诗文注释

①选自《孟襄阳集》(《孟浩然集》),一作《临洞庭湖赠张丞相》。张丞相(678—740),即张九龄,时任丞相,同时也是诗人,字子寿,一名博物,韶州曲江(今属广东)人。孟浩然(689—740),唐代诗人,襄阳(今湖北襄樊)人。

②涵虚混太清:水映天空,与天混同,形容湖水与天空浑然一体。涵虚,包含天空,指天倒映在水中。太清,天空。

③云梦泽:古代大湖,在湖北省长江南北两侧,江南为梦,江北为云,后世大部分淤成陆地。今属江汉平原及周边一带。

④岳阳城:今湖南岳阳市,在洞庭湖东岸。

⑤济:渡河。

⑥端居:平常居处,闲居,指闲居不仕。

⑦耻圣明:有愧于圣明之世。

⑧坐观垂钓者,徒有羡鱼情:眼睁睁地看着别的钓鱼的人,自己心里也想得到鱼,却又苦于没有渔具,空存想望。这里比喻想做官而没有途径。坐观,坐视,旁观。徒,白白地。羡鱼情,想得到鱼的愿望。出自《淮南子·说林训》:"临河羡鱼,不如退而织网。"意思是说有理想,就要采取实际行动。

诗文翻译

仲夏八月的时节,洞庭湖的湖水都快和堤岸齐平了,湖水涵容着天空,水天相接浑然一体。湖上蒸腾的雾气笼罩着云梦泽，汹涌的波涛冲击着岳阳城。想要渡湖却没有船只，生在太平盛世，却闲居在家，因此感到羞愧。坐着看垂钓的人，只能白白地产生羡鱼之情了。

诗文赏析

张丞相即张九龄，也是著名的诗人，官至中书令，为人正直。孟浩然想进入政界，实现自己的理想，希望有人能给予引荐。他在入京应试之前写这首诗给张九龄，就含有这层意思。

诗的前四句写洞庭湖壮丽的景象和磅礴的气势，后四句是借此抒发自己的政治热情和希望。

开头两句交代了时间，写出了浩瀚的湖水。湖水和天空浑然一体，景象是阔大的。"涵"，有包含的意思。"虚"，指高空。高空为水所包含，即天倒映在水里。"太清"指天空，"混太清"即水天相接。这两句是写站在湖边，远眺湖面的景色。三、四两句继续写湖的广阔，但目光又由远而近，从湖面写到湖中倒映的景物：笼罩在湖上的水汽蒸腾，吞没了云、梦二泽，"云梦"是古代两个湖泽的名称，据说云泽在江北，梦泽在江南，后来大部分都淤成陆地。"撼"，摇动（动词，生动形象）。"岳阳城"，在洞庭湖东北岸，即今湖南岳阳市。西南风起时，波涛奔腾，涌向东北岸，好像要摇动岳阳城似的。"气蒸云梦泽，波撼岳阳城"（有的版本作"气吞云梦泽"），读到这里很自然地会联想起王维的诗句："郡邑浮前浦，波澜动远空。"整个城市都漂浮在水面上，微风吹起层层波澜，遥远的天空都在水中晃动。它们真有异曲同工之妙。

面对浩瀚的洞庭湖，自己意欲横渡，可是没有船只；生活在圣明的时世，应当贡献出自己的力量，但没有人推荐，也只好在家闲居，这实在有愧于这样的好时代。言外之意希望对方予以引荐。"济"，渡的意思。"楫"，船上的桨，这里也是借指船。"端居"，闲居；"圣明"，圣明之时，这里指太平时代。最后两句，说自己坐在湖边观看那些垂竿钓鱼的人，却白白地产生羡慕之情。古代俗语说，"临渊羡鱼，不如退而结网。"诗人借了这句谚语来暗喻自己有出来作一番事业的愿望，只怕没有人引荐，所以这里说"徒有"。希望对方帮助的心情是在字里行间

自然流露出来的。

干谒诗是时代和历史相互作用的产物，一方面，士子们以之铺垫晋升的台阶，因而言词颇多限制，作起来往往竭尽才思；另一方面，由于阅读对象或为高官显贵、或为社会贤达，干谒诗大多表现出含蓄的美学特征，作者也常以比喻为之。

这是一首干谒诗。唐玄宗开元二十一年（733），孟浩然西游长安，写了这首诗赠当时在相位的张九龄，目的是想得到张的赏识和录用，只是为了保持一点身份，才写得那样委婉，极力泯灭那干谒的痕迹。

秋水盛涨，八月的洞庭湖装得满满的，和岸上几乎平接。远远望去，水天一色，洞庭湖和天空接合成了完完整整的一块。开头两句，写得洞庭湖极开朗也极涵浑，汪洋浩阔，与天相接，润泽着千花万树，容纳了大大小小的河流。

三、四句实写湖。"气蒸"句写出湖的丰厚的蓄积，仿佛广大的沼泽地带，都受到湖的滋养哺育，才显得那样草木繁茂，郁郁苍苍。而"波撼"两字放在"岳阳城"上，衬托湖的澎湃动荡，也极为有力。人们眼中的这一座湖滨城，好像瑟缩不安地匍匐在它的脚下，变得异常渺小了。这两句被称为描写洞庭湖的名句。但两句仍有区别：上句用宽广的平面衬托湖的浩阔，下句用窄小的立体来反映湖的声势。诗人笔下的洞庭湖不仅广大，还充满活力。

下面四句，转入抒情。"欲济无舟楫"，是从眼前景物触发出来的，诗人面对浩浩的湖水，想到自己还是在野之身，要找出路却没有人接引，正如想渡过湖去却没有船只一样。对方原是丞相，"舟楫"这个典用得极为得体。"端居耻圣明"，是说在这个"圣明"的太平盛世，自己不甘心闲居无事，要出来做一番事业。这两句是正式向张丞相表白心事，说明自己目前虽然是个隐士，可是并非本愿，出仕求官还是心焉向往的，不过还找不到门路而已。于是下面再进一步，向张丞相发出呼吁。"垂钓者"暗指当朝执政的人物，其实是专就张丞相而言。这最后两句，意思是说：执政的张大人啊，您能出来主持国政，我是十分钦佩的，不过我是在野之身，不能追随左右，替你效力，只有徒然表示钦羡之情罢了。这几句话，诗人巧妙地运用了"临渊羡鱼，不如退而结网"（《淮南子·说林训》）的古语，另翻新意；而且

"垂钓"也正好同"湖水"照应,因此不大露出痕迹,但是他要求援引的心情是不难体味的。

作为干谒诗,最重要的是要写得得体,称颂对方要有分寸,不失身份。措辞要不卑不亢,不露寒乞相,才是第一等文字。这首诗委婉含蓄,不落俗套,艺术上自有特色。

《望洞庭湖赠张丞相》,是一首述怀诗,写得很委婉。在唐代,门阀制度是很森严的,一般的知识分子很难得有机会登上政治舞台。要想在政治上寻找出路,知识分子须向有权有势的达官贵人求助,写些诗文呈送上去,希望得到赏识,引荐提拔。公元733年,孟浩然西游长安,时值张九龄出任朝廷丞相,便写了这首诗赠给张九龄,希望他给予帮助。但由于诗人顾虑多、爱面子,想做官又不肯直说,所以只好委婉地表达自己的愿望。这种苦闷的心情,是不难领会的。

这首诗的艺术特点,是把写景同抒情有机地结合在一起,触景生情,情在景中。诗的前四句,描写洞庭湖的景致。"八月湖水平,涵虚混太清。""涵虚",是天空反映在水中的幻景。"太清",就是天空。这两句的意思是说:"到了中秋时节,洞庭湖里的水盛涨起来,与湖岸平齐了,一眼看云,只见湖山相映,水天一色,浑然成为一体,美丽极了。"气蒸云梦泽,波撼岳阳城。"在这浩瀚的湖面和云梦泽上,水汽蒸腾,涛声轰鸣,使坐落在湖滨的岳阳城都受到了震撼。这四句诗,把洞庭湖的景致写得有声有色,生气勃勃。这样写景,衬托出诗人积极进取的精神状态,暗喻诗人正当年富力强,愿为国家效力,做一番事业。这是写景的妙用。

诗人借洞庭湖有感,婉转地向张九龄表明了自己愿为国效力的心愿。前四句描绘洞庭湖的壮观景象,后四句抒写诗人渴望得到对方援引的心情。"气蒸云梦泽,波撼岳阳城"二句,笔力千钧,备受后人赞赏。

绝　句

［唐］杜　甫

江碧鸟逾白,
山青花欲燃。
今春看又过,
何日是归年?

诗文翻译

江水碧绿水鸟的白翎显得更加洁白,
山峰青翠映衬得花儿像燃烧的火一样红。
今年的春天眼看又过去了,
不知什么时候才是我回家的日子。

诗文赏析

"江碧鸟逾白,山青花欲燃",这是一幅镶嵌在镜框里的风景画,濡饱墨于纸面,施浓彩于图中,有令人目迷神夺的魅力。漫江碧波荡漾,显露出白翎的水鸟,掠翅江面,一派怡人的风光。满山青翠欲滴,遍布的朵朵鲜花红艳无比,简直就像燃烧着一团旺火,十分绮靡,十分灿烂。以江碧衬鸟翎的白,碧白相映生辉;以山青衬花葩的红,青红互为竞丽。一个"逾"字,将水鸟借江水的碧色衬底而愈显其翎毛之白,写得深中画理;而一个"欲"字,则在拟人化中赋花朵以动态,摇曳多姿。两句诗状江、山、花、鸟四景,并分别敷碧绿、青葱、火红、洁白四色,运用色彩映衬,使得景象清新美好,令人赏心悦目。可是,诗人的旨意却不在此,紧接下去,笔路陡转,慨而叹之。

"今春看又过，何日是归年?"句中"看又过"三字直点写诗时节。春末夏初景色不可谓不美，然而可惜岁月荏苒，归期遥遥，非但引不起游玩的兴致，却反而勾起了漂泊的感伤。诗人借乐景抒发思乡之哀情。

长相思①

[清]　纳兰性德

山一程，水一程，身向榆关那畔行，②夜深千帐灯。风一更，雪一更，聒③碎乡心梦不成，故园无此声。

诗文注释

①长相思：词牌名，此词牌原先系唐代教坊曲名，始见《全唐诗》。双调，三十六字，三平韵，一叠韵为正体。又名"山渐青""吴山青""长相思令""长思仙""青山相送迎""相思令""越山青""忆多娇""双红豆"。仄韵者名"叶落秋窗"。

②"身向"句：榆关，山海关。那畔，那边。谓此时正向关外行进。

③聒(guō)：吵闹之声。

诗文赏析

康熙二十一年(1682)二月十五日，纳兰性德随从康熙帝诣永陵、福陵、昭陵告祭，二十三日出山海关，此篇及《如梦令·万丈穹庐人醉》即作于出关前后的途中。

清初词人于小令每多新创意境。这首《长相思》以具体的时空推移过程，及视听感受，既表现景象的宏阔观感，更抒露着情思深苦的绵长心境，是即小见大的佳作。上阕在"一程"又"一程"的复叠吟哦中，展示出与家园的空间阻隔不断地随着时间的推移而严重增大，空间感与乡情构成尖锐冲突。正在这种行进方向和心绪逆反背离中驻营夜宿，"夜深千帐灯"，似是壮伟景观，实乃情心深苦之写。白日行军，跋涉山水，到夜深时仍灯火通明，难入梦乡，这是因思乡而失眠。于是转入下阕乡情思恋之笔。"一更"又"一更"地重叠复沓，于

听风听雪的感觉中推移着时间过程，时间感知于乡情的空间阻隔而心烦意乱，怨夜太长。说"聒碎乡心梦不成"，其实是作者乡心聒碎梦难成，情苦不寐，只觉得风声雪声，声声扣击人心窝，难以承受。在"乡园"时是不会有这种令人痛苦的声响的。将主观因素推诿客观，语似平淡，意更深沉。此类迁怒归咎于风雪声写法，心理情态能充分表现出来。看似无理，反见情痴，愈是无理之怨，其怨愈显沉重。叠句和数字"一""千"的运用强化着视、听觉感受中的焦虑、怨怼、幽苦，亦是此词值得辨味的佳处。纳兰性德身为一等侍卫，却极厌烦"扈从"公差，于是构成传统羁旅题材的又一种类型。

蔡嵩云《柯亭词论》评价说："纳兰小词，丰神迥绝。""尤工写塞外荒寒之景，殆擅从时所身历，故言之亲切如此。"这就是说由于纳兰性德身历此情此景，故其笔下的塞外风光更为亲切感人。王国维说："'明月照积雪''大江流日夜''中天悬明月''长河落日圆'，此中境界，可谓千古壮观，求之于词，唯纳兰性德塞上之作，如《长相思》之'夜深千帐灯'，《如梦令》之'万帐穹庐人醉，星影摇摇欲坠'差近之。"点到了此篇独到之处，盛赞它的"千古壮观"。严迪昌在《清词史》中说："'夜深千帐灯'是壮丽的，但千帐灯下照着无眠的万颗乡心，又是怎样情味?一暖一寒，两相对照，写尽了一己厌于扈从的情怀。"是说此种况味，此种情调表现了纳兰性德深层的伤感、痛苦的内心世界。

参考资料

[1] 刘菊清. 高考热考写景抒情诗词——2009年高考古诗词备考方略谈[J]. 阅读与鉴赏，2009(2).

[2] 中学语文创新教学设计案例汇编（七）. 北京：学苑音像出版社，2005.

[3] 李梦生. 宋诗三百首全解[M]. 上海：复旦大学出版社，2007.

[4] 缪钺等. 宋诗鉴赏辞典[M]. 上海：上海辞书出版社，1987.

[5] 李静等. 唐诗宋词鉴赏大全集[M]. 北京：华文出版社，2009.

[6] 唐圭璋等. 唐宋词鉴赏辞典[M]. 上海：上海辞书出版社，1988.

[7] 于海娣等. 唐诗鉴赏大全集[M]. 北京：中国华侨出版社，2010.

[8] 萧涤非等. 唐诗鉴赏辞典[M]. 上海：上海辞书出版社，1983.

[9] 丁成泉，唐玲玲，田蕙兰，黄济华. 古今诗粹[M]. 北京：教育出版社，1985.

[10] 唐志宏，吴永梅. 纳兰性德《长相思》赏读[J]. 语文知识，2006(2).

"黯然销魂者,惟别而已"——送别诗

送别诗思想内容常见专业术语:
1. 依依惜别的留恋
2. 情深意长的劝勉
3. 坦诚自己的心志
4. 表达潇洒豁达的人生态度

古时候由于交通不便,通信极不发达,亲人朋友之间往往一别数载难以相见,所以古人特别看重离别。离别之际,人们往往设酒钱别,折柳相送,有时还要吟诗话别,因此离情别绪就成为古代文人吟咏的一个永恒的主题。

送别诗一般是按时间、地点来描写景物,表达离愁别绪,从而体现作者的思想感情。送别诗中常用的意象有长亭、杨柳、夕阳、酒、秋等。诗歌题目往往有"赠、别、送"等字眼。送别内容有写夫妻之别、亲人之别、友人之别,也有写同僚之别,甚至写匆匆过客之别。所用的手法常常是直抒胸臆或借景抒情。其艺术特点,有的格调豪放旷达,有的委婉含蓄,有的词浅情深。

"黯然销魂者,惟别而已。"(江淹《别赋》)作为至情至性的诗人,面临与挚友分别时,心中会产生一种不吐不快的激情。因此,在中国诗坛上,送别诗一直是诗家的重要题材。

赠友送别诗主要为抒写离别之情。考察其抒情方式,有直接抒情与间接抒情两种方式。

一、直接抒情的,如唐诗人高适意境高远的七绝《别董大》:

千里黄云白日曛,北风吹雁雪纷纷。
莫愁前路无知己,天下谁人不识君。

诗的前两句以粗犷笔调和白描手法,绘出一幅北国寒冬图:日暮黄昏,大雪纷飞,于北风狂吹中,唯见遥空断雁,出没寒云,使人难禁日暮天寒、游子何之之感。以才人而沦落至此,几使人无泪可下,亦唯如此,故知己不能为之开心。这两句以叙景而见内心之郁积,虽不涉人事,已使人如置身于风雪之中,似闻山巅水涯有壮士长啸。联系上下文,可

知诗人友情之深挚,别意之凄酸。

接着,作者以豪迈的气势,开朗的胸襟,叙写离情,激励友人,于一般的凄清缠绵、低徊流连、悲凉伤感的情调之外,创造了一种慷慨悲歌的风格,以它的真诚情谊和坚强信念为灞桥柳色和渭城风雨涂上了另一种豪放健美的色彩。

二、间接抒情的,又有多种形式。

1. 以喻显情的,如李白景象宏阔、别情深挚的七绝《黄鹤楼送孟浩然之广陵》:

故人西辞黄鹤楼,烟花三月下扬州。
孤帆远影碧空尽,唯见长江天际流。

诗的后两句看起来是写景,但在写景中又包含了一个充满诗意的细节。李白一直把朋友送上船,船已经扬帆远去,而他还在江边目送远去的风帆,直到帆影消失在碧空的尽头,可见目送时间之长。帆影已经消失了,而李白还在凝望,这才注意到一江春水在浩浩荡荡地流向水天交接之处。"唯见长江天际流",是眼前景象,可是谁又能说是单纯写景呢?李白的向往,李白对朋友的一片深情,不正体现在这富有诗意的神驰目注之中吗?诗人的心潮起伏,不正像浩浩东去的一江春水吗?

2. 借酒抒情的,如王维构思精巧、语言新鲜的七绝《送元二使安西》(又作《阳关曲》《渭城曲》《阳关三叠》):

渭城朝雨浥轻尘,客舍青青柳色新。
劝君更尽一杯酒,西出阳关无故人。

这首诗在交代了送别时间、地点和环境气氛后,对如何设宴钱别,宴席上如何频频举杯、殷切话别,以及启程时如何依依不舍,登程后如何瞩目遥望等等一概舍去,只剪取宴会即将结束时对主人的

劝酒辞。诗人像高明的摄影师,摄下了最富表现力的镜头和场面。宴席进行了很长一段时间,酿满别情的酒已喝过三巡,殷勤告别的话已说过多次,朋友上路的时刻终于不能不到来,主客之间惜别之情在这一刻都到了顶点,主人这一句似乎脱口而出的劝酒辞就是此刻强烈、深挚的惜别之情的集中体现。这种安排,很好地写出了送别的深情。

3. 借物衬情的,如杜牧坦率真挚、留恋缠绵的七绝《赠别二首(其二)》:

  多情却似总无情,唯觉樽前笑不成。

  蜡烛有心还惜别,替人垂泪到天明。

诗三、四两句描写别情,作者没有正面表现,而是撇开自己,去写告别宴会上那燃烧的蜡烛,借物抒情。诗人常带着感伤的心情去看周围的世界。于是眼中的一切都带上了感伤的色彩。在诗人的眼里,蜡烛的烛芯变成了"惜别"之心,蜡烛拟人化了。它那彻夜流溢的烛泪,就是在为男女主人公离

别而伤心。结句的"到天明"点出了告别宴饮时间之长,从侧面表现了诗人不忍分离的笃挚感情。

4. 借景抒情的,如唐诗人刘长卿虚处藏神、用笔神妙的五绝《送灵澈上人》:

  苍苍竹林寺,杳杳钟声晚。

  荷笠带夕阳,青山独归远。

精美如画,是这首诗的明显特点。但这幅画不仅以画面上的山水、人物动人,而且凭画外的诗人自我形象令人回味不尽。那寺院传来的声声暮钟,触动诗人的思绪;这青山独归的灵澈背影,勾惹诗人的归意。耳闻而目送,心思而神往,正是隐藏在画外的诗人形象。他深情,但不为离别感伤,而由于同怀淡泊;他沉思,也不为僧儒殊途,而由于趋归意同。也就是说,这首送别诗的主旨在于寄托着、也表露出诗人不遇而闲适,失意而淡泊的情怀,因而构成了一种闲淡的意境。此诗如画,其成功的原因亦如画,景色的优美正由于抒情的精湛。

送杜少府之任蜀州①

[唐] 王 勃

城阙②辅③三秦④,风烟望五津⑤。

与君离别意,同是宦游⑥人。

海内⑦存知己,天涯⑧若比邻⑨。

无为⑩在歧路⑪,儿女共沾巾⑫。

诗文注释

①本文选自《王子安集》(《四部丛刊》本)。少府:官名。之:到,往。蜀州:现在四川崇州,也作蜀川。

②城阙(què):帝王居住的城,这里指唐朝的京城长安。阙,原意是官门前的望楼。

③辅:以……为辅,这里是拱卫的意思。

④秦:这里泛指秦岭以北、函谷关以西的广大地区。本指长安周围的关中地区。秦亡后,项羽三分秦故地关中,以封秦朝三个降将,因此关中又称"三秦"。

⑤风烟望五津:"风烟"两字名词用作状语,表示行为的处所,译为:在风烟中。全句的意思是在风烟迷茫之中,遥望蜀州。五津:指岷江的五个渡口白华津、万里津、江首津、涉头津、江南津。这里泛指蜀川。

⑥宦(huàn)游:出外做官。

⑦海内:四海之内,即全国各地。古人认为陆地的四周都为大海所包围,所以称天下为四海之内。

⑧天涯:天边,这里比喻极远的地方。

⑨比邻:并邻,近邻。

⑩无为:不要。

⑪歧路：岔路。古人送行常在大路分岔处告别。

⑫沾巾：泪水沾湿衣服。意思是挥泪告别。

诗文翻译

古代三秦之地，拱护长安城垣宫阙。风烟滚滚，望不到蜀州岷江的五津。与你握手作别时，彼此间心心相印；你我都是远离故乡，出外做官之人。四海之内只要有了你，知己啊知己，不管远隔在天涯海角，都像在一起。请别在分手的歧路上，伤心地痛哭；像多情的少年男女，彼此泪落沾衣。

诗文赏析

该诗是送别诗的名作，诗意慰勉勿在离别之时悲哀。起句严整对仗，三、四句以散调相承，以实转虚，文情跌宕。第三联"海内存知己，天涯若比邻"，奇峰突起，高度地概括了"友情深厚，江山难阻"的情景，千古传诵，有口皆碑。尾联点出"送"的主题。

全诗开合顿挫，气脉流通，意境旷达。一洗古送别诗中的悲凉凄怆之气，音调爽朗，清新高远，独树碑石。

此诗一洗往昔送别诗中悲苦缠绵之态，体现出高远的志趣和旷达的胸怀。"海内存知己，天涯若比邻"两句，成为远隔千山万水的朋友之间表达深厚情谊的不朽名句。

"城阙辅三秦，风烟望五津。""阙"，是皇宫前面的望楼；"城阙"，指唐的帝都长安城。"三秦"，指长安附近关中一带地方。秦末项羽曾把这一带地方分为三国，所以后世称它三秦。"辅"，辅佐，这里可以理解为护卫；"辅三秦"，意思是"以三秦为辅"。关中一带的茫茫大野护卫着长安城，这一句说的是送别的地点。"风烟望五津"。"五津"指四川省从灌县以下到犍为一段的岷江五个渡口。远远望去，但见四川一带风尘烟霭苍茫无际。这一句说的是杜少府要去的处所。因为朋友要从长安远赴四川，这两个地方在诗人的感情上自然发生了联系。诗的开头不说离别，只描画出这两个地方的形势和风貌。举目千里，无限依依，送别的情意自在其中了。

诗人身在长安，连三秦之地也难以一眼望尽，至于远在千里之外的五津是根本看不见的。作诗往往超越常人的视力所及，用想象的眼睛看世界，可以置万山于几席，览千春于瞬息。"黄河之水天上来，奔流到海不复回"，从河源直看到东海。"瞿塘峡口曲江头，万里风烟接素秋"，从三峡直看到长安。这首诗运用这种手法，一开头就展开一个壮阔的境界，同一般的送别诗只着眼于燕羽、杨枝、泪痕、酒盏是不相同的。

"与君离别意，同是宦游人。"彼此离别的意味如何？同是为求官漂流在外的人，离乡背井，已有一重别绪，彼此在客居中话别，又多了一重别绪：其中真有无限凄恻。开头两句调子高昂，属对精严，这两句韵味深沉，对偶不求工整，比较疏散。这固然由于当时律诗还没有一套严格的规定，却也有其独到的妙处。开头如千尺悬瀑，从云端奔泻而下，接着便落入深潭，潺潺流来，飞韵清远，形成了一个大的起伏、一个强的跌宕，使人感到矫夭变化，不可端倪。

再接下去，第五、六两句，境界又从狭小转为宏大，情调从凄恻转为豪迈。"海内存知己，天涯若比邻"。远离分不开真正的知己，只要同在四海之内，就是天涯海角也如同近在邻居一样，一秦一蜀又算得什么呢？气象阔达，志趣高远，表现真正的友谊不受时间的限制和空间的阻隔，既是永恒的，也是无所不在的，所抒发的情感是乐观豁达的。

"无为在歧路，儿女共沾巾。"这两行诗贯通起来是一句话，意思是：在这即将分手的岔路口，不要同那小儿女一般挥泪告别啊！是对朋友的叮咛，也是自己情怀的吐露。紧接前两句，于极高峻处忽然又落入舒缓，然后终止。拿乐曲做比方，乐曲的结尾，有的于最激越处戛然而止，有的却要拖一个尾声。这首诗是采用第二种手法结尾的。欣赏古代诗歌，特别是像五律这样既严整又短小的诗歌，不光要吟味它的某些妙句，还要领悟它的章法，它的思路的顿挫、腾跃、变化和发展。文似看山不喜平，诗也如此。

从文学史的角度欣赏这首诗，不难感到它有一股新鲜的气息。初唐是我国古代一个强盛王朝的开端。唐代诗歌在我国文学史上出现了高峰。延续二百年左右的诗歌的大革新、大发展是以初唐为滥觞的。王、杨、卢、骆等当时的诗坛健将是较早出现的开拓者。首先，他们反对唐初那种从六朝承袭下来的浮艳的诗风。杨炯说，王勃"尝以龙朔初岁，文场变体：争构纤微，竞为雕刻；糅之金玉龙凤，乱之朱紫青黄；影带以徇其功，假对以称其美。骨气都尽,刚健不闻,思革其弊,用光志业。"可见他是有意识地改革诗坛的弊病,提倡刚健的诗风的。就拿王勃的这首诗来说,该诗一洗绮丽之习,质朴雄浑,横溢奔放,曾使那时的读者耳目一新。这种诗风尔后就大大发展起来,成为盛唐诗坛的一种主导的风格。其次,他们对新诗体的形成做出了自己的贡献。以五言律诗为例,这种在唐代逐渐成熟和盛行起来的新诗体,在王勃等人的笔下已经开始尝试和形成了。王勃的这首诗,就是一首相当成熟的五言律诗。再读一读王、孟的五律,进而读一读李、杜的五律,就会发现这种新诗体在唐代的发展如大江奔流,一脉相承,而越往前去波澜越壮阔。

一位朋友要远去四川做官,诗人作此诗相赠。全诗先收后放,先说同是宦游之人,同有惜别之意,然后陡然一转,说哪里没有朋友呢,男儿分别,何必哭哭啼啼作儿女态呢? 气势豪迈,意境开阔,尤其是"海内存知己,天涯若比邻"更成为千古名句。这首诗应当说是送别诗的精品。

淮上①与友人别

[唐] 郑 谷

扬子江②头杨柳春,
杨花愁杀渡江人。
数声风笛离亭③晚,
君向潇湘④我向秦⑤。

诗文注释

①淮上:扬州。
②扬子江:长江在江苏镇江、扬州一带的干流,古称扬子江。
③离亭:驿亭。亭是古代路旁供人休息的地方,人们常在此送别,所以称为"离亭"。
④潇湘:指今湖南一带。
⑤秦:指当时的都城长安。在今陕西境内。

诗文翻译

扬子江的岸边杨柳依依,那乱飞的柳絮,愁坏了渡江的游子。晚风阵阵,从驿亭里飘来几声笛声,我们就要离别了,你要去潇水和湘水流经的城镇(今湖南一带),而我要去京城长安。

诗文赏析

晚唐绝句自杜牧、李商隐以后,单纯议论之风渐炽,抒情性、形象性和音乐性都大为减弱。而郑谷的七绝则仍然保持了长于抒情、富于风韵的特点。

一、二两句即景抒情,点醒别离,写得潇洒不着力,读来别具一种天然的风韵。画面很疏朗:扬子江头的渡口,杨柳青青,晚风中,柳丝轻拂,杨花飘荡。岸边停泊着待发的小船,友人即将渡江南去。淡淡几笔,像一幅清新秀雅的水墨画。景中寓情,富于含蕴。依依袅袅的柳丝,牵曳着彼此依依惜别的深情,唤起一种"柳丝长,玉骢难系"的伤离意绪;蒙蒙飘荡的杨花,惹动着双方缭乱不宁的离绪,勾起天涯羁旅的漂泊之感。美好的江头柳色,宜人春光,在这里恰恰成了离情别绪的触媒,所以说"愁杀渡江人"。诗人用淡墨点染景色,用重笔抒写愁绪,初看似不甚协调,细味方感到二者的和谐统一。两句中"扬子江头""杨柳春""杨花"等同音字的有意重复,构成了一种既清爽流利,又循环往复,富于情韵美的风调,使人读来既感到感情的深永,又不显得过于沉重与伤感。次句虽单提"渡江人",但彼此羁旅漂泊,南北乖离,君愁吾亦愁,原是不言自明的。

"数声风笛离亭晚,君向潇湘我向秦。"三、四两句,从江头景色收转到离亭别宴,正面抒写握别时的情景。驿亭宴别,酒酣情浓,席间吹奏起了凄清怨慕的笛曲。即景抒情,所奏的也许正是象征着别离的《折杨柳》吧。这笛声正倾诉出彼此的离衷,使两位即将分手的友人耳接神驰,默默相对,思绪萦绕,随风远扬。离笛声中,天色仿佛不知不觉地暗了下来,握别的时间到了。两位朋友在沉沉暮霭中互道珍重,各奔前程——君向潇湘我向秦。诗到这里,戛然而止。

这首诗的成功,和有这样一个别开生面的富于情韵的结尾有密切关系。表面上看,末句只是交代各自行程的叙述语,既乏寓情于景的描写,也无一唱三叹的抒情,实际上诗的深长韵味恰恰就蕴含在这貌似朴直的不结之结当中。由于前面已通过江头春色、杨花柳丝、离亭宴饯、风笛暮霭等一系列物象情景对离情进行反复渲染,结句的戛然而止,在反激与对照中愈益显出其内涵的丰富。临岐握别的黯然伤魂,各向天涯的无限愁绪,南北异途的深长思念,乃至漫长旅程中的无边寂寞,都在这不言中得到充分的表达。"君""我"对举,"向"字重叠,更使得这句诗增添了咏叹的情味。

清平乐·别来春半

[南唐] 李 煜

别来春半,触目柔肠断。砌下落梅如雪乱,拂了一身还满。雁来音信无凭,路遥归梦难成。离恨恰如春草,更行更远还生。

诗文翻译

离别以来,春天已经过去一半,映入目中的景色掠起愁肠寸断。就像白雪飘飞的阶下落梅一样零乱,把它拂去了又飘洒得一身满满。

鸿雁已经飞回而音信毫无依凭,路途遥远梦中要回去也难成行。离别的愁恨正像春天的野草,越行越远它越是繁盛。

诗文赏析

此词一说系后主乾德四年(966)其弟从善入宋久不得归,因思念而作。如其可信,则上阕不妨可视为就己方落笔,点出春暮及相别时间,那落了一身还满的雪梅正像愁之欲去还来;而下阕可看作由彼方措意,说从善留宋难归,托雁捎信无凭,心中所怀的离恨,就好比越走越远还生的春草那样无边无际。两者相形,倍觉愁肠寸断的凄苦和离恨常伴的幽怨。歇拍两句从动态写出离恨地随人而远,尤显生动,为人所称。劈头一个"别"字,领起全文,揭出肠断之由,发出

怀人之音。"砌下"二句,承"触目"二字而来。"砌下"即阶下;"落梅如雪",一片洁白。白梅为梅花品种之一,花开较晚,故春已过半,犹有花俏。"如雪乱",是说落梅之多。梅白如雪,尽为冷色,画面的冷寂,色调的愁惨,不正是寓示着人生的哀伤、离情的悲凉吗?"乱"字尤语意双关,此时思绪之乱绝不亚于落梅之乱。"拂了一身还满",亦以象征手法表达自己扫不尽的离愁。梅花越落越多,而离愁亦拂去仍来。一笔两到,于婉曲回环中见出情思。这两句,词人巧妙地将感时伤别的抽象之愁绪,与大自然融为一体,构成一个天真纯情的艺术造型。花下久立恋恋不去,落梅如雪,一身洁白,是个深情的怀人形象,境界很高洁,拂了还满,而又洁白如雪,十分纯洁。《花间集》中就难以找到这样的词境和格调。

下阕仍承"别来"二字,加倍写出离愁。古人有雁足传书的故事。"雁来音讯无凭"是说雁来了,信没来;雁归了,而人未归。"路遥归梦难成",从对方难成归梦说起,是深一层的写法。极写离人道途之远,欲归未能。信亦无,梦亦无,剩下的只有情天长恨了,于是逼出结尾两句:"离恨恰如春草,更行更

远还生。"把怀人的情思比作远连天边的春草，正在不断地繁衍滋生。《楚辞·招隐士》云："王孙游兮不归，春草生兮萋萋。"乐府《相和歌辞·饮马长城窟行》云："青青河畔草，绵绵思远道。"白居易《赋得古原草送别》则有："野火烧不尽，春风吹又生。远芳侵古道，晴翠接荒城。"诗家习惯用春草以赋离情。李煜则用以入词，用了"更行""更远""还生"三个简短的词句，将复迭和层递等修辞手法交织于一句，以春草的随处生长比离恨的绵绵不尽，委婉，深沉，余思不尽。"春草"既是喻象，又是景象，更是心象。随着它的"更行更远"，向天涯之尽头，拓开了人的视野和时空的距离。人走得愈远，空间的距离拉得愈大，春草也就蔓延得更多，直至视野尽处那一片虚化了的、模糊了的空间。词人的满腔离愁别绪，也随之化入了漫漫大气，离情之深，无可言状了。这种虚实相生的手法，使形象化入漫漫时空，促人深思联想，与《虞美人》中"问君能有几多愁？恰似一江春水向东流"句，有异曲同工之妙。秦少游《八六子》词所写的"倚危亭，恨如芳草，萋萋划尽还生"，就是化用李煜此词。

送 李 端

[唐] 卢 纶

故关衰草遍，离别自堪悲①。
路出寒云外，人归暮雪时②。
少孤为客早，多难识君迟③。
掩泪空相向，风尘何处期④。

诗文注释

①故关：故乡。衰草：冬草枯黄，故曰衰草。
②"路出"句：意为李端欲去的路伸向云天外，写其道路遥远漫长。
③少孤：少年丧父、丧母或父母双亡。
④风尘：指社会动乱。此句意为在动乱年代，不知后会何期。

诗文翻译

故乡遍地都是衰败的枯草，咱们分别了多么叫人伤悲！你踏上去路远在寒云之外，送你归来正遇上暮雪纷飞。少年丧亲过早地漂泊异土，多难时相交怅恨识君太迟。空朝你去的方向掩面而泣，世事纷繁再相见不知何时。

诗文赏析

这是一首感人至深的诗章。卢纶、李端同列"大历十才子"，离乱伤别，故人情深。此诗以一个"悲"字贯串全篇。

首联写送别的环境气氛，从衰草落笔，时令当在严冬。郊外枯萎的野草，正迎着寒风抖动，四野苍茫，一片凄凉的景象。在这样的环境中送别故人，自然大大加重了离愁别绪。"离别自堪悲"这一句写来平直、刻露，但由于是紧承上句脱口而出的，应接自然，故并不给人以平淡之感，相反倒是为此诗定下了深沉感伤的基调，起了提挈全篇的作用。

诗的第二联写送别的情景，仍紧扣"悲"字。"路出寒云外"，故人沿着这条路渐渐远离而去，由于阴云密布，天幕低垂，依稀望去，这路好像伸出寒云之外一般。这里写的是送别之景，但融入了浓重的依依难舍的惜别之情。这一笔是情藏景中。"寒云"二字，下笔沉重，给人以无限阴冷和重压的感觉，对主客别离时的悲凉心境起了有力的烘托作用。友人终于远行了，留在这旷野里的只剩诗人自己,孤寂之感自然有增无减。偏偏这时,天又下起雪来了,郊原茫茫,暮雪霏霏,诗人再也不能久留了,只得回转身来,挪动着沉重的步子,默默地踏上风雪归途。这一句紧承上句而来,处处与上句照应,如"人归"照应"路出","暮雪"照应"寒云",发展自然,色调和谐,与上句一起构成一幅完整的严冬送别图,于淡雅中见出沉郁。

第三联回忆往事,感叹身世,还是没离开这个"悲"字。诗人送走了故人,思绪万千,百感交集,不禁产生抚今追昔的情怀。"少孤为客早,多难识君迟"是全诗情绪凝聚的警句。人生少孤已属极大不幸,何况又因天宝末年动乱,自己远役他乡,饱经漂泊困厄,而绝少知音呢。这两句不仅感伤个人的身世飘零,而且从侧面反映出时代动乱和人们在动乱中漂流不定的生活,感情沉郁,显出了这首诗与大历诗人其他赠别之作的重要区别。诗人把送别之意,落实到"识君迟"上,将惜别和感世、伤怀融合在一起,形成了全诗思想感情发展的高潮。在写法上,这一联两句,反复咏叹,词切情真。"早""迟"二字,配搭恰当,音节和谐,前急后缓,顿挫有致,读之给人以悲凉回荡之感。

第四联收束全诗,仍归结到"悲"字。诗人在经历了难堪的送别场面,回忆起不胜伤怀的往事之后,越发觉得对友人依依难舍,不禁又回过头来,遥望远方,掩面而泣;然而友人毕竟是望不见了,掩面而泣也是徒然,唯一的希望是下次早日相会。但世事纷争,风尘扰攘,不知何时才能相会。"掩泪空相

向",总汇了以上抒写的凄凉之情;"风尘何处期",将笔锋转向预卜未来,写出了感情上的余波。这样作结,是很直率而又很有回味的。

参考资料

[1] 曹保平. 中国古典诗词分类赏析[M]. 海拉尔:内蒙古文化出版社,1999.

[2] 林隆载. 赠别诗词鉴赏要诀[J]. 福建教育,2003(4).

[3] 田蕊. 唐代离别诗的意象研究[D]. 延边大学,2010.

[4] 傅德岷,卢晋主编. 中华诗词名句鉴赏辞典[M]. 武汉:湖北辞书出版社,2005.

[5] 戴燕. 历代诗词曲选注[M]. 杭州:浙江文艺出版社,2006.

[6] 萧涤非等. 唐诗鉴赏辞典[M]. 上海:上海辞书出版社,1983.

[7] 黄岳洲. 中国古代文学名篇鉴赏辞典(上卷)[M]. 北京:华语教学出版社,2013.

[8] 雅瑟. 唐诗三百首鉴赏大全集[M]. 北京:新世界出版社,2011.

[9] 张国举. 唐诗精华注译评[M]. 长春:长春出版社,2010.

[10] 东篱子. 李煜词全鉴[M]. 北京:中国纺织出版社有限公司,2019.

[11] 刘旭青.《古诗十九首》为"歌诗"辨[J]. 中国韵文学刊,2005.

"可怜无定河边骨，犹是春闺梦里人"——闺怨诗

所谓思妇闺情诗，指的是以闺中思妇的情怀或愁绪为主要写作内容的诗歌。这些诗歌思想价值不是很高，但在艺术技巧上却很值得我们去探讨。在传统的思妇闺情题材中，又有三种情况。

一、抒发别离苦情

五代词人李璟的《摊破浣溪沙》堪为这方面的代表："菡萏香消翠叶残，西风愁起绿波间。还与韶光共憔悴，不堪看。细雨梦回鸡塞远，小楼吹彻玉笙寒。多少泪珠何限恨，倚栏干。"开篇"菡萏香销翠叶残"一句，所用的名词及术语，传达出了一种深微的感受。"菡萏"就是"荷花"，也称"莲花"，后两个称呼浅近通俗，而"菡萏"则有一种庄严之感。"翠叶"也即"荷叶"，而"翠叶"之"翠"字，则既有翠色之意，又可使人联想到翡翠及翠玉等珍贵之名物，也同样传达出了一种珍美之感。然后于"菡萏"之下，缀以"香消"二字，又于"翠叶"之下，缀以"残"字，词人对如此珍贵芬芳之生命的消逝摧伤的哀感，便已尽在不言中了。若改为"荷叶香销荷叶残"，虽意义相近，音律尽合，但感受却已全非了。

下阕两句，写得尤为哀切动人。"细雨梦回鸡塞远"指思妇在梦中梦见征人，及至梦回之际，则落到长离久别的悲感之中，而征人则远在鸡塞之外。至于梦中之相见，是梦中之思妇远到鸡塞去晤见征人，还是鸡塞之征人返回家中来晤见思妇，则梦境迷茫，不可确指，也不必确指的。"细雨"二字，雨声既足以惊梦，梦回独处时，雨声更足以增人之孤寒寂寞之情。其下句以"小楼"之高迥，"玉笙"之珍美，"吹彻"之深情，而同在一片孤寒寂寞之中，所以必将上下两句合看，方能体会此"细雨梦回""玉笙吹彻"之苦想与深情。这二句情意虽极悲苦，其渲染的意境、其文字与形象却极为优美。

二、描写美人迟暮

其对人物的外部动作与内心感受捕捉相当细腻，文字往往也极为精美。晚唐词人温庭筠的《菩萨蛮》很有代表性："小山重叠金明灭，鬓云欲度香腮雪。懒起画蛾眉，弄妆梳洗迟。照花前后镜，花面交相映。新帖绣罗襦，双双金鹧鸪。"

词的上阕写闺中女子春眠懒起，意绪慵迟的情景。起句将眉喻为山，初见文心。"叠"，相当于蹙眉之蹙字；"金"，指唐时妇女眉际妆饰之"额黄"。次句写懒起女子的睡态，以行云流动设喻，生动地传写出鬓发轻笼拂扬之状。一个"度"字使鬓发有了飞动感受；一个"欲"字又赋予人的鬓发以人的情感；而"香腮雪"三字，则从视觉和嗅觉两个角度突出了女子容颜的美艳。整句活画出一幅女子未醒的娇慵神态。三、四两句写她梳妆打扮得情景。这女子懒懒地起床，姿态娇慵，无精打采。然后慢吞吞地洗梳、画眉、弄妆。这里"懒""弄""迟"三字，富有表现力地描摹了她的情态，不言而喻地刻画了她的心情。

下阕描写女主人公梳洗后照镜、着衣的情景。前两句写她梳洗打扮后，再用前后镜仔细照容，人脸与插戴的鲜花交相辉映，脸如花，花映脸，花容月貌，相互辉映。结拍两句，写女子穿上成双成对的金鹧鸪的罗襦。闺中之人，见此图纹，不禁有所感触。行文至此，温庭筠以自己高超的语言技巧揭开了女主人公懒起、迟妆、意慵的原因，使人心领神会。

三、借思妇闺情寄寓作者自己的人生感慨

古代文人经常用男女关系来表现君臣关系。

张籍的一首诗《节妇吟》："君知妾有夫，赠妾双明珠。感君缠绵意，系在红罗襦。妾家高楼连苑起，良人执戟明光里。知君用心如明月，事夫誓拟同生死。还君明珠双泪垂，恨不相逢未嫁时。"这首诗用现代的话说是：您明知道我有了男人，却还要赠我华美的珠玉，我对您的心意非常感激，但是我与丈夫曾经发誓生死与共，我只好把珠玉归还给您，遗憾自己在没有出嫁的时候就遇到您。初读张籍的全诗，你会惊诧于张籍对女性坚贞情感的描写之细腻。当从资料中了解到，这位"妾"是诗人的自比时，你就会明白，中国古代的诗人对"宫怨""闺

怨""春宫""春怨"之类的诗为何情有独钟，为何能把这类诗写得如此真切感人，因为他们与那些怨郁的女子具有同样的遭遇，同样的情怀，中国的文人骨子里有着奴颜婢膝的怨妇情结。司马迁说：女为悦己者容，士为知己者死。良禽择木而栖，猛兽择穴而居，中国古代的文人与妇女一样从来没有获得过独立的人格，始终是权贵的附庸，他们的生与死，喜与悲，升与降，浮而沉，没有握在自己的手中。由是，形成了中国文人的依附性。

李商隐在《嫦娥》中这样写道："云母屏风烛影深，长河渐落晓星沉。嫦娥应悔偷灵药，碧海青天夜夜心。"诗中所抒写的孤寂感以及由此引起的"悔偷灵药式"的情绪，融入了诗人独特的现实人生感受，而含有更丰富深刻的人生意蕴。在黑暗污浊的现实包围中，诗人精神上力图摆脱世俗，追求高洁的世界，而追求的结果往往使自己陷于更孤独的境地。清高与孤独的孪生，以及由此引起的既自赏又自伤，既不甘变心从俗，又难以承受孤独寂寞的煎熬，这种微妙复杂的心理，在这里被诗人用精微而富于含蓄的语言成功地表现出来了，这是一种含有浓重伤感的美，在旧时代的清高文士中容易引起广泛的共鸣。诗的典型意义也正在这里。

《七哀诗》是三国时期曹植的作品。这首诗借一个思妇对丈夫的思念和怨恨，曲折地吐露了诗人在政治上遭受打击之后的怨愤心情。诗人自比"宕子妻"，以思妇被遗弃的不幸遭遇来比喻自己在政治上被排挤的境况，以思妇与丈夫的离异来比喻他和身为皇帝的曹丕之间的生疏"甚于路人""殊于胡越"。诗人有感于兄弟之间"浮沉异势，不相亲与"，进一步以"清路尘"与"浊水泥"来比喻二人境况悬殊。全诗处处从思妇的哀怨着笔，句句暗寓诗人的遭际，诗情与寓意浑然无间，意旨含蓄，笔致深婉，确有"情兼雅怨"的特点。

第一类：闺怨诗

唐代的不少闺怨诗，是写那些青年士子为了博取所谓的功名利禄、荣华富贵而远离妻室，使得妻子在无尽的等待与无边的愁闷中生出怨恨之情。另外一些，则写那些闺中少妇尤指贵族少妇因为丈夫做朝廷的官吏而不得不做那些繁琐的朝政大事，没有多少时间留给自己，使得自己的青春红颜空对

着明镜宝奁暗暗消退。

第二类：宫怨诗

唐代的宫怨诗的产生则直接与唐代的后宫制度有关，统治中国近三百年之久的唐王朝为了满足淫欲和役使的需要，以至高无上的特权霸占了数以万计的美貌女子。这些女子中，有豪门千金、大家闺秀，但更多的是从民间抢来的美女。这些女子，正如白居易在《上阳白发人》当中所描述的"入时十六"的年轻的女孩子们，"同时采择百余人"，大批大批地从全国各地选出来，远离她们的亲人，被送往陌生的遥远的皇宫里去。"忆昔吞悲别亲族，扶入车中不教哭"，忍泪含悲，与亲人作生离死别，可殊不知，与亲人的分离，仅仅是这些可怜宫女悲惨命运的开始。

第三类：征妇怨诗

唐代疆土辽阔，边境不宁，大量将士被远征去戍守边疆。征妇可以说是唐代边塞战争的附属产物，她们不仅要饱尝一般思妇的相思之苦、离别之恨，还得时刻牵挂边关丈夫的冷暖安危，承受的感情折磨也格外地沉重。

在唐代的征妇们看来，为远在边疆戍守的丈夫缝制一件寒衣，使得她们亲爱的丈夫不至于受冻，是她们每年入秋后的一件大事。李白的《子夜吴歌》中对此有出色的描写："长安一片月，万户捣衣声。秋风吹不尽，总是玉关情。"皎洁的月光照射着长安城，呈现出一片银白色的世界，这时随着飒飒秋风，传来此伏彼起的捣衣声。长安城内的家家户户，凡是有丈夫戍守在边关的妇女们，都趁着这月明之夜为远方的征人赶制冬衣。

第四类：商妇怨诗

唐朝国力强盛、经济繁荣，在中国封建时代可以说是空前的。唐代经济如此发达，自然出现了很多经商之人。白居易的名诗《琵琶行》里的琵琶女说的"商人重利轻别离"，的确道出了商人的本质。这些商人长年在外，行踪无定，更有甚者杳无音信，数年一回；而作为他们的妻子，那些少妇们却独守空房，寂寞孤独，难免会生出怨恨之情，甚至呼喊着"莫做商人妇"的怨语。唐代的闺怨诗中有不少诗作是专门为这些商妇们写的。

寄　夫

〔唐〕　陈玉兰

夫戍边关妾在吴，
西风吹妾妾忧夫。
一行书信千行泪，
寒到君边衣到无？

诗文翻译

　　你守卫在边关，我却在吴地，凉飕飕的西风吹到我身上的时候，我正在为你而担忧。想念你啊！想念你，我寄上一封简短的书信，信中每一行字上都浸透了我的眼泪，当寒气来到你身边的时候，我寄出的寒衣不知收到没有？

诗文赏析

　　此诗突出的特色表现在句法上。全诗四句的句法有一个共同处：每句都包含两层相对或相关的意思。在大致相同的前提下，又有变化。"夫戍边关——妾在吴"，这是由相对的两层意思构成的，即所谓"当句对"的形式。这一对比，就突出了天涯相隔之感。这个开头是单刀直入式的，点明了题意，说明何以要寄衣。下面三句都从这里引起。"西风吹妾——妾忧夫"，秋风吹到少妇身上，照理说应该引起她自己的寒冷之感，但诗句写完"西风吹妾"一层意思后，接下去不写少妇自己的寒冷之感，而是直接写心理活动"妾忧夫"。前后两层意思中有一个小小的跳跃或转折，恰如其分地表现出少妇对丈夫体贴入微的心情，十分形象。此句写"寄衣"的直接原因。"一行书信——千行泪"，这句通过"一行"与"千行"的强烈对照，极言纸短情长。"千行泪"包含的感情内容既有深厚的恩爱，又有强烈的哀怨，情绪复杂。此句写出了"寄"什么，不提寒衣是避免与下句重复；同时，写出了寄衣时的内心活动。"寒到君边——衣到无？"这一句用虚拟、想象的问话语

气，与前三句又不同，在少妇心目中仿佛严冬正在和寒衣赛跑，而这竞赛的结果对她至关紧要，十分生动地表现出了少妇心中的操心。这样，每一句中都可以加一个破折号，都由两层意思构成，诗的层次就大大丰富了。而同一种句式反复运用，在运用中又略有变化，并不呆板，构成了回环往复、一唱三叹的语气。声调对于诗歌，比较其他体裁的文学作品具有更大意义。所谓"情动于中而发于言，言之不足故嗟叹之，嗟叹之不足故永歌之"，"嗟叹""永歌"都是指用声调增加诗歌的感染力。试多咏诵几遍，就不难领悟这种一唱三叹的语气在此诗表情上的作用了。

　　构成此诗音韵美的另一特点是句中运用复字。近体诗一般是要避免字词的重复的，但是，有意识地运用复字，有时能使诗句念起来朗朗上口、动人心弦，造成音乐的美感。如此诗后三句均有复字，而在运用中又有适当变化。第二句两个"妾"字接连出现，前一个"妾"字是第一层意思的结尾，后一个"妾"字则是第二层意思的起始，在全句中，它们是重复，但对相连的两层意思而言，它们又形成"顶针"修辞格，念起来顺溜，有"累累如贯珠"之感，这使那具有跳跃性的前后两层意思通过和谐的音调过渡得十分自然。

　　而三、四两句重叠在第二、第六字上，这不但是每句中构成"句中对"的因素，而且又是整个一联诗句自然成对的构成因素，从而增加了诗的韵律感，有利于表达那种哀愁、缠绵的深情。

　　此外，第一人称的表现手法也值得提出。诗中的"妾"（古代女子自我称呼）当然并不等于作者自己。

作者采用第一人称，并完全用内心独白的表现手法，通过寄衣前前后后的一系列心理活动——从念夫，到秋风吹起而忧夫，寄衣时和泪修书，一直到寄衣后的挂念，生动地表达了女主人公的内心世界。此诗通过人物心理活动的直接描写来表现主题，是运用得比较成功的。

江　南　曲①

[唐] 李　益

嫁得瞿塘贾②，
朝朝误妾期。
早知潮有信③，
嫁与弄潮儿。

诗文注释

①江南曲：古代歌曲名。
②贾：商人。
③潮有信：潮水涨落有一定的时间，叫"潮信"。

诗文翻译

我真悔恨嫁做瞿塘商人妇，他天天把相会的佳期耽误。早知潮水的涨落这么守信，还不如嫁一个弄潮的丈夫。

诗文赏析

这是一首闺怨诗。在唐代，以闺怨为题材的诗主要有两大内容：一是思征夫词；一是怨商人语。这是有其历史原因、社会背景的。由于唐代疆域辽阔，边境多事，要征调大批将士长期戍守边疆，同时，唐代商业已很发达，从事商品远途贩卖、长年在外经商的人日见增多，因而作为这两类人的妻子不免要空闺独守，过着孤单寂寞的生活。这样一个社会问题必然要反映到文学作品中来，抒写她们怨情的诗也就大量出现了。

这首诗以白描的手法传达出了一位商人妇的口吻和心声。诗的前两句"嫁得瞿塘贾，朝朝误妾期"，所讲的是一件可悲、可叹的事实，所用的语言却平淡、朴实，没有作任何刻画和烘染。我们在欣赏诗歌时会发现，有的诗句要借助于刻画和烘染，而有的诗句却正是以平实见长的。它们往往在平实中见情味，以平实打动读者。这是因为，其所写的事物本身就具有感染力量，其表现手段愈平实，愈能使读者看到事物的真相和原形，从而也更容易吸引读者。这两句就收到了这样的艺术效果。而且，就一首诗而言，在布局上要平、奇相配。诗人之所以在上半首中叙说力求平实，是为了与下半首中即将出现的奇想、奇语形成对照，取得平衡。

下半首"早知潮有信，嫁与弄潮儿"两句，突然从平地翻起波澜，以空际运转之笔，曲折而传神地表达了这位少妇的怨情。根据上半首的内容，如果平铺直叙写下去，也许应当让这位少妇抱怨夫婿的无信，诉说自身的苦闷；但读者万万意料不到，诗人竟然让这位少妇异想天开，忽然想到潮水有信，因而悔不嫁给弄潮之人。这就从一个不同寻常的角度，更深刻地展示了这位少妇的苦闷心情。其实，潮有信，弄潮之人未必有信，宁愿"嫁与弄潮儿"，既是痴语、天真语，也是苦语、无奈语。这位少妇也不是真想改嫁，这里用了"早知"二字，只是在极度苦闷之中自伤身世，思前想后，悔不当初罢了。

贺裳在《皱水轩词筌》中认为李益的这首诗与张先《一丛花令》中"沉恨细思，不如桃杏，犹解嫁东风"诸句,都是"无理而妙"。钟惺在《唐诗归》中评这首诗说:"荒唐之想,写怨情却真切。"黄叔灿在《唐诗笺注》中说:"不知如何落想,得此急切情至语。乃知《郑风》'子不我思,岂无他人',是怨怅之极词也。"应当说,这首诗的妙处正在其落想看似无理,看似荒唐,却真实、直率地表达了一位独守空闺的少妇的怨情,与其说它是无理、荒唐之想,不如说它是真切、情致之语。这里,因盼夫婿情切,而怨夫婿之不如"潮有信";更因怨夫婿情极,而产生悔不当初"嫁与弄潮儿"的非分之想。这一由盼生怨、由怨而悔的内心活动过程,正合乎这位诗中人的心理状态,并不违反生活真实。

唐代有些名诗人善于从民歌汲取营养,特别在他们所写的绝句中有不少风貌接近民歌的作品。这首诗就富有浓厚的民歌气息。它的诗题《江南曲》,本是一个乐府民歌的旧题,是《江南弄》七曲之一。诗人选择这一题目来写这样的内容,其有意模仿民歌,更是显而易见的。

陇 西 行

〔唐〕 陈 陶

誓扫匈奴不顾身,
五千貂锦①丧胡尘。
可怜无定河②边骨,
犹是春闺③梦里人!

诗文注释

①貂锦:这里指战士,指装备精良的精锐之师。
②无定河:在陕西北部。
③春闺:这里指年轻少妇。

诗文翻译

唐军将士誓死横扫匈奴奋不顾身,五千身穿锦袍的精兵战死在胡尘。真可怜啊那无定河边成堆的白骨,还是少妇们梦中相依相伴的恋人。

诗文赏析

《陇西行》是乐府《相和歌·瑟调曲》旧题,内容写边塞战争。陇西,即今甘肃宁夏陇山以西的地方。这首《陇西行》诗反映了唐代长期的边塞战争给人民带来的痛苦和灾难。首二句以精练概括的语言,叙述了一个慷慨悲壮的激战场面。唐军誓死杀敌,奋不顾身,但结果五千将士全部丧生"胡尘"。

"誓扫""不顾",表现了唐军将士忠勇敢战的气概和献身精神。汉代羽林军穿锦衣貂裘,这里借指精锐部队。部队如此精良,战死者达五千之众,足见战斗之激烈和伤亡之惨重。

接着,笔锋一转,逼出正意:"可怜无定河边骨,犹是春闺梦里人。"这里没有直写战争带来的悲惨景象,也没有渲染家人的悲伤情绪,而是匠心独运,把"河边骨"和"春闺梦"联系起来,写闺中妻子不知征人战死,仍然在梦中想见已成白骨的丈夫,使全诗产生震撼心灵的悲剧力量。知道亲人死去,固然会引起悲伤,但确知亲人的下落,毕竟是一种告慰。而这里,长年音讯杳然,人早已变成无定河边的枯骨,妻子却还在梦境之中盼他早日归来团聚。灾难和不幸降临到身上,不但毫不觉察,反而满怀着热切美好的希望,这才是真正的悲剧。

明代杨慎《升庵诗话》认为,此诗化用了汉代贾捐之《议罢珠崖疏》"父战死于前,子斗伤于后,女子乘亭鄣,孤儿号于道,老母、寡妻饮泣巷哭,遥设虚祭,想魂乎万里之外"的文义,称它"一变而妙,真夺胎换骨矣"。贾文着力渲染孤儿寡母遥祭追魂,痛哭于道的悲哀气氛,写得沉痛而富有情致。文中写家人"设祭""想魂",已知征人战死。而陈陶诗中的少妇则深信丈夫还活着,丝毫不疑其已经死去,几番梦中相逢。诗意更深挚,情景更凄惨,因而也更能使人一洒同情之泪。

这诗的跌宕处全在三、四两句。"可怜"句紧承前句,为题中之义;"犹是"句荡开一笔,另辟新境。"无定河边骨"和"春闺梦里人",一边是现实,一边是梦境;一边是悲哀凄凉的枯骨,一边是年轻英俊的战士,虚实相对,荣枯迥异,造成强烈的艺术效果。一个"可怜",一个"犹是",包含着多么深沉的

感慨,凝聚了诗人对战死者及其家人的无限同情。

明王世贞《艺苑卮言》赞赏此诗后两句"用意工妙",但指责前两句"筋骨毕露",后两句为其所累。其实,首句写唐军将士奋不顾身"誓扫匈奴",给人留下了深刻的印象。而次句写五千精良之兵,一旦之间丧身于"胡尘",确实令人痛惜。征人战死得悲壮,少妇的命运就更值得同情。所以这些描写正是为后两句表现少妇思念征人张本。可以说,若无前两句明白畅达的叙述描写作铺垫,亦难见后两句"用意"之"工妙"。

点 绛 唇

[宋] 李清照

寂寞深闺,柔肠一寸愁千缕①。惜春春去,几点催花雨。　　倚遍阑干,只是无情绪。人何处②,连天芳草,望断归来路③。

诗文注释

①"寂寞"二句:此系对韦庄调寄《应天长》二词中有关语句的隐括和新变。

②人何处:所思念的人在哪里? 此处的"人",当与《凤凰台上忆吹箫》的"武陵人"及《满庭芳》的"无人到"中的二"人"字同意,皆喻指作者的丈夫赵明诚。

③"连天"二句:化用《楚辞·招隐士》"王孙游兮不归,春草生兮萋萋"之句意,以表达亟待良人归来之望。

诗文赏析

上阕第一句"寂寞深闺",写一个青年女子在自己深藏后院的闺房里,心中感到非常寂寞;第二句"柔肠一寸愁千缕",写青年女子的愁状,一寸柔肠便有千缕愁丝,那么整个人呢? 可见她的寂寞和忧愁该有多么厉害。第三、四句"惜春春去,几点催花雨。"写青年女子忧愁的环境:给人带来希望并让人惋惜的春天走了,又下起了催着春花凋落的雨。这

一切,能不让人愁上加愁吗? 这是上阕的内容。

下阕第一、二句"倚遍阑干,只是无情绪",还是写青年女子的愁状。待在闺房里是"寸肠千缕愁",只好走到闺房外面。但过去青年女子是不能随便走下闺房楼梯的,所以只能在上面依着栏杆想一想,望一望。想什么? 正是那"催花雨"让她想到了"人何处",想到了离自己而远去的意中人现在何处,是否也在淋雨,什么时候回来。这才是青年女子真正忧愁的原因。那她望什么? 望外面的风景吗? 不是,是望自己的想象中的景象——意中人归来时的情景。望到了吗? 没有。那望到了什么? 望到了"连天衰草,望断归来路"。是啊! 望到的是连到天边的无际荒草,望不见归路——意中人归来的那条路。这就是青年女子倚栏眺望的凄凉情景、心理状态和无望结果。

以上就是这首词在四十一个字中所表达的基本意思。

全词由写寂寞之愁,到写伤春之愁,再写伤别之愁,更写盼归之愁,这样全面地、层层递进地表现了青年女子心中愁情不断累积的情状,是递进的写法。一个"雨"字,把上下两片勾联在一起:远处是

无际荒草,近处是雨催花落;闺房内是愁肠寸断,闺房外是满目凄凉。多么凄美的意境!词人在这里把青年女子的"愁"的确已然写尽、写透,可谓淋漓尽致!所以明代陆云龙在《词菁》中称道此首词是"泪尽个中",《云韶集》也盛赞此作"情词并胜,神韵悠然。"

摸 鱼 儿

[宋] 辛弃疾

淳熙己亥,自湖北漕移湖南,同官王正之①置酒小山亭,为赋。

更能消②、几番风雨?匆匆春又归去。惜春长怕花开早,何况落红③无数。春且住。见说道、天涯芳草无归路。怨春不语。算只有殷勤④,画檐蛛网,尽日惹飞絮。

长门⑤事,准拟佳期又误。蛾眉曾有人妒。千金纵买相如赋,脉脉⑥此情谁诉?君⑦莫舞,君不见、玉环飞燕⑧皆尘土!闲愁最苦。休去倚危栏⑨,斜阳正在、烟柳断肠处。

诗文注释

①同官王正之:据楼钥《攻媿集》卷九十九《王正之墓志铭》,王正之淳熙六年任湖北转运判官,故称"同官"。

②消:经受

③落红:落花

④算只有殷勤:想来只有檐下蛛网还殷勤地沾惹飞絮,留住春色。

⑤长门:汉代宫殿名,武帝皇后失宠后被幽闭于此,司马相如《长门赋序》:"孝武陈皇后,时得幸,颇妒。别在长门宫,愁闷悲思,闻蜀郡成都司马相如天下工为文,奉黄金百万,为相如、文君取酒,因以悲愁之辞,而相如为文以悟主上,陈皇后复得幸。"

⑥脉脉:绵长深厚貌。

⑦君:指善妒之人。

⑧玉环飞燕:杨玉环、赵飞燕,皆貌美善妒。

⑨危栏:高楼上的栏杆。

诗文赏析

此词作于淳熙六年(1179)。作者在此借春意阑珊和美人遭妒来暗喻自己政治上的不得意。词里面的玉环、飞燕,似是用来指朝中当权的主和派。辛弃疾在淳熙己亥前之两三年内,转徙频繁,均未能久于其任。他曾在《论盗贼札子》里说:"生平刚拙自信,年来不为众人所容,恐言未脱口而祸不旋踵。"这与"蛾眉曾有人妒"语意正同。作者本来是要积极建功立业的,被调到湖北去管钱粮,已不合他的要求;再调到湖南,还是管钱粮,当然更是失望。他心里明白朝廷的这种调动就是不让恢复派抬头。一想到国家前途的暗淡,自不免要发出"烟柳断肠"的哀叹。表面看来,词人是在伤春吊古,实际上他将自己的哀时怨世、忧国之情隐藏在了春残花落、蛾眉遭妒的描写中。词里所流露的哀怨确有对朝廷表示不满的情绪。《鹤林玉露》云此词:"词意殊怨。斜阳烟柳之句,其'未须愁日暮,天际乍轻阴'者异矣。便在汉唐时,宁不贾种豆种桃之祸哉!愚闻寿皇见此词颇不悦。"当年宋孝宗读到这首词心中非常不快,大概他是读懂了其真意。

此词的写作手法颇似屈原《离骚》,同样是以香草美人为比兴,来抒写自己的政治情怀。风格上,一变辛词常见的豪放,偏向柔美一路,委婉含蓄,却又与一般写儿女柔情和风月闲愁的婉约词大有不同。今人夏承焘评之曰："肝肠似火，色貌如花。"

本篇作于淳熙六年（1179）春。时辛弃疾四十岁，南归至此已有十七年之久了。在这漫长的岁月中，作者满以为扶危救亡的壮志能得施展，收复失地的策略将被采纳。然而，事与愿违。不仅如此，作者反而因此遭致排挤打击，不得重用，接连四年，改官六次。这次，他由湖北转运副使调官湖南。这一调转，并非奔赴他日夜向往的国防前线，而是照样去担任主管钱粮的小官。现实与他恢复失地的志愿相去愈来愈遥远了。行前，同僚王正之在山亭摆下酒席为他送别，作者见景生情，借这首词抒写了他长期郁积于胸的苦闷之情。这首词表面上写的是失宠女人的苦闷，实际上却抒发了作者对国事的忧虑和屡遭排挤打击的沉重心情。词中对南宋小朝廷的昏庸腐朽，对投降派的得意猖獗表示强烈不满。

上阕写惜春、怨春、留春的复杂情感。词以"更能消"三字起笔，在读者心头提出了"春事将阑"，还能经受得起几番风雨摧残这样一个大问题。表面上，"更能消"一句是就春天而发，实际上却是就南宋的政治形势而言的。本来，宋室南渡以后，曾多次出现过有利于爱国抗金、恢复中原的大好形势，但是，由于朝廷的昏庸腐败，投降派的猖狂破坏，使抗战派失意受压，结果抗金的大好时机白白丧失了。这中间虽有几次北伐，结果均以签订屈膝投降的"和约"而告终。北伐的失败，反过来又成为投降派贩卖妥协投降路线的口实。南宋王朝处于风雨飘摇之中。"匆匆春又归去"，就是这一形势的形象化写照，抗金复国的大好春天已经化为乌有了。这是第一层。但是，作者是怎样留恋着这大好春光呵！"惜春长怕花开早"，然而，现实是无情的："何况落红无数。"这两句一起一落，表现出理想与现实之间的矛盾。"落红"，就是落花，是春天逝去的象征。同时，它又象征着南宋国事衰微，也寄寓了作者光阴虚掷、事业无成的感叹。这是第二层。面对春天的消失，作者并未束手无策。相反，出于爱国的义愤，他大声疾呼："春且住。见说道、天涯芳草无归路。"这一句，实际是向南宋王朝提出忠告，它形象地说明：只有坚持抗金复国才是唯一出路，否则连退路也没有了。这两句用的是拟人化手法，明知

春天的归去是无可挽回的大自然的规律，但却强行挽留。词里，表面上写的是"惜春"，实际上却反映了作者恢复中原、统一祖国的急切心情，反映了作者对投降派的憎恨。这是第三层。从"怨春不语"到上阕结尾是第四层。尽管作者发出强烈的呼唤与严重的警告，但"春"，却不予回答。春色难留，势在必行；但春光无语，却出人意料。所以难免要产生强烈的"怨"恨。然而怨恨又有何用！在无可奈何之际，词人又怎能不羡慕"画檐蛛网"？即使能像"蛛网"那样留下一点点象征春天的"飞絮"，也是心灵中莫大的慰藉了。这四句把"惜春""留春""怨春"等复杂感情交织在一起，以小小的"飞絮"作结。上阕四层之中，层层有起伏，层层有波澜，层层有顿挫，巧妙地体现出作者复杂而又矛盾的心情。下阕借陈阿娇的故事，写爱国深情无处倾吐的苦闷。这一片可分为三个层次，表现三个不同的内容。从"长门事"至"脉脉此情谁诉"是第一层。这是词中的重点。作者以陈皇后长门失宠自比，揭示自己虽忠而见疑，屡遭谗毁，不得重用和壮志难酬的不幸遭遇。"君莫舞"三句是第二层，作者以杨玉环、赵飞燕的悲剧结局比喻当权误国、暂时得志的奸佞小人，向投降派提出警告。"闲愁最苦"至篇终是第三层，以烟柳斜阳的凄迷景象，象征南宋王朝昏庸腐朽、日落西山、岌岌可危的现实。

这首词有着鲜明的艺术特点。一是通过比兴手法，创造象征性的形象来表现作者对祖国的热爱和对时局的关切。拟人化的手法与典故的运用也都恰到好处。第二是继承屈原《离骚》的优良传统，用男女之情来反映现实的政治斗争。第三是缠绵曲折，沉郁顿挫，呈现出别具一格的词风。表面看，这首词写得"婉约"，实际上却极哀怨，极沉痛，写得沉郁悲壮，曲折尽致。

参考资料

[1] 方洲. 高考古典诗词鉴赏[M]. 北京：华语教学出版社，2010.

[2] 裴金华. 梗概多气 慷慨悲凉——浅析曹植诗歌中的建功立业思想[J]. 沙洋师范高等专科学校学报，2005(6).

[3] 萧涤非等. 唐诗鉴赏辞典[M]. 上海：上海辞书出版社，1983.

［4］吴兆基. 唐诗三百首［M］. 北京：作家出版
　　社，2007.

［5］张国举. 唐诗精华注译评［M］. 长春：长春出
　　版社，2010.

［6］徐北文. 李清照全集评注［M］. 济南：济南出
　　版社，1990.

［7］唐圭璋等. 唐宋词鉴赏辞典［M］. 上海：上海

辞书出版社，1988.

［8］陈祖美. 李清照作品赏析集［M］. 成都：巴蜀
　　书社，1992.

［9］杨忠. 辛弃疾词选译［M］. 成都：巴蜀书
　　社，1991.

［10］徐寒主编. 历代古词鉴赏（上）［M］. 北京：中
　　　国书店，2011.

第十六讲

古代诗歌之情感美(中)

"山水含清晖,清晖能娱人"——山水田园诗

思想内容常见专业术语:常借助对美丽清新的自然景色的描写,

1. 表达对现实的不满
2. 表达对宁静和平生活的向往
3. 流露隐逸避世之情
4. 展示大自然的美好情趣
5. 寄托人生的理想等

山水田园诗起自晋宋之间。陶渊明为田园诗之祖,谢灵运为山水诗之祖。田园诗和山水诗往往并称,都属于借景抒情或寓情于景的作品,但这是两类不同的题材。田园诗会写到农村的风景,其主体是写农村的生活、农夫和农耕。山水诗则主要是写自然风景,写诗人主体对山水客体的审美,山水诗歌是通过描绘山水景色来抒发作者情思的诗歌。山水诗在古代诗中的兴起,始于南朝,成型于唐,它注重对山水风光的摹形写神,可以这样说,山水诗是一种注重对山水风光摹形传神以寄托胸臆的诗歌样式。

田园诗是指描写农村风光和质朴的劳动生活的诗。我们以陶渊明为例说说。陶渊明是田园诗的开创者。田园诗的特点,是在描写农村景物中,不单纯着意于形貌的刻画,而是着意于神韵的点染,因而诗中的画面不现雕琢痕迹,自然而真实地表现出情真、景真、事真、意真,语言自然朴素,表现出单纯自然、浑然淡远的新颖风格。陶渊明的田园

诗中,也有的是出于对现实社会的厌恶,而表现出对自然淳朴的理想社会的追求。

山水诗鼻祖是东晋的谢灵运。谢灵运所开创的山水诗,把自然界的美景引进诗中,使山水诗成为独立的审美对象。他的创作,不仅把诗歌从"淡乎寡味"的玄理中解放了出来,而且加强了诗歌的艺术技巧和表现力,并影响了一代诗风。山水诗的出现,不仅使山水成为独立的审美对象,为中国诗歌增加了一种题材,而且开启了南朝一代新的诗歌风貌。继陶渊明的田园诗之后,山水诗标志着人与自然进一步地沟通与和谐,标志着一种新的自然。

1. 优秀的山水诗大都具有"诗中有画,画中有诗"的特征。

"山水含清晖,清晖能娱人。"(谢灵运《石壁精舍还湖中作》)"知者乐水,仁者乐山",其实还有一种因果关系,就是"乐水者智,乐山者寿",这样说似乎可以充分显示山水怡情养性的功能。另外,与山

水亲近还可丰富知识,培养和提高审美情趣以及模山范水的能力。古今诗文大家、艺术巨匠大抵都有"读万卷书,行万里路"的经历。"读万卷书"正好可以弥补"行万里路"的不足。由于受种种条件的限制,人们无法遍览全国各地的山水胜迹,便可持山水诗集为"卧游"之具,作纸上的观瞻。这间接得到的知识和印象,与亲身所历、亲目所见自然隔了一层,但收获往往更快捷,也更精粹。

2. 好的山水诗总是包含着作者深刻的人生体验,不单是模山范水而已。

好的山水诗总是包含着作者深刻的人生体验,不单是模山范水而已。如"欲穷千里目,更上一层楼"(王之涣《登鹳雀楼》)以理势入诗,兼有教化和审美的双重功能,它表现出的求实态度和奋进精神,对读者无疑是有力的鞭策和激励。又如"蝉噪林逾静,鸟鸣山更幽"(王籍《入若耶溪》),除生动再现山林特有的幽静氛围,还揭示了矛盾的对立统一关系,有启迪智慧、拓展襟怀的作用。其他方面的例子还有很多,如"江流天地外,山色有无中"(王维《汉江临泛》)是执简驭繁、化难为易的范例。远水不可视之以目,却能表达得如此气势壮阔。为雨幕所笼罩的山色朦朦胧胧,无法分辨,诗人用"有无中"三字予以示现,精当无比,显示出非凡的观察、体验和表达的功力。

清人王国维说得好"一切景语皆情语",也有人说"一片自然景色,便是一个心灵的世界"。诗人笔下的景色如此清幽、明净、静寂。正是诗人内心世界的外化。如王维笔下的景其实就是诗人心灵的物化,只有借助外物来表现自己内心的情感,读来才会觉得韵味悠长,含蓄隽永,打动人心。

3. 山水诗艺术风格,以淡远最为突出,诗人以恬淡之心,写山水清晖,意境悠远,词气闲淡。

与唐诗相比,魏晋南北朝诗尽管在形式美感的追求上下了很大功夫,但还较为质实,缺乏空明灵动的神韵。而盛唐诗之所以被推崇,很大程度上是因其有了这样的诗境。严沧浪谓:"盛唐诸人惟在兴趣,羚羊挂角,无迹可求。故其妙处透彻玲珑,不可凑泊,如空中之音,相中之色,水中之月,镜中之花,言有尽而意无穷。"(《沧浪诗话·诗辩》)主要指这样一种诗境。

由质实到空明,决不止是一个诗歌的风格问题,也不只是个意境问题,而是诗歌艺术在更高层次上实现着它对于人类的价值。人们不再以客观摹写自然山水为目的,而是使山水物象成为心灵的投影。正如黑格尔所说:"在艺术里,这些感性的形式和声音之所以呈现出来,并不只是为着他们本身或是他们直接现于感官的那种模样、形状而是为着要用那种模样去满足更高的心灵的旨趣,因为它们有力量从心灵深处唤起反应和回响。这样,在艺术里,感性的东西是经过心灵化了的,而心灵的东西也借感性化显现出来了。"(《美学》第一卷中译本49页)对于空明诗境,是要从这个角度来认识它们的价值的。

唐代山水诗人创作中那种共同的特点,静谧的氛围。诗人们在写山水物象时不约而同地烘托山水之静,而没有谁在写它的喧嚣。实际上写山水也正是为了写这种遗弃尘世的静谧。同时写风声、水声、虫声、林声……却是为了更加反衬其静。王维《过香积寺》:"古木无人径,深山何处钟。泉声咽危石,日色冷青松。"泉声,更显得深山古刹的静谧。《秋夜独坐》中:"雨中山果落,灯下草虫鸣。"《过感化寺昙兴上人山院》:"野花丛发好,谷鸟一声幽。"这些诗中的果落、虫鸣、鸟声,恰恰是为了反衬山林的极度静谧。诗人是孤独的,似乎这世界只有他一个人,他用心谛听着大自然的心律。孟浩然、常建、刘长卿等人的诗作,也都以十分静谧的氛围来写山水。如孟诗《寻香山湛上人》:"松泉多逸响,苔壁饶古意。谷口闻钟声,林端识香气。"《宿业师山房期丁大不至》:"松月生夜凉,风泉满清听。樵人归欲尽,烟鸟栖初定。"常建《白湖寺后溪宿云门》:"洲渚晚色静,又观花与蒲。入溪复登岭,草浅寒流速。圆月明高峰,青山因独宿。松阴澄初夜,曙色分远月。"刘长卿《秋日登吴公台上寺远眺》:"野寺来人少,云峰水隔深。夕阳依旧垒,寒磬满空林。"《寻南溪常山道人隐居》:"一路经行处,莓苔见履痕。白云依静渚,春草闭闲门。"这类例子甚多,是没有办法尽数列举的。静谧的氛围,是山水诗人的一个突出特点。

王孟一派诗人基本上都有"淡"的诗风,那么,这与禅存在着什么联系吗?

禅所达到的,并非事物本身,而是禅本体,但它不略脱事相,而是即物超越。禅宗有"无念为宗,无相为体,无住为本"的要旨,所谓"无相",并非完全剥离"相",而是"于相而离相",也就是寄寓于"相"

而超越之。正因为如此,禅宗主张任运自在,随处领悟,反对拘执束缚,更反对雕琢藻绘,一切都在本然之中,一切都是淡然无味,而不应是牵强着力的。禅家公案强调这种淡然忘机、不系于心的精神。"僧问:如何是僧人用心处?师曰:用心即错!"(《五灯会元》卷11)禅在自然而然中,不可以用心着力。又如:"问:如何是学人著力处?师曰:春来草自青,月上已天明。"(同上)意谓一切都是自然而然的,如春日青草、月上天明一样自然。

"平淡"或"冲淡"的风格,来源于一切不系于心的主体心态,任运自在,不执着,不刻挚,如天空中的游云一般。山水派诗人,多有如此心态。摩诘所谓"万事不关心"是正面的表白。"行到水穷处,坐看云起时"正是禅家"不住心""无常心"的象征。柳宗元《渔翁》诗中:"回看天际下中流,岩上无心云相逐。"也正是"不于境上生心"的禅学观念的形象显现。"淡远""平淡"的风格,实际上是与无所挂碍、无所系缚、任运自如的主体心态有密切关系的。

访戴天山道士不遇

〔唐〕李　白

犬吠水声中,桃花带露浓。
树深时见鹿,溪午不闻钟。
野竹分青霭,飞泉挂碧峰。
无人知所去,愁倚两三松。

诗文翻译

泉水淙淙,犬吠隐隐,桃花带露,浓艳耀目。在林间小道上行进,常常见到出没的麋鹿,林深路长,来到溪边时,已是正午,是道院该打钟的时候了,却听不到钟声。来到道院前所见的情景是道士不在,唯见融入青苍山色的绿竹与挂上碧峰的飞瀑而已。人不知去了哪里,我倚松再三觉得非常惆怅。

诗文赏析

戴天山,又名大康山或大匡山,在今四川省江油市。李白早年曾在山中大明寺读书,这首诗大约是这一时期的作品。

全诗八句,前六句写往"访",重在写景,景色优美;末两句写"不遇",重在抒情,情致婉转。

诗的开头两句展现出一派桃源景象。首句写所闻,泉水淙淙,犬吠隐隐;次句写所见,桃花带露,浓艳耀目。诗人正是缘溪而行,穿林进山的。这是

入山的第一程,宜人景色,使人流连忘返,且让人联想到道士居住此中,如处世外桃源,超尘拔俗。第二句中"带露浓"三字,除了为桃花增色外,还点出了入山的时间是在早晨,与下一联中的"溪午"相映照。颔联"树深时见鹿,溪午不闻钟",是诗人进山的第二程。诗人在林间小道上行进,常常见到出没的麋鹿;林深路长,来到溪边时,已是正午,是道院该打钟的时候了,却听不到钟声。这两句极写山中之幽静,暗示道士已经外出。鹿性喜静,常在林木深处活动。既然"时见鹿",可见其幽静。正午时分,钟声杳然,唯有溪声清晰可闻,这就更显出周围的宁静。环境清幽,原是方外本色,与首联所写的桃源景象正好衔接。这两句景语又含蓄地叙事:以"时见鹿"反衬不见人,以"不闻钟"暗示道院无人。

颈联"野竹分青霭,飞泉挂碧峰",是诗人进山的第三程。从上一联"不闻钟",可以想见诗人距离道院尚有一段距离。这一联写来到道院前所见的情景——道士不在,唯见融入青苍山色的绿竹与挂上碧峰的飞瀑而已。诗人用笔巧妙而又细腻:"野

竹"句用一个"分"字,描画野竹青霭两种近似的色调汇成一片绿色;"飞泉"句用一个"挂"字,显示白色飞泉与青碧山峰相映成趣。由于道士不在,诗人百无聊赖,才游目四顾,细细品味起眼前的景色来。所以,这两句写景,既可以看出道院这一片净土的淡泊与高洁,又可以体味到诗人造访不遇爽然若失的情怀。

结尾两句"无人知所去,愁倚两三松",诗人通

过问讯的方式,从侧面写出"不遇"的事实,又以倚松再三的动作寄写"不遇"的惆怅,用笔略带迂回,感情亦随势流转,久久不绝。

前人评论这首诗时说:"全不添入情事,只拈死'不遇'二字作,愈死愈活。"(王夫之《唐诗评选》)"无一字说道士,无一句说不遇,却句句是不遇,句句是访道士不遇。"(吴大受《诗筏》)道出了此诗妙处。

终 南 山①

[唐] 王 维

太乙②近天都③,连山接海隅。
白云回望合,青霭④入看无。
分野中峰变,阴晴众壑殊⑤。
欲投人处宿,隔水问樵夫。

诗文注释

①终南山:在长安南五十里,秦岭主峰之一。古人又称秦岭山脉为终南山。秦岭绵延八百余里,是渭水和汉水的分水岭。

②太乙:又名太一,秦岭之一峰。唐人每称终南山一名太一,如《元和郡县志》:"终南山在县(京兆万年县)南五十里。按经传所说,终南山一名太一,亦名中南。"

③天都:帝都,此指长安。

④青霭:山中的岚气。

⑤"分野"两句:言终南山高大,分隔山南山北两种景象,各山谷间的阴晴变化也有所不同。

诗文翻译

巍巍的太乙山高接天都,山连着山一直蜿蜒到海边。

白云缭绕回望中合成一片,青霭迷茫进入山中都不见。

中央主峰把终南东西隔开,各山间山谷迥异阴晴多变。

想在山中找个人家去投宿,隔水询问那樵夫可否方便。

诗文赏析

艺术创作,贵在以个别显示一般,以不全求全,刘勰所谓"以少总多",古代画论家所谓"意余于象",都是这个意思。作为诗人兼画家的王维,很懂得此中奥秘,因而能用只有四十个字的一首五言律诗,为偌大一座终南山传神写照。

首联"太乙近天都,连山接海隅",先用夸张手法勾画了终南山的总轮廓。这个总轮廓,只能得之于遥眺,而不能得之于逼视。所以,这一联显然是写远景。

"太乙"是终南山的别称。终南虽高,去天甚遥,说它"近天都",当然是艺术夸张。但这是写远景,从平地遥望终南,其顶峰的确与天连接,因而说它"近天都",正是以夸张写真实。"连山接海隅"也是这样。终南山西起甘肃天水,东止河南陕县,远远未到海隅。说它"接海隅",固然不合事实,说它

"与他山连接不断，直到海隅"，又何尝符合事实？然而这是写远景，从长安遥望终南，西边望不到头，东边望不到尾。用"连山接海隅"写终南远景，虽夸张而愈见真实。

次联写近景，"白云回望合"一句，"回望"既与下句"入看"对偶，则其意为"回头望"，王维写的是入终南山而"回望"，望的是刚走过的路。诗人身在终南山中，朝前看，白云弥漫，看不见路，也看不见其他景物，仿佛再走几步，就可以浮游于白云的海洋；然而继续前进，白云却继续分向两边，可望而不可即；回头看，分向两边的白云又合拢来，汇成茫茫云海。这种奇妙的境界，凡有游山经验的人都并不陌生，而除了王维，又有谁能够只用五个字就表现得如此真切呢？

"青霭入看无"一句，与上句"白云回望合"是"互文"，它们交错为用，相互补充。诗人走出茫茫云海，前面又是蒙蒙青霭，仿佛继续前进，就可以摸着那青霭了；然而走了进去，却不但摸不着，而且看不见；回过头去，那青霭又合拢来，蒙蒙漫漫，可望而不可即。

这一联诗，写烟云变灭，移步换形，极富含孕。即如终南山中千岩万壑，苍松古柏，怪石清泉，奇花异草，值得观赏的景物还多，一切都笼罩于茫茫"白云"、蒙蒙"青霭"之中，看不见，看不真切。唯其如此，才更令人神往，更急于进一步"入看"。另一方面，已经看见的美景仍然使人留恋，不能不"回望"，"回望"而"白云"、"青霭"俱"合"，则刚才呈现于眉睫之前的景物或笼以青纱，或裹以冰绡，由清晰而朦胧，由朦胧而隐没，更令人回味无穷。这一切，诗人都没有明说，但他却在已经勾画出来的"象"里为我们留下了驰骋想象的广阔天地。

第三联高度概括，尺幅万里。首联写出了终南山的高和从西到东的远，这是从山北遥望所见的景象。至于终南从北到南的阔，则是用"分野中峰变"

一句来表现。游山而有"分野中峰变"的认识，则诗人立足"中峰"，纵目四望之状已依稀可见。终南山东西之绵远如彼，南北之辽阔如此，只有立足于"近天都"的"中峰"，才能收全景于眼底；而"阴晴众壑殊"，就是尽收眼底的全景。所谓"阴晴众壑殊"，当然不是指"东边日出西边雨"，而是以阳光的或浓或淡、或有或无来表现千岩万壑千形万态。

对于尾联，历来有不同的理解、不同的评价。有些人认为它与前三联不统一、不相称，从而持否定态度。王夫之辩解说："'欲投人处宿，隔水问樵夫'，则山之辽阔荒远可知，与上六句初无异致，且得宾主分明，非独头意识悬相描摹也。"（《姜斋诗话》卷二）沈德潜也说："或谓末二句与通体不配。今玩其语意，见山远而人寡也，非寻常写景可比。"（《唐诗别裁》卷九）

这些意见都不错，然而"玩其语意"，似乎还可以领会到更多的东西。第一，"欲投人处宿"这个句子分明有个省略了的主语"我"，因而有此一句，便见得"我"在游山，句句有"我"，处处有"我"，以"我"观物，因景抒情。第二，"欲投人处宿"而要"隔水问樵夫"，则"我"还要留宿山中，明日再游，而山景之赏心悦目，诗人之避喧好静，也不难于言外得之。第三，诗人既到"中峰"，则"隔水问樵夫"的"水"实际上是深沟大涧；那么，他怎么会发现那个"樵夫"呢？"樵夫"必砍樵，就必然有树林，有音响。诗人寻声辨向，从"隔水"的树林里欣然发现樵夫的情景，不难想见。既有"樵夫"，则知不太遥远的地方必然有"人处"，因而问何处可以投宿，"樵夫"口答手指，诗人侧首遥望的情景，也不难想见。

总起来看，这首诗的主要特点和优点是善于"以不全求全"，从而收到了"以少总多""意余于象"的艺术效果。

野　望①

[唐]　王　绩

东皋②薄暮③望，徙倚④欲何依⑤。
树树皆秋色，山山唯落晖⑥。
牧人驱犊⑦返，猎马带禽⑧归。

相顾无相识，长歌怀采薇⑨。

诗文注释

①选自《东皋子集》卷中。王绩（约589—644），字无功，绛州龙门（现在山西河津）人，唐代诗人。

②东皋(gāo)：诗人隐居的地方。

③薄暮：傍晚。

④徙倚(xǐyǐ)：徘徊。

⑤依：归依。

⑥落晖：落日。

⑦犊(dú)：小牛，这里指牛群。

⑧禽：鸟兽，这里指猎物。

⑨采薇：薇，是一种植物。相传周武王灭商后，伯夷、叔齐不愿做周的臣子，在首阳山上采薇而食，最后饿死。古时"采薇"代指隐居生活。

诗文翻译

傍晚时分站在东皋纵目远眺，徘徊不定不知归依何方。层层树林都染上秋天的色彩，重重山岭披覆着落日的余光。牧人驱赶着牛群返回，猎人带着猎物回去。我看到这些人又并不认识，长声歌唱《诗经》中"采薇"的诗句。

诗文赏析

全诗于萧瑟怡静的景色描写中流露出孤独抑郁的心情，抒发了惆怅、孤寂的情怀。"东皋薄暮望，徙倚欲何依。""皋"是水边地，"东皋"，指他家乡绛州龙门的一个地方。他归隐后常游北山、东皋，自号"东皋子"。"徙倚"是徘徊的意思。"欲何依"，化用曹操《短歌行》中"月明星稀，乌鹊南飞。绕树三匝，何枝可依"的意思，表现了百无聊赖的彷徨心情。

下面四句写薄暮中所见景物："树树皆秋色，山唯落晖。牧人驱犊返，猎马带禽归。"举目四望，到处是一片秋色，在夕阳的余晖中越发显得萧瑟。在这静谧的背景之上，牧人与猎马的特写，带着牧歌式的田园气氛，使整个画面活动了起来。这四句诗宛如一幅山家秋晚图，光与色，远景与近景，静态与动态，搭配得恰到好处。

然而，王绩还不能像陶渊明那样从田园中找到慰藉，所以最后说："相顾无相识，长歌怀采薇。"说自己在现实中孤独无依，只好追怀古代的隐士，和伯夷、叔齐那样的人交朋友了。

读熟了唐诗的人，也许并不觉得这首诗有什么特别好的地方。可是，如果沿着诗歌史的顺序，从南朝的宋、齐、梁、陈一路读下来，忽然读到这首《野望》，便会为它的朴素而叫好。南朝诗风大多华靡艳丽，好像浑身裹着绸缎的珠光宝气的贵妇。从贵妇堆里走出来，忽然遇见一位荆钗布裙的村姑，她那不施脂粉的朴素美就会产生特别的魅力。王绩的《野望》便有这样一种朴素的好处。

这首诗的体裁是五言律诗。自从南朝齐永明年间，沈约等人将声律的知识运用到诗歌创作当中，律诗这种新的体裁就已酝酿着了。到初唐的沈佺期、宋之问手里律诗遂定型化，成为一种重要的诗歌体裁。而早于沈、宋六十余年的王绩，已经能写出《野望》这样成熟的律诗，说明他是一个勇于尝试新形式的人。这首诗首尾两联抒情言事，中间两联写景，经过情——景——情这一反复，诗的意思更深化了一层。这正符合律诗的一种基本章法。

本诗描绘了萧瑟恬静的秋天黄昏景色，表现了诗人当时孤独、抑郁的心情。

王绩《野望》作品取境开阔，风格清新，属对工整，格律谐和，是唐初最早的五言律诗之一。王尧衢曰："此诗格调最清，宜取以压卷。视此，则律中起承转合了然矣。"

宿王昌龄隐居

[唐] 常 建

清溪深不测,隐处唯①孤云。

松际露微月,清光犹为君。

茅亭宿②花影,药院滋苔纹。

余③亦谢时④去,西山鸾鹤⑤群⑥。

诗文注释

①唯:只有。
②宿:比喻夜静花影如眠。
③余:我。
④谢时:辞去世俗之累。
⑤鸾鹤:古代常指仙人的禽鸟。
⑥群:与……为伍。

诗文翻译

清溪之水深不可测,隐居之处只有孤云。松林中间明月微露,洒下清辉似为郎君。茅亭花影睡意正浓,芍药园圃滋生苔纹。我也想要谢绝世俗,来与西山鸾鹤合群。

诗文赏析

这是一首写山水的隐逸诗。开头两句写王昌龄隐居之所在乃隐居佳境,别有洞天。中间四句写夜宿此地之后,顿生常住之情,即景生情,一目了然。最后两句写自己的归志,决心跃然。

全诗善于在平易的写景中,蕴含深长的比兴寄喻,形象明朗,诗旨含蓄,而意向显豁,发人联想。"茅亭宿花影,药院滋苔纹"可见炼字功深,又可作对仗效法。

本诗在盛唐已传为名篇,到清代,更受"神韵派"的推崇,同《题破山寺后禅院》并为常建代表作品。

常建和王昌龄是开元十五年(727)同科进士及第的宦友和好友。但在出仕后的经历和归宿却不大相同。常建"沦于一尉",只做过盱眙县尉,此后便辞官归隐于武昌樊山,即西山。王昌龄虽然仕途坎坷,却并未退隐。题曰"宿王昌龄隐居",一是指王昌龄出仕前隐居之处,二是说当时王昌龄不在此地。

王昌龄及第时大约已有三十七岁。此前,他曾隐居石门山,在今安徽含山县境内,即本诗所说的"清溪"之所在。常建任职的盱眙,即今江苏盱眙,与石门山分处淮河南北。常建辞官西返武昌樊山,大概渡淮绕道不远,就近到石门山一游,并在王昌龄隐居处住了一夜。首联写王昌龄隐居所在。"深不测"一作"深不极",并非指水的深度,而是说清溪水流入石门山深处,见不到头。王昌龄隐居处便在清溪水流入的石门山上,望去只看见一片白云。齐梁隐士、"山中宰相"陶弘景对齐高帝说:"山中何所有?岭上多白云。只可自怡悦,不堪持赠君。"因而山中白云便沿为隐者居处的标志,清高风度的象征。但陶弘景是著名阔隐士,白云多;王昌龄却贫穷,云也孤,而更见出清高。清人徐增说:"惟见孤云,是昌龄不在,并觉其孤也。"这样理解,也具情趣。

中间两联即写夜宿王昌龄隐居处所见所感。王昌龄住处清贫幽雅,一座孤零零的茅屋,即所谓"茅亭"。屋前有松树,屋边种花,院里芍药,见出他的为人和情趣,独居而情不孤,遁世而爱生活。常建夜宿此地,举头望见松树梢头,明月升起,清光照来,格外有情,而无心可猜。想来明月不知今夜主人不在,换了客人,依然多情来伴,故云"犹为君",

"君"指王昌龄。这既暗示王昌龄不在,更表现隐逸生活的清高情趣。夜宿茅屋是孤独的,而抬眼看见窗外屋边有花影映来,也别具情意。到院里散步,看见王昌龄养的药草长得很好。因为久无人来,路面长出青苔,所以茂盛的药草却滋养了青苔。这又暗示主人不在已久,更在描写隐逸情趣的同时,流露出一种惋惜和期待的情味,表现得含蓄微妙。

末联便写自己的归志。"鸾鹤群"用江淹《登庐山香炉峰》"此山具鸾鹤,往来尽仙灵"语,表示将与鸾鹤仙灵为侣,隐逸终生。这里用了一个"亦"字,很妙。实际上这时王昌龄已登仕路,不再隐居。这"亦"字是虚晃,故意也是善意地说要学王昌龄隐逸,步王昌龄同道,借以婉转地点出讽劝王昌龄坚持初衷而归隐的意思。其实,这也就是本诗的主题思想。题曰"宿王昌龄隐居",旨在招王昌龄归隐。

这首诗的艺术特点确同《题破山寺后禅院》,"其旨远,其兴僻,佳句辄来,唯论意表"。诗人善于在平易的写景中蕴含着深长的比兴寄喻,形象明朗,诗旨含蓄,而意向显豁,发人联想。就此诗而论,诗人巧妙地抓住王昌龄从前隐居的旧地,深情地赞叹隐者王昌龄的清高品格和隐逸生活的高尚情趣,诚挚地表示讽劝和期望仕者王昌龄归来的意向。因而在构思和表现上,"唯论意表"的特点更为突出,终篇都赞此劝彼,意在言外,而一片深情又都借景物表达,使王昌龄隐居处的无情景物都充满对

王昌龄的深情,愿王昌龄归来。但手法又只是平实描叙,不拟人化。所以,其动人在写情,其悦人在传神,艺术风格确实近王维、孟浩然一派。

参考资料

[1] 陈宏. 浅谈陶渊明山水田园诗[J]. 宿州教育学院学报,2009(3).

[2] 祁生贵. 浅析王维山水诗的禅意特征[J]. 青海师范大学学报(哲学社会科学版),2008(4).

[3] 龙志坚,舒解生. 论禅宗与唐诗之融通[J]. 南华大学学报(社会科学版),2004(1).

[4] 詹福瑞等. 李白诗全译[M]. 石家庄:河北人民出版社,1997.

[5] 裴斐. 李白诗歌赏析集[M]. 成都:巴蜀书社,1988.

[6] 萧涤非等. 唐诗鉴赏辞典[M]. 上海:上海辞书出版社,1983.

[7] 张勇编著. 王维诗全集 汇校汇注汇评[M]. 武汉:崇文书局,2017.

[8] 刘首顺著. 唐诗三百首全译[M]. 西安:陕西人民教育出版社,1997.

[9] 彭定求等. 全唐诗(上)[M]. 上海:上海古籍出版社,1986.

[10] 于海娣等. 唐诗鉴赏大全集[M]. 北京:中国华侨出版社,2010.

"黄沙百战穿金甲,不破楼兰终不还"——边塞诗

边塞诗通常表达的思想感情有
1. 抒发渴望建功立业、报效国家的豪情
2. 状写边塞戍边生活的单调艰辛
3. 表现连年征战的残酷
4. 反映对帝王黩武开边的不满
5. 抒发对将军贪功启衅的冤情
6. 描摹边地绝域的奇异风光和独特的民风民俗等

唐朝开元、天宝年间形成的一个以反映唐朝边界战争生活为主要内容的诗歌流派。代表作家有高适、岑参等诗人。主张以诗歌来反映边塞的山川景物和风土人情;表现从军边塞、杀敌报国的意志;讴歌边塞将士不畏辛劳、保卫边陲的战斗精神;抒发御敌建功的愿望和安边定远的思想;描写将士和亲人相互思念的深沉情感;讽刺并劝谏拓土开边、穷兵黩武的统治者。诗中流露的也可能是矛盾的复杂的情感:慷慨从军与久戍思乡的无奈,卫国激情与艰苦生活的冲突,献身为国与痛恨庸将无能的悲慨。边塞诗的意象:烽火、狼烟、马、宝剑、铠甲、孤城、羌笛、雁、鹰等。在创作风格上多以雄浑豪放、奔腾峻伟见长。盛唐边塞诗派的出现,开拓了我国古代诗歌题材的一个广阔的领域,表现了盛唐时期激昂壮阔的时代风貌。

盛唐是边塞诗创作的鼎盛时期,涌现了著名的边塞诗派,代表诗人有高适、岑参、王昌龄、李颀、王维等。高适《燕歌行》、岑参《白雪歌送武判官归京》《走马川行奉送封大夫出师西征》等七言长篇歌行代表了盛唐边塞诗的美学风格,即雄浑、磅礴、豪放、浪漫、悲壮、瑰丽。除此之外,盛唐大诗人李白、杜甫都写过边塞诗,这些边塞诗成为他们的代表作的一部分。如:李白的《关山月》《塞下曲》、六首《战城南》《北风行》,杜甫的《兵车行》《前出塞九首》《后出塞六首》等等。另外一些诗人也有边塞诗的名篇传世,如王昌龄有《出塞》《从军行》,王之涣有《出塞》,王翰有《凉州词》。盛唐诗成为边塞诗创作的顶点。

边塞诗的表现手法主要有比喻、夸张、对比、烘托、用典、白描等。如王翰的《凉州词》中写道:"醉卧沙场君莫笑,古来征战几人回?"中的"古来征战几人回"一句就运用了夸张的表现手法,突出了当时战士庆功场面的紧张与激烈。而在王之涣的《凉州词》中的"春风不度玉门关"一句也同样运用了夸张的手法,以此将作者内心的愁苦、思乡之情表达得淋漓尽致。又如王昌龄的《从军行》中的"不破楼兰终不还"一句则运用了用典的手法,"楼兰"一词原为汉代西域国名,这里则泛指当时骚扰西北边疆的敌人。

根据边塞诗选材的角度和表达的情感内容上的不同,边塞诗主要有以下几种类型:

一、从戍边战士的角度,或写战争的惨烈,或写报国的豪情。以王昌龄的《从军行》为例:"青海长云暗雪山,孤城遥望玉门关。黄沙百战穿金甲,不破楼兰终不还。"这首诗以戍边战士的视角,既让我们想见战争的残酷激烈、战事的频繁不断,又让我们看到了战士誓死报国的豪情壮志,以及最后必胜的坚定信念。

二、从闺中主妇的角度,批判战争破坏了人民和平安宁的生活。从思妇的角度写战争给人民带来的苦难,形成独特的边塞闺怨诗。以金昌绪的《春怨》为例:"打起黄莺儿,莫教枝上啼。啼时惊妾梦,不得到辽西。"长年戍边的亲人还健康地活着吗?每天吃得饱吗?身上的棉衣能否御寒?这一切,都让思妇担心、牵挂,而这些担心、牵挂无法得到排解,思念之极就不自觉地出现在白日梦中了。在梦中与思念的人儿相会,也是一种苦涩的幸福啊,难怪女主人要赶走可爱的黄莺鸟。这种无理而有情的动

作正揭示了战争破坏了人民安宁的生活,看起来它是一首抒写儿女之情的小诗,实则有深刻的时代内容,反映了当时兵役制下广大人民所承受的痛苦。

三、从旁观者的角度,控诉战争的罪恶。杜甫在《兵车行》中沉痛地写到:"信知生男恶,反是生女好""君不见,青海头,古来白骨无人收。新鬼烦冤旧鬼哭,天阴雨湿声啾啾"。战争使得无数的家庭背井离乡,使得无数的战士变成累累白骨!高适在《燕歌行》里用对比的手法展示了这样一幅画面:"战士军前半死生,美人帐下犹歌舞。"一方面是前线的战士浴血奋战,随时都有战死的可能;另一方面却是将领们纵情声色、歌舞升平。

四、从将士的角度,写因长期戍边而产生的精神上的痛苦。王昌龄的《从军行》较为典型:"琵琶起舞换新声,总是关山旧别情。撩乱边愁听不尽,高高秋月照长城。"这里的"边愁"有对于现实的忧愁、建功立业的渴盼,更有离乡背井抛妇别雏的痛楚、无限的乡愁。宋人范仲淹的《渔家傲》和《苏幕遮》也表达了因长期戍边又毫无结果而产生的思乡之情:"浊酒一杯家万里,燕然未勒归无计""人不寐,将军白发征夫泪""黯乡魂,追旅思,夜夜除非,好梦留人睡""酒入愁肠,化作相思泪"。这些都是表达思乡之情的典型诗句。

边塞征战诗是最能体现国运兴衰的作品,因此,在接触这类作品时,首先对作者所处的时代应有所了解。

请看显示作者铁板钢牙、激昂斗志的一首七绝:李贺的《南园十三首(其五)》"男儿何不带吴钩,收取关山五十州。请君暂上凌烟阁,若个书生万户侯?"诗起句峻急,次句犹悬流飞瀑,从高处跌下,气势磅礴。一、二两句十四字一气呵成,节奏明快,与诗人那昂扬的意绪和紧迫的心情十分契合。首句"何不"二字极富表现力,它不只构成了特定句式,而且强调了反诘的语气,增强了诗句传情达意的力量。联系现实,我们可读出诗人面对烽火连天、战乱不已的局面,焦急万分,恨不得身佩宝刀,奔赴沙场,保卫家邦的复杂感情。"何不"云云,反躬自问,又势在必行之意,又暗示出危急的军情和诗人焦虑不安的心境。此外,它还使人感受到诗人那沉郁已久的愤懑情怀。三、四两句诗人不禁要问:封侯拜相,绘像凌烟阁的,哪有一个是书生出身?这里不用

陈述句,而用祈使句和设问句,牢骚的意味显得更浓郁。看起来,诗人从反面衬托投笔从戎的必然性,但实际上,这里是进一步抒发了怀才不遇的愤激情怀。由昂扬激越转入沉郁哀怨,既见出反衬的笔法,又见出起伏的节奏,峻急中作回荡之姿。就这样,诗人把自己复杂的思想感情表现在诗歌的节奏里,使读者从节奏的感染中加深对主题的理解、感受。

鉴赏这类诗作还应注意,在边塞征战的大题材下,每首诗歌还有各自的思想感情特点,我们应给予具体的分析。

如:王翰的《凉州词》"葡萄美酒夜光杯,欲饮琵琶马上催。醉卧沙场君莫笑,古来征战几人回?"对于这首诗,历来有两种观点。一种认为应用低沉、伤感、悲凉、反战等词语来概括这首诗;另一种观点以清人施补华为代表,他评论后两句说"作悲伤语读便浅,作谐谑语便妙,在学人领悟"。这里,我们认为施补华的观点很有道理。为什么"作悲伤语读便浅"呢?因为此诗不是在宣扬战争的可怕,也不是表现对戎马生涯的厌恶,更不是对生命不保的咏叹。先来看诗中的欢宴场面:耳听欢快、激越的琵琶声,战士们神采飞扬,畅饮正酣,一阵痛饮后,便醉态微微了,也许有人想放松了吧,这时座中便有人高叫:怕什么,醉就醉吧,就是醉死沙场,也请诸位莫笑。"古来征战几人回",我们不是将生死置之度外了吗?可见三、四两句是席间的劝酒之语,而并不是悲伤之情,而是为尽情酣醉寻得了最具有环境和性格特征的"理由"。"醉卧沙场"表现出来的不仅是豪放、开朗、兴奋的感情,还有着视死如归的勇气,这和豪华的宴席所显示的热烈气氛是一致的。这是一个欢乐的盛宴,那场面和意境绝不是一两个人在那儿浅斟低酌,借酒浇愁。它那明快的语言,跳跃跌宕的节奏所反映出来的情绪是奔放的狂热的;它给人的是一种激动和向往的艺术魅力,这正是盛唐边塞诗的特色。

在大量的边塞征战诗中,体现出的艺术风格是很不相同的,我们应对诗歌的字词句进行细细地品味。

以杜甫的《前出塞》为例:"挽弓当挽强,用箭当用长。射人先射马,擒贼先擒王。杀人亦有限,列国自有疆。苟能制侵陵,岂在多杀伤?"诗的前四句,很像是当时军中流行的作战歌诀,颇富韵致,饶有兴趣,深得议论要领。两个"当",两个"先"妙语

连珠,开人胸臆,提出了作战步骤的关键所在,强调部队要强悍,士气要高昂,对敌有方略,智勇须并用。四句以排句出之,如数家珍,宛如总结战斗经验。从艺术构思上说,作者采用了先扬后抑的手法:前四句以通俗而富哲理的谣谚体开势,讲如何练兵用武,怎样克敌制胜;后四句却写如何节制武功,力避杀伐,逼出"止戈为武"的本旨。先行辅笔,后行主笔;辅笔与主笔之间,看似掠转,实是顺接,看似矛盾,实为辩证。因为如无可靠的武备,就不能制止外来侵略;但自恃强大而穷兵黩武,也是不可取的,所以诗人主张既拥强兵,又以"制侵陵"为限,才符合最广大人民的利益。

逢入京使①

[唐] 岑 参

故园②东望路漫漫③,
双袖龙钟④泪不干。
马上相逢无纸笔,
凭⑤君传语⑥报平安。

诗文注释

①入京使:回京的使者。
②故园:指长安和自己在长安的家园。
③漫漫:形容路途遥远。
④龙钟:形容流泪的样子,这里是沾湿的意思。
⑤凭:凭借,依靠。
⑥传语:捎口信。

诗文翻译

回头东望故园千里,路途遥远弥漫,思乡之泪沾湿双袖难擦干。途中与君马上邂逅,修书却无纸笔,只有托你捎个口信,回家报个平安。

诗文赏析

"故园东望路漫漫",写的是眼前的实际感受。诗人已经离开"故园"多日,正行进在去往西域的途中,回望东边的家乡长安城当然是漫漫长路,思念之情不免袭上心头,乡愁难收。"故园",指的是在长安的家;"东望",点明长安的位置。

"双袖龙钟泪不干",意思是说思乡之泪怎么也擦不干,以至于把两支袖子都擦湿了,可眼泪就是止不住。这句运用了夸张的修辞手法表现思念亲人之情,也为下文写捎书回家"报平安"做了一个很好的铺垫。

"马上相逢无纸笔,凭君传语报平安",这两句是写遇到入京使者时欲捎书回家报平安又苦于没有纸笔的情形,完全是马上相逢行者匆匆的口气,写得十分传神。走马相逢,没有纸笔,也顾不上写信了,就请你给我捎个平安的口信到家里吧!岑参此行是抱着"功名只向马上取"的雄心,此时,心情是复杂的。他一方面有对帝京、故园相思眷恋的柔情,另一方面也表现了诗人开阔豪迈的胸襟。

这首诗语言朴素自然,充满了浓郁边塞生活气息,既有生活情趣,又有人情味道,清新明快,余味深长,不加雕琢,信口而成,而又感情真挚。诗人善于把许多人心头所想、口里要说的话,用艺术手法加以提炼和概括,使之具有典型的意义。清人刘熙载曾说:"诗能于易处见工,便觉亲切有味。"(见《艺概·诗概》)在平易之中而又显出丰富的韵味,自能深入人心,历久不忘。岑参这首诗,正有这一特色。钟惺评此诗:"只是真。"谭元春曰:"人人有此事,从来不曾写出,后人蹈袭不得。所以可久。"(《唐诗归》卷十三)沈德潜曰:"人人胸臆中语,却成绝唱。"

《唐诗别裁集》卷十九）

诗写游客邂逅京使，托他捎带口信回家的情境。诗来自生活，反映生活，信手写去，不事雕琢，

亲切有味，真挚感人。"马上相逢无纸笔，凭君传语报平安"是生活中常见之事，一经艺术提炼概括，多么典雅感人，富有生气！

从军行①（其四）

〔唐〕 王昌龄

青海②长云暗雪山③，
孤城④遥望玉门关⑤。
黄沙百战穿⑥金甲⑦，
不破楼兰⑧终不还。

诗文注释

①从军行：乐府旧题，内容多写军队战争之事。
②青海：指青海湖。
③雪山：这里指甘肃省的祁连山。
④孤城：当时青海地区的一座城。一说孤城即玉门关。
⑤玉门关：汉武帝置，因西域输入玉石取道于此而得名。故址在今甘肃敦煌西北小方盘城。六朝时关址东移至今安西双塔堡附近。
⑥穿：磨破。
⑦金甲：战衣，金属制的铠甲。
⑧楼兰：汉代西域国名，这里泛指当时骚扰西北边疆的敌人。

诗文翻译

青海上空的阴云遮暗了雪山，遥望着远方的孤城玉门关。塞外的将士身经百战磨穿了盔和甲，不打败西部的敌人誓不回来。

诗文赏析

"青海长云暗雪山，孤城遥望玉门关。"青海湖上空，长云弥漫；湖的北面，横亘着绵延千里的隐隐的雪

山；越过雪山，是矗立在河西走廊荒漠中的一座孤城；再往西，就是和孤城遥遥相对的军事要塞——玉门关。这幅集中了东西数千里广阔地域的长卷，就是当时西北戍边将士生活、战斗的典型环境。它是对整个西北边陲的一个鸟瞰，一个概括。

为什么特别提及青海与玉门关呢？这跟当时民族之间战争的态势有关。唐代西、北方的强敌，一是吐蕃，一是突厥。河西节度使的任务是隔断吐蕃与突厥的交通，一镇兼顾西方、北方两个强敌，主要是防御吐蕃，守护河西走廊。"青海"地区，正是吐蕃与唐军多次作战的场所；而"玉门关"外，则是突厥的势力范围。

所以这两句不仅描绘了整个西北边陲的景象，而且点出了"孤城"南拒吐蕃，西防突厥的极其重要的地理形势。这两个方向的强敌，正是戍守"孤城"的将士心之所系，宜乎在画面上出现青海与玉门关。与其说，这是将士望中所见，不如说这是将士脑海中浮现出来的画面。这两句在写景的同时渗透丰富复杂的感情：戍边将士对边防形势的关注，对自己所担负的任务的自豪感、责任感，以及戍边生活的孤寂、艰苦之感，都融合在悲壮、开阔而又迷蒙暗淡的景色里。

三、四两句由情景交融的环境描写转为直接抒情。"黄沙百战穿金甲"，是概括力极强的诗句。戍边时间之漫长，战事之频繁，战斗之艰苦，敌军之强

悍,边地之荒凉,都于此七字中概括无遗。"百战"是比较抽象的,冠以"黄沙"二字,就突出了西北战场的特征,令人宛见"日暮云沙古战场"的景象;"百战"而至"穿金甲",更可想见战斗之艰苦激烈,也可想见这漫长的时间中有一系列"白骨掩蓬蒿"式的壮烈牺牲。但是,金甲尽管磨穿,将士的报国壮志却并没有销磨,而是在大漠风沙的磨炼中变得更加坚定。

"不破楼兰终不还",就是身经百战的将士豪壮的誓言。上一句把战斗之艰苦、战事之频繁写得越突出,这一句便越显得铿锵有力,掷地有声。一、二两句,境界阔大,感情悲壮,含蕴丰富;三、四两句之间,显然有转折,二句形成鲜明对照。"黄沙"句尽

管写出了战争的艰苦,但整个形象给人的实际感受是雄壮有力,而不是低沉伤感的。

因此末句并非嗟叹归家无日,而是在深深意识到战争的艰苦、长期的基础上所发出的更坚定、深沉的誓言,盛唐优秀边塞诗的一个重要的思想特色,就是在抒写戍边将士的豪情壮志的同时,并不回避战争的艰苦,本篇就是一个显例。可以说,三、四两句这种不是空洞肤浅的抒情,正需要有一、二两句那种含蕴丰富的大处落墨的环境描写。典型环境与人物感情高度统一,是王昌龄绝句的一个突出优点,这在本篇中也有明显的体现。全诗表明了将士们驻守边关的宏伟壮志。

营 州 歌

[唐] 高 适

营州①少年厌②原野,
孤裘蒙茸猎城下。
虏酒③千钟不醉人,
胡儿④十岁能骑马。

诗文注释

①营州:唐代东北边塞,治所在今辽宁朝阳。
②厌:同"餍",饱。这里作饱经、习惯于之意。
③虏酒:指当地少数民族酿造的酒。
④胡儿:少数民族的孩子。

诗文翻译

营州一带的少数民族青少年习惯于在原野上生活,他们十岁时就学会了骑马,穿着毛茸的狐皮袍子,在城外打猎,他们个个性格粗犷豪放,喝起酒来千钟也不醉。

诗文赏析

唐代东北边塞营州,原野丛林,水草丰盛,各族杂居,牧猎为生,习尚崇武,风俗犷放。高适这首绝句有似风情速写,富有边塞生活情趣。

从中原的文化观念看,穿着毛茸茸的狐皮袍子在城镇附近的原野上打猎,似乎简直是粗野的儿戏,而在营州,这些却是日常生活,反映了地方风尚。生活在这里的汉、胡各族少年,自幼熏陶于牧猎骑射之风,养就了好酒豪饮的习惯,练成了驭马驰骋的本领。即使是边塞城镇的少年,也浸沉于这样的习尚,培育了这样的性情,不禁要在城镇附近就犷放地打起猎来。诗人正是抓住了这似属儿戏的城下打猎活动的特殊现象,看到了边塞少年神往原野的天真可爱的心灵,粗犷豪放的性情,勇敢崇武的精神,感到新鲜,令人兴奋,十分欣赏。诗中少年形象生动鲜明。"狐裘蒙茸",见其可爱之态;"千钟不醉",见其豪放之性;"十岁骑马",见其勇悍之状。这一切又都展示了典型的边塞生活。

这首绝句的艺术特点是构思上即兴寄情;表现上白描直抒,笔墨粗放。诗人仿佛一下子就被那城下少年打猎活动吸引住,好像出口成章地赞扬他们生龙活虎的行为和性格,一气呵成,不假思索。它的细节描写如实而有夸张,少年性格典型而有特

点。诗人善于抓住生活现象的本质和特征,并能准确而简练地表现出来,洋溢着生活气息和浓郁的边塞情调。在唐人边塞诗中,这样热情赞美各族人民生活习尚的作品,实在不多,因而这首绝句显得可贵。

夜上受降城闻笛

〔唐〕李　益

回乐烽①前沙似雪,
受降城②外月如霜。
不知何处吹芦管③,
一夜征人尽望乡。

诗文注释

①回乐烽:当地烽火台。唐代有回乐县,灵州治所,在今宁夏回族自治区灵武市西南。
②受降城:回乐县的别称。
③芦管:笛子。

诗文翻译

回乐烽前的沙地白得像雪,受降城外的月色有如秋霜。不知何处吹起凄凉的芦管,一夜间征人个个眺望故乡。

诗文赏析

这是一首抒写戍边将士乡情的诗作。诗题中的受降城,是灵州治所回乐县的别称。在唐代,这里是防御突厥、吐蕃的前线。一说受降城是唐高宗时朔方总管张仁愿为抵御突厥的入侵而建筑的,有东、西、中三城。实误。诗题通过"闻笛",感受到吹笛人浓烈的乡思和满心的哀愁之情。

诗的开头两句,写登城时所见的月下景色。远望回乐城东面数十里的丘陵上,耸立着一排烽火

台。丘陵下是一片沙地,在月光的映照下,沙子像积雪一样洁白而带有寒意。近看,但见高城之外,天上地下满是皎洁、凄冷的月色,有如秋霜那样令人望而生寒。这如霜的月光和月下雪一般的沙漠,正是触发征人乡思的典型环境。而一种置身边地之感、怀念故乡之情,隐隐地袭上了诗人的心头,营造了一种寂寥、凄清的征人乡思的典型环境。在这万籁俱寂的静夜里,夜风送来了凄凉幽怨的芦笛声,更加唤起了征人望乡之情。"不知何处吹芦管,一夜征人尽望乡","不知"两字写出了征人迷惘的心情,"尽"字又写出了他们无一例外的不尽的乡愁。

从全诗来看,前两句写的是色,第三句写的是声;末句抒心中所感,写的是情。前三句都是为末句直接抒情作烘托、铺垫。开头由视觉形象引动绵绵乡情,进而由听觉形象把乡思的暗流引向滔滔的感情的洪波。前三句已经蓄势有余,末句一般就用直抒写出。李益却蹊径独辟,让满孕之情在结尾处打个回旋,用拟想中的征人望乡的镜头加以表现,使人感到句绝而意不绝,在戛然而止处仍然漾开一个又一个涟漪。这首诗艺术上的成功,就在于把诗中的景色、声音、感情三者融合为一体,将诗情、画意与音乐美熔于一炉,组成了一个完整的艺术整

体,意境浑成,简洁空灵,而又具有含蕴不尽的特点。

这首诗写出了征人眼前之景,心中之情,感人肺腑。刘禹锡《和令狐相公言怀寄河中杨少尹》中提到李益,有"边月空悲芦管秋"句,即指此诗。可见此诗在当时已传诵很广。《唐诗纪事》说这首诗在当时便被度曲入画。仔细体味全诗意境,的确也是谱歌作画的佳品。因而被谱入弦管,天下传唱,成为中唐绝句中出色的名篇之一。

塞下曲六首(其一)

〔唐〕 李 白

五月天山雪,无花只有寒。
笛中闻折柳,春色未曾看。
晓战随金鼓,宵眠抱玉鞍。
愿将腰下剑,直为斩楼兰。

作品赏析

首句言"五月天山雪",已经扣紧题目。五月,在内地正值盛夏。韩愈说"五月榴花照眼明,枝间时见子初成",赵嘏(gǔ)说"和如春色净如秋,五月商山是胜游"。但是,李白所写五月却在塞下,在天山,自然,所见所感也就迥然有别。天山孤拔,常年被积雪覆盖。这种内地与塞下在同一季节的景物上的巨大反差,被诗人敏锐地捕捉,然而,他没有具体细致地进行客观描写,而以轻淡之笔徐徐道出自己内心的感受"无花只有寒"。"寒"字,隐约透露出诗人心绪的波动,何况寒风之中又传来《折杨柳》的凄凉曲调呢!春天在边疆是看不到的,人们只能从笛曲之中去领受,去回味。《折杨柳》为乐府横吹曲,多写行客的愁苦。在这里,诗人写"闻折柳",当亦包含着一层苍凉寒苦的情调。他是借听笛来渲染烘托这种气氛。沈德潜评论《塞下曲》前四句说:"四语直下,从前未具此格。"又说:"一气直下,不就羁缚。"诗为五律,依惯例当于第二联作意思上的承转,但是李白却就首联顺势而下,不肯把苍凉情绪稍做收敛,这就突破了格律诗的羁绊,以气脉直行,放纵不拘,语淡而雄浑为其特色了。

"晓战随金鼓,宵眠抱玉鞍。"古代出征要敲击钲、鼓,用来节制士卒进退,五、六两句,写的正是这种情况。语意转折,已由苍凉变为雄壮。诗人设想:自己来到边塞,就在天山脚下,整日过着紧张的战斗生活。白天在钲、鼓声中行军作战,晚上就抱着马鞍子打盹儿。这里,"晓战"与"宵眠"相对应,当是作者有意在概括军中一日的生活,其军情之紧张急迫,跃然纸上。"随"字,摹状士卒得令行禁止。"抱"字,描绘士卒夜间警备的情况。二句写的是士卒的生活场景,而他们守边备战,人人奋勇,争为功先的心态则亦尽情流露出来。

尾联"愿将腰下剑,直为斩楼兰"。据《汉书·傅介子传》:"汉代地处西域的楼兰国经常杀死汉朝使节,傅介子出使西域,楼兰王贪他所献金帛,被他诱至帐中杀死,遂持王首而还。"这里是借用傅介子慷慨复仇的故事,表现诗人甘愿赴身疆场,为国杀敌的雄心壮志。"直"与"愿"字呼应,语气斩截强烈,一派心声,喷涌而出,自有夺人心魄的艺术感召力。

这结尾的雄快有力,与前六句的反面烘托之功是分不开的。没有那样一个艰苦的背景,则不足以显如此卓绝之精神。"总为末二语作前六句"(王夫之),此诗所以极苍凉而极雄壮,意境浑成。如开口便作豪语,转觉无力。这写法与"黄沙百战穿金甲,不破楼兰终不还"二语有异曲同工之妙。此诗不但篇法独造,对仗亦不拘常格,"于律体中以飞动飘姚(也作"剽姚",劲疾貌)之势,运旷远奇逸之思"(姚鼐),自是五律别调佳作。

参考资料

[1] 唐惠忠. 古诗分类鉴赏指要[J]. 中学语文. 读写新空间，2010(6).

[2] 洪春鸣. 古代诗歌分类鉴赏[J]. 银川：宁夏人民教育出版社，2011.

[3] 于海娣等. 唐诗鉴赏大全集[M]. 北京：中国华侨出版社，2010.

[4] 蘅塘退士等. 唐诗三百首·宋词三百首·元曲三百首[M]. 北京：华文出版社，2009.

[5] 萧涤非等. 唐诗鉴赏辞典[M]. 上海：上海辞书出版社，1983.

[6] 孙钦善，武青山，陈铁民，何双生. 高适岑参诗选[M]. 北京：人民文学出版社，1985.

[7] 何诚斌编. 古诗精选[M]. 兰州：甘肃文化出版社，2002.

[8] 刘琦，周奇文. 塞漠雄魂[M]. 长春：吉林文史出版社，1997.

[9] 朱福生编写. 新课标初中必背古诗词[M]. 上海：上海远东出版社，2003.

"曾经沧海难为水,除却巫山不是云"——爱情诗

爱情诗思想内容常见专业术语:

1.表达对恋人的挚爱

2.抒写对自由幸福的爱情生活的追求

3.倾泻对负心人的怨恨

4.抒发两地相思之苦

5.揭露控诉扼杀自由爱情婚姻的罪恶等

在人类文明史上,爱情是一个永恒的主题,而表现这个主题最为精练的文学形式便是爱情诗。爱情诗,抒发男女间爱情的诗,尤指男人对女人的诗,是诗的一种,是爱情表达的一种形式。诗人可以写情诗,一般的人也可以写情诗。情诗的定义简单说来就是情人之间传达爱意的诗。古往今来都不乏脍炙人口、感人肺腑的爱情诗歌精品,并且拥有大量的读者,这在中国或者外国情况都是如此。

爱情没有模式。有欢乐的爱情也有痛苦的爱情,有清纯的爱情也有压抑的爱情。爱情的多种多样,使得诗人笔下的爱情诗也千姿百态。不管怎样,这些爱情诗都是诗人的观念、诗人的诉求、诗人的愿望、诗人的评价等的反映。

爱情因时代不同而异。不同的时代有不同的时代风貌和社会状况,爱情的情状和爱情的观念也因之千差万别。正是这种千差万别,给诗人提供了丰富无比的创作源泉,文学宝库也因此增添了许多闪光的爱情诗篇。

我国的诗歌发展有着几千年的历史,而作为其中一个重要的组成部分,中国古典爱情诗从数量和内容上看都是繁复的。而中国古典爱情诗又可以分成两大类:即古代民歌中的爱情诗和文人创作的爱情诗。这两类爱情诗构成了中国古典爱情诗的主体,它们之间存在着较大的区别,同时也有一定的联系。但无论是古代民歌中的爱情诗,抑或是文人创作的爱情诗,在几千年封建历史中都不可避免地与封建政治文化有千丝万缕的联系。

古代民歌中的爱情诗较文人创作的爱情诗更为古老(这也是中国诗歌发展的一般规律,中国诗歌正是起源于广大劳动人民创作的民歌),从《诗经·国风》、汉魏六朝乐府民歌,再到唐代民间的曲子词,都有着大量歌唱爱情的诗篇。这部分诗歌来源于人民大众,更多地表现劳动者对爱情的普遍看法。如《诗经》中的《关雎》《静女》,它们不只是抒发个人的情感,更是对人民大众普遍情感的一种真实坦述。由于是劳动大众的智慧结晶,古代民歌中的爱情诗在表达上比较朴实,对情感的宣泄更为直接。从某个角度上看似乎并没有受到封建政治的影响,但实际上古代民歌对爱情的表达上还是有它的局限性的。这主要体现在古代民歌并没有摆脱封建政治"男尊女卑"的父权意识。因为作为古代民歌的创作者,劳动人民思想上的局限性是明显的,封建教化在他们心中树立起的道德标准让他们根本不可能在这一点上有所超越。

在两汉独尊儒术之后,封建教化的强度加大,人们对爱情诗的创作基本上要"发乎情,止乎礼"(《毛诗序》)。

相较于古代民歌中的爱情诗,文人创作的爱情诗更多地反映了个人的爱情。作为当时的"知识分子",文人们有着更为活跃的思维,但比起"麻木的大众",他们受的封建教化却又是多得多。他们对自己有着一套严格的处世准则(这套准则是建立在封建道德标准上的),甚至有些人是一种毫不怀疑的"愚忠"思想。因此思想的活跃性和自身严格的封建处世准则必然会有产生冲突的时候。于是,在文人创作的爱情诗中我们看到的更多是流露出一种无奈:个人对爱情的渴望,却因为与自己信仰的道德标准相冲突而不得不割舍。就如陆游在《钗头凤》唱到的"山盟虽在,锦书难托。莫,莫,莫"。陆游作为一个有成就的大诗人,终于还是摆脱不了心

中的那套封建道德标准而母命难违休了和他有深厚感情的妻子。而他并未对这一切做法的正确性有过真正的怀疑，心中有的只是那一丝的无奈和可惜。这不能不说是中国古代士人的悲哀啊。而作为他们情感的写照，文人们创作的爱情诗便更多地反映了这样一种无奈的心态，看似悲壮，实质上正是封建政治文化对文人思想严重束缚的体现。

有 所 思

[汉] 佚 名

有所思①，乃在大海南。
何用问遗②君，双珠玳瑁簪③，用玉绍缭④之。
闻君有他心，拉杂⑤摧烧之。
摧烧之，当风扬其灰。
从今以往，勿复相思，相思与君绝⑥！
鸡鸣狗吠⑦，兄嫂当知之。
妃呼豨⑧！秋风肃肃晨风飔⑨，东方须臾⑩高知之。

诗文注释

①有所思：指她所思念的那个人。

②何用：何以。问遗(wèi)："问""遗"二字同义，作"赠与"解，是汉代习用的联语。

③玳瑁(dài mào)：一种龟类动物，其甲壳光滑而多文采，可制装饰品。簪：古人用以连接发髻和冠的首饰，簪身横穿髻上，两端露出冠外，下缀白珠。

④绍缭：犹"缭绕"，缠绕。

⑤拉杂：堆集。这句是说，听说情人另有所爱了，就把原拟赠送给他的玉、双珠堆集在一块砸碎，烧掉。

⑥相思与君绝：与君断绝相思。

⑦鸡鸣狗吠：犹言"惊动鸡狗"。古诗中常以"鸡鸣狗吠"借指男女幽会。

⑧妃(bēi)呼豨(xū xī)：妃，训为"悲"；呼豨，训为"嘘唏"。

⑨肃肃：飔飔，风声。晨风飔(sī)：据闻一多《乐府诗笺》说：晨风，就是雄鸡，雄鸡常晨鸣求偶。飔当为"思"，是"恋慕"的意思。一说，"晨风飔"，晨风凉。

⑩须臾：不一会儿。高(hào)：是"皜""皓"的假借字，白。"东方高"，日出东方亮。这二句是说在秋风飔飔的清晨，听到晨风中鸟求偶的鸣叫，我的心更烦乱了，太阳是会察知我的心的纯洁无瑕的。

诗文翻译

我所思念的人，就在大海的南边。我拿什么赠给你呢？这是一支玳瑁簪，上面装饰有珍珠和玉环。听说他有二心，心里伤悲，拆碎它，捣毁它，烧掉它。烧掉它，风把灰尘扬起。从今往后，不再思念你，我同你断绝相思！当初与你约会时，不免引起鸡鸣狗吠，兄嫂也当知道此事。太过悲哀！屋外秋风声里鸟儿飞鸣，太阳将会知道我的心思吧！

诗文赏析

这是汉代《铙歌十八曲》之一。铙歌本为"建威扬德，劝士讽敌"的军乐，然今传十八曲中内容庞杂，叙战阵、纪祥瑞、表武功、写爱情者皆有。清人庄述祖云："短箫铙歌之为军乐，特其声耳；其辞不必皆序战阵之事。"(《汉铙歌句解》)本篇就是用第一人称,表现了一位女子在遭到爱情波折前后的复杂情绪。

开头五句写其对远方的情郎心怀真挚热烈的相思爱恋:她所思念的情郎,远在大海的南边。相去万里,用什么信物赠予情郎,方能坚其心而表己意呢?"问遗",犹言赠与。她经过一番精心考究,终于选择了"双珠玳瑁簪"。"玳瑁簪",即用玳瑁(一种似龟的动物)那花纹美观的甲片精制而成的发簪。"双珠",谓在发簪两端各悬一颗珍珠。这在当时可谓精美绝伦的佩饰品了。然而女主人公意犹未足,再用美玉把簪子装饰起来,更见美观。单从她对礼品非同寻常的、不厌其烦的层层装饰上,就可测出她那内心积淀的爱慕、相思的浓度和分量了。这几句写物寄情,以少总多,表达已言简义丰,情调复缠绵悱恻。试看汉末繁钦《定情诗》中"何以致拳拳?绾臂双金环""何以致区区?耳中双明珠""何以结恩情?佩玉缀罗缨""何以慰别离?耳后玳瑁钗"等句,分明是受本篇启发而化出,此亦正可发明本诗"何用"三句意蕴之妙处。

可惜天有不测风云,晴光激滟的爱河上顿生惊涛骇浪,爱情的指针突然发生偏转,"闻君有他心"以下六句,写出了这场风波及其严重后果:她听说情郎已倾心他人,真如晴天霹雳!骤然间,爱的柔情化作了恨的力量,悲痛的心窝燃起了愤怒的烈火。她将那凝聚着一腔痴情的精美信物,愤然地始而折断(拉杂),再而砸碎(摧),三而烧毁,摧毁烧掉仍不能泄其愤,消其怒,复又迎风扬掉其灰烬。"拉、摧、烧、扬",一连串的动作,如快刀斩乱麻,干脆利落,何等愤激!"从今以后,勿复相思"一刀两断,又何等决绝!非如此,不足以状其"望之深,怨之切"(陈祚明《采菽堂古诗选》评语)。

"相思与君绝"以下六句,写其由激怒渐趋冷静之后,欲断不能的种种矛盾、彷徨的复杂心态。"相思"句较上文"勿复相思"之果断决绝,口气已似强弩之末。盖"相思"乃长期的感情积淀,而"与君绝",只是一时愤激之念,二者本属对立而难统一,故此句实乃出于矛盾心情的叹惋,大有"剪不断,理还乱"之意蕴。循此绪端,自然生出"鸡鸣狗吠,兄嫂当知之"的回忆和忧虑。"鸡鸣狗吠""喻风声布闻。"(《诗比兴笺》)《易林·随之既济》:"当年早寡,

孤与(宇)独居;鸡鸣狗吠,无敢问者。"即指鳏夫与寡妇夜间来往,惊鸡动狗,已露风声。此处亦谓女子忆昔与郎幽会往来,不免风吹草动,使兄嫂备悉隐情,而今若断绝,居家将何以见人?对兄嫂又如何解释?所谓"不待父母之命,媒妁之言,钻隙穴相窥,逾墙相从,则父母国人皆贱之。"(《孟子·滕文公下》)加上始乱终弃的严重后果,自然使她不无顾虑和动摇。何况那"鸡鸣狗吠"中幽会的柔情蜜意时刻,仍然顽固地在牵动着她那旧日的缕缕情思,使她依依难舍呢!"妃呼豨",正是她在瞻前顾后,心乱如麻的处境中情不自禁地发出的一声嘘唏长叹。清人陈本礼《汉诗统笺》云:"妃呼豨,人皆作声词读,细观上下语气,有此一转,便通身灵豁,岂可漫然作声词读耶?"闻一多《乐府诗笺》亦云:"妃读为悲,呼豨读为歔欷。"训释至为允当。三字悲叹,在感情、语气上承上启下,直贯结尾二句意脉。"肃肃",形容风声凄紧;"晨风",即晨风鸟。《诗经·秦风·晨风》:"鴥彼晨风,郁彼北林。未见君子,忧心钦钦。"晨风鸟即雉,朝鸣以求偶。"飔",闻一多训为乃"思"字之讹,言晨风鸟慕类而悲鸣。"高",音、义皆同"皓",指东方发白,天将欲晓。二句写女子在悲叹中但闻秋风阵阵凄紧,野雉求偶不得的悲鸣不时传来,使她更加感物共鸣,相思弥甚,犹豫不决。然而她又自信:只待须臾东方皓白,定会知道该如何解决这一难题。陈本礼云:"言我不忍与君决绝之心,固有如曒日也。谓予不信,少待须臾,俟东方高则知之矣。"(《汉诗统笺》)如此,则"高"尚有喻其心地光明皎洁,感情热烈持恒之义。不过,这层隐喻之底奥,在字面上却是含而不露、引而不发的,读者似乎亦拭目以待其下文。故庄述祖、闻一多皆以为《上邪》即本篇下文,应合为一篇。余冠英亦认为"合之则双美,离之则两伤"。此说确实发人深省。

此诗的结构,以"双珠玳瑁簪"这一爱情信物为线索,通过"赠"与"毁"及毁后三个阶段,来表现主人公的爱与恨,决绝与不忍的感情波折,由大起大落到余波不竭。中间又以"摧烧之""相思与君绝"两个顶真句,作为爱憎感情递增与递减的关纽;再以"妃呼豨"的长叹,来连缀贯通昔与今、疑与断的意脉,从而构成了描写女子热恋、失恋、眷恋的心理三部曲。层次清晰而又错综,感情跌宕而有韵致。

其次,这首诗通过典型的行动细节描写(选赠礼物的精心装饰,摧毁礼物的连贯动作)和景物的比兴烘托("鸡鸣狗吠"及末尾二句)来刻画人物的细微心曲,也是相当成功的。

离 思(其四)

[唐] 元 稹

曾经①沧海②难为水,
除却③巫山不是云。
取次④花丛懒回顾,
半缘⑤修道⑥半缘君。

诗文注释

①曾经:曾经历过。曾,副词。经,经历。
②沧海:大海。因海水呈苍青色,故称沧海。
③除却:除了。
④取次:循序而进。
⑤半缘:一半因为。
⑥修道:作者既信佛也信道,但此处指的是品德学问的修养。

诗文翻译

曾经观看过茫茫的大海,对那小小的细流,是不会看在眼里的。除了巫山上的彩云,其他所有的云彩,都不足观。我即使走到盛开的花丛里,也毫不留心地过去,懒得回头观看。一半是因为修道,一半因为你的缘故。

诗文赏析

元稹是唐代著名的诗人,他的诗歌数量很多,他把自己的诗分为古讽、乐府、古体、新题乐府、律诗、艳诗等十类。这首《离思(其四)》属于艳诗。所谓"艳诗",即写男女之间爱情的诗。在作者十类诗中,这类写得比较好。而这首《离思》诗,尤其写得一往情深,炽热动人,具有独到的艺术特色。在描

写爱情题材的古典诗词中,亦堪称名篇佳作。

这首诗最突出的特色,就是采用巧比曲喻的手法,淋漓尽致地表达了主人公对已经失去的心上人的深深恋情。它接连用水、用云、用花比人,写得曲折委婉,含而不露,意境深远,耐人寻味。

全诗仅四句,即有三句采用比喻手法。一、二两句,破空而来,暗喻手法绝高,几乎令人捉摸不到作者笔意所在。"曾经沧海难为水"是从孟子"观于海者难为水"《孟子·尽心篇》)脱化而来。诗句表面上是说,曾经观看过茫茫的大海,对那小小的细流,是不会看在眼里的。它是用大海与河水相比。海面广阔,苍茫无际,雄浑无比,可谓壮观。河水,只不过是举目即可望穿的细流,不足为观。写得意境雄浑深远。然而,这只是表面的意思,其中还蕴含着深刻的思想。第二句,是使用宋玉《高唐赋》里"巫山云雨"的典故。《高唐赋》序说:战国时代,楚襄王的"先王"(指楚怀王),曾游云梦高唐之台,"怠而昼寝,梦见一妇人……愿荐枕席,王因幸之"。此女即"巫山之女"。她别离楚王时说:"妾在巫山之阳,高丘之阻。旦为朝云,暮为行雨,朝朝暮暮,阳台之下。"楚王旦朝视之,果如其言,因此就为她立庙号曰"朝云"。显而易见,宋玉所谓"巫山之云"——"朝云",不过是神女的化身。元稹所谓"除却巫山不是云",表面是说:除了巫山上的彩云,其他所有的云彩,都不足观。其实,他是巧妙地使用"朝云"的典故,把它比作心爱的女子,充分地表达

了对那个女子的真挚感情。诗人表明,除此女子,纵有倾城国色、绝代佳人,也不能打动他的心,取得他的欢心和爱慕。只有那个女子,才能使他倾心相爱。写得感情炽热,又含蓄蕴藉。

第三句"取次花丛懒回顾",是用花比人。是说我即使走到盛开的花丛里,也毫不留心地过去,懒得回头观看。为什么他无心去观赏映入眼帘的盛开花朵呢?第四句"半缘修道半缘君"便作了回答。含意是说他对世事,看破红尘,去修道的原故,这是其一。其二,是因为他失去心爱的她,再也不想看别的"花"了。统观全诗,不难看出,"取次花丛懒回顾"的原因,还是因为失去了"君"。"半缘修道"之说,只不过是遁辞罢了。

古代诗评家,曾经说这首诗是作者为其曾经相爱的韦丛的悼亡诗,或臆断为诗人"与莺莺在闺中狎昵之游戏"(卞孝萱《元稹年谱》)的自我写照。此等说法,皆缺乏史料根据。

作者在这首诗里采用种种比喻手法,曲折地表达对曾经相爱的女伴的深情,前三句紧扣主题,层层递进,最后一句才用画龙点睛之笔,揭示主题。这种写法构思集中,意脉贯通,清晰可见,感情跳动性不大。并不像古典诗词中有些作品那样,感情跳动幅度太大,像电影的蒙太奇镜头那样,令人几乎看不到端倪。譬如,辛弃疾《念奴娇·野棠花落》,描写对歌女的留恋和思慕的复杂心情,感情跳跃幅度特别大。它忽而写往昔的"轻别";忽而写今日"故地重游",楼空人去,物是人非;忽而又写幻想明朝"尊前重见,镜里花难折"。其中省略许多衔接,思绪奔腾飞跃,令人颇费寻觅。当然,这并不是说,可以用感情跳跃幅度的大小,来作为评价作品优劣的标准。辛弃疾这首词也是脍炙人口的名篇,审美价值极高。

在描写爱情的古典诗词中,有不少名篇佳作,都一直为人们喜闻乐见,引起人们的共鸣。譬如,王维的《相思》诗:"红豆生南国,春来发几枝,劝君多采撷,此物最相思。"它是用形象鲜明的红豆,象征美好而坚贞的爱情。李商隐的"春蚕到死丝方尽,蜡炬成灰泪始干"(《无题》)的诗句,是用一种执着到底的精神,表达对爱情坚贞不渝、海枯石烂、永不变心的衷情。"曾经沧海难为水,除却巫山不是云"两句,则与王、李写爱情的诗不同,它是用一种

绝对肯定与否定的生动比喻,来表达对爱情的至诚和专一。正由于它与众不同,所以能引起因为种种原因而失去爱人的人们的强烈共鸣。有人把这两句诗写在文学作品里,也有人写在书信中,用来表达对对方的痴情。这就充分说明元稹这首诗具有巨大的影响和艺术感染力。

这首诗的具体写作年代不详。它可能是作者自己生活的自我写照。据说,作者先是爱过"崔莺莺",后来又有新欢。因此,有人便认为元稹在爱情生活上是非常轻薄的,从而也就否定了这首《离思》诗的应有价值。我认为,今天我们评论古典文学的价值,并不能依据作者私人的生活如何来作为评价其文学作品的标准。文学作品往往会突破作者的思想局限,产生巨大的社会效果。我们评价元稹这首诗,也应从它产生的积极社会效果着眼,给其艺术价值以充分的肯定。而不应联系作者私人生活问题,去贬低它客观存在的审美意义。原诗以沧海之水和巫山之云隐喻爱情之深广笃厚,见过大海、巫山,别处的水和云就难以看上眼了,除了诗人所念、钟爱的女子,再也没有能使我动情的女子了。诗人的这个"心上人",据说是双文,即诗人所写传奇《莺莺传》中的莺莺,诗人因双文出身寒门而抛弃她后,有八九年"不向花回顾"(《梦游春七十韵》)。又有人说此诗是为悼念亡妻韦丛而作,韦丛出身高门,美丽贤惠,27岁早逝后,诗人曾表示誓不再娶(《遣悲怀·之三》)。两句诗化用典故,取譬极高。前句典出《孟子·尽心上》"观于海者难为水";后句典出宋玉《高唐赋序》"妾在巫山之阳,高丘之阻,旦为朝云,暮为行雨"。后人引用这两句诗,多喻指对爱情的忠诚,说明非伊莫属、爱不另与。这两句诗还简缩为成语"曾经沧海"。

"取次花丛懒回顾",自己信步经过"花丛",却懒于顾视,表示自己对其他女色已无眷恋之心。这种心境绝不是一般的"万花丛中过,片叶不粘身"那种潇洒做作与虚伪,而是情到深处,万念俱灰的真诚。为什么会这样呢?末句"半缘修道半缘君"便体现了诗人亡妻之后的孤寂情怀。元稹一生精修佛学,尊佛奉道。"修道"也可理解为研习品行学问。诗人思妻之情深厚,无法解脱,于是寄托于修道之中。其实,"半缘修道"也好,"半缘君"也罢,都表达了诗人的郁郁心情,其忧思之情是一致的。

蝶恋花①

[宋] 柳 永

伫倚危楼②风细细,望极春愁,黯黯③生天际。草色烟光残照里,无言谁会凭阑意。

拟把疏狂④图一醉,对酒当歌⑤,强乐⑥还无味。衣带渐宽⑦终不悔,为伊消得人憔悴。

诗文注释

①此词原为唐教坊曲,调名取义简文帝"翻阶峡蝶恋花情"句。又名"鹊踏枝""凤栖梧"等。双调,六十字,仄韵。

②危楼:高楼。

③黯黯:心情沮丧忧愁的样子。

④拟把:打算。疏狂:狂放不羁。

⑤对酒当歌:语出曹操《短歌行》。"当"与"对"意同。

⑥强乐:强颜欢笑。强,勉强。

⑦衣带渐宽:指人逐渐消瘦。语本《行行重行行》:"相去日已远,衣带日已缓。"

诗文翻译

他久立在高楼上微风拂面一丝丝一细细,望不尽的春日离愁,从遥远无边的天际黯黯然地升起。碧绿的草色,迷蒙的烟光掩映在落日余晖里,默默无言什么人会理解他独自凭栏的深沉含义?

打算让这疏懒放纵的心情喝得醉醉,可是对着美酒要纵情高歌,勉强取得欢乐反而觉得毫无意味。衣衫丝带渐渐觉得松宽了,可他始终不感到懊悔,宁愿为她消瘦得精神萎靡颜色憔悴。

诗文赏析

这是一首怀人词。上阕写登高望远,离愁油然而生。"伫倚危楼风细细","危楼",暗示抒情主人公立足既高,游目必远。"伫倚",则见出主人公凭栏之久与怀想之深。但始料未及,"伫倚"的结果却是"望极春愁,黯黯生天际"。"春愁",即怀远盼归之离愁。不说"春愁"潜滋暗长于心田,反说它从遥远的天际生出,一方面是力避庸常,试图化无形为有形,变抽象为具象,增加画面的视觉性与流动感;另一方面也是因为其"春愁"是由天际景物所触发。接着,"草色烟光"句便展示主人公望断天涯时所见之景。而"无言谁会"句既是徒自凭栏、希望成空的感喟,也是不见伊人、心曲难诉的慨叹。"无言"二字,若有万千思绪。

下阕写主人公为消释离愁,决意痛饮狂歌"拟把疏狂图一醉"。但强颜为欢,终觉"无味"。从"拟把"到"无味",笔势开阖动荡,颇具波澜。结穴"衣带渐宽"二句以健笔写柔情,自誓甘愿为思念伊人而日渐消瘦与憔悴。"终不悔",即"之死无靡它"之意,表现了主人公的坚毅性格与执着的态度,词境也因此得以升华。

贺裳《皱水轩词笙》认为韦庄《思帝乡》中的"陌上谁家年少,足风流,妾疑将身嫁与,一生休。纵被无情弃,不能羞"诸句,是"作决绝语而妙"者;而此词的末二句乃本乎韦词,不过"气加婉矣"。其实,冯延已《鹊踏枝》中的"日日花前常病酒,不辞镜里朱颜瘦",虽然语较颓唐,亦属其类。后来,王国维在《人间词话》中谈到"古今之成大事业、大学问者,必经过三种境界",被他借用来形容"第二境"的便是"衣带渐宽终不悔,为伊消得人憔悴"。这大概正是柳永的这两句词概括了一种锲而不舍的坚毅性格和执着态度。

蝶 恋 花

［宋］晏 殊

槛①菊愁烟兰泣露，罗幕②轻寒，燕子双飞去。明月不谙(ān)离别苦，斜光到晓穿朱户③。

昨夜西风凋碧树，独上高楼，望尽天涯路。欲寄彩笺兼尺素④，山长水阔知何处！

诗文注释

①槛(jiàn)：栏杆。
②罗幕：丝罗的帷幕，富贵人家所用。
③朱户：犹言朱门，指大户人家。
④尺素：书信的代称。古人写信用素绢，通常长约一尺，故称尺素，语出《饮马长城窟行》"客从远方来，遗我双鲤鱼。呼儿烹鲤鱼，中有尺素书"。

诗文翻译

栏杆外，菊花被轻烟笼罩，好像含着愁；兰叶上挂着露珠，好像在哭泣。罗幕闲垂，空气微冷；一双燕子飞去了。明月不知道离别的愁苦。斜斜地把月光照进屋子里，直到天明。

昨天夜里，秋风吹落碧树的叶子。我独自登上高楼，看路消失在天涯。想寄一封信。但是山水迢迢，我想念的人在哪里呢？

诗文赏析

此为晏殊写闺思的名篇。词之上阕运用移情于景的手法，选取眼前的景物，注入主人公的感情，点出离恨；下阕承离恨而来，通过高楼独望把主人公望眼欲穿的神态生动地表现出来。王国维《人间词话》中把此词"昨夜西风"三句和柳永、辛弃疾的词句一起比作治学的三种境界，足见此词久负盛名。全词深婉中见含蓄，广远中有蕴含。今意为确立常人难以企及之高远目标。为治学第一境界。

起句写秋晓庭圃中的景物。菊花笼罩着一层轻烟薄雾，看上去似乎脉脉含愁；兰花上沾有露珠，看起来又像默默饮泣。兰和菊本就含有某种象喻色彩(象喻品格的幽洁)，这里用"愁烟""泣露"将它们人格化，将主观感情移于客观景物，透露女主人公自己的哀愁。"愁""泣"二字，刻画痕迹较显，与大晏词珠圆玉润的语言风格有所不同，但借外物抒写心情、渲染气氛、塑造主人公形象方面自有其作用。

次句"罗幕轻寒，燕子双飞去"，写新秋清晨，罗幕之间荡漾着一缕轻寒，燕子双双穿过帘幕飞走了。这两种现象之间本不一定存在联系，但充满哀愁、对节候特别敏感的主人公眼中，那燕子似乎是因为不耐罗幕轻寒而飞去。这里，与其说是写燕子的感觉，不如说是写帘幕中人的感受，而且不只是生理上感到初秋的轻寒，而且心理上也荡漾着因孤子凄凄而引起的寒意。燕的双飞，更反托出人的孤独。这两句纯写客观物象，表情非常委婉含蓄。接下来两句"明月不谙离别苦，斜光到晓穿朱户"，从今晨回溯昨夜，明点"离别"，情感也从隐微转为强烈。明月本是无知的自然物，它不了解离别之苦，而只顾光照朱户，原很自然；既如此，似乎不应怨恨它，但却偏要怨。这种仿佛是无理的埋怨，却有力地表现了女主人公离别的煎熬中对月彻夜无眠的情景和外界事物所引起的惆怅。

"昨夜西风凋碧树，独上高楼，望尽天涯路。"过片承上"到晓"，折回写今晨登高望远。"独上"应上"离别"，反照"双飞"，而"望尽天涯"正从一夜无眠生出，脉理细密。"西风凋碧树"，不仅是登楼即目所见,而且包含昨夜通宵不寐卧听西风落叶的回忆。碧树因一夜西风而尽凋,足见西风之劲厉肃杀,"凋"字正传出这一自然界的显著变化给予主人公的强烈感受。景既萧索,人又孤独,几乎言尽的情况下,作者又出人意料地展现出一片无限广远寥廓的境界:"独上高楼,望尽天涯路。"这里固然有凭高望远的苍茫之感,也有不见所思的空虚怅惘,但这所向空阔、毫无窒碍的境界却又给主人公一种精神上的满足,使其从狭小的帘幕庭院的忧伤愁闷转向对广远境界的骋望,这是从"望尽"一词中可以体味出来的。这三句尽管包含望而不见的伤离意绪,但感情是悲壮的,没有纤柔颓靡的气息;语言也洗尽铅华,纯用白描。这三句是此词中流传千古的佳句。

高楼骋望,不见所思,因而想到音书寄远:"欲寄彩笺兼尺素,山长水阔知何处!""彩笺",这里指题诗的诗笺;"尺素",指书信。两句一纵一收,将主人公音书寄远的强烈愿望与音书无寄的可悲现实对照起来写,更加突出了"满目山河空念远"的悲慨,词也就在这渺茫无着落的怅惘中结束。"山长水阔"和"望尽天涯"相应,再一次展示了令人神往的境界,而"知何处"的慨叹则更增加曳不尽的情致。

婉约派词人许多伤离怀远之作中,这是一首颇负盛名的词。它不仅具有情致深婉的共同特点,而且具有一般婉约词少见的寥廓高远的特色。它不离婉约词,却又某些方面超越了婉约词。

青玉案·元夕①

[宋] 辛弃疾

东风夜放花千树②,更吹落,星如雨③。宝马雕车④香满路。凤箫⑤声动,玉壶⑥光转,一夜鱼龙舞⑦。

蛾儿雪柳黄金缕⑧,笑语盈盈⑨暗香⑩去。众里寻他⑪千百度⑫,蓦然⑬回首,那人却在灯火阑珊⑭处。

诗文注释

①元夕:夏历正月十五日为上元节,元宵节,此夜称元夕或元夜。

②花千树:花灯之多如千树开花。

③星如雨:指焰火纷纷,乱落如雨。星,指焰火。形容满天的烟花。

④宝马雕车:豪华的马车。

⑤凤箫:箫的名称。

⑥玉壶:比喻明月。

⑦鱼龙舞:指舞动鱼形、龙形的彩灯。(舞鱼舞龙,是元宵节的表演节目)

⑧蛾儿、雪柳、黄金缕:皆古代妇女元宵节时头上佩戴的各种装饰品。这里指盛装的妇女。

⑨盈盈:声音轻盈悦耳,亦指仪态姣美的样子。

⑩暗香:本指花香,此指女性们身上散发出来的香气。

⑪他:泛指,当时就包括了"她"。

⑫千百度:千百遍。

⑬蓦然:突然,猛然。

⑭阑珊:零落稀疏的样子。

诗文翻译

东风仿佛吹开了挂满花灯的千棵树,又如将空中的繁星吹落,像阵阵星雨。华丽的香车宝马在路上来来往往,各式各样的醉人香气弥漫着大街。悦耳的音乐之声四处回荡,如凤箫和玉壶在空中流光飞舞,热闹的夜晚鱼龙形的彩灯在翻腾。

美人的头上都戴着亮丽的饰物,晶莹多彩的装扮在人群中晃动。她们面容微笑,带着淡淡的香气从人面前经过。我千百次寻找她,都没看见她,不经意间一回头,却看见了她立在灯火零落处。

诗文赏析

这首词的上半阕写元宵之夜的盛况。

"东风夜放花千树,更吹落,星如雨":一簇簇的礼花飞向天空,然后像星雨一样散落下来。一开始就把人带进"火树银花"的节日狂欢之中。

"宝马雕车香满路":达官显贵也携带家眷出门观灯。跟下句的"鱼龙舞"构成万民同欢的景象。

"凤箫声动,玉壶光转,一夜鱼龙舞":"凤箫"是排箫一类的吹奏乐器,这里泛指音乐;"玉壶"指明月;"鱼龙"是灯笼的形状。这句是说,在月华下,灯火辉煌,沉浸在节日里的人们通宵达旦载歌载舞。

下阕仍然在写"元夕"的欢乐,只不过上阕写的是整个场面,下阕写一个具体的人,通过他一波三折的感情起伏,把个人的欢乐自然地融进了节日的欢乐之中。

"蛾儿雪柳黄金缕,笑语盈盈暗香去":这一句写的是元宵观灯的女人,她们穿着美丽的衣服,戴着漂亮的首饰,欢天喜地朝前奔去,所过之处,阵阵暗香随风飘来。"雪柳"是玉簪之类的头饰。

"众里寻他千百度":(这人)对着众多走过的女人一一辨认(但没有一个是他所等待的意中人)。

"蓦然回首,那人却在灯火阑珊处":偶一回头,却发现自己的心上人站立在昏黑的幽暗之处。

"灯火阑珊"勿作"良夜将逝"解,"灯火阑珊"虽然是灯火渐渐散尽的意思,但这儿说的是天空飘洒下来的礼花,快接近地面时早已熄灭散尽,所以即使头上有流光溢彩,站立的地方却是昏暗的。

这首词大家耳熟能详,特别是最后一句"蓦然回首,那人却在灯火阑珊处"已是久吟不衰的名句。整首词在最精彩的地方戛然而止,却给读者留下无比宽阔的想象空间。经过等待、寻找、焦灼、失望之后再突然发现自己的意中人原来就在身后,那种从天而降的惊喜谁也想象得出来。

词中在"灯火阑珊处"的"那人",不用说是一个青春妙龄的少女,她在词的最后才于模糊的昏暗之处露了一下脸。然而读者感觉得出,这是一个聪明活泼而又有几分淘气的女孩子。等她的人在明处,她在暗处,也许她早就发现他了,但她却不急着与他相见,先考验一下他的耐心,先看看他着急的样子,然后悄然无声地跟在他后头,等到他快要崩溃的时候才给他一份意外的惊喜。

那个青年男子呢,元宵节热闹的盛况他视若未见、毫不在乎,他只关心那些花枝招展从他面前飘然而过的少女,急切地想从中寻出那张可爱的熟悉的面孔。假若寻不到自己心爱的人,那么整个元宵佳节将黯然失色,所有的热闹只会让他倍感失落倍感孤单。只有与他望眼欲穿的"那人"相见,整个欢乐的场面才会被激活,才会真正享受节日带来的双倍的欣狂。

同时,还有一种说法认为:站在灯火阑珊处的那个人,是对他自己的一种写照。根据历史背景可知,当时的他不受重用,文韬武略施展不出,心中怀着一种无比惆怅之感,所以只能在一旁孤芳自赏。也就像站在热闹氛围之外的那个人一样,给人一种清高的感觉,体现了受冷落后不肯同流合污的高士之风。

作为一首婉约词,这首《青玉案》与北宋婉约派大家晏殊和柳永相比,在艺术成就上毫不逊色。词从开头起"东风夜放花千树",就极力渲染元宵佳节的热闹景象:满城灯火,满街游人,火树银花,通宵歌舞。然而作者的意图不在写景,而是为了反衬"灯火阑珊处"的那个人的与众不同。此词描绘出元宵佳节通宵灯火的热闹场景,梁启超谓"自怜幽独,伤心人别有怀抱"。认为此词有寄托,可谓知音。上阕写元夕之夜灯火辉煌,游人如云的热闹场面,下阕写不慕荣华,甘守寂寞的一位美人形象。美人形象便是寄托着作者理想人格的化身。"众里寻他千百度,蓦然回首,那人却在,灯火阑珊处。"王国维把这种境界称之为成大事业者、大学问者的第三种境界,意为远大目标之实现,确是大学问者的真知灼见。

全文主要运用了反衬的表现手法,表达出作者不与世俗同流合污的追求,词人对理想的追求的执着和艰辛,及理想实现之巨大惊喜。

摸鱼儿·雁丘词

[金] 元好问

　　问世间,情是何物,直教生死相许?天南地北双飞客,老翅几回寒暑。欢乐趣,离别苦,就中更有痴儿女。君应有语:渺万里层云,千山暮雪,只影向谁去?

　　横汾路,寂寞当年箫鼓,荒烟依旧平楚。招魂楚些何嗟及,山鬼暗啼风雨。天也妒,未信与,莺儿燕子俱黄土。千秋万古,为留待骚人,狂歌痛饮,来访雁丘处。

诗文赏析

　　"问世间,情是何物,直教生死相许。"大雁的生死至情深深地震撼了作者,他将自己的震惊、同情、感动,化为有力的诘问,问自己、问世人、问苍天,究竟"情是何物"?起句陡然发问似雷霆万钧,破空而来;如熔岩沸腾,奔涌而出。正如后来汤显祖在《牡丹亭·题词》中所说:"情之所至,生可以死,死可以复生,生不可以死,死不可以生者,皆非情之至也。"情至极处,具有起死回生的力量。情是何物,竟至于要生死相许?作者的诘问引起读者深深的思索,引发出对世间生死不渝真情的热情讴歌。在"生死相许"之前加上"直教"二字,更加突出了"情"的力量之奇伟。词的开篇用问句,突如其来,先声夺人,犹如盘马弯弓,为下文描写雁的殉情蓄足了笔势,也使大雁殉情的内在意义得以升华。

　　"天南地北双飞客,老翅几回寒暑。"这两句写雁的感人生活情景。大雁秋天南下越冬而春天北归,双宿双飞。作者称他们为"双飞客",赋予它们的比翼双飞以世间夫妻相爱的理想色彩。"天南地北"从空间落笔,"几回寒暑"从时间着墨,用高度的艺术概括,写出了大雁的相依为命、相濡以沫的生活历程,为下文的殉情作了必要的铺垫。

　　"欢乐趣,别离苦,就中更有痴儿女。""就中",于此,在这里面。这几句是说大雁长期以来共同生活,既是团聚的快乐,也有离别的酸楚,在平平淡淡的生活中形成了难以割舍的一往情深。长期以来,

这对"双飞客"早已心心相印,痴情热爱,矢志不渝。"痴儿女"三字包含着词人的哀婉与同情,也使人联想到人世间更有许多真心相爱的痴情男女。

　　"君应有语:渺万里层云,千山暮雪,只影向谁去。""君",指殉情的大雁。这四句是对大雁殉情前心理活动细致入微的揣摩描写。

　　当网罗惊破双栖梦之后,作者认为孤雁心中必然会进行生与死、殉情与偷生的矛盾斗争。但这种犹豫与抉择的过程并未影响大雁殉情的挚诚。相反,更足以表明以死殉情是大雁深入思索后的理性抉择,从而揭示了殉情的真正原因:相依相伴,形影不离的情侣已逝,自己形孤影单,前路渺茫,失去一生的至爱,即使苟活下去又有什么意义呢?于是痛下决心,"自投于地而死"。"万里""千山"写征途之遥远,"层云""暮雪"状前景之艰难。此四句用烘托的手法,揭示了大雁心理活动的轨迹,交代了殉情的深层原因。

　　"横汾路,寂寞当年箫鼓,荒烟依旧平楚。"这几句借助对历史盛迹的追忆与对眼前自然景物的描绘,渲染了大雁殉情的不朽意义。"横汾路"指当年汉武帝巡幸处。"寂寞当年箫鼓"是倒装句,即当年箫鼓寂寞。"楚",即从莽,平楚就是平林。这几句说的是,在这汾水一带,当年本是帝王游幸欢乐的地方,可是现在已经一片荒凉,平林漠漠,荒烟如织。据《史记·封禅书》记载,汉武帝曾率文武百官至汾水边巡祭后土,武帝做《秋风辞》,其中有"泛楼船兮济汾河,横中流兮扬素波,箫鼓鸣兮发棹歌"之句,可见当时是箫鼓喧天,棹歌四起,山鸣谷应,何

等热闹。而今天却是四处冷烟衰草,一派萧条冷落景象。古与今,盛与衰,喧嚣与冷落,形成了鲜明的对比。在这几句中,词人用当年武帝巡幸,炬赫一时,转瞬间烟消云散,反衬了真情的万古长存。

"招魂楚些何嗟及,山鬼暗啼风雨。""些",拟声词。《楚辞·招魂》句尾均用"些"字,所以称"楚些"。这句意思是武帝已死,招魂无济于事。山鬼自啼风雨——《楚辞·九歌》中有《山鬼》篇,描写山中女神失恋的悲哀。这里说的是山鬼枉自悲啼,而死者已矣。以上两句借《楚辞》之典反衬了殉情大雁真情的永垂不朽。

"天也妒,未信与,莺儿燕子俱黄土。"大雁生死相许的深情连上天也嫉妒,所以这对殉情的大雁决不会和一般的莺儿燕子一样化为黄土。而是"留得生前身后名",与世长存。这几句从反面衬托,更加突出了大雁殉情的崇高,为下文寻访雁丘作好铺垫。

"千秋万古,为留待骚人,狂歌痛饮,来访雁丘处。"这是从正面对大雁的称赞。词人展开想象,千秋万古后,也会有像他和他的朋友们一样的"钟于情"的骚人墨客,来寻访这小小的雁丘,来祭奠这一对爱侣的亡灵。"狂歌痛饮"生动地写出了人们的感动之深。全词结尾,寄寓了词人对殉情者的深切哀思,延伸了全词的历史跨度,使主题得以升华。

这首词名为咏物,实在抒情。作者驰骋丰富的想象,运用比喻、拟人等艺术手法,对大雁殉情的故事,展开了深入细致的描绘,再加以充满悲剧气氛的环境描写的烘托,塑造了忠于爱情、生死相许的大雁的艺术形象,谱写了一曲凄婉缠绵、感人至深的爱情悲歌。词作中大雁的惨死正象征着青年男女纯真爱情的礼赞,其中深深寄托了词人进步的爱情理想。词中以帝王盛典之消逝反衬雁丘之长存,正说明纯真爱情在词人心目中有着至高无上的地位,也是词人朴素的民本思想的折光。词中写殉情之雁不会与莺儿、燕子一样化为黄土,正是强调其忠于爱情的精神不朽。词人站在历史的高度,写出了这种精神的永不磨灭,使读者不能不佩服他的惊人识见。这首作品中的崇情意识,与辽金文学率真尚情之传统一致,和词人年少之浪漫痴情有关,也与《董解元西厢记》和后来元杂剧肯定个人价值和

欲望的精神相通。全词情节并不复杂,行文却腾挪多变。围绕着开头的两句发问,层层深入地描绘铺叙。有大雁生前的欢乐,也有死后的凄苦,有对往事的追忆,也有对未来的展望,前后照应,上下联,寓缠绵之情于豪宕之中,寄人生哲理于情语之外,清丽淳朴、温婉蕴藉,具有很高的艺术价值。

元好问的词作以雄浑博大见长。在这首词中词人以健笔写柔情,熔沉雄之气韵与柔婉之情肠于一炉,确实是柔婉之极而又沉雄之至。清人刘熙载评元好问词时说"疏快之中,自饶深婉,亦可谓集两宋之大成者矣"(《艺概·词曲概》)。这首《雁丘词》正是摧刚为柔,"疏快之中,自饶深婉"的范例。

参考资料

[1] 从历史发展看中国古情诗之点滴[DB]. 百度文库,2012.

[2] 从中国古典爱情诗看诗歌与政治的关系[DB]. 道客巴巴,2013.

[3] 杨文鹤主编. 中国古代爱情诗名篇赏析[M]. 天津:天津人民出版社,2001.

[4] 王明韶,曾凡星,王传光. 走进诗歌部落[M]. 北京:中国戏剧出版社,2008.

[5] 李杰虎,李婕,路开源. 新编大学语文[M]. 郑州:河南科学技术出版社,2010.

[6] 陆永品. 诗词鉴赏新解[M]. 北京:语文出版社,1988.

[7] 吴庚舜,陆永品等著. 唐诗名篇赏析[M]. 北京:北京十月文艺出版社,1990.

[8] 李静等. 唐诗宋词鉴赏大全集[M]. 北京:华文出版社,2009.

[9] 唐圭璋等. 唐宋词鉴赏辞典[M]. 上海:上海辞书出版社,1988.

[10] 陆林. 宋词(白话解说)[M]. 北京:北京师范大学出版社,1992.

[11] 杨忠. 辛弃疾词选译[M]. 成都:巴蜀书社,1991.

[12] 李正民等解评. 元好问集[M]. 太原:三晋出版社,2004.

第十七讲

古代诗歌之情感美(下)

"先天下之忧而忧,后天下之乐而乐"——咏怀诗

什么是咏怀诗?所谓咏怀诗就是吟咏抒发诗人怀抱情志的诗。它所表现的是诗人对于现实世界的体悟,对于生命存在的思考,对个体生命的把握,对未来人生的设计与追求。中国古代的咏怀诗,可以分为以下三个类型:第一个类型是淑世情怀,第二个类型是超世情调,第三个类型是游世情趣。

第一个类型,淑世(犹济世)情怀,淑世也就是积极入世的意思,积极入世这样一种情怀。它所表现的是忧国忧民,志在通过修身、齐家、治国、平天下,来实现自己的生命的价值。

淑世情怀的思想基础的来源,就是中国传统的儒家学说。

我们现在所说的儒学,主要指的是原始儒学,原始儒学以孔子和孟子为代表,它所张扬的是,一种天下意识一种忧患意识。中国古代的知识分子,他们都具有一种忧患意识,这种忧患意识,从孔子、孟子就开始一直发展,我们知道范仲淹在《岳阳楼记》中写道,"先天下之忧而忧,后天下之乐而乐",这样一种就是古代诗人所表现出来的忧患意识。在《易经》里所表现的一种思想,叫作"天行健,君子以自强不息"。

我们可以看到,中国古代的士人,中国古代的诗人,他们都有一个共同的特征,就是把自己和自己的民族、国家、天下联系起来,他们的诗歌最主要的是,在表现这样一种精神。我们说中国古代伟大

诗人的时候,有一个非常重要的标准,就是看他是不是关心社会,是不是关心人民,是不是关心国家,是不是关心天下事。如果要是他没有关心,以上我们所说的这一切内容的时候,他可以是一位优秀的诗人,但是他不是伟大的诗人。

我们来看看中国古代诗歌史,在中国古代诗歌史里边,有些是帝王将相,比如说像刘邦,他是很少作诗的,但是他有一首诗流传下来——《大风歌》:"大风起兮云飞扬,威加海内兮归故乡。安得猛士兮守四方。"另外像曹操,大家都非常熟悉,曹操在他的《短歌行》里边写道,"山不厌高,海不厌深。周公吐哺,天下归心",他们所表现的是帝王胸怀。

对于普通的知识分子,普通的士大夫,是不是也有同样的情怀呢?我们的回答是肯定的,他们同样也有这样的情怀,他们也用诗歌表现他们自己以天下为己任的情怀。比如辛弃疾在他的《破阵子·为陈同甫赋壮词以寄之》里边写道,"了却君王天下事,赢得生前身后名",这样一种思想,不是一位两位诗人的思想,而是中国古代所有的重要诗人的共同的思想。

从屈原开始到曹操,到曹植,到李白,到杜甫,到白居易,到陆游,到辛弃疾,他们都是积极入世,关怀民族、国家、天下的,他们写出了很多表现拯世济民之志的诗歌。这其中最突出的是,我们的诗圣杜甫,我们知道唐代的诗人,非常重要的有李白,他

是诗仙，杜甫他是诗圣，诗仙和诗圣对于我们来说，都是值得我们敬重的，但是在长久的中国封建时代，研究杜甫喜爱杜甫的人非常多，这其中有一个重要的原因，就是他们把杜甫看成一位诗圣，看成诗坛上的圣人。在封建时代，杜甫的地位非常高，对杜甫的评价，认为杜甫最主要的是忠君，苏东坡说杜甫是"每饭不忘君"的。

第二个类型是超世情怀。从士人、诗人的个体生命的历程来观察，在社会政治黑暗的时代，在诗人的身心受到了压抑、创伤、挫折的情况下，诗人容易出现超世的情调。所谓的超世的情调也就是说，他的精神超越于污浊的世俗之外，进入到一个逍遥自由的境界。超世的情调，毫无疑问，它是来自于道家的思想，特别是庄子的思想。

庄子对于中国艺术产生了巨大的影响，庄子一生都在追求逍遥的人生，庄子所追求的一种境界就是"天地与我并生，万物与我为一"这样一种精神的逍遥游的境界。庄子告诫世人，希望世人从混乱的、污浊的人世间超越出来，从狭小浅陋的自我中超越出来，进入到一个空净澄明境界，庄子说"吾丧"。吾丧掉了我，后边所说的我，就是一个自私的我，一个斤斤计较的我，一个世俗的我，我只有丧失了这样一个我以后，我才能够成为一个精神上自由的我。

在庄子以后，受到庄子影响的中国古代的诗人非常多，比如说阮籍，阮籍在他的《咏怀诗》里边写道，"愿登太华山，上与松子游"，松子就是赤松子；陶渊明在他的诗歌里边写道"静念园林好，人间良可辞"，他感觉到园林、田园是最好的，而人间尘世是可以离开的；王维在他的诗歌里边写道，"晚年惟好静，万事不关心"；李白在他的诗歌里边写道，"人生在世不称意，明朝散发弄扁舟"：这样一些诗人，这样一些诗歌，非常明显，都是具有庄子的精神，他们所追求的是一种逍遥的超越的精神境界。

第三个类型是游世情怀。游世，也就是具有享乐主义精神的一种情趣。游世者的人生哲学是以个人为本位的，以物质的享乐为人生的最高价值，对现实、对人生采取一种游戏的态度。

我们所看到的，在魏晋时代有这样一篇文章，是《列子·杨朱篇》。列子是战国时代的，是庄子写进他的书里边的一位先秦诸子之一。《列子·杨朱篇》这一篇文章并不是完成于战国时代，它完成于魏晋时代。《列子·杨朱篇》可以说是游世者的宣言。他宣扬人活在这个世界上，就是为了享乐，他有这样一段话，我们一起来看一下，他说："百年，寿之大齐，得百年者千无一焉。设有一者，孩抱以逮昏老，几居其半矣。夜眠之所弥，昼觉之所遗，又几居其半矣。疾痛哀苦亡失忧惧，又几居其半矣……则人之生也奚为哉？奚乐哉？为美厚尔。为声色尔。"他是给我们算了这样一笔账，就说活一百年的人，在一千个里边也没有一个，假设现在有一个人，他是可以活一百年的，那么从他在孩提时代，一直到他年纪大以后，他身体不好，变得昏昏沉沉的时候，这两个时候，几乎占到了一半，即五十年，那么人生美好的时光，只剩下了五十年。剩下的五十年里边，晚上要睡觉，中午要午休，又占掉了几乎一半。剩下的五十年里边，现在只剩下了二十五年，在剩下的二十五年，还有亡失忧惧，还有疾病哀苦，又几乎占掉了一半，所以人生在世，美好的时光只有十几年。

那么在这样的时光里边，人生应该怎么样度过呢？《列子·杨朱篇》的作者就告诉我们"为美厚尔，为声色尔"，大家都要追求美厚，都要追求声色，他是把这样一种享乐主义，作为一种思想，一种理论基础，这在中国思想史上非常少见。

这样一种享乐主义的思潮，在魏晋时代是非常盛行的。在《古诗十九首》里就有反映，比如《驱车上东门》，其中就写道，"服食求神仙，多为药所误。不如饮美酒，被服纨与素"。另外在李白的诗歌里边，表现的享乐主义的倾向是非常明显的，李白在《将进酒》里写道，"人生得意须尽欢，莫使金樽空对月。"李白《答王十二寒夜独酌有怀》中写道，"人生飘忽百年内，且须酣畅万古情。"李白在《月下独酌》中写道，"三杯通大道，一斗合自然。"李白在《忆旧游寄谯郡元参军》中写道，"黄金白璧买歌笑，一醉累月轻王侯。"从这些诗歌中，我们可以看到，李白是具有游世情趣的，我们说他仅仅是具有游世的情趣，他并不是一个完全的享乐主义者。

我们前边说到了，假如诗人只是一位纯粹的享乐主义者，那他在中国诗歌史上，不会成为伟大的诗人。李白只是具有享乐主义的倾向，但是从总的方面来讲，李白并不是一个完全的享乐主义者。

咏怀诗(其一)

[三国] 阮　籍

夜中不能寐,起坐弹鸣琴。
薄帷①鉴②明月,清风吹我襟。
孤鸿号外野,翔鸟③鸣北林。
徘徊将何见,忧思独伤心④。

诗文注释

①薄帷:指窗帘,也可指床帷。

②鉴:照。

③翔鸟:飞翔盘旋的鸟;鸟在夜里飞翔,正因为月明。

④"徘徊"二句:这里指人也兼指鸟,孤鸿、翔鸟也和人一样,中夜不寐而徘徊,好像心中有些不安和感伤。

诗文赏析

　　六朝时期,五言诗的发展成为诗坛的主流。在正始时期最有成就的诗人,应推"竹林七贤"中的阮籍。阮籍有五言《咏怀诗》八十二首,抒写一生的志向、感触,这里选的是第一首,写夜中不寐、独自弹琴的情境。

　　"夜中不能寐,起坐弹鸣琴",这两句直写不寐弹琴之事,中间似有一段忧愁。幽独不寐原来在《诗经》中就是君子忧时忧世的表现,如《柏舟》:"泛彼柏舟,亦泛其流。耿耿不寐,如有隐忧。"但此诗全无一字明说忧愁为何,只是在明月清宵之中发散着一片忧愁的气氛。

　　"薄帷鉴明月,清风吹我襟",明月清风的明亮清爽,是中宵实景,正衬出诗人弹琴的高致。一片心境如明月的澄澈,又如清风的舒爽,寄托于夜半琴声之中,此中原无忧愁可以寻绎,但后面四句的徘徊忧思,却写出夜中不寐的根由,而使如此明亮的夜晚,如此高洁的琴声,都似弥漫着无穷的"忧思"。

　　"孤鸿号外野,翔鸟鸣北林",由室中之景而移到户外,可看到听到外野北林之间孤鸿、翔鸟的飞翔鸣叫。孤鸿、翔鸟的飞翔鸣叫,也许另有它们自身的原因,但在明月清宵之中飞鸣,正隐隐提示夜里耸动的一种不安。诗人与飞鸟,都在这种不安之中徘徊而不寐。

　　"徘徊将何见,忧思独伤心",这人与鸟的中夜徘徊,最后只是拥有满怀忧思而已,意望中的事物既不可得见,而只是让忧思淹没自己,触痛心弦而已。这忧思是什么?作者没有具体明言,但整个明月清宵、中夜鸣琴的情境,都由此而似沉浸在一种忧愁里面,那种生命中的忧思,就在明月之中,在清风之中,随月照临,随风吹至。

破阵子·为陈同甫赋壮词以寄之

[宋]　辛弃疾

　　醉里挑灯①看剑,梦回吹角连营②。八百里分麾下炙③,五十弦翻塞外声④,沙场⑤秋点兵⑥。

马作⑦的卢⑧飞快,弓如霹雳⑨弦惊。了却⑩君王天下事⑪,赢得生前身后⑫名⑬。可怜⑭白发生!

诗文注释

①挑(tiǎo)灯:把油灯的芯挑一下,使它明亮。

②吹角连营:各个营垒接连响起号角声。这是作者梦醒后的想象。梦回:梦醒。吹角:军队中吹号角的声音。连营:扎在一起的众多军营。

③八百里分麾下炙:分牛肉给部下享用。八百里:牛名,亦兼指连营之广。据《世说新语·汰侈》载:晋王恺有良牛,名"八百里驳(bó)"。后世诗词多以"八百里"指牛。麾(huī)下:部下。麾,军帜。炙(zhì):烧烤。

④五十弦翻塞外声:乐器演奏北疆歌曲。五十弦(xián):原指瑟,古代有一种瑟有五十根弦。词中泛指军乐合奏的各种乐器。翻:弹奏。塞外声,以边塞作为题材的雄壮悲凉的军歌,指悲壮粗犷的战歌。

⑤沙场:战场。

⑥点兵:检阅部队。

⑦作:像……一样。

⑧的(dí)卢:马名,一种性子很烈,跑得很快的马。据《三国志·蜀志·先主传》载,刘备在荆州遇险,他所骑的的卢马"一踊三丈",驮他脱险。

⑨霹雳(pī lì):特别响的雷声,比喻拉弓时弓弦响如惊雷。

⑩了(liǎo)却:了结,把事情做完。

⑪天下事:这里指恢复中原的国家大事。

⑫身后:死后。

⑬名:英名。

⑭可怜:可惜。

诗文翻译

沉醉中挑亮灯光抽出剑来细看,睡梦里仿佛听到军营里号角声不断响起。官兵在军营里分食煮熟的牛肉,各种军乐奏出悲壮粗犷的战歌,深秋在战场检阅兵队。战马像的卢那样跑得飞快,弓箭声像惊雷那样令人心惊。完成君王收复中原的宏图

大业,才能赢得生前身后的不朽美名。可惜壮志未酬白发已生。

诗文赏析

辛弃疾一生力主抗金,遭当权者忌恨,被免官闲居江西带湖。好友陈亮(字同甫)到带湖拜访辛弃疾,他们促膝长谈,共商抗金北伐大计。分手后又相互赠和,言志抒怀。《破阵子》便是辛弃疾寄给陈亮的一首以抒壮怀的词。词中追忆了昔日起义军豪迈壮阔的战斗生活,抒发了渴望杀敌报国、收复中原的雄心,也表达了报国无门、壮志难酬的悲愤。

首句"醉里挑灯看剑"是现实醉态的写照。辛弃疾遭贬谪闲居,胸中郁闷,唯有借酒消愁,不觉酩酊大醉。然而酒醉之后也不忘收复大业,于是,拨亮灯光,深情地注视曾经伴他驰骋沙场的宝剑。"挑灯"意为将油灯拨亮,用词十分精当,既点明"看剑"的时间是夜晚,又极其细致地勾勒出词人端详宝剑的神态,从而显示出词人在刀光剑影中杀敌报国的迫切愿望。开篇一句虽是"醉态"描写,但醉意朦胧中抽剑在手,蕴含杀机,为全篇定下了雄浑的基调。

从"梦回吹角连营"到"赢得生前身后名"描写的是梦境。"梦回"二字点明此事。梦境中又回到了当年的军营生活,耳边传荡着阵阵响亮的号角。词人二十一岁时曾组织两千人马参加农民领袖耿京的抗金义军,不断袭击金兵后方,声势浩大。失败后率万人渡淮,奔赴南宋。南渡近三十年,词人梦寐以求就是能重新指挥千万雄师驰骋疆场,建功立业。

"八百里分麾下炙,五十弦翻塞外声"是写战前的充分准备。"八百里"指牛名,"五十弦"指军中的各种乐器。这两句话的意思是:出兵开战之前,战士们兴高采烈地分食烤熟的牛肉,军营里奏响了雄壮的战歌。充足的给养保证了将士们旺盛的士气,雄壮的塞外之音鼓舞了将士们必胜的斗志。虽未

开战,但词人已表达出了胸有成竹、战无不胜的信心。

"沙场秋点兵"预示着激战即将开始。仅仅五个字,就把雄壮威武的阵容描绘得栩栩如生。那一面面飘飞的战旗,一阵阵点兵出征的号角,一队队冲锋陷阵的人马,一把把寒光闪亮的刀枪,所有这一切构成一幅庄严、肃杀的画面,显示了将士们无坚不摧的决心。

"马作的卢飞快,弓如霹雳弦惊"描写惊险激烈的战斗场面。它如特写镜头,使我们好像看到了的卢马在战场上风驰电掣般飞奔,义军与敌人展开激战,开弓放箭之声如霹雳轰响。"的卢"为良马名,后来常指英勇善战的良马。"弓""马"代指武艺高强、杀敌报国的义军将士。这两句连用两个比喻生动地描绘了战斗场面的激烈,进一步刻画了冲锋陷阵、英勇无比的英雄形象,是词人早年战斗生活的真实写照。

"了却君王天下事,赢得生前身后名"描写大功告成后的喜悦,抒发英雄的理想。这两句的意思是生前要报效祖国、收复中原,死后要留下建功立业的美名。字里行间洋溢着忠君报国的理想,使词的感情上升到了极点。

结句"可怜白发生"笔锋陡转,使词的感情突然从高亢跌落下来,转为低沉。词人的理想是收复中原,现实却是当权者偏安江南。词人只能以一声悲愤的长叹,尽吐壮志难酬的感慨。此句和首句"醉里挑灯看剑"相照应,都是描写现实,又与中间的梦境形成鲜明的对比,揭示了理想与现实的矛盾,从而更有力地表达了词人壮志难酬的悲愤。

这首词基调豪迈高昂,大气磅礴,艺术成就极高。其一,构思层层递进。整首词按照"醉态—梦境—现实"谋篇布局,有条不紊。梦境中又展现了"战前准备、沙场点兵、冲锋陷阵、功成名就"的多方面情形,生动地描绘了一个爱国者驰骋沙场的全过程。环环相扣,层层递进,从而领略到作者运笔自如而又章法严谨的特色。其二,结构奇特巧妙。双调词一般是上阕写景,下篇抒情。这首词打破了这种格式,首尾两句相互照应,描写现实,中间八句一气呵成,描写梦境,梦境里追忆往事,豪迈激昂,现实中壮志难酬,沉痛悲愤,二者对比鲜明,深化主题。这种奇特巧妙的结构与内容配合得天衣无缝,显示了辛弃疾在艺术上的独创精神。

酬张少府

[唐] 王 维

晚年惟好静,万事不关心。
自顾无长策①,空②知返旧林③。
松风吹解带④,山月照弹琴。
君问穷通理,渔歌入浦深⑤。

诗文注释

①长策:高见。
②空:徒,白白地。
③旧林:故居。
④吹解带:吹着诗人宽衣解带时的闲散心情。
⑤"君问"两句:这是劝张少府达观,也即要他

像渔樵那样,不因穷通而有得失之患。

诗文翻译

晚年只图个安静的环境,对世间万事都不太关心。自认没有高策可以报国,只好归隐到这幽静的山林。松风吹拂我且宽衣解带,山月高照正好弄弦

弹琴。君若问穷困通达的道理，请听水边深处渔歌声音。

诗文赏析

这是一首赠友诗。全诗着意自述"好静"之志趣。前四句全是写情，隐含着伟大抱负不能实现之后的矛盾苦闷心情。由于到了晚年，只好"惟好静"了。颈联写隐逸生活的情趣。末联是即景悟情，以问答形式作结，故作玄解，以不管作答，含蓄而富有韵味，洒脱超然、发人深省。

全诗写情多于写景。三、四句隐含不满朝政之牢骚。

"晚年惟好静，万事不关心"说自己人到晚年，唯好清静，对什么事情都漠不关心了，乍一看，生活态度消极之至，但这是表面现象。仔细推敲起来，这"惟好静"的"惟"字大有文章。王维此时虽任京官，但对朝政已经完全失望，开始过着半官半隐的生活，"晚年惟好静，万事不关心"，正是他此时内心的真实写照。

王维早年原也有过政治抱负，在张九龄任相时，他对现实充满希望。然而，没过多久，张九龄罢相贬官，朝政大权落到奸相李林甫手中，忠贞正直之士一个个受到排斥、打击，政治局面日趋黑暗，王维的理想随之破灭。在严酷的现实面前，他既不愿意同流合污，又感到自己无能为力。"自顾无长策"，就是他思想上矛盾、苦闷的反映。他表面上说自己无能，骨子里隐含着牢骚。尽管在李林甫当政时，王维并未受到迫害，实际上还升了官，但他内心

的矛盾和苦闷却越来越加深了。对于这个正直而又软弱、再加上长期接受佛教影响的封建知识分子来说，出路就只剩下跳出是非圈子、返回旧时的园林归隐这一途了。"空知返旧林"意谓：理想落空，归隐何益？然而又不得不如此。在他那恬淡好静的外表下，内心深处的隐痛和感慨，还是依稀可辨的。

那么，王维接下来又肯定、赞赏那种"松风吹解带，山月照弹琴"的隐逸生活和闲适情趣，其原因所在，联系上面的分析，读者可以体会到这实际上是他在苦闷之中追求精神解脱的一种表现。既含有消极因素，又含有与官场生活相对照、隐示厌恶与否定官场生活的意味。摆脱了现实政治的种种压力，迎着松林吹来的清风解带敞怀，在山间明月的伴照下独坐弹琴，自由自在，悠然自得，这是非常令人舒心惬意的。"松风""山月"均含有高洁之意。王维追求这种隐逸生活和闲适情趣，说他逃避现实也罢，自我麻醉也罢，无论如何，总比同流合污、随波逐流好。在前面四句抒写胸臆之后，抓住隐逸生活的两个典型细节加以描绘，展现了一幅鲜明生动的形象画面，将松风、山月都写得似通人意，情与景相生，意和境相谐，主客观融为一体，这就大大增强了诗的形象性。从写诗的艺术技巧上来说，也是很高明的。

最后，"君问穷通理，渔歌入浦深"，回到题目上来，用一问一答的形式，照应了"酬"字；同时，又妙在以不答作答，您要问有关穷通的道理吗？我可要唱着渔歌向河浦的深处驶去了。诗的末句又淡淡地勾勒出一幅画面，含蓄而富有韵味，耐人咀嚼，发人深思。

狱中题壁

[清]　谭嗣同

望门投止思张俭①，
忍死须臾待杜根②。
我自横刀③向天笑，
去留肝胆两昆仑④。

诗文注释

①望门投止：望门投宿。张俭：东汉末年高平人，因弹劾宦官侯览，被反诬"结党"，被迫逃亡，在逃亡中凡接纳其投宿的人家，均不畏牵连，乐于接待。事见《后汉书·张俭传》。

②忍死：装死。须臾：不长的时间。杜根：东汉末年定陵人，汉安帝时邓太后摄政，宦官专权。杜根上书要求太后还政，太后大怒，命人以袋装之而摔死，行刑者慕杜根为人，不用力，欲待其出宫而释之。太后疑，派人查之，见杜根眼中生蛆，乃信其死。杜根终得以脱。事见《后汉书·杜根传》。

③横刀：屠刀，意为就义。

④两昆仑：有两种说法，其一是指康有为和浏阳侠客大刀王五；其二为"去"指康有为在戊戌政变前潜逃出京，后逃往日本。"留"：指自己。

诗文翻译

逃亡生活是如此紧张，看到有人家就上门投宿，我希望出亡的康有为、梁启超能像张俭一样受到人们的保护。也希望战友们能如杜根一样忍死待机完成变法维新的大业。

我横刀而出，仰天大笑，因为去者和留者肝胆相照、光明磊落，犹如昆仑山一样高大雄伟。

诗文赏析

这首诗表达了对避祸出亡的变法领袖的褒扬祝福，对阻挠变法的顽固势力的憎恶蔑视，同时也抒发了诗人愿为自己的理想而献身的壮烈情怀。

"望门投止思张俭"这一句，是身处囹圄的谭嗣同记挂、牵念仓促出逃的康有为等人的安危，借典述怀。私心祈告：他们大概也会像张俭一样，得到拥护变法的人们的接纳和保护。

"忍死须臾待杜根"，是用东汉诤臣义士的故事，微言大义。通过运用杜根的典故，以邓太后影射慈禧，事体如出一辙，既有对镇压变法志士残暴行径的痛斥，也有对变法者东山再起的深情希冀。这一句主要是说，戊戌维新运动虽然眼下遭到重创，但作为锐意除旧布新的志士仁人，应该志存高远，忍死求生，等待时机，以期再展宏图。

"我自横刀向天笑"是承接上两句而来：如若康、梁诸君能安然脱险，枕戈待旦，那么，我谭某区区一命岂足惜哉，自当从容地面对带血的屠刀，冲天大笑。"让魔鬼的宫殿在笑声中动摇。"对于死，诗人谭嗣同早有准备。当政变发生时，同志们曾再三苦劝他避居日本使馆，他断然拒绝，正是由于他抱定了必死的决心，所以才能处变不惊，视死如归。

"去留肝胆两昆仑"，对于去留问题，谭嗣同有自己的定见。在政变的第二天，谭氏待捕不至，遂往日本使馆见梁启超，劝其东游日本。他说："不有行者，无以图将来；不有死者，无以酬圣主。今南海（康有为）之生死未可卜，程婴、杵臼、月照、西乡，吾与足下分任之。"他出于"道"（变法大业、国家利益），也出于"义"（君臣之义、同志之义），甘愿效法《赵氏孤儿》中的公孙杵臼和日本德川幕府末期月照和尚的好友西乡的行径，以个人的牺牲来成全心目中的神圣事业，以自己的挺身赴难来酬报光绪皇帝的知遇之恩。同时，他也期望自己的一腔热血能够惊觉苟且偷安的芸芸众生，激发起变法图强的革命狂澜。在他看来，这伟大的身后事业，就全靠出奔在逃的康、梁们的推动和领导。基于这种认知，他对分任去留两职的同仁同志，给予了崇高的肯定性评价：去者、留者路途虽殊，目标则同，价值同高，正像昆仑山的两座奇峰一样，比肩并秀，各领千秋风骚。在艺术上，本诗有两个最大的特点：

其一，巧于用典，寄意深永。短短二十八字，连用两个典故，其学力之深富、史籍之纯熟，可见一斑。尤其是，这两个典故用于此情此景，确当精切，二箭而三雕：一是剖露了对出亡诸君的深心祈祷，传达了对身处逆境中的同道者的谆谆叮嘱；二是表明了对未来的坚定信念和殷切希望，相信变法者会有出头之日；三是直接影射着慈禧专权的畸形政治，暗含着对其残暴行径的愤慨与蔑视。

其二，气势宏大，笔走风雷。面对人头落地的血的现实，诗人没有战栗，没有悲伤，有的只是人格上的凛然难犯，心灵上的无比坦然。于是，他从容不迫，昂首向天，临危不惧，纵声大笑。这笑，既是强者的笑、英雄的笑，也是冷峻的笑、轻蔑的笑，还是轻松的笑、快慰的笑；这笑，不仅内涵丰富，而且使一首主题沉重的"死亡之诗"顿时有了让人荡气回肠的生命活力，在艺术上堪称破"滞"妙笔。

水调歌头·黄州快哉亭赠张偓佺①

[宋] 苏 轼

　　落日绣帘卷,亭下水连空。知君为我新作,窗户湿青红②。长记平山堂③上,欹枕④江南烟雨,杳杳没孤鸿。认得醉翁⑤语,"山色有无中"⑥。

　　一千顷,都镜净,倒碧峰⑦。忽然浪起,掀舞一叶白头翁⑧。堪笑兰台公子,未解庄生天籁,刚道有雌雄⑨。一点浩然气,千里快哉风⑩。

诗文注释

①此词于元丰六年(1083)六月作。苏辙《黄州快哉亭记》:"清河张君梦得,谪居齐安,即其庐之西南为亭,以览观江流之胜,而余兄子瞻名之曰'快哉'。"

②湿青红:谓漆色鲜润。

③平山堂:公元1048年欧阳修在扬州所建。

④欹枕:谓卧着可以看望。

⑤醉翁:欧阳修别号。

⑥"山色"句:出自欧阳修《朝中措(平山栏槛倚晴空)》。

⑦倒碧峰:碧峰倒影水中。

⑧一叶:指小舟。白头翁:指老船夫。

⑨"堪笑"三句:兰台公子,指战国楚辞赋家宋玉,相传曾作兰台令。他有《风赋》云:"楚襄王游于兰台之宫,宋玉、景差侍,有风飒然而至。王乃披襟而当之,曰:'快哉此风,寡人所与庶人共者邪。'"宋玉因回答说"大王之雄风"与"庶人之雌风"截然不同。庄生:战国时道家学者庄周。《庄子·齐物论》说,"人籁"是吹奏箫笛等竹器的声音;"天籁"是发于自然的音响,即指风吹声。苏轼为亭命名"快哉"即取自《风赋》"快哉此风"句。但他认为风是自然之物,本身不应有雌、雄之别,大家都可享受。

⑩"一点"两句:谓胸中有"浩然之气",就会感受"快哉此风"。《孟子·公孙丑上》云:"吾善养吾浩然之气""其为气也至大至刚,以直养而无害,则塞于天地之间"。指的是一种主观精神修养。

诗文赏析

　　此词作于东坡贬居黄州的第四年,是苏轼豪放词的代表作之一。全词通过描绘快哉亭周围壮阔的山光水色,抒发了作者旷达豪迈的处世精神。

　　作者描写的对象,主要是"快哉亭"周围的广阔景象。开头四句,先用实笔,描绘亭下江水与碧空相接、远处夕阳与亭台相映的优美图景,展现出一片空阔无际的境界,充满了苍茫阔远的情致。"知君为我新作"两句,交代新亭的创建,点明亭主和自己的密切关系,反客为主,诙谐风趣地把张偓佺所建的快哉亭说成特意为自己而造,又写亭台窗户涂抹上青红两色油漆,色彩犹新。"湿"字形容油漆未干,颇为传神。

　　"长记平山堂上"五句,是记忆中情景,又是对眼前景象的一种以虚托实的想象式侧面描写。作者用"长记"二字,唤起他曾在扬州平山堂所领略的"江南烟雨""杳杳没孤鸿"那种若隐若无、高远空蒙的江南山色的美好回忆。他又以此比拟他在"快哉亭"上所目睹的景致,将"快哉亭"与"平山堂"融为一体,构成一种优美独特的意境。这种以忆景写景的笔法,不但平添了曲折蕴藉的情致,而且加强了词境的空灵飞动。以上五句新颖别致,引人入胜,通过作者昔日的淋漓兴致,传达出当日快哉亭前览胜的欣喜之情。

　　上阕是用虚实结合的笔法,描写快哉亭下及其远处的胜景。下阕换头以下五句,又用高超的艺术手法展现亭前广阔江面倏忽变化、波澜汹涌、风云开阖、动心骇目的壮观场面。词人并由此生发开来，抒发其江湖豪兴和人生追求。"一千顷，都镜净，倒碧峰"三句，写眼前广阔明净的江面，清澈见底，碧绿的山峰，倒映江水中，形成了一幅优美动人的平静的山水画卷，这是对水色山光的静态描写。"忽然"两句，写一阵飓风，江面倏忽变化，波澜汹涌，风云开阖，一个渔翁驾着一叶小舟，在狂风巨浪中掀舞。至此，作者的描写奇峰突起，由静境忽变动境，从而自然然地过渡到全词着意表现的着重点——一位奋力搏击风涛的白发老翁。这位白头翁的形象，其实是东坡自身人格风貌的一种象征。以下几句，作者由风波浪尖上弄舟的老人，自然引出他对战国时楚国兰台令宋玉所作《风赋》的议论。作者看来，宋玉将风分为"大王之雄风"和"庶人之雌风"是十分可笑的，是未解自然之理的生硬说教，白头翁搏击风浪的壮伟风神即是明证。其实，庄子所言天籁本身绝无贵贱之分，关键于人的精神境界的高下。他以"一点浩然气，千里快哉风"这一豪气干云的惊世骇俗之语昭告世人：一个人只要具备了至大至刚的浩然之气，就能超凡脱俗，刚直不阿，坦然自适，任何境遇中，都能处之泰然，享受使人感到无穷快意的千里雄风。苏轼这种逆境中仍保持浩然之气的坦荡的人生态度，显然具有积极的社会意义。

这首词在艺术构思和结构上，具有波澜起伏、跌宕多姿、大开大合、大起大落的特点。下阕的描写和议论，豪纵酣畅，气势磅礴，词中出没风涛的白头翁形象，犹如百川汇海，含蓄地点明全篇主旨，给读者以强烈的震撼。

全词熔写景、抒情、议论于一炉，既描写了浩阔雄壮、水天一色的自然风光，又贯注了一种坦荡旷达的浩然之气，展现出词人身处逆境却泰然处之、大气凛然的精神风貌，充分体现了苏词雄奇奔放的特色。

参考资料

[1] 孙明君. 中国古代咏怀诗的基本类型[J]. 陕西师范大学继续教育学报，2002 (1).

[2] 李天慧. 游而不离——浅析 20 世纪 90 年代艺术家的游世心态[J]. 吉林艺术学院学报，2007 (2).

[3] 鞠战林. 高考咏怀诗赏析指导[J]. 现代语文中旬. 教学研究，2010(9).

[4] 孙明君. 昨夜星辰——中国古典诗歌品鉴[M]. 北京：清华大学出版社，2005.

[5] 吴小如等. 汉魏六朝诗鉴赏辞典[M]. 上海：上海辞书出版社，1992.

[6] 马科君. 论建安正始诗歌情感发生作用方式[J]. 神州，2013.

[7] 李静等. 唐诗宋词鉴赏大全集[M]. 北京：华文出版社，2009.

[8] 杨忠. 辛弃疾词选译[M]. 成都：巴蜀书社，1991.

[9] 邓安生等. 王维诗选译[M]. 成都：巴蜀书社，1990.

[10] 萧涤非等. 唐诗鉴赏辞典[M]. 上海：上海辞书出版社，1983.

[11] 邓莹辉. 中国古典诗词精鉴[M]. 广州：华南师范大学出版社，2012.

[12] 曹保平. 中国古典诗词分类赏析（古诗卷）[M]. 海拉尔：内蒙古文化出版社，1999.

[13] 贺信民. 红外集[M]. 北京：中国社会科学出版社，2012.

[14] 唐圭璋等. 唐宋词鉴赏辞典[M]. 上海：上海辞书出版社，1988.

[15] 夏承焘等. 苏轼诗文鉴赏辞典（上）[M]. 上海：上海辞书出版社，2012.

"至今思项羽，不肯过江东"——咏史诗

咏史诗思想内容常见专业术语：
1. 昔胜今衰的感慨
2. 借古讽今的情怀
3. 揭露统治者的昏庸腐朽
4. 缅怀前贤、评判历史

咏史诗的主题

一、怀人伤己

作者追念古人一般是古人的身世与际遇和作者有了某种相似性，触发点在古人，落脚点在自己。具体又可以分为以下两种。

1. 对比失落型 有的怀古咏史诗着眼于个人境遇变化，借古人古事抒发自己的感慨。古人能一展抱负，建功立业，得遂心愿，而自己却因为某种原因被朝廷冷落或不能才尽其用，从而有了郁郁寡欢乃至消极遁世之心。在鉴赏这类诗词时还要抓住历史人物或事件和诗人自己身世之间的连接点，找出二者的共通之处，就能很好地理解作品的深刻寓意。如苏轼的《念奴娇·赤壁怀古》，周瑜在"小乔初嫁"时就立下了令"樯橹灰飞烟灭"之大功，可谓少年得志，风流倜傥，而自己人到中年双鬓染霜，却功业无成，"早生华发"，与周瑜相比，简直不可同日而语。强烈的对比生发出浓重的"人生如梦"的感慨，今世之无奈却只能在清风明月间买醉。故地重游，联想古人，关照自己，正是有了这一层自我关照，才使这首词具有了更为普遍的意义，引起了多少人的共同的心理感受，正是这样，这首杰出的赤壁怀古词才有了长久的生命。

2. 同病相怜型 自己和古人的遭遇相同，追思古人更体现自己的不得意，感慨身世，关照自我，抒发自己渴望建功立业或怀才不遇的感伤。怀古伤己如李商隐《贾生》写汉文帝宣室召见贾谊，倾谈神鬼不谈治国之策，实则借贾谊来写自己的同样的遭遇，抒发并强化了诗人怀才不遇的感慨。

二、怀古伤今

古代诗人的主流是寒士，济天下拯黎民的念头使他们更多关注在国家政治、社会生活上。诗人们常借写古迹、古事来表达对现实的关切、热情、不满、警诫。怀古尽管触点在古，但实际上表现了对现实的强烈关注。现实不合理想模式的时候就是怀古最有理由的时候。根据古迹或古事的现状可分以下几类：

1. 昔盛今衰型 既然是怀古咏史，现实的不尽如人意就难免使诗人触景生情，抒发盛衰之感伤，独抒思古之幽情。抒发对物换星移、物是人非的悲哀之情。这类诗作或抒发昔盛今衰的感慨，暗含对现实的不满甚至批判，多借古讽今；或忧国伤时，揭露统治者的昏庸腐朽，同情下层人民的疾苦，担忧国家民族的前途命运。

尤其是作为六朝古都、曾经繁华一时的金陵更是成为古代诗人们感情的集射地，不知触发了多少人的怀古之情，金陵怀古几乎成为咏史诗的一个专题。过去的繁华随风远去，只留下一片荒芜，这让人顿生物换星移，世事沧桑之感。

李白的《登金陵凤凰台》："凤凰台上凤凰游，凤去台空江自流。吴宫花草埋幽径，晋代衣冠成古丘。三山半落青天外，二水中分白鹭洲。总为浮云能蔽日，长安不见使人愁。"凤凰台上曾经有凤凰鸟来这里游憩，而今凤凰鸟已经飞走了，只留下这座空台，伴着江水，仍径自东流不停。当年华丽的吴王宫殿及宫中的千花百草，如今都已埋没在荒凉幽僻的小径中，晋代的达官显贵们，就算曾经有过辉煌的功业，如今也长眠于古坟中，化为一抔黄土。我站在台上，看着远处的三山，依然耸立在青天之

外,白鹭洲把秦淮河隔成两条水道。天上的浮云随风飘荡,有时把太阳遮住,使我看不见长安城,而不禁感到非常忧愁。

2. 物是人非型 昔日的风景依旧,只是朱颜已改。物是人非给人带来幻梦似的感觉,不由得让人作冷静的思考。如刘禹锡的《石头城》:"山围故国周遭在,潮打空城寂寞回。淮水东边旧时月,夜深还过女墙来。"

全诗通篇写景,群山仍在,潮水依旧,月光依然,所变者已是"故国""空城""旧时月",昔日繁华已化为乌有,全诗基调凄凉不堪,句句都融合着诗人的故国萧条之感,令人不胜伤感。韦庄的《台城》:"江雨霏霏江草齐,六朝如梦鸟空啼。无情最是台城柳,依旧烟笼十里堤。"这是一首凭吊六朝古迹的诗。诗的首句写金陵雨景,渲染氛围;二句写六朝往事如梦,台城早已破败;三、四句写风景依旧,人世沧桑。触景生情,借景寄慨,暗寓伤今。语言含蓄蕴藉,情绪无限感伤。

三、理性反思,别有寄托

前两类诗歌,作者都置身其中,抒发一己之感慨;此一种,作者跳出来,站在历史的高度,独抒机杼,表达自己对历史事实的独特观点,启迪世人。这些诗作大多是作者在怀古咏史的同时,融进了自己切实的生活感受和独特的生活体验,具有强烈个人意识。

借古讽今,劝诫今人不要一味贪图享乐,过度奢侈,穷兵黩武,以免重蹈历史覆辙。如唐代杜牧的《赤壁》:"折戟沉沙铁未销,自将磨洗认前朝。东风不与周郎便,铜雀春深锁二乔。"

这首诗作变换视角,讥讽周瑜成功的侥幸。诗的开头两句,借物起兴,慨叹前朝人物事迹;后两句议论:赤壁大战,周瑜火攻,倘无东风,东吴早灭,二乔将被虏去,历史就要改观。诗的构思极为精巧,议论新颖独特,发人所未发,一反众口一词的论调而又不悖情理,使人耳目一新。

我们不妨以写项羽的绝句为例来加以深入探讨。杜牧《题乌江亭》:"胜败兵家事不期,包羞忍耻是男儿。江东子弟多才俊,卷土重来未可知。"秦末楚汉相争,最终以项羽垓下大败,自刎乌江而降下帷幕。后人总想透过历史的烟尘,剖析他失败的原因,从中引出某些历史借鉴。杜牧以诗人的眼光,

从败不馁的角度立意,指出出色的战将自当胜不骄,败不馁,尤其是在受重创、陷绝境时,更应"包羞忍辱",这才是真正的男儿。杜诗在为项羽的失败同情、惋惜之余,又对他的刚愎自用、缺乏自知不无讽刺。尤为人激赏的是,诗人借题发挥,道出一个颇有积极意义的命题:百折不挠,才能成功。

咏史怀古诗的鉴赏方法

一、弄清史实,疏通文义

读懂咏史怀古诗,对作品所涉及的史实和人物一定要有所了解,这就要求要积累一定的历史知识。如刘禹锡的《乌衣巷》:"朱雀桥边野草花,乌衣巷口夕阳斜。旧时王谢堂前燕,飞入寻常百姓家。"乌衣巷在南京,东晋时是高门士族的聚居区,晋朝王导、谢安两大家族居住此地,其弟子都穿乌衣,因此得名。朱雀桥在秦淮河上和南岸的乌衣巷相邻,昔日繁华鼎盛,而今野草丛生,荒凉残照。以燕栖旧巢唤起人们想象,昔日的王谢权门现在已居住着寻常百姓之家;今昔对比,感慨沧海桑田,人生多变,令人叹惋再三。如果不了解这些历史知识,就很难深入地理解蕴含其中的诗意。

二、要领悟感情

诗家怀古咏史,大致有两种情况,一种是对历史作理性的冷静的剖析,通过昔盛今衰,古今变化,来借古讽今;一种是感慨个人的身世,抓住的只是历史的一些影子,通过赞扬古人建功立业的事迹,表达自己建功立业的心情,同时,委婉地对现实进行批评,感情成分较浓。在鉴赏怀古诗词时要抓住历史人物或事件与时局和诗人自己身世之间的连接点。如杜甫《咏怀古迹》:"群山万壑赴荆门,生长明妃尚有村。一去紫台连朔漠,独留青冢向黄昏。画图省识春风面,环佩空归月夜魂。千载琵琶作胡语,分明怨恨曲中论。"杜甫为什么追念王昭君呢?其实,这是没有找到二者的对接点:一是在王昭君的出塞与杜甫的"漂泊西南天地间",二是在王昭君美冠后宫而不得恩宠与杜甫"古来材大难为用"的悲剧命运。诗中的明妃就是诗人自己,诗人自己就像当年的明妃。抓住此对接点,就不难揣摩出诗作的含义。

三、分析技巧，体察诗心

咏史怀古诗歌的写作一般是先叙事写景，极力铺垫；后议论抒情，点明主旨。还有一些只叙述对比而不加议论，留有充分想象发挥的空间，引发读者的思考。不同的写法，是由不同的主题决定的。

怀古咏史诗的写法多样，有以景衬情的，如苏轼的《念奴娇·赤壁怀古》；有议论引发的，如清人刘献廷的"敢惜妾身归异国，汉家长策在和番"（《王昭君》），对汉元帝统治的无能作了辛辣的讽刺；有用典的，如《念奴娇·赤壁怀古》。在章法上，或作正反对比，或是侧面烘托，不一而足。如李白的《越中览古》："越王勾践灭吴归，义士还家尽锦衣。宫女如花满春殿，只今惟有鹧鸪飞。"将昔时的繁盛和今日的凄凉，通过具体的景物，作了鲜明的对比，写人事的变化，盛衰的无常。

石　头　城①

[唐]　刘禹锡

山围故国②周遭③在，
潮打空城寂寞回。
淮水④东边旧时⑤月，
夜深还过女墙⑥来。

诗文注释

①石头城：在今南京市西清凉山上，三国时孙吴就石壁筑城戍守，称石头城。后人也每以石头城指建业。

②故国：即旧都。石头城在六朝时代一直是国都。

③周遭：环绕。

④淮水：指贯穿石头城的秦淮河。

⑤旧时：指汉魏六朝时。

⑥女墙：指石头城上的矮城。

诗文翻译

山围绕旧国都——全还在，潮水打着空城寂寞又折回。秦淮河的东边从前的月亮，夜深时还过那城上短墙来。

诗文赏析

刘禹锡任和州刺史时（824－826）作《金陵五题》，以联章方式，歌咏五处古迹，总结历史教训。《石头城》是这组诗的第一首。

以偶句发端，笔势浑厚。"山围""潮打"仅四个字便标出石头城的位置，而地形之险见于言外。"故国"意同"故都"，与"空城"同指"石头城"。用"故"用"空"，使空间与时间结合，唤起苍茫怅惘的吊古意识。

"山围故国周遭在"，反衬六代豪华是已消歇，见得人事不修，则地形之险实不足恃。"潮打空城寂寞回"，赋予江"潮"以人的情思，因感知所拍打的是一座"空城"而"寂寞"地退回，则昔日此城车水马龙、金迷纸醉之时，它自然并不感到"寂寞"。江"潮"犹有今昔盛衰的感慨，何况人呢？三、四句请出万古不磨的明月作为古今治乱兴亡的见证人，抒发更为深沉的感喟。"石头城"上，"女墙"仍在，却不仅无人戍守，而且也没有任何人来此凭吊；只有曾照"旧时"繁华的明"月"，在"夜深"人静之时，从"淮水东边"升起，经过"女墙"，"还"来相照。吊古之情，从"山围故国""潮打空城"涌出，波澜迭起，至月照"女墙"而推向高潮，诗亦戛然而止，令读者咏叹想象于无穷。

《金陵五题》自序云："他日友人白乐天掉头苦吟，叹赏良久，且曰《石头》诗云'潮打空城寂寞回'，吾知后之诗人，不复措辞矣！"从全篇看，景中寓情，言外见意，凭吊前朝，垂诫后世，确是怀古诗中的杰作。

山坡羊①·潼关②怀古

[元] 张养浩

峰峦如聚，波涛如怒，山河表里③潼关路。望西都④，意踌躇⑤。伤心⑥秦汉经行处⑦，宫阙⑧万间都做了土。兴，百姓苦；亡，百姓苦。

诗文注释

①山坡羊：曲牌名，决定这首散曲的形式。"潼关怀古"才是标题。

②潼关：古关口名，现属陕西省潼关县，关城建在华山山腰，下临黄河，非常险要。

③山河表里：外面是山，里面是河，形容潼关一带地势险要。具体指潼关外有黄河，内有华山。

④西都：指长安（今陕西西安）这是泛指秦汉以来在长安附近所建的都城。古称长安为西都，洛阳为东都。

⑤踌躇：犹豫、徘徊不定，心事重重，此处形容思潮起伏，陷入沉思，表示心里不平静。

⑥伤心：令人伤心的是，形容词作动词。

⑦秦汉经行处：秦朝（前221—前206）都城咸阳和西汉（前206—25）的都城长安都在陕西省境内潼关的西面。经行处，经过的地方，指秦汉故都遗址。

⑧宫阙：宫殿。阙，皇宫门前面两边的楼观。

诗文翻译

像是群峰众峦在这里会合，像是大浪巨涛在这里发怒，外有黄河，内有华山，潼关地势坚固。遥望古都长安，思绪起起伏伏。途经秦汉旧地，引出伤感无数，万间宫殿早已化作了尘土。唉！一朝兴盛，百姓受苦；一朝灭亡，百姓还受苦。

诗文赏析

张养浩赴陕西途中登临潼关古塞，怀古思今，写下了这一抒情名篇。前三句写登临潼关所见，由远至近，既是写景也是抒情，含蓄地表达了心中波澜起伏的情感。"聚"和"怒"写出了山河的动态与灵性，将山的雄伟与水的奔腾之势勾勒出来，有力地烘托了作者吊古伤今的悲愤伤感之情。"望西都"四句点题怀古，面对昔日帝都的遗址，作者展开充分的想象，突出了历史的变迁。最后两句一语道破封建社会朝代兴亡的本质。从历史的变革中，从兴亡的对比里，作者把人民的悲惨命运揭示出来，既是历史的概括，也是现实的反映，深化了全曲的思想内容。

诗人站在潼关要塞的山道上，眼前是华山群峰，脚下是黄河急流，河水在峡谷中奔腾着，咆哮着，就像暴怒疯狂的兽群。群峰高低参差地簇拥着，攒动着，仿佛集合到这里来接受检阅。潼关，雄伟险要的潼关，古来兵家必争之地的潼关啊！

想起古代，诗人不禁向西方望去。潼关以西三百里，便是西京长安，从秦汉到隋唐，好几个朝代在那一带建过都。落日苍茫之中，诗人一无所见，却在脑海里浮现出一座座巍峨壮观的古都，一座座富丽堂皇的宫殿，多少帝王将相、英雄豪杰曾在那里龙争虎斗，威震一时，然而如今踪影全消，剩下来的只有黄土一片。西望长安，真叫人彷徨不止啊！

诗人只是为"宫阙万间都做了土"而伤心吗？不，他最伤心的是历代人民。无论秦汉，无论隋唐，尽管改朝换代，人民的苦难却从来没有消除过。"兴，百姓苦；亡，百姓苦。"这是对几千年历史一针见血的总评。

这首散曲，从潼关要塞想到古都长安，又从古都长安想到历代兴亡，地域远近数百里，时间上下千余年，思绪驰骋纵横，最后归结为"百姓苦"一句，反复咏叹，兼有山水诗的意境和历史家的眼光。

张养浩晚年在陕西赈济饥民时，写了九首怀古曲。这是最有名的一首。起句"峰峦如聚，波涛如怒"，气势飞动。作者纵笔酣写山川的壮美，赋予它以强烈的感情。沉郁的声调，产生闷雷滚动般的效果，使人心灵震撼。"山河表里潼关路"，突出写潼关的险要。这里是历代兵家必争之地，多少次关系着兴亡的战斗在这里展开。从潼关向西，"望西都，意踌躇"。长安是好几代王朝的首都，作者

登高伫望，思古之情油然而起。"伤心秦汉经行处"两句，是说遥望那片秦代人、汉代人乃至历代人曾经走过的土地，不禁感慨系之。诗人感到，历史在他面前一页页地翻开，无情地宣示王朝更替不可避免的现实。此曲迥异于其他诗作，在于它不只是一般地抒发兴亡之感，而且一针见血，揭示出兴亡后面的历史真谛："兴，百姓苦；亡，百姓苦。"这八个字，鞭辟入里，精警异常，恰如黄钟大吕，振聋发聩，使全曲闪烁着耀眼的思想光辉。从诗人对百姓的态度，回应起首两句，当可理解为什么他在雄壮的山色面前，抚今追昔，显得心情沉重，郁勃难舒了。

本散曲由潼关而怀古，表达了对广大人民的同情。"兴，百姓苦；亡，百姓苦"一句道出了全文的主旨，揭示了统治者压迫人民的本质。

焚 书 坑

[唐] 章碣

竹帛烟销帝业虚，
关河空锁祖龙居。
坑灰未冷山东乱，
刘项原来不读书。

诗文赏析

这首诗就秦末动乱的局面，对秦始皇焚书的暴虐行径进行了辛辣的嘲讽和无情的谴责。秦始皇三十四年(前213)，采纳丞相李斯的奏议，下令在全国范围内搜集焚毁儒家《诗》《书》和百家之书，令下之后三十日不烧者，罚作筑城的苦役，造成中国历史上一场文化浩劫。

"焚书坑"据传是当年焚书的一个洞穴，旧址在今陕西省临潼区东南的骊山上。章碣或者到过那里，目之所触，感慨系之，便写了这首诗。

诗一开始就接触主题。首句用略带夸张的语言揭示矛盾：竹帛化为灰烟消失了，秦始皇的帝业

也就跟着灭亡了，好像当初在焚书坑里焚烧的就是他的大秦天下。这一句夹叙夹议，明叙暗议，有实有虚。"竹帛烟销"是实写，有形象可见。"竹帛"是古代写书的材料，这里指书。"帝业虚"是虚写。这种虚实相间的表现手法极富韵致。

次句就"帝业虚"之意深进一层，说是虽然有关河的险固，也保卫不住秦始皇在都城中的宫殿。"关河"主要指函谷关与黄河，当然也包括其他关隘、河流，如散关、萧关、泾河、渭河、崤山、华山等。贾谊《过秦论》："秦地被山带河以为固，四塞之国也。"说"关河"，便概括一切可以倚恃的地理险阻。秦都咸阳四周虽有这许多关山河川包围着，但仍然锁守不住，所以《过秦论》又说："秦人阻险不守，关

梁不阖,长戟不刺,强弩不射。楚师深入,战于鸿门,曾无藩篱之艰。"再坚固的"篱笆"也挡不住起义军队的长驱直入。诗以"关河空锁祖龙居"一句总括了整个秦末动乱以至秦朝灭亡的史实,言简意深;并且以形象示现,把"帝业虚"这个抽象的概念写得有情有景,带述带评,很有回味。"祖龙"指秦始皇。这里不用"始皇"而用"祖龙",绝非单纯追求用典,而是出于表情达意的需要。《史记·秦始皇本纪》记载一项传说:始皇三十六年,有神人对秦使者说:"今年祖龙死。"使者回报始皇,始皇听了,好久不讲话,过后自作解释说:"祖龙者,人之先也。"秦始皇一心要做子孙万代诸"龙"之祖。而今江山易主,"祖龙"一词正话反用,又添新意,成了对秦始皇的绝妙讽刺,而且曲折有文采,合乎诗歌用语韵味。

第三句点题,进一步用历史事实对"焚书"一事做出评判。秦始皇和李斯等人把"书"看成是祸乱的根源,以为焚了书就可以消灾弭祸,从此天下太平。结果适得其反,秦王朝很快陷入风雨飘摇、朝不保夕的境地。"未冷"云云是夸张的言辞,旨在突出焚书行为的乖谬,实际上从焚书到陈胜、吴广在大泽乡首举义旗,前后相隔整整四年时间。

末句抒发议论、感慨。山东之乱持续了一个时期,秦王朝最后亡于刘邦和项羽之手。这两人一个曾长期在市井中厮混,一个出身行伍,都不是读书人。可见"书"未必就是祸乱的根源,"焚书"也未必就是巩固"子孙帝王万世之业"(《过秦论》)的有效措施。说"刘项原来不读书",而能灭亡"焚书"之秦,全句纯然是揶揄调侃的口吻,包含着极为辛辣的讽刺意味。从"竹帛"写起,又以"书"作结,首尾相接如环,显得圆转自然。

议论性的诗歌,既要剖析事理,又要显示意象,委实很不容易。这首诗采用了近乎喜剧的表现手法:揭示矛盾,使秦始皇处于自我否定的地位。这样写表面似乎很委婉,很冷静,其实反对的态度和憎恶的感情十分鲜明。如果说这就是"怨而不怒"的表现,那么,它也不失为一种成功的艺术手法。

参考资料

[1] 赵光升. 鉴赏咏史怀古诗的一二三[J]. 中学语文园地. 高中版, 2008(9).

[2] 洪春鸣. 古代诗歌分类鉴赏[M]. 银川:宁夏人民教育出版社, 2011.

[3] 陈国林. 高中生必背古诗文[M]. 北京:龙门书局出版社, 2012.

[4] 霍松林. 唐诗精选[M]. 南京:江苏古籍出版社, 1992.

[5] 曾永义. 黑暗时代的自由颂——元人散曲[M]. 北京:线装书局, 2012.

[6] 中外古代文学与作品选讲[M]. 上海:华东师范大学出版社, 2002.

[7] 萧涤非等. 唐诗鉴赏辞典[M]. 上海:上海辞书出版社, 1983.

"不识庐山真面目，只缘身在此山中"——哲理诗

哲理诗是我国古代诗歌海洋中的一颗明珠。它语言质朴，议论精彩，设喻巧妙，描写形象，所揭示的道理深刻久远，因而备受人们的喜爱。尤其是许多哲理名句，常被人们称颂，甚而被作为诗文创作的楷模。中小学语文教材中就选了为数不少的哲理诗精品，如王之涣的"欲穷千里目，更上一层楼"；陆游的"山重水复疑无路，柳暗花明又一村"；苏轼的"不识庐山真面目，只缘身在此山中"；白居易的"野火烧不尽，春风吹又生"；文天祥的"人生自古谁无死？留取丹心照汗青"。这些内涵丰富、意境深远的优秀诗句，极大地启发了青少年的心扉，开启了他们智慧和思维的锁。哲理诗题材相当广泛，自然、社会、人生、理想、爱情、艺术，无所不包，它们生动地反映了客观世界的五彩缤纷，反映了诗人们对人生的深刻感受。

中华诗词一般都以抒情为主，写景、叙事为辅，而在诗词中阐明道理往往遭人非议，宋人严羽就认为"诗有别趣，非关理也"，这是十分错误的。沈德潜在《说诗晬语》中也曾指出："人谓诗主性情，不主议论，似也不尽然。"同时他还指出："议论须带情韵以行。"其实，沈德潜的看法还不够完整，诗词中的说理也不全是通过议论来表达的，有的诗人通过描写景物以喻理，如白居易的"野火烧不尽，春风吹又生"；有的诗人通过抒情来说理，如王勃的"海内存知己，天涯若比邻"；当然，也可以通过议论来说理，只是诗词中的议论是同形象描写相结合来表达的，如杜甫的"葵藿倾太阳，物性固莫夺"。判断一首诗或一联诗是否喻有道理，所喻又是何理，与判断咏物诗词是否有寄托差不多，都要潜心思索，仔细分析，切不可穿凿附会。而使用辩证法来分析，也不失为一种有效的好方法。

首先要学会判断一首或一联说理诗是否是诗。先看一下理学家邵雍的"一阳初动处，万物未生时"这两句诗，理学家以阴阳学说为理论依据，阐述了在阳气初动之时万物尚未萌发。很明显，这是理语，而不是诗语，因为他所写的既无形象，也无感情，没有诗味，没有诗趣。再看一下苏轼的《饮湖上初晴后雨》："水光潋滟晴方好，山色空蒙雨亦奇。欲把西湖比西子，淡妆浓抹总相宜。"诗人先描绘西湖的山光水色和晴姿雨态，再以西施为喻，写出西湖的神韵，趣味盎然，富有美感，能给读者以艺术美的享受。在此基础上阐明了一种美学的原理——事物各呈面貌，各有其审美价值，可以说是善状眼前之景，妙托物外之理。诗中所阐明的道理绝不是概念的，也不作抽象的事理演绎，而是通过西湖美景和比喻等艺术手法来表达的，是用诗的语言说出来的，是形象的，是含蓄的，是有趣的，因此是真正的诗。我们可用朱熹《观书有感》为例来说明，"半亩方塘一鉴开，天光云影共徘徊。问渠那得清如许？为有源头活水来。""昨夜江边春水生，蒙冲巨舰一毛轻。向来枉费推移力，此日中流自在行。"这两首绝句正是凭借具体形象来说明道理的，理由形出，理不离形，故能发人深省，使读者能获得艺术形象美的享受。一是通俗自然，达到出神入化的境界，能获得雅俗共赏的审美效果。二是善于运用比喻来说理，富有形象思维，读来意趣盎然，耐人品味。三是富有理趣。

其次要懂得诗中喻理常用的几种方法。

1. 在形象的描绘中蕴含道理。

俗话说：有意栽花花不发，无心插柳柳成荫。诗人在创作之初本不想说理，只想描绘景象，以抒发自己的某种情感，可不经意间却产生一箭双雕的绝妙效果。还以白居易的《赋得古原草送别》为例，全诗曰："离离原上草，一岁一枯荣。野火烧不尽，春风吹又生。远芳侵古道，晴翠接荒城。又送王孙去，萋萋满别情。"一看题目就知道，这是一首送别诗，诗人对草地描绘的初衷是表达别情，不经意间却给读者留下无尽的遐思，使人联想到生命存在的哲理——生生不息，无穷无尽。据说，这首诗是白居易初到长安时献给当时大诗人顾况的，顾况大为赞赏，为之改变态度。究其因，正是对"野火烧不尽，春风吹又生"这一联诗的嗟赏。我们可用刘禹锡的《酬乐天扬州初逢席上见赠》为例说明，"巴山楚水凄凉地，二十三年弃置身。怀旧空吟闻笛赋，

到乡翻似烂柯人。沉舟侧畔千帆过,病树前头万木春。今日听君歌一曲,暂凭杯酒长精神。"诗词的哲理和意义大多从景物的描写中表现出来,虽说一切景语皆情语,其实,也有不少景语不但有情还含哲理。沉舟之畔,千帆竞发;枯树前头,万木争荣。世界上一切都在向前发展,新陈代谢总是要继续下去的。新的意义是说明新事物总要代替旧事物。

2. 在抒情之中蕴含道理。

前文已经说到过"诗主性情",而在抒情中蕴含理趣,确实可以令读者"别有一番滋味在心头",许多千古传诵不衰的名句,有不少都是情中含理的。先结合王勃的《送杜少府之任蜀州》来具体阐述一下这一问题,诗曰:"城阙辅三秦,风烟望五津。与君离别意,同是宦游人。海内存知己,天涯若比邻。无为在歧路,儿女共沾巾。"

很明显,这是一首送别诗,抒发了诗人对朋友的真挚而深厚的友情。尤其是颈联,在抒情中蕴含着"只要是知己朋友,哪怕远隔万水千山,感情也不会变得淡薄,依然还和住在一起时一样"的深刻哲理,具有高度的概括力,气象壮阔,诗味隽永,独标高格,而成千古名句。白居易的"同是天涯沦落人,相逢何必曾相识",柳永的"多情自古伤离别,更那堪,冷落清秋节",秦观的"两情若是久长时,又岂在朝朝暮暮",等等,与之有异曲同工之妙。我们可用苏轼《水调歌头》中的"人有悲欢离合,月有阴晴圆缺,此事古难全"诗句来说明,诗人用变换不拘的宇宙规律说明人间悲欢离合是自古已然的事实,揭示了人世间从来就没有十全十美的事这一普遍规律。

3. 在议论之中阐明道理。

必须着重指出的是,这里的议论是同形象描写相结合的,是用诗的语言来表达的,且多使用比喻等修辞手法,因而议论显得比较隐晦。先以苏轼的《题西林壁》为例,诗曰:"横看成岭侧成峰,远近高低各不同。不识庐山真面目,只缘身在此山中。"诗中的"庐山"便含有比喻义,后两句的议论隐含许多哲理,既蕴含看待任何事物和问题都应一分为二的意思,又隐含任何一个问题都有多种答案的哲理,还含有和俗话所说的"当局者迷,旁观者清"一样的道理,只不过这句俗话纯乎说理,而苏轼是以形象来喻理。还有更隐晦的,如张方平的《题歌风台》

"落魄刘郎作帝归,樽前感慨大风诗。淮阴反接英彭族,更欲多求猛士为?"方回的《瀛奎律髓》中说它的议论"不着色相",便是这首绝句议论的特色,诗人写得很含蓄,只是说像韩信、彭越这样一代天才大将都被你刘邦杀了,你还想要什么猛士呢?诗人说的虽然只是刘邦一人,但历史上有几个帝王不是像刘邦一样,爱惜人才只是挂在嘴巴上,而骨子里却是残害人才,只求保住自己的帝位呢?这就是历史的规律,这就是古代中国人才长演不衰的悲剧!我们可用杜荀鹤的《小松》"自小刺头深草里,而今渐觉出蓬蒿。时人不识凌云木,直待凌云始道高"为例来进一步说明。眼光短浅的人是不可能在人才尚未崭露头角前就发现之的,反而因为"不识"而扼杀之,揭示出人才被扼杀的一种规律。

要学会"想诗"。富有理趣的诗句,有的是其本身固有的,如陆游的《冬夜读书示子聿》"古人学问无遗力,少壮功夫老始成。纸上得来终觉浅,绝知此事要躬行";有的原意较少而后人赋予更多层次的哲理,如王安石的《登飞来峰》"飞来峰上千寻塔,闻说鸡鸣见日升。不畏浮云遮望眼,只缘身在最高层";有的则是在原有的基础上引申出来的,如杜荀鹤的《小松》。所以,要揭示诗词中所蕴含的哲理,非要好好想一想不可。司马光早在九百多年前就在《续诗话》中指出:"古人为诗,贵于意在言外,使人思而得之。"本段即以此为据来阐述。其实,"想诗"是诗词鉴赏的一个重要手段,在"想诗"中,"思而得之"最为关键,就是说,在鉴赏时要根据诗中所提供的意象,在准确理解诗意后进行"再创造想象",这尤其对于原意较少而后人赋予更多层次的哲理和在原有的基础上引申出来的这两种情况特别有效。理论大多是抽象的,必须在实践中反复练习才能牢固掌握,以苏轼《琴诗》"若言琴上有琴声,放在匣中何不鸣?若言声在指头上,何不于君指上听?"为例。作为主体的手指没有琴弦是奏不出音乐的,而作为客体的琴弦离开了手也不能自鸣,只有主体与客体密切配合才能演奏出美妙的音乐来。明白天下万物的完成,都有赖于主客体的密切配合这一哲理。

蕴含哲理的诗句大多都是流传千古,人们耳熟能详的名篇名句,并为许多文人墨客所经常引用,是中华诗词百花苑中的一朵朵奇葩。

放言①（其三）

[唐] 白居易

赠君②一法③决④狐疑⑤，
不用钻龟与祝蓍⑥。
试⑦玉要烧三日满，
辨⑧材⑨须待七年期⑩。
周公⑪恐惧流言日，
王莽⑫谦恭未篡⑬时。
向使⑭当初身便⑮死，
一生真伪复⑯谁知？

诗文注释

①放言：言论放肆、不受拘束的意思。

②君：您，这里指作者的好友元稹。

③法：办法，方法。

④决：决定，解决，判定。

⑤狐疑：狐性多疑，故用狐疑指犹豫不定。

⑥钻龟、祝蓍(shī)：古人因迷信而占卜的方法，钻龟壳后看其裂纹占卜吉凶，或拿蓍草的茎占卜吉凶。这里是指求签问卜。蓍，多年生草本植物，全草可入药，茎、叶可制香料。

⑦试：试验，检验。

⑧辨：辨别，鉴别。

⑨材：木材，这里指枕木和樟木。

⑩期：期限。

⑪周公：姬旦，周武王弟，周成王的叔父。武王死后，有人怀疑他有篡权的野心，但历史证明他对成王是一片忠心。

⑫王莽：汉元帝皇后侄。在汉末时，他假装谦恭，曾经迷惑了许多人。《汉书》记载说他"爵位愈尊，节操愈谦"，后来王莽篡汉自立，历史揭露了他虚假的面目。

⑬篡(cuàn)：篡位，臣子夺取君主的权位。

⑭向使：假如，如果，假使。

⑮便：就。

⑯复：又。

诗文翻译

我赠送你一个方法可以让你不狐疑地下决定，不需要钻凿灼烧龟甲产生裂纹来作预测，也不用拿起蓍草占卜问天地，什么方法呢？就好像要看玉是不是真玉，就要用火连烧满满的三日，如果不热，就是真玉；要判断豫章木是不是真的，要等到它生长了七年之后才可以准确判断。试想，正直贤良如周公，在管叔蔡叔放出流言说周公专擅朝政的时候，何尝不恐惧；王莽心怀不轨，在篡汉之前表现得多么谦虚敦厚，礼遇人才。如果他们在心迹未明被人误会的时候就死了，那么他们这一生真正的心思，有谁会知道呢？

诗文赏析

这是一首富有理趣的好诗。它以极通俗的语言说出了一个道理：对人和事物要得到全面的认识，都要经过时间的考验，从整个历史去衡量、去判断，而不能只根据一时一事的现象下结论，否则就会把周公当成篡权者，把王莽当成谦恭的君子了。

诗人表示像他自己以及友人元稹这样受诬陷的人，是经得起时间考验的，因而应当多加保重，等待"试玉""辨材"期满，自然会澄清事实，辨明事伪。这是用诗的形式对他自身遭遇进行的总结。

在表现手法上，虽以议论为主，但行文却极为曲折，富有情味。"赠君一法决狐疑"，诗一开头就说要告诉人一个决狐疑的方法，而且很郑重，用了一个"赠"字，强调这个方法的宝贵，说明是经验之谈。这就紧紧抓住了读者。因在生活中不能作出判断的事是很多的，大家当然希望知道是怎样的一种方法。"不用钻龟与祝蓍"，先说不用什么，而该用什么，却不径直说出。这就使诗歌有曲折，有波澜，对读者也更有吸引力。诗的第二、三句才把这个方法委婉地介绍出来："试玉要烧三日满，辨材须待七年期。"很简单，要知道事物的真伪优劣只有让时间去考验。经过一定时间的观察比较，事物的本来面目终会呈现出来的。

以上是从正面说明这个方法的正确性，然后掉转笔锋，再从反面说明："周公恐惧流言日，王莽谦恭未篡时。"如果不用这种方法去识别事物，就往往

不能做出准确的判断。对周公和王莽的评价，就是例子。周公在辅佐成王的时期，某些人曾经怀疑他有篡权的野心，但历史证明他对成王一片赤诚，他忠心耿耿是真，说他篡权则是假。王莽在未取代汉朝政权时，假装谦恭，曾经迷惑了一些人；《汉书》说他"爵位愈尊，节操愈谦"。但历史证明他的"谦恭"是伪，代汉自立才是他的真面目。"向使当初身便死，一生真伪复谁知？"这是全篇的关键句。"决狐疑"的目的是分辨真伪。真伪分清了，狐疑自然就没有了。如果过早地下结论，不用时间来考验，就容易为一时表面现象所蒙蔽，不辨真伪，冤屈好人。

诗的意思极为明确，出语却曲折委婉。从正面、反面叙说"决狐疑"之"法"，都没有径直点破。前者举出"试玉""辨材"两个例子，后者举出周公、王莽两个例子，让读者思而得之。这些例子，既是论点，又是论据。寓哲理于形象之中，以具体事物表现普遍规律，小中见大，耐人寻思。其以七言律诗的形式，表达出一种深刻的哲理，令读者思之有理，读之有味。

题西林壁①

[宋] 苏 轼

横看成岭侧成峰②，
远近高低各不同③。
不识④庐山真面目⑤，
只缘⑥身在此山⑦中。

诗文注释

①题西林壁：写在西林寺的墙壁上。西林寺在庐山北麓。题：书写，题写。西林：西林寺，在江西庐山。
②横看：从正面看。庐山总是南北走向，横看就是从东面西面看。侧：从侧面看。
③各不同：不相同。
④识：认识，清楚。

⑤真面目：指庐山真实的景色。
⑥缘：同"原"，因为，由于。
⑦此山：这座山，指庐山。

诗文翻译

从正面看庐山的山岭连绵起伏，从侧面看庐山山峰耸立，从远处、近处、高处、低处看庐山，庐山呈

现各种不同的样子。人们之所以认不清庐山本来的面目，是因为自己身在庐山之中啊！

诗文赏析

苏轼由黄州贬赴汝州任团练副使时经过九江，游览庐山。瑰丽的山水触发逸兴壮思，于是写下了若干首庐山记游诗。《题西林壁》是游观庐山后的总结，它描写庐山变化多姿的面貌，并借景说理，指出观察问题应客观全面，如果主观片面，就得不出正确的结论。旁观者清。

开头两句"横看成岭侧成峰，远近高低各不同"，实写游山所见。庐山是座丘壑纵横、峰峦起伏的大山，游人所处的位置不同，看到的景物也各不相同。这两句概括而形象地写出了移步换形、千姿万态的庐山风景。

后两句"不识庐山真面目，只缘身在此山中"，是即景说理，谈游山的体会。为什么不能辨认庐山的真实面目呢？因为身在庐山之中，视野为庐山的峰峦所局限，看到的只是庐山的一峰一岭一丘一壑，局部而已，这必然带有片面性。游山所见如此，观察世上事物也常如此。这两句诗有着丰富的内涵，它启迪人们认识为人处世的一个哲理——由于人们所处的地位不同，看问题的出发点不同，对客观事物的认识难免有一定的片面性；要认识事物的真相与全貌，必须超越狭小的范围，摆脱主观成见。

这是一首哲理诗，但诗人不是抽象地发议论，而是紧紧扣住游山谈出自己独特的感受，借助庐山的形象，用通俗的语言深入浅出地表达哲理，故而亲切自然。

雪　梅

［宋］卢　钺①

梅雪争春未肯降②，
骚人阁笔费评章③。
梅须逊雪三分白，
雪却输梅一段香。

诗文注释

①卢钺(yuè)：别名卢梅坡，宋诗人，生卒年不详。
②降(xiáng)：服输。
③阁：同"搁"，放下。评章：评议的文章，这里指评议梅与雪的高下。

诗文翻译

梅花和雪花都认为各自占尽了春色，谁也不肯相让。难坏了诗人，难写评判文章。梅花须逊让雪花三分晶莹洁白，雪花却输给梅花一段清香。

诗文赏析

这是宋代诗人卢钺咏物言志的一首七言绝句。诗人通过对"梅""雪"的评论，在比较中巧妙地写出各自的特色，并寓理于其中。

"梅雪争春未肯降"，这句是写梅雪在"争春"上互不相让。因为梅花在冬末春初开放，香气飘散，给人一种春天不久要来临的感觉；而白雪几经降落，也意味着春天不远了。"未肯降"即不肯认输。

"骚人阁笔费平章"，这是指诗人要评价梅雪谁是报春使者，也需要放下手中笔，好好地权衡一番。"骚人"，即诗人；"阁"，放下；"平章"，评论。

"梅须逊雪三分白",这句作者从颜色角度来写,梅不如雪那样洁白。"三分"以实写虚,是"少许"的意思。这是梅的短处,恰是雪的长处。"逊",逊色,差一点。

"雪却输梅一段香",这句作者从气味角度来写,雪当然不具备梅花的香味。这是雪的短处,恰是梅的长处。"输",这里作"差"讲。

一"色"一"香",一"长"一"短",堪称神思巧运:"骚人阁笔费平章"的难题,作者轻轻巧巧一笔即"盖棺"——其实是既"盖"又未"盖",因为"色"与"香"是两个不同的角度啊!

对于咏物言志的诗,我们要从物中获得启示,联想到社会生活中的类似现象(即"由此及彼")。读了这首诗,我们可以悟出这样一个哲理:一个人应看到自己的长处,也要看到别人的长处,还要看到自己不如别人的地方。

古今不少诗人往往把雪、梅并写。雪因梅,透露出春的信息,梅因雪更显出高尚的品格。如毛泽东《卜算子·咏梅》中就曾写道:"风雨送春归,飞雪迎春到。已是悬崖百丈冰,犹有花枝俏。俏也不争春,只把春来报。待到山花烂漫时,她在丛中笑。"雪、梅都成了报春的使者、冬去春来的象征。但在诗人卢钺的笔下,二者却为争春发生了"摩擦",都认为各自占尽了春色,装点了春光,而且谁也不肯相让。这种写法,实在是新颖别致,出人意料,难怪诗人无法判个高低。诗的后两句巧妙地托出二者的长处与不足——梅不如雪白,雪没有梅香,回答了"骚人阁笔费评章"的原因,也道出了雪、梅各执一端的根据。读完全诗,我们似乎可以看出作者写这首诗是意在言外的:借雪梅的争春,告诫我们人各有所长,也各有所短,要有自知之明。取人之长,补己之短,才是正理。这首诗既有情趣,也有理趣,值得咏思。

己亥①杂诗(其五)

[清] 龚自珍

浩荡离愁②白日斜,
吟鞭东指即天涯③。
落红④不是无情物,
化作春泥更护花⑤。

诗文注释

①己亥:指清道光十九年,公元1839年。

②浩荡离愁:离别京都的愁思浩如水波,也指作者心潮不平。浩荡:这里形容愁绪无边无际的样子。

③吟鞭:诗人马鞭。东指:东方故里。天涯:指离京都遥远。

④落红:落花。花朵以红色者为尊贵,因此落花又称为落红。

⑤花:比喻国家。此句表明作者造福人类为国效力的高贵品质。后人又常用此句表达前辈对后辈的爱护。

诗文翻译

浩浩荡荡的离别愁绪向着日落西斜的远处延伸,马鞭向东一挥,从此人就是天涯海角了。我辞官归乡,有如从枝头上掉下来的落花,但它却不是无情之物,化成了泥土,还能起着培育下一代的作用。

诗文赏析

"浩荡离愁白日斜。""浩荡",广大无边。"白日斜",夕阳西斜。龚自珍报国无门,终于辞官回归杭州故里,心情是十分苦闷的。诗中用"浩荡"来形容离愁,说明愁绪之深。这个"愁"不是个人私怨,而是对国事的忧虑,爱国之心显而易见。"浩荡离愁"又用夕阳西斜来烘托,更为愁绪抹上一重浓浓的色彩。

"吟鞭东指即天涯。"这句是说甩响马鞭,奔向遥远的地方。才离京城何来"天涯"呢？这是作者的心态所致。因为这次离京意味着告别朝廷,远离仕途,不再回来了,所以作者产生了有如天涯漂泊的心绪。

"落红不是无情物,化作春泥更护花。""落红",落花。"红",比喻理想与信念。"落红",是作者自比脱离官场。这两句诗运用了托物言志的手法,表面上写"落花",花虽落但仍然依恋故枝,心系故枝,并且要化成泥土滋养故枝,实际上是借以表露诗人的情怀。诗人虽然像一朵落花辞别故枝一样地离别了京师,但他并不是无情的,他的心依然留在京城,留在朝廷,依然要把自己的一切献给自己的理想和信念。龚自珍对当时社会现实是有着清醒的认识的,明知前途困难重重,他仍执着地"化作春泥更护花",这种对理想的坚定追求,高度的爱国热忱,崇高的献身精神令人感佩不已。

"落红不是无情物,化作春泥更护花",已成为脍炙人口的名句。现在人们常用"落红不是无情物,化作春泥更护花"来赞扬老一辈在事业上鞠躬尽瘁的精神,以及他们对培养和爱护青年人耗尽心血的高尚情怀。

"落红不是无情物,化作春泥更护花。"诗人笔锋一转,由抒发离别之情转入抒发报国之志。并反用陆游的词"零落成泥碾作尘,只有香如故"。"落红",本指脱离花枝的花,但是,并不是没有感情的东西,即使化作春泥,也甘愿培育美丽的春花成长。不为独香,而为护花。表现诗人虽然脱离官场,依然关心着国家的命运,不忘报国之志,充分表达诗人的壮怀,成为传世名句。

龚自珍《己亥杂诗》多用象征影喻,想象丰富、奇特,运用意象手法创景抒情。例如,本诗前两句写景。望着夕阳西下,牵动了作者广阔无边的离愁别恨,这离别之愁,不仅是离别家眷,更是离别朝廷。作者从小就在北京读书,又在北京考中进士做官,北京是他的第二故乡,是他的理想所在。现在,他被迫离京,心情是多么复杂呀！黄昏日落的惨淡景象,天涯海角的遥远距离,使他的离愁更加浩大而沉重了。诗的后两句,诗人将笔锋一转,即景抒情,表达了一种昂扬向上的精神:"落红不是无情物,化作春泥更护花。"这是多么新奇的诗句。在古人眼里,凋谢飘零的落红,总是引起叹息和伤感的"无情物";然而作者却看到它有情的、积极有为的一面,用来比喻辞官归隐的自己,表现一种不甘自弃、继续奋斗的精神,表明要在退出官场后仍然为国家、为民族贡献自己的一切。

观书有感(其一)

[宋]　朱熹

半亩方塘①一鉴开,
天光云影共徘徊②。
问渠③那得清如许？
为有源头活水④来。

诗文注释

①方塘:又称半亩塘,在福建尤溪城南郑义斋馆舍(后为南溪书院)内。朱熹父亲朱松与郑交好,

故尝有《蝶恋花·醉宿郑氏别墅》词云:"清晓方塘开一境。落絮如飞,肯向春风定。"鉴:镜。古人以铜为镜,包以镜袱,用时打开。
②这句是说天的光和云的影子反映在塘水之

中,不停地变动,犹如人在徘徊。

③渠:它,指方塘。那(nǎ)得:怎么会。那:同"哪",怎么的意思。清如许:这样清澈。

④源头活水:源头活水比喻知识是不断更新和发展的,从而不断积累,只有在人生的学习中不断学习运用探索,才能使自己永葆先进和活力,就像水源头一样。

诗文翻译

半亩大的方形池塘像一面镜子一样展现在眼前,天空的光彩和浮云的影子都在镜子中一起移动。要问为何那方塘的水会这样清澈呢?是因为有那永不枯竭的源头为它源源不断地输送活水。

诗文赏析

这是一首借景喻理的名诗。全诗以方塘作比喻,形象地表达了一种微妙难言的读书感受。池塘并不是一泓死水,而是常有活水注入,因此像明镜一样,清澈见底,映照着天光云影。这种情景,同一个人在读书中搞通问题、获得新知而大有收益、提高认识时的情形颇为相似。这首诗所表现的读书有悟、有得时的那种灵气流动、思路明畅、精神清新

活泼而自得自在的境界,正是作者作为一位大学问家的切身的读书感受。诗中所表达的这种感受虽然仅就读书而言,却寓意深刻,内涵丰富,可以做广泛的理解。特别是"问渠那得清如许?为有源头活水来"两句,借水之清澈,是因为有源头活水不断注入,暗喻人要心灵澄明,就得认真读书,时时补充新知识。因此人们常常用来比喻不断学习新知识,才能达到新境界。人们也用这两句诗来赞美一个人的学问或艺术的成就,自有其深厚的渊源。读者也可以从这首诗中得到启发,只有思想永远活跃,以开明宽阔的胸襟,接受种种不同的思想、鲜活的知识,广泛包容,方能才思不断,新水长流。这两句诗已凝缩为常用成语"源头活水",用以比喻事物发展的源泉和动力。

这是一首极其有艺术哲理性的小诗。人们在品味书法作品时,时常有一种神采飞扬的艺术感觉,诗中就是以象征的手法,将这种内心感觉化作可以感触的具体形象加以描绘,让读者自己去领略其中的奥妙。所谓"源头活水",当指书写者内心的不竭艺术灵感。

诗的寓意很深,以源头活水形象地比喻丰富的书法艺术灵感才是书法艺术作品真正的不竭源泉,阐明了作者独特的读书感受,很符合书法艺术创作的特色,也反映了一般艺术创作的本质。

观书有感(其二)

[宋] 朱 熹

昨夜江边春水生,
蒙冲①巨舰一毛轻。
向来②枉费推移力,
此日中流③自在行。

诗文注释

①蒙冲:古代战船。也作艨艟。
②向来:从前。指春水未涨之时。
③中流:水流的中央。

诗文翻译

昨天晚上,江河里的春水顿时涨起来了,这使得大战船漂浮在水面上犹如一根羽毛那样轻了。往日少水时,多少人花费了多少力气也不曾移动巨轮一尺一寸,

如今好了,船可以自由自在地航行在河流当中了。

诗文赏析

这也是一首借助形象说理的诗。它以泛舟为例,让读者去体会与学习有关的道理。诗中说往日舟大水浅,众人使劲推船,也是白费力气,而当春水猛涨,即使艨艟巨舰也如羽毛般轻,自由自在地飘行在水流中。诗中突出春水的重要,意在强调艺术灵感的勃发,足以使得艺术创作流畅自如。也可以理解为创作艺术要基本功夫到家,则熟能生巧,驾驭自如。这首诗很可能是作者苦思某个问题,经过学习忽然有了心得后写下来的。

从以'巨舰大船'作比喻,可能是朱熹所品评的是榜书大字的创作。此诗的寓意也很深,以水涨船高则能够行驶自在,形象地比喻书法艺术创作一旦灵感勃发,则能够使书写一下子变得流畅自如,这不仅仅是书法艺术的一个本质过程,也是一般艺术创作的重要本质。当然,该诗也可以从另外一个角度理解,即朱熹看见书法作品的技艺精练且生动流畅,品味出熟能生巧的艺术道理。

有人以为诗是形象思维的产物,所以只宜于写景抒情而不宜于说理。这有几分道理,但不能绝对化。因为理可以用形象化的手段表现出来,从而使得它与景和情同样富于吸引力。同时,理本身所具有的思辨性往往就是非常引人入胜的。(枚乘《七发》正证明了这一点)因此,古今诗作中并不缺乏成功的哲理诗。朱熹是刘子翚学生,他父亲朱松文才也很好。也许由于父、师的影响,他在道学中对文学的评价是比较公正的,也写出过一些富于生活气息的好诗。如这首诗当然是说理之作,写人的修养往往有一个由量变到质变的阶段。一旦水到渠成,自然表里澄澈,无拘无束,自由自在。这两首诗以鲜明的形象表达自己在学习中悟出的道理,既具有启发性,也并不缺乏诗味,所以陈衍评为"寓物说理而不腐"。本诗所蕴含的道理属于美学原理范畴,说理角度是创作美,这种美学原理是带有一定普适性的。

登飞来峰①

[宋] 王安石

飞来山上千寻②塔,
闻说鸡鸣见日升。
不畏③浮云④遮望眼,
自缘⑤身在最高层。

诗文注释

①选自《临川先生文集》(中华书局1959年版)。飞来峰:即浙江绍兴城外的宝林山。唐宋时其上有应天塔,俗称塔山。古代传说此山自琅琊郡东武县(今山东诸城)飞来,故名。

②千寻:极言塔高。古以八尺为一寻,形容高耸。

③不畏:反用李白《登金陵凤凰台》"总为浮云能蔽日,长安不见使人愁"句意。

④浮云:暗喻奸佞的小人。汉陆贾《新语》:"邪臣蔽贤,犹浮云之障白日也。"唐李白《登金陵凤凰台》:"总为浮云能蔽日,长安不见使人愁。"

⑤缘:因为。

诗文翻译

飞来峰顶有座高耸入云的塔,听说鸡鸣时分可以看见旭日升起。不怕层层浮云遮住我那远眺的视野,只因为我站在飞来峰顶,登高望远心胸宽广。

诗文赏析

这首诗的第一句，诗人用"千寻"这一夸张的词语，借写峰上古塔之高，写出自己的立足点之高。诗的第二句，巧妙地虚写出在高塔上看到的旭日东升的辉煌景象，表现了诗人朝气蓬勃、胸怀改革大志、对前途充满信心，成为全诗感情色彩的基调。诗的后两句承接前两句写景议论抒情，使诗歌既有生动的形象又有深刻的哲理。古人常有浮云蔽日、邪臣蔽贤的忧虑，而诗人却加上"不畏"二字。表现了诗人在政治上高瞻远瞩，不畏奸邪的勇气和决心。这两句是全诗的精华，蕴含着深刻的哲理：人不能只为眼前的利益，应该放眼大局和长远。在写作手法上，起句写飞来峰的地势。峰在杭州西湖灵隐寺前，而峰上更有千寻之塔，足见其高。此句极写登临之高险。承句写目极之辽远。承句用典，《玄中记》云："桃都山有大树，曰桃都，枝相去三千里。上有天鸡，日初出照此木，天鸡即鸣，天下鸡皆随之。"以此验之，则"闻说鸡鸣见日升"七字，不仅言其目极万里，亦且言其声闻遐迩，颇具气势。虽是铺垫之笔，亦不可等闲视之，实景语中的高唱。且作者用事，别具匠心。如典故中"日初出照此木，天鸡即鸣"，本是"先日出，后天鸡鸣"，但王安石不说"闻说日升听鸡鸣"，而说"闻说鸡鸣见日升"，则是"先鸡鸣，后日升"。诗人用事，常有点化，此固不能以强求平仄，或用事失误目之，恐意有另指。

转句"不畏"二字作峻语，气势夺人。"浮云遮望眼"，用典。据吴小如教授考证，西汉人常把浮云比喻奸邪小人，如《新语·慎微篇》："故邪臣之蔽贤，犹浮云之障日也。"王句即用此意。他还有一首《读史有感》的七律，颔联云："当时黯暗犹承误，末俗纷纭更乱真。"欲成就大事业，最可怕者莫甚于"浮云遮目""末俗乱真"，而王安石以后推行新法，恰败于此。诗人良苦用心，于此诗已见端倪。

结句用"身在最高层"拔高诗境，有高瞻远瞩的气概。转、结二句，绝妙情语，亦千古名句；作者点睛之笔，正在结语。若就情境说，语序应是"因为身在最高层，所以不畏浮云遮目"，但作者却倒过来，先说果，后说因；一因一果的倒置，说明诗眼的转换。这虽是作诗的常法，亦见出作者构思的精深。

这首诗与一般的登高诗不同。这首诗没有过多的写眼前之景，只写了塔高，重点是写自己登临高处的感受，寄寓"站得高才能望得远"的哲理。这与王之涣诗"欲穷千里目，更上一层楼"相似。前者表现一个政治变革家拨云见日、高瞻远瞩的思想境界和豪迈气概，后者表现要想取得更好的成绩，需要更加的努力的互勉或自励之意。

"不畏浮云遮望眼，只缘身在最高层"与苏轼"不识庐山真面目，只缘身在此山中"一脉相承，表现技法极为相似，王诗就肯定方面而言，比喻"掌握了正确的观点的方法，认识达到了一定的高度，就能透过现象看到本质，就不会被事物的假象迷惑。"而苏轼是就否定方面而言的，比喻"人们之所以被事物的假象所迷惑，是因为没有全面、客观、正确地观察事物，认识事物"。两者都极具哲理性，常被用作座右铭。

参考资料

[1] 危福平. 高中生诗词自主鉴赏教学模式探究[D]. 江西师范大学，2006.

[2] 于非. 中国古代文学作品选[M]. 北京：高等教育出版社，2002.

[3] 李宴等. 白居易诗选[M]. 北京：北京文化出版社，2012.

[4] 陈迩冬. 苏轼诗选[M]. 北京：人民文学出版社，1984：199;

[5] 缪钺等. 宋诗鉴赏辞典[M]. 上海：上海辞书出版社，1987.

[6] 刘永生. 宋诗选[M]. 天津：天津古籍出版社，1997.

[7] 党天正. 历代咏梅诗词探胜（上卷）（诗歌部分）[M]. 西安：陕西人民出版社，1994.

[8] 傅璇琮. 中国古典诗歌基础文库·元明清诗卷[M]. 杭州：浙江文艺出版社，1994.

[9] 黄坤译注. 朱熹诗文选译[M]. 成都：巴蜀书社，1990.

[10] 姚晓明. 为有源头活水来——朱熹《观书有感》赏析[M]. 小学生之友（高版），2010(6).

[11] 王运熙. 历代诗歌浅解[M]. 上海：复旦大学出版社，1999.

[12] 雷启洪. 王安石诗文赏析[M]. 南宁：广西人民出版社，1986.

"任是深山更深处，也应无计避征徭"——讽刺诗

讽刺诗思想内容常见专业术语：

1. 百姓被盘剥之苦

2. 战争徭役之苦

3. 税赋劳作之苦等

孔子曰："《诗》，可以兴，可以观，可以群，可以怨。"四十多年前，周扬同志对孔夫子所说"兴、观、群、怨"四个字用现代观念作新的诠释：兴，是鼓舞的功能；观，是欣赏的功能；群，是团结的功能；怨，是批评的功能。不仅是诗，一切文学艺术，对社会、对人民群众不是都应该具有鼓舞振作、欣赏陶冶、团结教育和批评讽刺的功能吗？

鲁迅说："一个作者，用了精炼的，或者简直有些夸张的笔墨——但自然也必须是艺术地——写出或一群人的或一面的真实来，这被写的一群人，就称这作品为'讽刺'。""讽刺作者虽然大抵为被讽刺者所憎恨，但他却常常是善意的，他的讽刺，在希望他们改善，并非要捺这一群到水底里。"

鲁迅早就说过："人也并不完全不自知其丑，然而他不愿意改正，只希望随时消掉，不留痕迹，剩下的单是美点。"（《且介亭二集 论讽刺》）但那永远做不到。不管有些人高兴不高兴，愿意不愿意，就像毛泽东主席六十年前就明明白白所说："讽刺是永远需要的。"允许不允许讽刺作品存在和发展，实际上是一个国家、一个社会民主发扬多少的一个标尺，也是法制健全不健全的一个标尺。不论曾经遭逢多少厄运，受到多少打击，讽刺文学是永远需要的，永远是文学长河的组成部分。同样，讽刺诗也是永远需要的，同抒情诗、叙事诗以及其他形式的诗，都是诗坛的组成部分，从无高低之分，文野之别。自《诗经》《楚辞》、汉魏乐府、唐诗、宋词、元曲到近世纪，哪朝哪代没有为人传诵的讽刺诗？哪个优秀的诗人不曾写过讽刺诗？不是提倡主旋律吗？凡是反映时代精神、弘扬民族正气的作品，凡是表达人民意志和情绪的作品，凡是具备"兴、观、群、怨"种种功能，为老百姓喜闻乐见的作品，都是符合主旋律的作品。检验真理的唯一标准是实践，衡量作品的唯一标准在历史、在人民，不是哪个人说了算的。好的讽刺诗，好的杂文随笔，好的漫画，好的相声小品，看似嬉怒笑骂、率意成章，谁能说它们不是主旋律？恰如黄苗子评聂绀弩诗时所说："用含着眼泪和笑，用轻蔑和嘲讽的态度来深刻留下这个时代的剪影。"

用语包含讽刺内容的诗歌。以嘲讽、讽刺的手法，描述生活中落后、消极、反动的事物，具有强烈的政治性和战斗性。它的特点是：形式短小精悍，富于幽默感。常用夸张的手法塑造讽刺形象，一般不注重人物和情节，也不强调意境和含蓄。语言口语化、通俗化，鲜明犀利，明快有力。同杂文、漫画相似，像匕首、投枪，能迅速反映现实生活。作品如《诗经》中的《新台》《相鼠》等。

讽刺诗在中国古老的大地上源远流长，具有悠久的历史，从古到今不乏写讽刺诗的高手。

中国最早的讽刺诗可能要数《诗经》中的部分篇章，《相鼠》："相鼠有皮，人而无仪。人而无仪，不死何为？相鼠有齿，人而无止。人而无止，不死何俟？相鼠有体，人而无礼。人而无礼，胡不遄死？"无名氏："吴王好剑客，百姓多疮痍。楚王好细腰，宫中多饿死。"成为成语俗话，流传至今，可见其生命之强，流传之广。

三国魏曹植《七步诗》："煮豆持作羹，漉菽以为汁。萁在釜下燃，豆在釜中泣。本自同根生，相煎何太急？"巧用豆和萁作比，把皇帝兄长的"亲情"描绘得淋漓尽致。

左思《咏史》："郁郁涧底松，离离原上苗。以彼径寸茎，荫此百尺条。世胄居高位，英俊沉下僚。地势使之然，由来非一朝。金张藉旧业，七叶珥汉

貂。冯公岂不伟，白首不见招。"士族官僚世家子弟，各据要津。出身寒微，有才之士，屈居下僚升官无望，颇含深意。

唐代诗仙李白也是写讽刺诗的高手，仙风道骨，不同凡响。《嘲鲁儒》："鲁叟谈五经，白发死章句。问以经济策，茫如坠烟雾。足著远游履，首戴方山巾。缓步从直道，未行先起尘。秦家丞相府，不重褒衣人。君非叔孙通，与我本殊伦，时事且未达，归耕汶水滨。"死读书，读书死，活灵活现，跃然纸上。

杜甫《绝句》："殿前兵马虽骁雄，纵暴略与羌浑同。闻道杀人汉水上，妇女多在官军中。"诗句简练，讽刺辛辣。

白居易讽刺诗《红线毯》："红线毯，择茧缲丝清水煮，拣丝练线红蓝染。染为红线红于蓝，织作披香殿上毯。披香殿广十丈余，红线织成可殿铺。彩线茸茸香拂拂，线软花虚不用物。美人踏上歌舞来，罗袜绣鞋随步没。太原毯涩毳缕硬，蜀都褥薄锦花冷。不如此毯温且柔，年年十月来宣州。宣州太守加样织，自谓为臣能竭力。百夫同担进宫中，线厚丝多卷不得。宣州太守知不知？一丈毯，千两丝。地不知寒人要暖，少夺人衣作地衣！"一边是天不知寒人要暖，一边是强夺人衣作地衣，讽刺意味，尽在不言之中。

宋代苏轼性诙谐，喜笑谈，其讽刺诗也意在言外，《洗儿》："人皆养子望聪明，我被聪明误一生。惟愿孩儿愚且鲁，无灾无难到公卿。"

元曲在中国文学史上独领风骚，用元曲写成的讽刺诗也别有一番风味。睢景臣《哨遍·高祖还乡》："那大汉下得车，众人施礼数。那大汉觑得人如无物。乡众老展脚舒腰拜，那大汉挪身着手扶。猛可里抬头觑，觑多时认得，险些气破我胸脯。你

身须姓刘，你妻须姓吕，把你两家儿根脚从头数。你本身做亭长耽几盏酒，你丈人教村学读几卷书。曾在俺庄东住，也曾与我喂牛切草，拽坝扶锄。春采了俺桑，冬借了俺粟，零支了米麦无重数。换田契强称了麻三秤；还酒债，偷量了豆几斛。有甚胡突处？明标着册历，现放着文书。少我的钱，差发内旋拨还；欠我的粟，税粮中私准除。只道刘三，谁肯把你揪摔住？白甚么改了姓、更了名，唤做汉高祖。"汉高祖的嘴脸，别有一番情趣。

清代诗人徐大椿《时文叹》讽刺读书人可是别开生面，令人捧腹："读书人，最不齐；烂时文，烂如泥。国家本为求才计，谁知道，变作了欺人技。三句承题，两句破题，摆尾摇头，便道是圣门高弟。可知道三通四史是何等文章？汉祖、唐宗是哪一朝皇帝？案头放高头讲章，店里买新科利器：读得来肩背高低，口角嘘唏。甘蔗渣儿嚼了又嚼，有何滋味？辜负光阴，白白昏迷一世。就叫他骗得高官，也是百姓朝廷的晦气。"

讽刺诗，简短明快，音韵优美，新鲜活泼，丰富多彩。

诗人写讽刺诗是明智的选择，走出精神贵族沙龙，关注民众，关注社会，关注热点，道人所未道，言人所未言，说出大众心声，让大众喜闻乐见。读者读讽刺诗是一种高雅的享受，启迪智慧，认识社会人情世态，开阔视野，给人以享受和乐趣，是难得的精神美餐。

毛泽东说："我们是否废除讽刺？不是的，讽刺是永远需要的。但是有几种讽刺：有对付敌人的，有对付同盟者的，有对付自己队伍的，态度各有不同。我们并不一般地反对讽刺，但是必须废除讽刺的乱用。"

题①临安邸②

［宋］林　升

山外青山楼外楼，
西湖歌舞几时休③？
暖风④熏⑤得游人⑥醉，
直⑦把杭州作汴州⑧。

诗文注释

①题：书写。
②邸：官府，官邸，旅店、客栈。
③休：停止、罢休。
④暖风：这里不仅指自然界和煦的春风，还指由歌舞所带来的令人痴迷的"暖风"——暗指南宋朝廷的靡靡之风。
⑤熏：吹。
⑥游人：既指一般游客，更是特指那些忘了国难，苟且偷安，寻欢作乐的南宋统治阶级。
⑦直：简直。
⑧汴（biàn）州：即汴梁（今河南省开封市），北宋京城。

诗文翻译

美丽的西湖大部分环山，重重叠叠的青山把西湖拥在怀里，一座座亭榭楼阁雕梁画栋，不计其数，西湖游船上轻歌曼舞日夜不歇。整日在西湖游山玩水，饮酒作乐，和煦的春风吹得这些统治者昏昏欲睡，怎么还会记得丢失的北方领土，沦落的旧都！在他们眼里，杭州就是汴州，还有什么两样呢？

诗文赏析

诗的头两句"山外青山楼外楼，西湖歌舞几时休？"抓住临安城的特征——重重叠叠的青山，鳞次栉比的楼台和无休止的轻歌曼舞，写出当年虚假的繁荣太平景象。诗人触景伤情，不禁长叹："西湖歌舞几时休？"西子湖畔这些消磨人们抗金斗志的淫靡歌舞，什么时候才能罢休？用"几时休"三个字，责问统治者：骄奢淫逸的生活何时才能停止？言外之意是：抗金复国的事业几时能着手？又何时能开始？后两句"暖风熏得游人醉，直把杭州作汴州"，是诗人进一步抒发自己的感慨。"暖风"一语双关，既指自然界的春风，又指社会上淫靡之风。正是这股"暖风"把人们的头脑吹得如醉如迷，像喝醉了酒似的。"游人"不能理解为一般游客，它是特指那些忘了国难，苟且偷安，寻欢作乐的南宋统治阶级。诗中"熏""醉"两字用得精妙无比，把那些纵情声色、祸国殃民的达官显贵的精神状态刻画得惟妙惟肖，跃然纸上。结尾"直把杭州作汴州"，是直斥南宋统治者忘了国恨家仇，把临时苟安的杭州简直当作了故都汴州。辛辣的讽刺中蕴含着极大的愤怒和无穷的隐忧。这首诗构思巧妙，措辞精当：冷言冷语的讽刺，偏从热闹的场面写起；愤慨已极，却不作谩骂之语。确实是讽喻诗中的杰作。这首诗针对南宋黑暗的现实而作，它倾吐了郁结在广大人民心头的义愤，也表达了诗人担忧国家民族前途命运的思想感情。

咏 史

[唐] 戎昱

汉家青史上，计拙是和亲。
社稷依明主，安危托妇人。
岂能将玉貌，便拟静胡尘。
地下千年骨，谁为辅佐臣。

诗文鉴赏

中唐诗人戎昱这首《咏史》，题又作《和蕃》，最早见于晚唐范摅的笔记小说《云溪友议》"和戎讽"

条。据说，唐宪宗召集大臣廷议边塞政策，大臣们多持和亲之论。于是唐宪宗背诵了戎昱这首《咏史》，并说："此人若在，便与郎州刺史。"还笑着说："魏绛（春秋时晋国大夫，力主和戎）之功，何其懦也！"大臣们领会圣意，就不再提和亲了。这则逸闻美谈，足以说明这首诗的流传，主要由于它的议论尖锐，讽刺辛辣。

这是一首借古讽今的政治讽刺诗。唐代从安史之乱后。朝政紊乱，国力削弱，藩镇割据，边患十分严重，而朝廷一味求和，使边境各族人民备罹祸害。所以诗人对朝廷执行屈辱的和亲政策，视为国耻，痛心疾首。这首讽喻诗，写得激愤痛切，直截了当，一针见血。

在中唐，咏汉讽唐这类以古讽今手法已属习见，点明"汉家"，等于直斥唐朝。所以首联是开门见山，直截说和亲乃是有唐历史上最为拙劣的政策。实际上是把国家的安危托付给妇女。三联更鞭辟入里，透

彻揭露和亲的实质就是妄图将女色乞取国家的安全。诗人愤激地用一个"岂"字，把和亲的荒谬和可耻，暴露无遗。末联以斩钉截铁的严峻态度责问：是谁制订执行这种政策？这种人难道算得辅佐皇帝的忠臣吗？诗人以历史的名义提出责问，使诗意更为严峻深广，更加发人思索。此诗无情揭露和亲政策，愤激指责朝廷执政，而主旨却在讽喻皇帝作出英明决策和任用贤臣。从这个角度看，这首诗虽然尖锐辛辣，仍不免稍用曲笔，为皇帝留点面子。

对于历史上和亲政策的是非得失要作具体分析，诗人极力反对的是以屈辱的和亲条件以图苟安于一时。由于"社稷依明主，安危托妇人"一联，击中了时政的要害，遂成为时人传诵的名句。

蜂

[唐] 罗　隐

不论平地与山尖①，
无限风光尽被占②。
采得百花成蜜后，
为谁辛苦为谁甜？

诗文翻译

无论是平地还是山尖，凡是鲜花盛开的地方，都被蜜蜂占领。它们采尽百花酿成蜜后，到头来又是在为谁忙碌？为谁酿造醇香的蜂蜜呢？

诗文赏析

这首诗赞美了蜜蜂辛勤劳动的高尚品格，也暗喻了作者对不劳而获的人的痛恨和不满。

蜂与蝶在诗人词客笔下，成为风韵的象征。然而小蜜蜂毕竟与花蝴蝶不同，它为酿蜜而劳苦一生，积累甚多而享受甚少。诗人罗隐着眼于这一点，写出这样一则寄慨遥深的诗的"动物故事"。仅其命意就令人耳目一新。此诗艺术表现上值得注

意的有三点：

一、欲夺故予，反跌有力。此诗寄意集中在末二句的感喟上，慨蜜蜂一生经营，除"辛苦"而外并无所有。然而前两句却用几乎是矜夸的口吻，说无论是平原田野还是崇山峻岭，凡是鲜花盛开的地方，都是蜜蜂的领地。这里作者运用极度的副词、形容词——"不论""无限""尽"等，和无条件句式，极称蜜蜂"占尽风光"，似与题旨矛盾。其实这只是正言欲反、欲夺故予的手法，为末二句作势。俗话说：抬得高，跌得重。所以末二句对前二句反跌一笔，说蜂采花成蜜，不知究属谁有，将"尽占"二字一扫而空，表达效果就更强。如一开始就正面落笔，必不如此有力。

二、叙述反诘，唱叹有情。此诗采用了夹叙夹议的手法，但议论并未明确发出，而运用反诘语气

道之。前二句主叙,后二句主议。后二句中又是三句主叙,四句主议。"采得百花"已示"辛苦"之意,"成蜜"二字已具"甜"意。但由于主叙主议不同,末二句有反复之意而无重复之感。本来反诘句的意思只是:为谁甜蜜而自甘辛苦呢?却分成两问:"为谁辛苦"?"为谁甜"?亦反复而不重复。言下辛苦归自己、甜蜜属别人之意甚显。而反复咏叹,使人觉感慨无穷。诗人矜惜怜悯之意可掬。

三、寓意遥深,可以两解。此诗抓住蜜蜂特点,不做作,不雕绘,不尚词藻,虽平淡而有思致,使读者能从这则"动物故事"中若有所悟,觉得其中寄有人生感喟。有人说此诗实乃叹世人之劳心于利禄者;有人则认为是借蜜蜂歌颂辛勤的劳动者,而对那些不劳而获的剥削者以无情讽刺。两种解读看似龃龉,其实皆允。因为"寓言"诗有两种情况:一种是作者为某种说教而设喻,寓意较浅显而确定;另一种是作者怀着浓厚感情观物,使物着上人的色彩,其中也能引出教训,但"寓意"就不那么浅显和确定。如此诗,大抵作者从蜂的"故事"看到那时辛苦人生的影子,但他只把"故事"写下来,不直接说教或具体比附,创造的形象也就具有较大灵活性。而现实生活中存在着不同意义的辛苦人生,与蜂相似的主要有两种:一种是所谓"终朝聚敛苦无多,及到多时眼闭了"(《红楼梦》好了歌);一种是"运锄耕劚侵星起"而"到头禾黍属他人"。这就使得读者可以在两种意义上作不同的理解了。但是,随着时代的前进,劳动光荣成为普遍观念,"蜂"越来越成为一种美德的象征,人们在读罗隐这首诗的时候,自然更多地倾向于后一种解会了。可见,"寓言"的寓意并非一成不变,古老的"寓言"也会与日俱新。

蚕 妇①

[宋] 张 俞②

昨日入城市③,
归来泪满巾④。
遍身⑤罗绮⑥者,
不是养蚕人。

诗文注释

①蚕妇:养蚕的妇女。蚕,一种昆虫,吐出的丝是重要的纺织原料,主要用来纺织绸缎。

②张俞:宋代诗人,字少愚,号白云先生,益州郫(今四川省郫县)人。他屡考进士不中,曾被推荐入朝作官,未应召,从此隐居四川青城山上的白云溪,过着闲适生活。著有《白云集》。

③市:做买卖,买卖货物。这里是指卖出蚕丝。

④巾:手巾或者其他的用来擦抹的小块布。

⑤遍身:全身上下。

⑥罗绮(qǐ):丝织品的统称。罗,素淡颜色或者质地较稀的丝织品。绮,有花纹或者图案的丝织品。在诗中,指丝绸做的衣服。

诗文赏析

张俞的诗歌作品并不很多,但是这一首《蚕妇》,使他在中国古典诗歌的大舞台上占据了一席之地。《蚕妇》写在北宋时期,充满了对当时社会的讽刺和批判。当时的封建朝廷,在自己浪费无度的同时,又对外敌妥协,更加重了百姓的负担,人民生活痛苦难言。诗人就在这一大背景下,描写了一位整日辛苦劳作,不经常进城,一直在贫穷的乡下以养蚕卖丝为生的普通妇女的遭遇。整篇诗就好像是在讲故事：妇人昨天进城里去卖丝，回来的时候却是痛哭流泪。因为她看到，城里身穿丝绸服装的人，都是有权有势的富人。像她一样的劳动人民，即使养一辈子蚕，也是没有能力穿上"罗绮"的……这首诗揭露统治者不劳而获的不合理现实，极有说服力。全诗没有任何一字的评论，也没有使用什么高深的联想，但是读者从字里行间，可以轻易地感受到诗歌的实际寓意，体会到诗人的思想感情。古诗充分表现出作者对当时社会的不满，表达了对劳动人民的深切同情。

山中寡妇

〔唐〕 杜荀鹤

夫因兵死守蓬茅①，麻苎衣衫鬓发焦②。
桑柘③废来犹纳税，田园荒后尚征苗。
时挑野菜和④根煮，旋斫生柴带叶烧⑤。
任是深山更深处，也应无计避征徭⑥。

诗文注释

①蓬茅：茅草盖的房子。
②麻苎：即苎麻。鬓发焦：因吃不饱，身体缺乏营养而头发变成枯黄色。
③柘：树木名，叶子可以喂蚕。
④和：带着，连。
⑤旋斫：现砍。生柴：刚从树上砍下来的湿柴。
⑥征徭：赋税、徭役。

诗文翻译

丈夫因战乱死去，留下妻子困守在茅草屋里，穿着粗糙的苎麻衣服，鬓发枯黄面容憔悴。桑树柘树都荒废了，再也不能养蚕，却要向官府交纳丝税，田园荒芜了却还要征收青苗捐。经常挑些野菜，连根一起煮着吃，刚砍下的湿柴带着叶子一起烧。任凭你跑到深山更深的地方，也没有办法可以躲避赋税和徭役。

诗文赏析

此诗通过山中寡妇这样一个典型人物的悲惨命运，透视当时社会的面貌，语言沉郁悲愤。
唐朝末年，朝廷上下，军阀之间，连年征战，造成"四海十年人杀尽"（《哭贝韬》），"山中鸟雀共民愁"（《山中对雪》）的悲惨局面，给人民带来极大的灾难。此诗的"夫因兵死守蓬茅"，就从这兵荒马乱的时代着笔，概括地写出了这位农家妇女的不幸遭遇：战乱夺走了她的丈夫，迫使她孤苦一人，逃入深山破茅屋中栖身。

"麻苎衣衫鬓发焦"一句，抓住"衣衫""鬓发"这些最能揭示人物本质的细节特征，简洁而生动地刻画出寡妇那贫困痛苦的形象：身着粗糙的麻布衣服，鬓发枯黄，面容憔悴，肖其貌而传其神。从下文"时挑野菜""旋斫生柴"的描写来看，山中寡妇应该还是青壮年妇女，照说她的鬓发色泽该是好看的，但由于苦难的煎熬，使她鬓发早已焦黄枯槁，显得苍老了。简洁的肖像描写，衬托出人物的内心痛苦，写出了她那饱经忧患的身世。

然而，对这样一个孤苦可怜的寡妇，统治阶级也并不放过对她的榨取，而且手段是那样残忍："桑柘废来犹纳税，田园荒后尚征苗。"此处的"纳税"，指缴纳丝税；"征苗"，指征收青苗税，这是代宗广德二年开始增设的田赋附加税，因在粮食未成熟前征收，故称。古时以农桑为本，由于战争的破坏，桑林伐尽了，田园荒芜了，而官府却不顾人民的死活，照旧逼税和"征苗"。残酷的赋税剥削，使这位孤苦贫穷的寡妇无以为生。

"时挑野菜和根煮,旋斫生柴带叶烧",只见她不时地挖来野菜,连菜根一起煮了吃;平时烧柴也很困难,燃生柴还要"带叶烧"。这两句是采用一种加倍强调的说法,通过这种艺术强调,渲染了山中寡妇那难以想象的困苦状况。最后,诗人面对民不聊生的黑暗现实,发出深沉的感慨:"任是深山更深处,也应无计避征徭。"深山有毒蛇猛兽,对人的威胁很大。寡妇不堪忍受苛敛重赋的压榨,迫不得已逃入深山。然而,剥削的魔爪是无孔不入的,即使逃到"深山更深处",也难以逃脱赋税和徭役的罗网。"任是""也应"两个关联词用得极好。可以看出,诗人的笔触像匕首一样讽刺揭露了封建统治者

的罪恶本质。

诗歌是缘情而发,以感情来拨动读者心弦的。《山中寡妇》之所以感人,正在于它富有浓厚的感情色彩。但诗并不直接抒情,而是把感情诉诸对人物命运的刻画描写之中。诗人把寡妇的苦难写到了极致,造成一种浓厚的悲剧氛围,从而使人民的苦痛,诗人的情感,都通过生活场景的描写自然地流露出来,产生了感人的艺术力量。最后,诗又在形象描写的基础上引发感慨,把读者的视线引向一个更广阔的境界,不但使人看到了一个山中寡妇的苦难,而且使人想象到和寡妇同命运的更多人的苦难。这就从更大的范围、更深的程度上揭露了残酷的剥削,深化了主题,使诗的蕴意更加深厚。

新　沙

[唐]　陆龟蒙

渤澥声①中涨小堤,
官家知后海鸥知。
蓬莱②有路教人到,
应亦年年税紫芝③。

诗文注释

①渤澥(xiè):渤海的别称,一本直作"渤海"。另说渤澥为拟声词,海潮声。

②蓬莱:传说中的海上三仙山之一。

③紫芝:灵芝的一种,传说中仙人种紫芝为食。

诗文翻译

渤海随着经年的潮涨潮落,终于淤起了一处小小的沙洲。那眼明手快的官吏,比海鸥更早发现。可惜蓬莱仙岛没有路,要是有路可通啊,哪怕神仙们不食烟火,也得把紫芝税年年缴付。

诗文赏析

陆龟蒙是晚唐擅长讽刺诗和讽刺小品的能手,《新沙》为其讽刺诗的代表作。这首诗通过官府对海边新淤沙地征税所引起的新奇想象的描写,尖锐地讽刺了当时官府横征暴敛的贪得无厌,无所不至。在写作技巧上饶有特色。

此诗从立意到构思,从遣词到造句,都把极度的夸张和强烈的讽刺作为抨击封建统治者的有力武器。

讽刺属于喜剧的范畴,用鲁迅的话说,就是要"将那无价值的撕破给人看",也就是对"公然的,也是常见的,平时谁都不以为奇"那些"可笑,可鄙,甚而至于可恶"的事物,"有意地偏要提出",给以嘲讽和鞭挞。讽刺的本领在于巧妙地运用"精炼的,

或者简直有些夸张的笔墨",抓住讽刺对象的本质特征,诉之于可笑的形象,通过貌似出乎常情之外却又在情理之中的描述,表现出隐而未显的客观事物的真相,从而收到引人发笑、发人深思的喜剧效果。这首《新沙》就是将封建吏治那黑暗的"无价值的"一角"撕破给人看"的。

"渤澥声中涨小堤,官家知后海鸥知",这两句是说,海湾在涨潮声中淤积起一道小小的沙堤,贪婪的官府消息比海鸥的还灵敏,闻讯后,他们立刻迫不及待地窜到海滨,要征收这堤新沙的土地税。这里"官府知后海鸥知",是极度夸张的笔墨。海鸥是大海及海滨变化信息的知情者,它们世世代代繁衍、生息在这一带水土之上,照理说,海滨的一堤新沙的最先发现者应是海鸥。然而,海鸥的眼睛却敌不过官家那闪动着获取之光、贪婪的双眼,他们竟抢在海鸥之先发现了这一堤新沙。对于实际生活来说,官家不可能先海鸥而知新沙,这样描写就是夸张的;但从对象的本质——官府搜刮地皮,无所不至,贪婪成性方面来说,它又是达到了高度的艺术真实的。这两句的夸张和讽刺之处还在于:一堤新沙刚现,老百姓们还未踏足其上,更无什么收成可言,官府就对它敲响了征税的如意算盘。官府的这一心理是特别可笑的。诗的三、四句"蓬莱有路教人到,亦应年年税紫芝",则把夸张与假想揉为一体,从虚拟的画面中进一层镂刻官府"人心不足蛇吞象"的贪婪本性。蓬莱仙山本为神仙所居的极乐去处,其间既无尘世之争,更无苛捐杂税之扰。但官府并非不想到仙境中以掠取其间的奇珍异宝,而只是由于蓬莱"烟涛微茫信难求"、无路可通罢了。

这里,假设的画面是可笑的,但却从本质上揭示了官府心灵最深处的秘密。从中也反映了诗人爱憎分明的美好心灵。

参考资料

[1] 蒋益文. 讽刺诗,辛辣可口的快餐[J]. 杂文月刊,2006,(9).

[2] 刘元. 中华趣味语文:图文本[M]. 北京:金城出版社,2006.

[3] 袁鹰. 讽刺诗永远需要[J]. 中华读书报,2007.

[4] 黄星南. 历代爱国诗歌100首赏析[M]. 长沙:湖南出版社,1997.

[5] 缪钺等. 宋诗鉴赏辞典[M]. 上海:上海辞书出版社,1987.

[6] 萧涤非等. 唐诗鉴赏辞典[M]. 上海:上海辞书出版社,1983.

[7] 张国举. 唐诗精华注译评[M]. 长春:长春出版社,2010.

[8] 田国钰. 中学生古诗文助读[M]. 长春:东北师范大学出版社,1987.

[9] 徐思源. 古代诗歌精品阅读[M]. 沈阳:辽宁教育出版社,2002.

[10] 彭定求等. 全唐诗(下)[M]. 上海:上海古籍出版社,1986.

[11] 吴昌恒等. 古今汉语实用词典[M]. 成都:四川人民出版社,1989.

[12] 曾美桂. 陆龟蒙诗歌思想艺术探微[J]. 福建论坛(人文社会科学版),2007(11).

第十八讲

古代诗歌之语言美(上)

平淡朴素

古代诗歌语言的风格特色是多种多样的:有的清新,有的古朴;有的绚丽多彩,有的质朴无华;有的语言明朗,有的却含蓄;有的平易近人,有的却险怪奇特。平淡朴素或称质朴,其特点是选用确切的字眼直接叙述,全用白描,不加修饰,显得真切深刻,平易近人。但平淡不等于简陋和寒伧,平淡不同于平庸与淡而无味,它是用语上的返璞归真,是将深厚的感情和丰富的思想用朴素的语言说出,富有情味。平淡而有思致往往体现了作家的真功夫。正如王安石所说:"看似平淡最奇崛,成如容易却艰辛。"平淡首推陶渊明,能够把诗写到平淡的人不多。陶渊明诗歌的风格,苏轼认为"质而实绮,癯而实腴",貌似"枯淡",而中实"膏美"。《评韩柳诗》:"所贵乎枯淡者,谓其外枯而中膏,似淡而实美,渊明、子厚之流是也。若中边皆枯淡,亦何足道!"苏轼认为,平淡自然的冲淡美是一种深层的美,是艺术高度成熟的标志。能抒发"真性灵"而不需故意雕琢,信手拈来得俱天成。苏轼在理论与创作实践上都极力推崇平淡自然的文风,所以对陶渊明推崇备至。金代诗人元好问评论陶诗"一语天然万古新,豪华落尽见真淳"。对平淡自然充分肯定,明清以后,冲淡美在人的审美理想中仍占主导地位,由此可见,苏轼阐发出来的冲淡美文艺美学思想对后世影响巨大。惠洪《冷斋夜话》:"东坡尝曰:渊明诗初视若散缓,熟视有奇趣。"秦观亦云"陶潜之诗长于冲淡"。杨时《龟山先生语录》:"陶渊明所不可及

者,冲淡深粹,出于自然。"葛立方《韵语阳秋》:"陶潜、谢朓诗,皆平淡有思致,非后来诗人钵心刿目雕琢者所为也。"

后世对于陶诗的美学评价,主要集中在两点上,一是说其自然,二是说其平淡。前者是一种审美标准;后者是一种审美境界。陶诗的自然、平淡是以对"真""朴"的追求为前提的,即人格之"真"、生活之"朴"。陶渊明在诗歌艺术方面取得了极高的成就,对于中国古典诗歌美学做出了独特的贡献:一是扩大了诗歌的审美视野,丰富了诗歌的审美内容。他把诗歌的题材,范围扩大到了乡村、田园、日常生活,成为中国田园山水诗的开创者。二是"开千古平淡之宗",使中国诗歌从唐朝始确立以平淡、朴素、自然为上,反对刻意雕琢的最高的艺术标准。正因为陶诗意味淡而实厚,因此历代诗论家认为,读懂陶诗需有两个基本条件。一是要有一定的人生况味和生活阅历。黄庭坚《跋渊明诗卷》说:"血气方刚时读此诗,如嚼枯木。及绵历世事,知决定无所用智。"二是反复咀嚼,领会其中的蕴含。清伍涵芬《读书乐趣》写道:"陶渊明诗语淡而味腴,和粹之气,悠然流露,最耐玩味。……人初读,不觉其奇,渐咏则味渐出。"

宗白华说:"魏晋六朝是一个转变的关键,……从这个时候起,中国人的美感走到了一个新的方向,表现出一种新的美的理想。那就是认为'初发芙蓉'比之于'错彩镂金'是一种更高的美的境界。"《美学散步·论〈世说新语〉和晋人的美》再次需要强调的是,陶诗的平淡自然绝不是人们常说的单

调乏味的平淡，只是寡淡无趣，面目可憎，其妙处高处在于寄至味于平淡，有象外之象，境外之境，平却平得有趣，淡却淡得有味。平淡自然是陶渊明诗歌的基本风格。这一艺术风格的形成主要是诗人所表现的静穆平淡的田园风光和农村日常生活，以及他处于这种环境中恬静自然的心情决定的。同时，又与诗人在表现这些内容时所运用的质朴无华的语言和不事雕饰的白描手法密切相关。"自然本色，天衣无缝，到艺术极境而使人忘其为艺术。"（朱光潜《陶渊明》）

老子从其道论出发，强调无为而无不为，推崇"淡乎其无味"（《老子》第三十五章）的美学境界，所以会说："五色令人目盲，五音令人耳聋，五味令人口爽，驰骋畋猎令人心发狂，难得之货令人行妨。"（《老子》第十二章）认为浮华绚丽的事物往往使人心智迷乱，被蒙蔽而看不到大道之美。所以老子提倡"朴"："见素抱朴，少私寡欲。"（《老子》第十九章）"常德乃足，复归于朴。"（《老子》第二十八章）庄子承续老子的哲学思考，也崇尚自然质朴的审美趣味。比如写道："朴素而天下莫能与之争美"（《庄子·天道》），"淡然无极而众美从之。"（《庄子·刻意》）庄子推崇自然朴素之美，反对一切人为的束缚、刻意的雕琢、虚伪的华饰。未经雕饰的原木是朴，没有染色的白帛为素。朴素是事物的天然本色、原始状态。庄子以朴素为美，正是取它的这种含义，"朴素"即未经雕琢饰染的自然之美。《天运》说："夫鹄不日浴而白，乌不日黔而黑；黑白之朴，不足以为辩。"天鹅自来白，不是因为日日洗澡，乌鸦天生黑，也不是天天日晒的结果，两者都是出于本然，这就是朴，这才是美。因此庄子反对"饰羽而画"（《列御寇》），在天然美丽的羽毛上再涂以华彩，只会破坏朴素的美。"素也者，谓其无所与杂也。"（《刻意》）素是不受外界熏陶濡染，保持天然本色，犹如没有染色的白帛。

其实"朴"的观念在《老子》《庄子》中内涵非常丰富，涉及世界观、社会观、人生观、文艺观等诸多方面，在此单纯从美学观上加以考察。"朴"的美学要求就是平淡自然，简单真切，罢黜一切不必要的铺陈、藻饰、雕琢，因此老、庄都对矫情做作的语言进行了批评。《老子》第八十一章有言："信言不美，美言不信。"王弼注曰："实在质也""本在朴也"。可知老子重视的是质实的内容而不是华美的形式。张松如说老子指明的是："信实之言多尚朴直，故不美；甘美之言多尚华饰，故不信。"（《老子校读》）质朴的语言往往可传达简洁而准确的内容，"大音希声，大象无形"（《老子》第四十一章），越简单的形式往往有越丰富的内容，所以老子提倡"朴"，与他尚真、尚自然的思想相一致。庄子也认为："道隐于小成，言隐于荣华。"（《庄子·齐物论》）华丽繁缛的语言只会遮蔽言说的真面目，无足取法。基于这种重内容而轻形式的思想，《庄子》一书进而形成了"忘言"的观点："筌者所以在鱼，得鱼而忘筌；蹄者所以在兔，得兔而忘蹄；言者所以在意，得意而忘言。吾安得夫忘言之人而与之言哉！"（《庄子·外物》）言只是达意的一种工具，故"得意"才是目的，而不必再为达到目的而借助的工具上大做文章。语言都可以完全忘却，摒弃不用，因而对语言进行藻饰、雕琢更是毫无必要。

归园田居（其三）

[晋] 陶渊明

种豆南山①下，草盛豆苗稀②。
晨兴③理荒秽④，带月荷锄⑤归。
道狭⑥草木长⑦，夕露沾⑧我衣。
衣沾不足⑨惜，但⑩使愿⑪无违⑫。

诗文注释

①南山：指庐山。

②稀：稀少。

③兴：起床。

④荒秽：形容词作名词，指豆苗里的杂草。秽：肮脏。这里指田中杂草。

⑤荷(hè)锄：扛着锄头。荷，扛着。

⑥狭：狭窄。

⑦草木长：草木丛生。长，生长

⑧沾：沾湿。

⑨足：值得。

⑩但：只。

⑪愿：指向往田园生活，不为五斗米折腰，不愿与世俗同流合污的意愿。

⑫违：违背。

诗文翻译

南山下有我种的豆地，杂草丛生而豆苗却稀少。

早晨起来到地里清除杂草，傍晚顶着月色扛着锄头回家。

道路狭窄草木丛生，夕阳的露水沾湿了我的衣服。

衣服沾湿了并没有什么值得可惜的，只要不违背自己的意愿就行了。

诗文赏析

"种豆南山下，草盛豆苗稀。"交代了劳作的地点是南山；劳作的成果是草盛豆苗稀，把"盛"与"稀"形成对比，写出了作者不善劳作的特点，同时也写出了劳作的艰辛。

"晨兴理荒秽，带月荷锄归。"交代了劳作的时间：一整天。写出了劳作的艰辛，"带月荷锄归"写出了劳动归来的诗人虽独自一人，却有一轮明月相伴。月下，诗人扛着锄头，穿行在齐腰深的草丛中，一幅美丽的"月下归耕图"，暗示了这种艰辛在作者眼里是快乐的。

"道狭草木长，夕露沾我衣。"写出了劳作的艰辛，为后文写"衣沾不足惜"作铺垫。

"衣沾不足惜，但使愿无违。"点明主旨：写出了劳作的艰辛，但这种艰辛在作者看来是快乐的，因为向往田园生活，不为五斗米折腰，不愿与世俗同流合污的意愿没有被违背，暗含了作者对田园生活的热爱和对官场黑暗社会污浊的批判，反映了作者高洁傲岸、安贫乐道、淡泊名利的精神品质。这首诗用语十分平淡自然。"种豆南山下""夕露沾我衣"，朴素如随口而出，不见丝毫修饰。这自然平淡的诗句融入全诗醇美的意境之中，则使口语上升为诗句，使口语的平淡和诗意的醇美和谐地统一起来，形成陶诗平淡醇美的艺术特色。

陶诗于平淡中又富于情趣。陶诗的情趣来自于写意。"带月荷锄归"，劳动归来的诗人虽然独自一人，却有一轮明月陪伴。月下的诗人，肩扛一副锄头，穿行在齐腰深的草丛里，这是一幅多么美好的月夜归耕图啊！其中洋溢着诗人心情的愉快和归隐的自豪。"种豆南山下"平淡之语，"带月荷锄归"幽美之句；前句实，后句虚。全诗在平淡与幽美、实景与虚景的相互补衬下相映生辉，柔和完美。

渡 汉 江

[唐] 宋之问

岭外音书断，

经冬复历春。

近乡情更怯，

不敢问来人。

诗文翻译

我离开家乡到了五岭之外，经过了一个冬天，又到了春天。因为交通不便，我和家人没有联系，已经很长时间了。现在我渡过汉江赶回家乡去，怎知离家越近，心情就越紧张。因为怕伤了美好愿望，以致遇到同乡，也不敢打听家乡情况。

诗文赏析

这首诗是宋之问从泷州（今广东罗定市）贬所逃归，途经汉江（指襄阳附近的一段汉水）时写的一首诗。诗意在写思乡情切，但却正意反说，写愈近家乡，愈不敢问及家乡消息，担心听到坏的消息，而伤了好的愿望。语极浅近，意颇深邃；描摹心理，熨帖入微；不事造作，自然至美。

前两句追叙贬居岭南的情况。贬斥蛮荒，本就够悲苦的了，何况又和家人音讯隔绝，彼此未卜存亡，更何况又是在这种情况下经冬历春，挨过漫长的时间。作者没有平列空间的悬隔、音书的断绝、时间的久远这三层意思，而是依次层递，逐步加以展示，这就强化和加深了贬居遐荒期间孤子、苦闷的感情，和对家乡、亲人的思念。"断"字"复"字，似不着力，却很见作意。作者困居贬所时那种与世隔绝的处境，失去任何精神慰藉的生活情景，以及度日如年、难以忍受的精神痛苦，都历历可见，鲜明可触。这两句平平叙起，从容承接，没有什么惊人之笔，往往容易为读者轻易放过。其实，它在全篇中的地位、作用很重要。有了这个背景，下两句出色的抒情才字字有根。

宋之问的家乡一说在汾州（今山西汾阳附近），一说在弘农（今河南灵宝西南），离诗中的"汉江"都比较远。所谓"近乡"，只是从心理习惯而言，正像今天家居北京的人，一过了黄河就感到"近乡"一样（宋之问这次也并未逃归家乡，而是匿居洛阳）。按

照常情，这两句似乎应该写成"近乡情更切，急欲问来人"，作者笔下所写的却完全出乎常情："近乡情更怯，不敢问来人。"仔细寻味，又觉得只有这样，才合乎前两句所揭示的"规定情景"。因为作者贬居岭外，又长期接不到家人的任何音讯，一方面固然日夜在思念家人，另一方面又时刻担心家人的命运，怕他们由于自己的牵累或其他原因遭到不幸。"音书断"的时间越长，这种思念和担心也越向两极发展，形成既切盼音书，又怕音书到来的矛盾心理状态。这种矛盾心理，在由贬所逃归的路上，特别是渡过汉江，接近家乡之后，有了进一步的戏剧性发展：原先的担心、忧虑和模糊的不祥预感，此刻似乎马上就会被路上所遇到的某个熟人所证实，变成活生生的残酷现实；而长期来梦寐以求的与家人团聚的愿望则立即会被无情的现实所粉碎。因此，"情更切"变成了"情更怯"，"急欲问"变成了"不敢问"。这是在"岭外音书断"这种特殊情况下心理矛盾发展的必然。透过"情更怯"与"不敢问"，读者可以强烈感受到诗人此际强自抑制的急切愿望和由此造成的精神痛苦。这种抒写，是真切、富于情致和耐人咀嚼的。

宋之问这次被贬泷州，是因为他媚附武后的男宠张易之，可以说罪有应得。但这首诗却往往能引起读者感情上的某种共鸣。其中一个重要的原因，是作者在表达思想感情时，已经舍去了一切与自己的特殊经历、特殊身份有关的生活素材，所表现的仅仅是一个长期客居异乡、久无家中音信的人，在行近家乡时所产生的一种特殊心理状态。而这种心理感情，却具有极大的典型性和普遍性。形象大于思维的现象，似乎往往和作品的典型性、概括性联结在一起。这首诗便是一例。人们爱拿杜甫《述怀》中的诗句"自寄一封书，今已十月后。反畏消息来，寸心亦何有！"和这首诗作类比，这正说明性质很不相同的感情，有时可以用类似方式来表现，而它们所概括的客观生活内容可以是不相上下的。

长干行（其一）

［唐］ 崔　颢

君家何处住？

妾住在横塘。
停船暂借问，
或恐是同乡。

诗文赏析

在这首诗中，作者巧妙地抓住了人生片断中富有戏剧性的一刹那，使用白描的手法，寥寥几笔，就使人物、场景跃然纸上，栩栩如生。它不以任何色彩映衬，似墨笔画；它不用任何妆饰烘托，是幅素描；它不凭任何布景借力，犹如一曲男女声对唱；它截头去尾，突出主干，又很像独幕剧。题材是那样的平凡，而表现手法却是那样的不平凡。

先看这首诗的剪裁：一个住在横塘的姑娘，在泛舟时听到邻船一个男子的话音，于是天真无邪地问一下：你是不是和我同乡？——就是这样一个简单的情节，只用"妾住在横塘"五字，就借女主角之口点明了说话者的性别与居处。又用"停船"二字，表明是水上的偶然遇合，用一个"君"字表明对方是男性。在寥寥二十字中，诗人仅用口吻传神，就把女主角的音容笑貌，写得活灵活现。他不像杜牧那样写明"娉娉袅袅十三余"，也不像李商隐那样点出

"十五泣春风，背面秋千下"。他只采用了问话之后，不待对方答复，就急于自报"妾住在横塘"这样的处理，自然地把女主角的年龄从娇憨天真的语气中反衬出来了。在男主角并未开口，而这位小姑娘之所以有"或恐是同乡"的想法，不正是因为听到了对方带有乡音的片言只语吗？这里诗人又省略了"因闻声而相问"的关节，这是文字之外的描写，所谓"不写之写"。这首诗还表现了女主角境遇与内心的孤寂。单从她闻乡音而急于"停船"相问，就可见她离乡背井，水宿风行，孤零无伴，没有一个可与共语之人。因此，他乡听得故乡音，且将他乡当故乡，就这样地喜出望外。诗人不仅在纸上重现了女主角外露的声音笑貌，而且深深开掘了她的个性和内心。

这首诗歌的语言朴素自然，明快清新，有如民歌。"何处住""在横塘"，通过自问自答的对话形式，采用朴素的口头语言，不加雕琢，烘托出一个朴素率真的船家女形象。

书①湖阴先生②壁

［宋］ 王安石

茅檐③长扫净无苔④，
花木成畦⑤手自栽。
一水护田⑥将绿⑦绕，
两山排闼⑧送青来⑨。

诗文注释

①书：书写，题诗。
②湖阴先生：本名杨德逢，隐居之士，是王安石

晚年居住金陵时的邻居。也是作者元丰年间（1078—1086）闲居江宁（今江苏南京）时的一位邻里好友。本题共两首，这里选录第一首。
③茅檐：茅屋檐下，这里指庭院。

④无苔：没有青苔。

⑤成畦（qí）：成垄成行。畦，田园中分成的小区。

⑥护田：这里指护卫、环绕着田园。据《汉书·西域传序》记载，汉代西域置屯田，派使者校尉加以领护。

⑦将：携带。绿：指水色。

⑧排闼（tà）：推门闯入。闼：小门。

⑨送青来：送来绿色。这是作者题写在湖阴先生居室墙壁上的一首诗。

诗文翻译

茅草房庭院因经常打扫，所以洁净得没有一丝青苔。

花草树木成行满畦，都是主人亲手栽种。

庭院外一条小河保护着农田，把绿色的田地环绕。

两座青山推开的两扇门送来一片翠绿。

诗文赏析

这首诗是题写在湖阴先生家屋壁上的。前两句写他家的环境，洁净清幽，暗示主人生活情趣的高雅。后两句转到院外，写山水对湖阴先生的深情，暗用"护田"与"排闼"两个典故，把山水化成了具有生命感情的形象，山水主动与人相亲，正是表现人的高洁。诗中虽然没有正面写人，但写山水就是写人，景与人处处照应，句句关合，融化无痕。诗人用典十分精妙，读者不知典故内容，并不妨碍对诗歌大意的理解；而诗歌的深意妙趣，则需要明白典故的出处才能更深刻地体会。讲了湖阴先生的无私教师育人的品质，赞颂他的善施教化。

首二句赞美杨家庭院的清幽。"茅檐"代指庭院。怎样写净呢？诗人摒绝一切平泛的描绘，而仅用"无苔"二字，举重若轻，真可谓别具只眼。何以见得？江南地湿，又时值初夏多雨季节，这对青苔的生长比之其他时令都更为有利。况且，青苔性喜阴暗，总是生长在僻静之处，较之其他杂草更难于扫除。而今庭院之内，连青苔也没有，不正表明无处不净、无时不净吗？在这里，平淡无奇的形象由于恰当的用字却具有了异常丰富的表现力。"花木"是庭院内最引人注目的景物。因为品种繁多，

所以要分畦栽种。这样，"成畦"二字就并非仅仅交代花圃的整齐，也有力地暗示出花木的丰美，既整齐又不单调。

这清幽环境令人陶醉，所以当诗人的目光从院内花木移向院外的山水时，他的思致才会那样悠远、飘逸，才会孕育出下面一联的警句，门前的景物是一条河流，一片农田，两座青山，在诗人眼里，山水对这位志趣高洁的主人也有情谊。诗人用拟人手法，将"一水""两山"写成富有人情的亲切形象。弯弯的河流环绕着葱绿的农田，正像母亲用双手护着孩子一样。"护"字，"绕"字显得那么有情。门前的青山见到庭院这样整洁，主人这样爱美，也争相前来为主人的院落增色添彩：推门而入，奉献上一片青翠。诗人以神来之笔，留下千古传诵的名句。

"一水""两山"被转化为富于生命感情的亲切的形象，而为千古传诵。但后二句所以广泛传诵，主要还在于这样两点：一、拟人和描写浑然一体，交融无间。"一水护田"加以"绕"字，正见得那小溪曲折生姿，环绕着绿油油的农田，这不恰像一位母亲双手护着小孩的情景吗？这一"护"字，"绕"的神情明确显示。至于"送青"之前冠以"排闼"二字，更是神来之笔。它既写出了山色不只是深翠欲滴，也不只是可掬，而竟似扑向庭院而来！这种描写给予读者的美感极为新鲜、生动。它还表明山的距离不远，就在杨家庭院的门前，所以似乎伸手可及。尤其动人的，是写出了山势若奔，仿佛刚从远方匆匆来到，兴奋而热烈。所有这些都把握住了景物的特征，而这种种描写，又都和充分的拟人化结合起来那情调、那笔致，完全像在表现"有朋自远方来"的情景：情急心切，竟顾不得敲门就闯进庭院送上礼物。二者融合无间，相映生色，既奇崛又自然，既经锤炼又无斧凿之痕，清新隽永，韵味深长。二、这两句诗也与杨德逢的形象吻合。在前联里，已可看到一个人品高洁、富于生活情趣的湖阴先生。所居仅为"茅檐"，他不仅"扫"，而且"长扫"（即常扫），以至于"净无苔"；"花木成畦"，非赖他人，而是亲"手自栽"。可见他清静脱俗，朴实勤劳。这样一位高士，徜徉于山水之间，当然比别人更能欣赏到它们的美，更感到"一水""两山"的亲近；诗人想象山水有情，和湖阴先生早已缔结了深厚的交谊。诗以《书

湖阴先生壁》为题,处处关合,处处照应,由此也可见出诗人思致的绵密。

此诗对于"一水""两山"的拟人化,既以自然景物的特征为基础,又与具体的生活内容相吻合,所以气足神完,浑化无迹,成为古今传诵的名句。

在修辞技巧上,三、四两句也堪作范例。诗人运用了对偶、拟人、借代的修辞手法,把山水描写得有情且有趣。

山水本是无情之物,可诗人说水"护田",山"送青",水对田有一种护惜之情,山对人有一种友爱之情,这就使本来没有生命的山水具有了人的情思,显得柔婉可爱,生动活泼。本来水是环绕着绿色的农作物的,但诗人没说具体的植物,而是用植物的色彩来代替,说"将绿绕",环绕着绿意;青色,也是虚的,是没法送的,诗人却说山要"送青来",这就化实为虚,诗意盎然。事实是湖阴先生的房屋与山距离很近,主人开了门,就会看见青苍的山峰。可如果写成开门见青山,那就全无诗味了,诗人换了个说法,从对面落笔,让山做了主语,化静为动,顿成佳句,这真是巧思妙想,令人拍案叫绝。

乡村四月

[宋] 翁 卷

绿遍山原白满川①,
子规②声里雨如烟。
乡村四月闲人少,
才了③蚕桑又插田。

诗文注释

①白满川:指河流里的水色映着天光。
②子规:杜鹃鸟。
③才了:刚刚结束。

诗文翻译

山陵、原野间草木茂盛,远远望去,一片葱郁。稻田里的色彩与天光交相辉映,满目亮白。杜鹃声声啼叫,天空中烟雨蒙蒙,大地一片欣欣向荣。四月到了,农民都开始忙起了活儿,村里没有一个人闲着。他们刚刚结束了种桑养蚕的事情又开始插秧了。

诗文赏析

这首诗以白描手法写江南农村初夏时节的景象,前两句着重写景:绿原、白川、子规、烟雨,寥寥几笔就把水乡初夏时特有的景色勾勒了出来。后两句写人,画面上主要突出在水田插秧的农民形象,从而衬托出"乡村四月"劳动的紧张、繁忙。前呼后应,交织成一幅色彩鲜明的图画。

四月的江南,山坡是绿的,原野是绿的,绿的树,绿的草,绿的禾苗,展现在诗人眼前的,是一个绿色主宰的世界。在绿色的原野上河渠纵横交错,一道道洋溢着,流淌着,白茫茫的;那一片片放满水的稻田,也是白茫茫的。举目望去,绿油油的禾田,白茫茫的水,全都笼罩在淡淡的烟雾之中。那是雾吗?烟吗?不,那是如烟似雾的蒙蒙细雨,不时有几声杜鹃鸟的呼唤从远远近近的树上、空中传来。诗的前两句描写初夏时节江南大地的景色,眼界是广阔的,笔触是细腻的,色调是鲜明的,意境是朦胧的;静动结合,有色有声。"子规声里雨如烟",如烟似雾的细雨好像是被子规的鸣叫唤来的,尤其富有境界感。

"乡村四月闲人少，才了蚕桑又插田。"后两句歌咏江南初夏的繁忙农事。采桑养蚕和插稻秧，是关系着衣和食的两大农事，现在正是忙季，家家户户都在忙碌不停。对诗的末句不可看得过实，以为家家都是首先做好采桑喂蚕，有人运苗，有人插秧；有人是先蚕桑后插田，有人是先插田后蚕桑，有人则只忙于其中的一项，少不得有人还要做其他活计。"才了蚕桑又插田"，不过是化繁为简，勾画乡村四月农家的忙碌气氛。至于不正面直说人们太忙，却说闲人很少，那是故意说得委婉一些，舒缓一些，为的是在人们一片繁忙紧张之中保持一种从容恬静的气度，而这从容恬静与前两句景物描写的水彩画式的朦胧色调是和谐统一的。

整首诗突出了乡村四月的劳动繁忙，就像一幅色彩鲜明的图画，不仅表现了诗人对乡村风光的热爱与赞美，也表现出他对劳动人民的喜爱，对劳动生活的赞美之情，因此，翁卷有乡村诗人的美称。本诗挥墨了一幅农民丰富、繁忙的乡村田园生活图。

清平乐·村居①

[宋] 辛弃疾

茅檐②低小，溪上青青草。醉里吴音③相媚好④，白发谁家翁媪⑤？

大儿锄豆⑥溪东，中儿正织⑦鸡笼。最喜小儿亡赖⑧，溪头卧⑨剥莲蓬。

诗文注释

①清平乐·村居：清平乐，词牌名；村居，这首词的题目；"乐"在此处读 yuè。

②茅檐：茅屋的屋檐。

③吴音：作者当时住在江西东部的上饶，这一带古时是吴国的领土，所以称这一带的方言为吴音。

④相媚好：这里指互相逗趣，取乐。

⑤翁媪（ǎo）：对古代老妇的敬称。

⑥锄豆：锄掉豆田里的草。

⑦织：编织。

⑧亡赖：亡，同"无"，这里指顽皮、淘气。

⑨卧：趴。

诗文翻译

屋檐低，茅舍小。小溪潺潺，岸上长满了茵茵绿草。一阵吴音，絮絮叨叨，还带着几分醉意，亲切又美好！那满头白发是谁家的公婆老父？大儿子在小溪东岸的豆地里锄草，二儿子正在编织鸡笼。

最喜欢调皮可爱的小儿子，正趴在溪边剥莲蓬。

诗文赏析

这首小词各种选本多已入选，有的选本还有简单说明。如胡云翼先生《宋词选》云："这首词环境和人物的搭配是一幅极匀称自然的画图。老和小写得最生动。'卧剥莲蓬'正是'亡赖'的形象化。"中华书局 1979 年出版的《辛弃疾词选》云："这首词可以说是一幅农村素描。它写得清新活泼，寥寥几笔，就勾画出清溪茅舍一家老小的生动情景，使人仿佛身临其境。"俞平伯先生《唐宋词选释》云："本篇客观地写农村景象，老人们有点醉了，大的小孩在工作，小的小孩在玩耍，笔意清新，似不费力。"上引诸家之说有一共同特点，即认为这首词对农村景象是在进行客观描述。而也有人比如吴小如认为，词中也反映出作者的主观感情，并非只在纯客观地作素描。基于这个出发点，对词的文句就产生了不同的理解。比如上阕第三、四两句，吴小如就认为"醉里"是作者自己带有醉意而不是指农村中的"翁媪"。吴小如在《读词散札》第十二则中说："辛弃疾

《清平乐·村居》上阕云：……胡《选》及俞平伯师《唐宋词选释》本皆以'醉'属诸翁媪，疑非是。此'醉'乃作者自醉，犹之'醉里挑灯看剑'之'醉里'，皆作者自醉也。若谓翁媪俱醉，作者何由知之？且醉而作吴音，使不醉，即不作吴音乎？'相媚好'者，谓吴音使作者生媚好之感觉，非翁媪自相媚好也。盖作者醉中闻吴语而悦之，然后细视谛听，始知为农家翁媪对话也。此惟夏承焘先生《唐宋词选》初版本注文得其解。"（《学林漫录》初集，页一八七）吴小如认为，从含醉意的作者眼中来看农村的一个生活侧面，比清醒的旁观者在听醉人说吴语要更富有诗意。此词下阕"最喜"二字的主语也该指作者，而不会是指白发翁媪。可见这首词中作者的心情是开朗喜悦的。

由于辛弃疾始终坚持爱国抗金的政治主张，南宋以后，他一直遭受当权投降派的排斥和打击。从四十三岁起，他长期未得任用，以致在江西信州（今江西上饶市）闲居达二十年之久。作者长期居住农村，对农村生活有了更多的了解，对农民也有较多的接触。所以在《稼轩词》中有不少作品是描写农村生活的佳作，其中，有风景画，也有农村的风俗画。这首《清平乐》，就是一幅栩栩如生、有声有色的农村风俗画。

刘熙载说，"词要清新""澹语要有味"（《艺概·词曲概》）。作者的这首词正具有"澹语清新"、充满诗情画意的特点。它表现在描写手法、结构和构思三个方面。

在描写手法上，这首小令，没有一句使用浓笔艳墨，只是用纯粹的白描手法，描绘了农村一个五口之家的环境和生活画面。作者能够把这家老小的不同面貌和情态，描写得惟妙惟肖，活灵活现，具有浓厚的生活气息，如若不是大手笔，是难能达到此等艺术意境的。

上阕勾勒环境烘托气氛。头两句，写这个五口之家，有一所矮小的茅草房屋；紧靠着房屋有一条流水淙淙、清澈照人的小溪。溪边长满了碧绿的青草。在这里，作者只用了淡淡的两笔，就把由茅屋、小溪、青草组成的清新秀丽的环境勾画出来了。不难看出，这两句在全首词中，还兼有点明环境和地点的使命，为人物的出现安排下广阔的背景。三、四两句，描写了一对满头白发的翁媪，亲热地坐在

一起，一边喝酒，一边聊天的悠闲自得的画面，他们讲话的声音带着醉意，愈加显得温柔婉媚，但是等走到他们面前时，才发现说话的已不是什么年轻人，而是白发苍苍的老年人了。从"醉里"，可以看出老年人生活的安详，从"媚好"，可以看出他们精神的愉快。这几句尽管写得很平淡，但是，它却把一对白发翁媪，乘着酒意，彼此亲密无间，那种和谐、温暖、惬意的老年夫妻的幸福生活，形象地再现出来了。这就是无奇之中的奇妙之笔。当然，这里并不仅仅是限于这对翁媪的生活，它概括了农村普遍的老年夫妻生活乐趣，有一定的典型意义。"吴音"，指吴地的地方话。作者写这首词时，是在江西上饶，此地春秋时代属于吴国。"媪"，是对老年妇女的代称。

下阕四句，采用白描手法，直书其事，和盘托出这一农户三个儿子的不同形象，比较全面地反映了当时农村生活的各个方面，画面在继续扩展。大儿子是家中的主要劳力，担负着溪东豆地里锄草的重担。二儿子年纪尚小，只能做点辅助劳动，所以在家里编织鸡笼。小儿子不懂世事，只知任意地调皮玩耍，看他躺卧在溪边剥莲蓬吃的神态，即可知晓。这几句虽然极为通俗易懂，但却刻画出鲜明的人物形象，描绘出耐人寻味的意境。尤其是小儿无拘无束地剥莲蓬吃的那种天真活泼的神情状貌，饶有情趣，栩栩如生，可谓是神来之笔，古今一绝！诗人着力于"小儿"的描绘，共用了两句，占全词四分之一篇幅。"亡赖"，谓顽皮，是爱称，并无贬义。"卧"字用得极妙，它把小儿无忧无虑、天真活泼、顽皮可爱的劲儿，和盘托出，跃然纸上。所谓一字千金，即是说使用一字，恰到好处，就能给全句或全词增辉。这里的"卧"字正是如此。

在艺术结构上，全词紧紧围绕着小溪，布置画面，展开人物的活动。从词的意境来看，茅檐是靠近小溪的。另外，"溪上青青草""大儿锄豆溪东"，"最喜小儿亡赖，溪头卧剥莲蓬"四句，连用了三个"溪"字，使得画面的布局紧凑。所以，"溪"字的使用，在全词结构上起着关键作用。

在写景方面，茅檐、小溪、青草，这本来是农村中司空见惯的东西，然而作者把它们组合在一个画面里，却显得格外清新优美。在写人方面，翁媪饮酒聊天，大儿锄草，中儿编鸡笼，小儿卧剥莲蓬。通过这样简单的情节安排，就把一片生机勃勃、和平

宁静、朴素安适的农村生活，真实地反映出来了。给人一种诗情画意、清新悦目的感觉，这样的构思巧妙、新颖、色彩协和、鲜明，给人留下了难忘的印象。从作者对农村清新秀丽、朴素雅静的环境描写，对翁媪及其三子形象的刻画，表现出词人喜爱农村和平宁静的生活。

这首小令，是作者晚年遭受议和派排斥和打击，志不得伸，归隐上饶地区闲居农村时写的，词作描写农村和平宁静、朴素安适的生活，并不能说是作者对现实的粉饰。从作者一生始终关心宋朝恢复大业来看，他向往这样农村生活，因而会更加激起他抗击金兵、收复中原、统一祖国的爱国热忱。就当时的情况来说，在远离抗金前线的村庄，这种和平宁静的生活，也是存在的。这首词并非作者主观想象的产物，而是现实生活的反映，它具有浓厚的农村生活气息，字里行间处处洋溢着作者对农村生活的喜悦之情，客观上反映了作者对黑暗官场生活的憎恶。

问刘十九①

[唐] 白居易

绿蚁新醅酒，②
红泥小火炉。
晚来天欲雪，③
能饮一杯无？④

诗文注释

①刘十九：刘禹锡的堂兄刘禹铜，白居易留下的诗作中，提到刘十九的不多，仅两首。

②绿蚁新醅酒：酒是新酿的酒。新酿酒未滤清时，酒面浮起酒渣，色微绿，细如蚁，称为"绿蚁"。绿蚁，指浮在新酿的没有过滤的米酒上的绿色泡沫。醅(pēi)，没有过滤的酒。

③雪：下雪，这里作动词用。

④无：么，吗。

诗文翻译

我家新酿的米酒还未过滤，酒面上泛起一层绿泡，香气扑鼻。

烫酒用的小火炉，也已准备好了，是用红泥烧制成的。

天色阴沉，看样子晚上即将要下雪，能过来饮杯酒吗？

诗文赏析

刘十九是作者在江州时的朋友，作者另有《刘十九同宿》诗，说他是嵩阳处士。全诗描写诗人在一个风雪飘飞的傍晚邀请朋友前来喝酒，共叙衷肠的情景。寥寥二十字，没有深远寄托，没有华丽辞藻，字里行间却洋溢着热烈欢快的色调和温馨炽热的情谊，表现了温暖如春的诗情。

诗句的巧妙，首先是意象的精心选择和巧妙安排。全诗表情达意主要靠三个意象（新酒、火炉、暮雪）的组合来完成。"绿蚁新醅酒"，开门见山点出新酒，由于酒是新近酿好的，未经过滤，酒面泛起酒渣泡沫，颜色微绿，细小如蚁，故称"绿蚁"。诗歌首句描绘家酒的新熟淡绿和浑浊粗糙，极易引发读者的联想，让读者犹如已经看到了那芳香扑鼻，甘甜可口的米酒。次句"红泥小火炉"，粗拙小巧的火炉朴素温馨，炉火正烧得通红，诗人围炉而坐，熊熊火光照亮了暮色降临的屋子，照亮了浮动着绿色泡沫的家酒。"红泥小火炉"对饮酒环境起到了渲染色彩、烘托气氛的作用。酒已经很诱人了，而炉火又增添了温暖的情调。诗歌一、二两句选用"家酒"和"小火炉"两个极具生发性和暗示性的意象，容易唤起读者对质朴地道的农村生活的情境联想。后面两句："晚来天欲雪，能饮一杯无？"在这样一个风寒雪飞的冬天里，在这样一个暮色苍茫的空闲时刻，邀请老朋友来饮酒叙旧，更体现出诗人那种浓浓的情谊。"雪"这一意象的安排勾勒出朋友相聚畅饮的阔大背景，寒风瑟瑟，大雪飘飘，让人感到冷彻肌肤的凄寒，越是如此，就越能反衬出火炉的炽热和友情的珍贵。"家酒""小火炉"和"暮雪"三个意象分割开来，孤立地看，索然寡味，神韵了无，但是当这三个意象被白居易纳入这首充满诗意情境的整体组织结构中时，读者就会感受到一种不属于单个意象而决定于整体组织的气韵、境界和情味。寒冬腊月，暮色苍茫，风雪大作，家酒新熟、炉火已生，只待朋友早点到来，三个意象连缀起来构成一幅有声有色、有形有态、有情有义的图画，其间流溢出友情的融融暖意和人性的阵阵芳香。

其次是色彩的合理搭配。诗画相通贵在情意相契，诗人虽然不能像雕塑家、画家那样直观地再现色彩，但是可以通过富有创意的语言运用，唤起读者相应的联想和情绪体验。这首小诗在色彩的配置上是很有特色的，清新朴实，温热明丽，给读者一种身临其境、悦目怡神之感。诗歌首句"绿蚁"二字绘酒色摹酒状，酒色流香，令人啧啧称羡，酒态活现让读者心向"目"往。次句中的"红"字犹如冬天里的一把火，温暖了人的身子，也温热了人的心窝。"火"字表现出炭火熊熊、光影跃动的情境，更是能够给寒冬里的人增加无限的热量。"红""绿"相映，

色味兼香，气氛热烈，情调欢快。第三句中不用摹色词语，但"晚""雪"两字告诉读者黑色的夜幕已经降落，而纷纷扬扬的白雪即将到来。在风雪黑夜的无边背景下，小屋内的"绿"酒"红"炉和谐配置，异常醒目，也格外温暖。

最后是结尾问句的运用。"能饮一杯无"，轻言细语，问寒问暖，贴近心窝，溢满真情。用这样的口语入诗收尾，既增加了全诗的韵味，使其具有空灵摇曳之美，余音袅袅之妙；又创设情境，给读者留下无尽的想象空间。诗人既可能是特意准备新熟家酿来招待朋友的，也可能是偶尔借此驱赶孤居的冷寂凄凉；既可能是在风雪之夜想起了朋友的温暖，也可能是平日里朋友之间的常来常往。而这些，都留给读者去尽情想象了。

通览全诗，语浅情深，言短味长。白居易善于在生活中发现诗情，用心去提炼生活中的诗意，用诗歌去反映人性中的春晖，这正是此诗令读者动情之处。

本诗从开门见山地点出酒的同时，就一层层地进行渲染，但并不因为渲染，不再留有余味，相反地仍然极富有包蕴。读了末句"能饮一杯无"，可以想象，刘十九在接到白居易的诗之后，一定会立刻命驾前往。于是，两位朋友围着火炉，"忘形到尔汝"地斟起新酿的酒来。也许室外真的下起雪来，但室内却是那样温暖、明亮。生活在这一刹那间泛起了玫瑰色，发出了甜美和谐的旋律……这些，是诗自然留给人们的联想。由于既有所渲染，又简练含蓄，所以不仅富有诱惑力，而且耐人寻味。它不是使人微醺的薄酒，而是醇醪，可以使人真正身心俱醉。诗中蕴含生活气息，不加任何雕琢，信手拈来，遂成妙章。

宿建德江①

[唐] 孟浩然

移舟②泊③烟渚④，
日暮客愁新。
野旷⑤天低树⑥，
江清月近⑦人。

诗文注释

①建德江：指新安江流经建德（今属浙江）的一段江水。

②移舟：靠岸。

③泊：停船靠岸。

④烟渚：弥漫雾气的沙洲。

⑤旷：空阔远大。

⑥天低树：天幕低垂，好像和树木相连。

⑦近：亲近。

诗文翻译

把船停泊在烟雾弥漫的沙洲旁，日落黄昏使我又增添一份新的哀愁。原野空旷，远处的天空好像比近处的树还低，江水十分清澈，映照得月亮仿佛与人更亲近。

诗文赏析

本诗抒写客旅中淡淡的愁思，客愁本来存在于诗人心中，当日落黄昏，江岸烟霭迷离时，思乡的感情更切，所以说"客愁新"。后两句写景绝妙，平野空旷，近处的树好像反比天高，江水澄清，水中月影更加分明，与人也更加亲近，一方面写出了客中的孤独，同时又不无少许慰藉。语言清新，造景自然。

孟浩然一生大部分时间在家乡鹿门山隐居，四十多岁时曾往长安、洛阳谋取功名，并在吴、越、湘、闽等地漫游。晚年张九龄为荆州长史，聘他为幕僚。该诗作于开元十八年（730）漫游吴越之时。

这首诗不以行人出发为背景，也不以船行途中为背景，而是以舟泊暮宿为背景。它虽然露出一个"愁"字，但立即又将笔触转到景物描写上去了。可见它在选材和表现上都是颇有特色的。诗的起句"移舟泊烟渚"，"移舟"，就是移舟近岸的意思；"泊"，这里有停船宿夜的含义。行船停靠在江中的一个烟雾朦胧的小洲边，这一方面是点题，另一方面也为下文的写景抒情作了准备。

第二句"日暮客愁新"，"日暮"显然和上句的"泊""烟"有联系，因为日暮，船需要停宿；也因为日落黄昏，江面上才水烟蒙蒙。同时"日暮"又是"客愁新"的原因。"客"是诗人自指。若按旧日作诗的所谓起、承、转、合的格式，这第二句就将承、转两重意思糅合在一句之中了，这也是少见的一格。为什么"日暮"会撩起"客愁新"呢？我们可以读一读《诗经》里的一段："君子于役，不知其期。曷至哉？鸡栖于埘，日之夕矣，羊牛下来。君子于役，如之何勿思？"（《王风·君子于役》）这里写一位妇女，每当到夕阳西下、鸡进笼舍、牛羊归栏的时刻，她就更加思念在外服役的丈夫。借此，我们不也正可以理解此时旅人的心情吗？本来行船停下来，应该静静地休息一夜，消除旅途的疲劳，谁知在这众鸟归林、牛羊下山的黄昏时刻，那羁旅之愁又蓦然而生。

接下去诗人以一个对句铺写景物，似乎要将一颗愁心化入那空旷寂寥的天地之中。所以沈德潜说："下半写景，而客愁自见。"第三句写日暮时刻，苍苍茫茫，旷野无垠，放眼望去，远处的天空显得比近处的树木还要低，"低"和"旷"是相互依存、相互映衬的。第四句写夜已降临，高挂在天上的明月，映在澄清的江水中，和舟中的人是那么近，"近"和"清"也是相互依存、相互映衬的。"野旷天低树，江清月近人"，这种极富特色的景物，只有人在舟中才能领略得到。诗的第二句就点出"客愁新"，这三、四句好似诗人怀着愁心，在这广袤而宁静的宇宙之中，经过一番上下求索，终于发现了还有一轮孤月此刻和他是那么亲近。寂寞的愁心似乎寻得了慰藉，诗也就戛然而止了。

然而，言虽止，意未尽。试想，此刻那亲近的明月会在诗人的心中引起什么呢？似有一丝喜悦，一点慰藉，但终究驱散不了团团新愁。新愁知多少？"皇皇三十载，书剑两无成。山水寻吴越，风尘厌洛京"（《自洛之越》）。诗人曾带着多年的准备、多年的希望奔入长安，而今却只能怀着一腔被弃置的忧愤南寻吴越。此刻，他孑然一身，面对着这四野茫茫、江水悠悠、明月孤舟的景色，那羁旅的惆怅，对故乡的思念，仕途的失意，理想的幻灭，人生的坎坷……千愁万绪，不禁纷来沓至，涌上心头。"江清月近人"，这画面上让人们见到的是清澈平静的江水，以及水中的明月伴着船上的诗人；可那画面上见不到而应该体味到的，则是诗人的愁心已经随着江水流入思潮翻腾的海洋。这一隐一现，一虚一实，相互映衬，相互补充，正构成一个人宿建德江，心随明月去的意境。是的，这"宿"而"未宿"，不正意味深长地表现出"日暮客愁新"吗？"人禀七情，应物斯感；感物吟志，莫非自然"（刘勰《文心雕龙·明诗》）。孟浩然的这首小诗正是在这种情景相生、思与境谐的"自然流出"之中，显示出一种风韵天成、淡中有味、含而不露的艺术美的。

华美绚丽

华美绚丽，其语言特点是有富丽的词藻、绚烂的色彩，奇幻的情思。如"日照香炉生紫烟，遥看瀑布挂前川。飞流直下三千尺，疑是银河落九天。"李白的诗大都写得色彩缤纷、景象绮丽、变幻莫测，这是绚丽飘逸之美。如李商隐的"沧海月明珠有泪，蓝田日暖玉生烟"（李商隐《锦瑟》），又如杜甫的《观李固请司马弟山水图》"红浸珊瑚短，青悬薜荔长"，词藻华丽，对仗工整，每句开头的"红""青"颜色词语构成一幅色彩鲜明的画面。华词丽句、文采斐然，用以表达奇巧的情思，讲究对仗工整。李商隐诗歌语言清丽，词藻华美，句式多变，对仗极为工整。诗人博学多识，语汇丰富，遣词造句挥洒自如。李商隐的诗如同"百宝流芳"，绚丽夺目。诗歌中成语典故，华语丽词，民谣民谚，口头俗语，比比皆是。用得得心应手，恰到好处，形成了词藻华美、色彩绚丽、典雅清丽的语言风格。曹植的诗慷慨活泼，词藻丰富华美，骨气奇高，词采华茂。《诗评》曰："曹子建如三河少年，风流自赏。"李贺诗歌的总体特征，前人有评论，那就是奇诡瑰丽。

望庐山瀑布(其二)

〔唐〕 李 白

日照香炉生紫烟①，
遥看瀑布挂前川②。
飞流直下三千尺③，
疑是银河落九天④。

诗文注释

①香炉：指香炉峰。紫烟：指日光透过云雾，远望如紫色的烟云。

②遥看：从远处看。挂：悬挂。川：河流，这里指瀑布。

③直：笔直。三千尺：形容山高，这里是夸张地说法，不是实指。

④疑：怀疑。银河：又称天河。古人指银河系构成的带状星群。九天：古人认为天有九重，九天是天的最高层，此处指天空的最高处。

诗文翻译

太阳照射的香炉峰生起紫色烟雾，远远看去，瀑布像匹白绢挂在你的前面。瀑布从高崖上飞一样地腾空直落，好像有三千尺长，让人恍惚以为那是银河从九天倾泻到了人间。

诗文赏析

香炉，指庐山香炉峰，"在庐山西北，其峰尖圆，烟云聚散，如博山香炉之状"（宋乐史《太平寰宇记》）。可是，到了诗人李白的笔下，便成了另一番景象：一座顶天立地的香炉，冉冉地升起了团团白烟，缥缈于青山蓝天之间，在红日的照射下化成一片紫色的云霞。这不仅把香炉峰渲染得更美，而且富有浪漫主义色彩，为不寻常的瀑布创造了不寻常的背景。接着诗人才把视线移向山壁上的瀑布。"遥看瀑布挂前川"，前四字是点题；"挂前川"，这是"望"的第一眼形象，瀑布像是一条巨大的白练高挂于山川之间。"挂"字很妙，它化动为静，惟妙惟肖地表现出倾泻的瀑布在"遥看"中的形象。谁能将这巨物"挂"起来呢？"壮哉造化功！"所以这"挂"字也包含着诗人对大自然的神奇伟力的赞颂。第三句又极写瀑布的动态。"飞流直下三千尺"，一笔挥洒，字字铿锵有力。"飞"字，把瀑布喷涌而出的景象描绘得极为生动；"直下"，既写出山之高峻陡峭，又可以见出水流之急，那高空直落，势不可当之状如在眼前。然而，诗人犹嫌未足，接着又写上一句"疑是银河落九天"，真是想落天外，惊人魂魄。"疑是"值得细味，诗人明明说得恍恍惚惚，而读者也明知不是，但是又都觉得只有这样写，才更为生动、逼真，其奥妙就在于诗人前面的描写中已经孕育了这一形象。巍巍香炉峰藏在云烟雾霭之中，遥望瀑布就如从云端飞流直下，临空而落，这就自然地联想到像是一条银河从天而降。可见，"疑是银河落九天"这一比喻，虽是奇特，但在诗中并不是凭空而来，而是在形象的刻画中自然地生

发出来的。它夸张而又自然，新奇而又真切，从而振起全篇，使得整个形象变得更为丰富多彩，雄奇瑰丽，既给人留下了深刻的印象，又给人以想象的余地，显示出李白那种"万里一泻，末势犹壮"的艺术风格。

宋人魏庆之说："七言诗第五字要响。……所谓响者，致力处也。"（《诗人玉屑》）这个看法在这首诗里似乎特别有说服力。比如一个"生"字，不仅把香炉峰写"活"了，也隐隐地把山间的烟云冉冉上升、袅袅浮游的景象表现出来了。"挂"字前面已经提到了，那个"落"字也很精彩，它活画出高空突兀、巨流倾泻的磅礴气势。很难设想换掉这三个字，这首诗将会变成什么样子。

中唐诗人徐凝也写了一首《庐山瀑布》。诗云："虚空落泉千仞直，雷奔入江不暂息。千古长如白练飞，一条界破青山色。"场景虽也不小，但还是给人局促之感，原因大概是它转来转去都是瀑布、瀑布，显得很实，很板，虽是小诗，却颇有点大赋的气味。比起李白那种入乎其内，出乎其外，有形有神，奔放空灵，相去实在甚远。无怪苏轼说："帝遣银河一派垂，古来唯有谪仙词。飞流溅沫知多少，不与徐凝洗恶诗。"（《戏徐凝瀑布诗》）话虽不无过激之处，然其基本倾向还是正确的，表现了苏轼不仅是一位著名的诗人，也是一位颇有见地的鉴赏家。

望　海　潮

[宋] 柳　永

东南形胜①，三吴②都会，钱塘③自古繁华。烟柳画桥④，风帘翠幕⑤，参差⑥十万人家。云树⑦绕堤沙，怒涛卷霜雪⑧，天堑无涯⑨。市列珠玑⑩，户盈罗绮，竞豪奢。

重湖叠巘⑪清嘉，有三秋⑫桂子，十里荷花。羌管弄晴⑬，菱歌泛夜⑭，嬉嬉钓叟莲娃⑮。千骑拥高牙⑯，乘醉听箫鼓，吟赏烟霞⑰。异日图将⑱好景，归去凤池⑲夸。

诗文注释

①东南形胜:是说杭州地处东南方,地理形势优越。

②三吴:说法不一,《水经注》以吴兴(今属浙江)、吴郡(今江苏苏州)、会稽(今浙江绍兴)为"三吴"。这里泛指江浙一带。

③钱塘:即现在杭州。当时属吴郡。

④画桥:雕饰华丽的桥梁。

⑤风帘翠幕:挡风的帘子和翠绿的帷幕。

⑥参差:差不多。

⑦云树:茂密如云的林木。

⑧卷霜雪:形容浪涛汹涌像卷起来的白色霜雪。

⑨天堑无涯:广阔无边的天然壕沟。这里指钱塘江。

⑩珠玑:泛指大小不同的各种珠宝。

⑪重湖叠巘:白堤两侧的里湖、外湖和远近重叠的山峰。

⑫三秋:秋季。

⑬羌管弄晴:悠扬的羌笛声在晴空中飘荡。

⑭菱歌泛夜:采菱的歌曲在夜间唱起。

⑮嬉嬉钓叟莲娃:钓鱼的老翁和采莲的少女都很愉快。

⑯千骑拥高牙:这里指孙何外出时仪仗很威风,随从人员多。高牙,古代行军有牙旗在前导引,旗很高,故称高牙。

⑰烟霞:美丽的自然风景。

⑱图将:把杭州美景画出来。将,用在动词后的语助词。

⑲凤池:凤凰池,对中书省的美称,这里代朝廷。

诗文翻译

东南地势优越的地方,三吴的都会,钱塘自古以来十分繁华。如烟的柳树、彩绘的桥梁,挡风的帘子、翠绿的帐幕,房屋高高低低,约有十万人家。如云的大树环绕着沙堤,又高又急的波涛浪花就像翻滚的霜雪,天然的江河绵延无边。市场上陈列着珠玉珍宝,家庭里充满着绫罗绸缎,争讲奢华。

里湖、外湖与重重叠叠的山岭非常清秀美丽。有秋天的桂子,十里的荷花。晴天欢快地奏乐,夜晚划船采菱唱歌,钓鱼的老翁、采莲的姑娘都喜笑颜开。千名骑兵簇拥着长官,乘醉听吹箫击鼓,观赏、吟唱烟霞风光。他日画上美好景致,回京升官时向人们夸耀。

诗文赏析

这首词以"东南形胜"三句入手擒题,起笔大开大阔,直起直落。"东南形胜,三吴都会",说明了杭州位置的重要、历史的悠久,揭示出所咏主题。(三吴,旧指吴兴、吴郡、会稽。钱塘,即杭州。)此处又称"三吴都会",极言其为东南一带、三吴地区的重要都市,字字铿锵有力。两个四字对句,气势博大,力量非凡,以博大的气势笼罩全篇。其中"形胜""繁华"四字,为点睛之笔。

"烟柳画桥,风帘翠幕,参差十万人家。"远望去,垂柳含烟,薄雾如纱,虹桥似画,真是画中才有的好景致啊。这一处人烟阜盛,各式各样的建筑鳞次栉比,檐牙错落;走近了看,微风过处,千门万户帘幕轻摆,显得怡然安详,真是一派"都会"景象。"参差"可理解为形容楼阁高下不齐,也可解释为大约之义,与下面的"十万"联系,大约十万人,未必是确数。此句写出了街巷河桥的美丽,居民住宅的雅致和都市户口的繁庶。

"云树绕堤沙,怒涛卷霜雪,天堑无涯。"由大都市转写到郊外,一行一行的树围绕着钱塘江的大堤繁茂地生长,远远看去就像云雾一样。一个"绕"字,把长堤曲折迤逦的形态写了出来。接下来写了钱塘江水的气势的浩大。历来钱塘江八月观潮是盛举。三变用一"怒"字将钱塘江潮的盛世之况表现出来。然后词人写到"市列珠玑,户盈罗绮,竞豪奢",三句中三变从"珠玑""罗绮"和"竞豪奢"三个方面写出了杭州的繁华和人民生活的富庶,甚至达到了穷奢极欲的程度。

人说上有天堂,下有苏杭。杭州之美在于西湖,西湖之美在于其景,更在于其人美。"重湖叠巘清嘉,有三秋桂子,十里荷花。"湖外有湖,山外有山,西湖的山山水水着实清丽可嘉;可是这里却有比画一样的西湖还美的"三秋桂子,十里荷花",堪称千古佳句,无华的文字间透露着别样的华丽。"三秋"说明了桂花开的时间比较长,非常的清香扑鼻,长久不散;"十里"是说这一带的湖中大量种植着荷花,待到花开时就应了那句"接天莲叶无穷碧,映日荷花别样红"的诗了。这一句中包含了丰富的意象,有湖、山、秋月、桂花、荷花。细致地描述了这里的自然环境。令人心驰神往,遐想万千。"三秋桂子"就让人联想起有关西湖的美丽传说。传说西湖灵隐寺和天竺寺,每到中秋,常常有带露的桂子从天飘落,馨香异常,那是从月宫桂树上飘落下来的,是寂寞的嫦娥赠与人间有心人的。因此宋之问《灵隐寺》中写道:"桂子月中落,天香云外飘。"白居易《忆江南》中也有"山寺月中寻桂子"。美丽的传说给秀丽的西湖增添了神秘空灵的色彩。

"羌管弄晴,菱歌泛夜"两句为互文,对仗工稳。即羌管弄晴、泛夜,菱歌泛夜、弄晴。说的是笛声和歌声昼夜不停,或是在晴空中飘扬,或是在月夜里轻荡。"弄"和"泛"字生动地表现了吹笛和唱歌的人心中的欢快和喜悦。"嬉嬉钓叟莲娃",说的是湖边钓鱼的老翁怡然自得,湖中采莲的孩童喧闹嬉戏。通过这一句话描绘了一幅老少同乐、国富民安的游乐图卷。接下来词人写"千骑拥高牙,乘醉听箫鼓,吟赏烟霞",一位达官贵人在此游乐,成群的马队簇拥着高高的牙旗,一派喧赫的声势。落笔洒落,音调雄浑,仿佛令人看到一位地位显赫且风流倜傥的长官在此饮酒赏乐,乐于山水之间。

"异日图将好景,归去凤池夸"是这首词的结束语。也点明了词人写作目的是拜谒孙何(据宋人罗大经《鹤林玉露》记载,《望海潮》是柳永为了与早年的好友孙何相见而作。柳永在杭州生活期间,深知杭州的湖光山色、风土人情。当时旧友孙何正任两浙转运使,驻节杭州。可是因身份悬殊,门禁森严,两人无法相见。柳永就填了这首《望海潮》先在歌伎中传唱,结果很快就让孙何听到了。孙何问及词作者原来是故人,便请柳永前去赴宴)。"凤池",即凤凰池,本是皇帝禁苑中的池沼。"好景"二字,将如上所写的和未写出的尽数包括。说的是当达官贵人们召你回去的时候,就将这里的美丽景色画成图本,献与朝廷,可以在同僚面前夸赞一番,告诉他们世间真的有这样一个人间仙境。

这首词的艺术感染力很强。词人以清新的笔墨,铺陈的手法,从不同角度把杭州富丽非凡的景象描绘得淋漓尽致。钱江潮的壮观,西湖的美景,杭州市区的富庶繁华,人民生活的美好都尽收词人笔下。相传后来金主完颜亮听唱"三秋桂子,十里荷花"以后,十分羡慕钱塘的繁华,从而加强了他侵吞南宋的野心。为此,宋人谢驿(处厚)还写了一首诗:"莫把杭州曲子讴,荷花十里桂三秋。岂知草木无情物,牵动长江万里愁。"(罗大经《鹤林玉露》)虽然说金主因受一首词的影响而萌发南侵之心不太可信,也许只是谣传。但是产生这一传说,却可以印证这首词的艺术感染力是很强的。同时作为高级官僚的范镇对柳永这首词也极端赞佩:"仁宗四十二年太平,镇压翰苑十余载,不能出一语咏歌,乃于耆卿词见之。"(见《方舆盛览》)柳永扩大了词的内容的主要表现之一,就是他的词反映了都市的繁华与山川的壮丽。

含蓄蕴藉

严羽的《沧浪诗话·诗辨》中说道:"盛唐诗人,惟在兴趣。羚羊挂角,无迹可求。故其妙处,透彻玲珑,不可凑泊。如空中之音,相中之色,水中之月,镜中之象,言有尽而意无穷。"从这些言论中可以看出古人对含蓄之美的高度重视。晚唐司空曙著有《二十四诗品》,在论述"含蓄"风格时,提出"不着一字,尽得风流"的准则,什么是含蓄呢?司空图说:"不著一字,尽得风流。语不涉己,若不堪忧。"意思是说,在字面上虽不露一点痕迹,但事物的精神实质却完全显示出来了;语句虽没有涉及自己的患难和痛苦,但忧伤的感情,仍能使人忍受不了。可见,含蓄就是不把话说尽挑明,不让人一览无余;"用意十分"只"下语三分",让鉴赏者自己去玩味、去开掘。含蓄,与直率浅露相反,它不是把作家的造语运意直接地喊出来;而是以生动具体的画面,宛曲、概括性的语言激起鉴赏者的想象与联想,给人一种"美常在咸、酸之外"(苏轼《书黄子思诗集后》)。要求语言文字含而不露,曲折委婉,言尽意未尽,在字里行间蕴藏作家丰富的思想感情。所谓"不着一字",并非什么都不说,而是简练而传神地勾勒几笔,点到即止,极富于暗示性,意在言外,使人涵咏想象而得之。有如绝色美人,淡扫蛾眉,不事艳妆,而自觉风韵天然,楚楚动人。"孤帆远影碧空尽,唯见长江天际流""峰回路转不见君,雪上空留马行处"，只不过就眼前景物略施点染而已，不言离思，而别意之深长已悠然不尽。"诗无言外之意，味同嚼蜡。"（袁枚《随园诗话》）

黑格尔曾说道："心灵的东西借感性化而显现出来。"

大思想家伏尔泰说："艺术是含蓄的，于含蓄中道出了一切。"

著名学者余秋雨在《艺术创造工程》中言道："一切艺术作品既然无法离开接受者而独立存在，那么，它们也不应该呈现为完成状态，而应该保留让接受者进入的空间，埋伏一系列故意留下的空缺。"这就是说，把作品的含蓄和寄托即暗示留给审美主体去思索，比一泄无余的直白更具有回味无穷的魅力。

一般来说，古诗的"含蓄美"主要表现在以下几个方面：

（一）融情于景，情景交融。王国维曾说过"一切景语皆情语"，即是说，看似纯乎写景之作，但字里行间却会渗透作者的感情。例如杜牧的《金谷园》"繁华事散逐香尘，流水无情草自春。日暮东风怨啼鸟，落花犹似坠楼人。"此诗要表现对繁华事尽、人世沧桑、物是人非的无限感慨，而这种感慨的抒发正是寄寓在了眼前的景物中，"流水"和"草"本是金谷园中的普通景物，但是用拟人手法说"无情""自春"，使景物顿时染上浓浓的凄凉感伤之意。下句的一个"怨"字补充得更是天衣无缝，可以说将作者的心情描绘得淋漓尽致，"暮色将尽，无名的鸟儿在簌簌的东风中发出哀怨的啼叫"，此情此景怎不让读者生发悲凉、凄清之感。这就是融情于景的妙处，哪是情，哪是景，是情由景而生还是景因情而存，已经不再重要，情与景浑然一体，不分彼此，让诗情在委婉含蓄中发出，营造出无穷的情味。"情景名为二，而实不可离。神于诗者，妙合无垠"（《姜斋诗话》），用王夫之的这句话评《金谷园》是再恰当不过了。

（二）一语双关，妙趣横生。"言有尽而意无穷"从来都是古诗中所追求的最高境界，双关手法的运用可谓是一举两得、一箭双雕。高适的《塞上听吹笛》在这一点上做得极妙，"借问梅花何处落，风吹一夜满关山"，此诗要表达将士们的思乡情怀，诗人故意将《梅花落》这首思乡的曲子分开来写，达到一语双关之妙，一方面是《梅花落》的曲音落满整个关山，让戍边将士体味到了浓浓的乡思；另一方面，由

"借问"引起人们遐想，把《梅花落》的笛曲幻化成故乡的梅花随微风散落，洒遍关山的具体形象，委婉巧妙地表现了守边战士的怀乡之情。可谓一语双关，妙趣无穷。

（三）巧用典故，以至蕴藉。将典故运用得出神入化者当数辛弃疾，他的《永遇乐·京口北固亭怀古》中"千古江山"六句，追忆三国时的吴帝孙权，在对人世沧桑的感叹中倾注了自己对孙权的仰慕之情。"斜阳草树"六句，缅怀东晋时的刘裕，盛赞其北伐时的雄姿和声威，暗示出自己杀敌报国的决心，从而也表达出自己渴望以二人为榜样，为楷模，能够"金戈铁马"报效祖国的衷心。最后以廉颇自比，抒发自己的"烈士暮年，壮心不已"的感慨。可以说整首诗就是典故的重新组合，但是却丝毫看不出有矫作之态，相反的，把诗人的那种渴望报效祖国的情怀表达得更加含蓄蕴藉。

（四）以小见大，言近旨远。古代咏史诗多用此法达到曲笔之妙。杜牧《赤壁》："折戟沉沙铁未销，自将磨洗认前朝。东风不与周郎便，铜雀春深锁二乔。"诗评家对这首绝句有相反的评说，宋代许彦周说："社稷存亡、生灵涂炭都不问，只恐被捉了二乔，可见措大（书生）不识好恶。"清代纪晓岚却反驳说："大乔乃伯符之妻，仲谋之嫂；小乔乃公谨之妻也。宗社不亡，二人焉得被辱？全不识措辞之法矣。"可以说，纪学士之见正是此诗的妙处所在，以小见大，言近旨远，从而达到委婉含蓄之境界。难怪古人评之："语少意足，有无穷之味。"（《容斋随笔》）

（五）以虚写实，虚实结合。若虚则虚，若实则实，是为无趣；若虚中有实，实中有虚，虚虚实实，实实虚虚，乃为意趣。李煜《梦江南》正是借此达到令人回味无穷的地步。全诗只一"恨"字写实，其余皆虚，却能在虚写中见出真实之妙。"无穷的亡国之恨都是昨夜的梦境惹的祸，曾经的一国之君，游览上苑的美景，那场面何其壮观，何其繁华热闹，正是'车如流水马如龙，花月正春风'"。此诗就是在这样一种令人流连忘返的梦境中煞尾，给人以无穷的想象，正所谓梦境越是繁华梦醒后的凄苦越是难耐，爱到极致也会恨到极致吧。

（六）扬抑交错，正话反说。李商隐的《贾生》："宣室求贤访逐臣，贾生才调更无伦。可怜夜半虚前席，不问苍生问鬼神。"前两句写了一个求贤若渴

的好皇帝，第三句"可怜"与"虚"的出现，将先前的赞颂顿时变成了无情的讽刺，可谓是淋漓尽致，入木三分，将诗的主旨升华到了极点。再如《武昌阻风》："江上春风留客舟，无穷归思满东流。与君尽日闲临水，贪看飞花忘却愁。"此诗明明是要表达无穷的乡思之愁，却偏说"春风留人""闲临水""贪看飞花"，并说忘了自己的愁，殊不知，在得意忘形的背后是更加浓重的乡思，这种正话反说，欲扬先抑的写法可谓恰到好处，在"乐与哀，闲与愁"的精巧搭配中突现其诡谲蕴藉。

（七）洒脱中更透凝重深沉，幽默后越显冷峻严肃。辛弃疾的《丑奴儿·书博山道中壁》："少年不识愁滋味，爱上层楼。爱上层楼，为赋新词强说愁。而今识尽愁滋味，欲说还休。欲说还休，却道天凉好个秋。"上阕写出了年少无知的自己"为赋新词强说愁"的无病呻吟；下阕中的作者，不再是懵懂的少年，而是在经历了人世沧桑，世事变迁后，到了生命

的暮年，对愁的体味也应该更深刻、更刻骨，但是，却只道"天凉好个秋"。初次读来，不免为辛老的轻松洒脱所折服，面对着家国大愁，辛老却能如此从容，但是，细想来，这种洒脱的背后更是一种深沉，一种凝重，暮年时的自己已经不会再"为赋新词强说愁"了，但是心中的愁却不是一般的言语所能表达的，是一种无以言表的大愁，也许此时的"无声胜有声"吧。在无声的背后让人更能体会出作者的无奈与悲愁。陆龟蒙的《新沙》："渤澥声中涨小堤，官家知后海鸥知。蓬莱有路教人到，应亦年年税紫芝。"与之有着异曲同工之妙，诗中用幽默的语言写出了官家对水路掌握的熟悉，从而有力地揭露了封建时代的横征暴敛无孔不入的罪行。正所谓，幽默的背后却是更加的严肃冷峻。

"凡作人贵直，而作诗贵曲。"古代诗人深得含蓄婉曲之妙，我们在阅读鉴赏时应当反复咀嚼，品出这"言外之味，弦外之响"。

玉 阶 怨

［唐］ 李 白

玉阶生白露，
夜久侵罗袜①。
却下②水晶帘，
玲珑望秋月。

诗文注释

①罗袜：丝织的袜子。
②却下：放下。

诗文翻译

玉石砌的台阶上生起了露水，深夜独立很久，露水浸湿了罗袜。回房放下水晶帘，仍然隔着帘子望着玲珑的秋月。

诗文赏析

这是一首宫怨诗。前两句写无言独立玉阶，露水浓重，浸透了罗袜，主人公却还在痴痴等待。后两句写寒气袭人，主人公回房放下窗帘，却还在凝望秋月。前两句写久等显示人的痴情；后两句以月亮的玲珑，衬托人的幽怨。全诗无一语正面写怨情，然而又似乎让人感到漫天愁思飘然而至，有幽邃深远之美。

李白的这首诗，虽曲名标有"怨"字，诗作中却只是背面敷粉，全不见"怨"字。无言独立阶砌，以致冰凉的露水浸湿罗袜；以见夜色之浓，伫待之久，怨情之

深。"罗袜"，表现出人的仪态、身份，有人有神。夜凉露重，罗袜知寒，不说人而已见人的幽怨如诉。二字似写实，实用曹植"凌波微步，罗袜生尘"意境。

怨深，夜深，主人公不禁幽独之苦，由帘外到帘内，拉下帘幕之后，反又不忍使明月孤寂。似月怜人，似人怜月；而如果人不伴月，则又没有什么事物可以伴人。月无言，人也无言。但读者却深知人有无限言语，月也解此无限言语，而写来却只是一味望月。这正是"不怨之怨"，所以才显得愁怨之深。

"却下"二字，以虚字传神，最为诗家秘传。此处一转折，似断实连；好像要一笔荡开，推却愁怨，实际上则是经此一转，字少情多，直入幽微。"却下"一词，看似无意下帘，而其中却有无限幽怨。本来主人公由于夜深、怨深，无可奈何而回到室内。入室之后，却又怕隔窗的明月照此室内幽独，因而拉下帘幕。帘幕放下来了，却更难消受这个凄苦无眠之夜，在更加无可奈何之中，却更要去隔帘望月。此时主人公的忧思不断在徘徊，直如李清照"寻寻觅觅，冷冷清清，凄凄惨惨戚戚"的那种感觉纷至沓来，这样的情思，作者用"却下"二字表达出来。

"却"字直贯下句，"却下水晶帘""却去望秋月"，在这两个动作之间，有许多愁思转折反复，诗句字少情多，以虚字传神。中国古代诗艺中有"空谷传音"的手法，正是如此。"玲珑"二字，看似不经意的笔调，实际上极见功力。以月的玲珑，衬托人的幽怨，从反处着笔，全胜正面涂抹。

诗中不见人物姿容与心理状态，而作者似也无动于衷，只以人物行动来表达含义，引读者步入诗情的最幽微之处，所以能不落言筌，为读者保留想象的余地，使诗情无限辽远，无限幽深。所以，这首诗体现出了诗家"不著一字，尽得风流"的真意。以叙人事的笔调来抒情，这很常见，也很容易；以抒情的笔调来写人，这很少见，也很难。

契诃夫有"矜持"说，写诗的人也常有所谓"距离"说，两者非常近似，应合为一种说法。作者应与所写对象保持一定距离，并保持一定的"矜持"与冷静。这样一来，作品才没有声嘶力竭之弊，而有幽邃深远之美，写难状之情与难言之隐，使漫天的诗思充满全诗，却又在字句间捉摸不到。这首《玉阶怨》含思婉转，余韵如缕，正是这样的佳作。

金 谷 园

〔唐〕杜 牧

繁华事散逐香尘^①，
流水无情草自春。
日暮东风怨啼鸟，
落花犹似坠楼人^②。

诗文注释

①香尘：石崇为教练家中舞伎步法，以沉香屑铺象牙床上，使她们践踏，无迹者赐以珍珠。
②坠楼人：指石崇爱妾绿珠，为石崇坠楼而死。

诗文翻译

繁华往事，已跟香尘一样飘荡无存；流水无情，野草却年年以碧绿迎春。啼鸟悲鸣，傍晚随着东风声声传来；落花纷纷，恰似那坠楼的绿珠美人。

诗文赏析

金谷园故址在今河南洛阳西北，是西晋富豪石崇的别墅，繁荣华丽，极一时之盛。唐时园已荒废，成为供人凭吊的古迹。据《晋书·石崇传》记载：石崇有妓曰绿珠，美而艳。孙秀使人求之，不得，矫诏收崇。崇正宴于楼上,谓绿珠曰:"我今为尔得罪。"绿珠泣曰:"当效死于君前。"因自投于楼下而死。杜牧过金谷园,即景生情,写下了这首咏春吊古之作。面对荒园,首先浮现在诗人脑海的是金谷园繁华的往事,随着芳香的尘屑消散无踪。"繁华事散逐香尘"这一句蕴藏了多少感慨。王嘉《拾遗记》谓:"石季伦(崇)屑沉水之香如尘末,布象床上,使所爱者践之,无迹者赐以真珠。"此即石崇当年奢靡生活之一斑。"香尘"细微飘忽,去之迅速而无影无踪。金谷园的繁华,石崇的豪富,绿珠的香消玉殒,亦如香尘飘去,云烟过眼,不过一时而已。正如苏东坡诗云:"事如春梦了无痕。"可叹乎? 亦可悲乎? 还是观赏废园中的景色吧:"流水无情草自春。""水",指东南流经金谷园的金水。不管人世间的沧桑,流水照样潺潺,春草依然碧绿,它们对人事的种种变迁,似乎毫无感触。这是写景,更是写情,尤其是"草自春"的"自"字,与杜甫《蜀相》中"映阶碧草自春色"的"自"字用法相似。

傍晚,正当诗人对着流水和春草返想的时候,忽然东风送来鸟儿的叫声。春日鸟鸣,本是令人心旷神怡的赏心乐事。但是此时——红日西斜,夜色将临;此地——荒芜的名园,再加上傍晚时分略带凉意的春风,在沉溺于吊古之情的诗人耳中,鸟鸣就显得凄哀悲切,如怨如慕,仿佛在表露今昔之感。日暮、东风、啼鸟,本是春天的一般景象,着一"怨"字,就蒙上了一层凄凉感伤的色彩。此时此刻,一片片惹人感伤的落花又映入诗人的眼帘。诗人把特定地点(金谷园)落花飘然下坠的形象,与曾在此处发生过的绿珠坠楼而死联想到一起,寄寓了无限情思。一个"犹"字渗透着诗人多少追念、怜惜之情! 绿珠,作为权贵们的玩物,她为石崇而死是毫无价值的,但她的不能自主的命运不是同落花一样令人可怜吗? 诗人的这一联想,不仅是"坠楼"与"落花"外观上有可比之处,而且揭示了绿珠这个人和"花"在命运上有相通之处。比喻贴切自然,意味隽永。

一般怀古抒情的绝句,都是前两句写景,后两句抒情。这首诗则是句句写景,景中寓情,四句蝉联而下,浑然一体。

画 眉 鸟

[宋] 欧阳修

百啭①千声随意②移,
山花红紫树高低③。
始知④锁向金笼⑤听,
不及⑥林间自在啼。

诗文注释

①啭:鸟婉转地啼叫。
②随意:随着自己(鸟)的心意。
③树高低:树林中的高处或低处。
④始知:现在才知道。
⑤金笼:贵重的鸟笼,喻指不愁吃喝、生活条件优越的居所。
⑥不及:远远比不上。

诗文翻译

千百声的鸟啭,随着自己的心意任意回荡着,(就在那)山花万紫千红绽放,高低有致的林木里。这才明白:(以前)听到那锁在金笼内的画眉叫声,远比不上悠游林中时的自在啼唱。

诗文赏析

本篇借咏画眉以抒发自己的性灵,诗题一作

《郡斋闻百舌》。画眉、百舌，都是声音婉转的鸣禽，诗人在《啼鸟》诗中也写过"南窗睡多春正美，百舌未晓催天明。黄鹂颜色已可爱，舌端哑咤如娇婴"。可见他对"林间自在啼"多么欣赏，这儿以"锁向金笼"与之对比，更见出诗人挣脱羁绊、向往自由的心理。诗人本在朝为官，后因党争牵连，贬为知州知县，此两句大概有所寄托。

欧阳修的《画眉鸟》，前两句写景：画眉鸟千啼百啭，一高一低舞姿翩翩，使得嫣红姹紫的山花更是赏心悦目。后两句抒情：看到那些关在笼里的鸟儿，真

羡慕飞啭在林间的画眉鸟，自由自在，无拘无束。这里也要了解的是，作者欧阳修此时因在朝中受到排挤而被贬到滁州，写作此诗的心情也就可知了。

写画眉实是写自己，画眉鸟的百啭千声表达的是归隐山林、不受羁绊的心曲。看山花烂漫、叶木葱茏，管什么金带紫袍；无限的欣喜快慰如山间清流泻出，洗尽俗尘，只余下悦耳的音韵流转。运用了对比手法：前两句（写自由自在、任意翔鸣的画眉）与后两句（写陷入囚笼、失去了自由的画眉）构成对比。

闺意献张水部①

［唐］　朱庆馀

洞房昨夜停红烛，
待晓堂前拜舅姑②。
妆罢低声问夫婿：
画眉深浅入时无③？

诗文注释

①张水部：指张籍。
②舅姑：公婆。
③无：否。

诗文翻译

昨夜新婚，洞房里还放着红红的蜡烛，新媳妇我静静等着天亮到堂前去拜见公公和婆婆。精心梳妆好，再轻声问丈夫：我画的眉毛颜色深浅，符合现时流行的样式吗？

诗文赏析

以夫妻或男女爱情关系比拟君臣以及朋友、师生等其他社会关系，乃是我国古典诗歌中从《楚辞》就开始出现并在其后得到发展的一种传统表现手法。此诗也是用这种手法写的。

这首诗又题为《近试上张水部》，说明是在应试

不久前献给张籍的。同时这另一个标题可以帮助读者明白诗的作意，唐代应进士科举的士子有向名人行卷的风气，以希求其称扬和介绍于主持考试的礼部侍郎。朱庆馀此诗投赠的对象，是官水部郎中的张籍。张籍当时以擅长文学而又乐于提拔后进与韩愈齐名。朱庆馀平日向他行卷，已经得到他的赏识，临到要考试了，还怕自己的作品不一定符合主考的要求，因此以新妇自比，以新郎比张，以公婆比主考，写下了这首诗，征求张籍的意见。张籍怜才惜士，喜奖掖后进。据《全唐诗话》："庆馀遇水部郎中张籍，知音。（籍）索庆馀新旧篇二十六章，置之怀袖而推赞之。时人以籍重名，皆缮录讽咏。庆馀作《闺意》一篇以献，籍酬之云云。是以朱之名流于海内矣。"成史上佳话。

古代风俗，头一天晚上结婚，第二天清早新妇才拜见公婆。此诗描写的重点，乃是她去拜见之前的心理状态。首句写成婚。"洞房"，这里指新房。"停"，安置。"停红烛"，即让红烛点着，通夜不灭。次句写拜见。由于拜见是一件大事，所以她一大早

就起了床,在红烛光照中妆扮,等待天亮,好去堂前行礼。这时,她心里不免有点嘀咕:自己的打扮是不是很时髦呢?也就是,能不能讨公婆的喜欢呢?因此,后半部分便接写她基于这种心情而产生的言行。在用心梳好妆,画好眉之后,还是觉得没有把握,只好问一问身边丈夫的意见了。由于是新娘子,当然带点羞涩,而且,这种想法也不好大声说出,让旁人听到,于是这低声一问,便成为极其合理的了。这种写法真是精雕细琢,刻画入微。

仅仅作为"闺意",这首诗已经是非常完整、优美动人的了,然而作者的本意,在于表达自己作为一名应试举子,在面临关系到自己政治前途的一场考试时所特有的不安和期待。应进士科举,对于当时的知识分子来说,乃是和女孩儿出嫁一样的终身大事。如果考取了,就有非常广阔的前途,反之,就可能蹭蹬一辈子。这也正如一个女子嫁到人家,如果得到丈夫和公婆的喜爱,她的地位就稳定了,处境就顺当了,否则,日子就很不好过。诗人的比拟来源于现实的社会生活,在当时的历史条件之下,很有典型性。即使今天看来,读者也不能不对他这种一箭双雕的技巧感到惊叹。

朱庆馀呈献的这首诗获得了张籍明确的回答。在《酬朱庆馀》中,他写道:"越女新妆出镜心,自知明艳更沉吟。齐纨未足时人贵,一曲菱歌敌万金。"

由于朱的赠诗用"比"体写成,所以张的答诗也是如此。在这首诗中,他将朱庆馀比作一位采菱姑娘,相貌既美,歌喉又好,因此,必然受到人们的赞赏,暗示他不必为这次考试担心。

首句写这位姑娘的身份和容貌。她是越州的一位采菱姑娘。这时,她刚刚打扮好,出现在镜湖的湖心,边采菱边唱着歌。次句写她的心情。她当然知道自己长得美艳,光彩照人。但因为爱好的心情过分了,却又沉吟起来。(沉吟,本是沉思吟昧之意,引申为暗自忖度、思谋。)朱庆馀是越州(今浙江省绍兴市)人,是古代越国所在地,越地自古多出美女,镜湖则是当地的名胜。所以张籍将他比为越女,而且出现于镜心。这两句是回答朱诗中的后两句,"新妆"与"画眉"相对,"更沉吟"与"入时无"相对。后半部分进一步肯定她的才艺出众,说:虽然有许多其他姑娘,身上穿的是齐地(今山东省)出产的贵重丝绸制成的衣服,可是那并不值得人们的看重,反之,这位采菱姑娘的一串珠喉,才真抵得上一万金哩。这是进一步打消朱庆馀"入时无"的顾虑,所以特别以"时人"与之相对。朱的赠诗写得好,张也答得妙,可谓珠联璧合,千年来传为诗坛佳话。

酬朱庆馀

[唐] 张 籍

越女新妆出镜心,
自知明艳更沉吟。
齐纨未足时人贵,
一曲菱歌敌万金。

诗文赏析

唐代,科举取士制度已经比较完善,许多有才华的士子通过考试步入仕途,科举考试成为士子出人头地的最主要途径。在应试过程中,自己文章的

好坏固然是重要的,但时人的褒扬,尤其是名人的称赏,对顺利通过考试也起重要作用。于是,在应试科举的士子中便形成了向名人行卷的风气,即在考试前,将自己的文章呈送给当时在文坛上有名望的人,以求其称扬并介绍给主持考试的官员。朱庆

馀是一位颇有才华的士子，但未免于俗，也向当时在文坛上声望甚高，以喜欢奖掖后进闻名的张籍行卷，虽然已经多次将自己的文章呈送给张籍，并已得到赞赏，但临近考试，仍心有未稳，于是又写了一首《闺意》诗（又题《近试上张水部》），呈送给张籍。

诗中说："洞房昨夜停红烛，待晓堂前拜舅姑。妆罢低声问夫婿：画眉深浅入时无？"意思很明显，是要探问自己的文章是不是合乎要求，能不能得到考官的赏识，自己是不是能够榜上有名。对朱庆馀的探问，张籍自然心领神会，于是用同样的手法，作了巧妙的回答，这就是这首七言绝句《酬朱庆馀》。诗的前两句，是说朱庆馀德才兼备，文章写得好，但还不够自信。"越女新妆出镜心"，越地出美女，而朱庆馀恰好又是越州人，这简直是天缘巧合，作者把朱庆馀比作一个刚刚经过修饰打扮，从清澈明净风景优美的鉴湖中走出来的采菱女。这一句，表面上说越女天生丽质，再加上精心的妆饰打扮，自然更加美艳动人，实际上是说朱庆馀有良好的先天素质，再加上后天的刻苦学习，自然是德才兼备，文质彬彬。第二句"自知明艳更沉吟"，表面上是说采菱女自己也知道自己长得漂亮，但因过分爱美，却又自我思量起来，实则是说朱庆馀虽然自己也知道自己的文章不错，但还没有足够的信心，不知道自己是否能得到考官的赏识。诗的后两句，紧扣"更沉吟"三个字，针对朱庆馀的疑虑，作了肯定的回答，同时也流露出作者对朱庆馀的赞赏之情。"齐纨未足时人贵"，"齐纨"，齐地产的白色细绢，异常精美，自古有名。这句表面是说，尽管有许多别的姑娘身上穿着齐地出产的精美绸缎做成的衣服，却并不值得世人看重。"齐纨"，在这里比喻表面的、花哨的东西。整句是说，表面的华而不实的东西不值得看重，言外之意是，朱庆馀并不是一个华而不实、徒有其表的人。便自然引出最后一句"一曲菱歌敌万金"。

《采菱》古曲，是高雅的曲子，《襄阳耆旧传》："宋玉对楚王曰，'中而曰《阳阿》《采菱》，国中和而知之者数百人。'"《淮南子》："歌《采菱》，发《阳阿》，鄙人听之，不若《延露》《阳局》，非歌拙也，听各异也。"而乐府古题有《采菱曲》，以此为题创作者甚多。在这里，作者用《菱歌》比朱庆馀的文章。这句紧承前句，说朱庆馀的文章写得好，很有价值，作者本人非常赏识，榜上有名是没有问题的。两句结合起来，作者除回答了朱庆馀的疑问以外，还肯定了朱庆馀的德行文章，说明朱庆馀不是一个徒有其表、华而不实的人。同时也流露出了对朱庆馀的赞赏之情，自然，作者喜欢奖掖后进、爱惜人才的品质也表现得非常充分。在艺术上，这首诗也很有特色。通篇用比拟的手法，把自己的意思含蓄曲折地表达出来，饶有机趣。朱庆馀的原诗就很巧妙，他向官水部郎中的张籍探问对自己文章的看法，自然不好明说，明白说出不仅不恰当，也不能够显出自己的过人之处，于是他把自己比作一个精心打扮、准备去拜见公婆的新妇，巧妙委婉地表达了自己的意思，同时再一次显示自己的才华。张籍用同样的手法，巧妙而含蓄地表明了自己的意见。首先是对朱庆馀的品德文章作了肯定，然后回答他的疑问。

表达含蓄蕴藉，趣味横生，当人们透过它的字面意思而体味到它的内在含义的时候，往往不由自主地发出会心的微笑。当然，这两首诗，如果单单看作是闺情诗，也是很成功的。结构上，全诗四句，浑然一体，结构谨严。前两句针对朱庆馀的原诗，首先肯定了朱庆馀的人品文章，指出他虽自负才华但仍信心不足；三、四两句紧扣"更沉吟"三字，一方面回答了朱庆馀的疑问，另一方面对朱庆馀的文章作了高度评价。全诗前后连贯、脉络清晰，也饶有兴味、耐人咀嚼。

参考资料

[1] 高建新. 关于陶诗"自然""平淡"的美学评价 [J]. 内蒙古大学学报（哲学社会科学版），2002.

[2] 郑凯. 淡然无极而众美从之——浅论陶渊明田园诗的"平淡"之美[D]. 湖北大学，2010.

[3] 张静. 由"虚室生白"到"至美至乐"——庄子美学思想论略[D]. 武汉大学，2005.

[4] 唐满先. 陶渊明诗文选注[M]. 上海：上海古籍出版社，1981.

[5] 郭维森，包景诚. 陶渊明集全译[M]. 贵阳：贵州人民出版社，1992.

[6] 周期政，曾曹媛.《归园田居》（其三）解读[J]. 郴州师范高等专科学校学报，2002.

[7] 张国举. 唐诗精华注译评[M]. 长春：长春出版社，2010.

[8] 萧涤非等. 唐诗鉴赏辞典[M]. 上海：上海辞书出版社，1983.

[9] 刘乃昌. 王安石诗文编年选释[M]. 济南：山东教育出版社，1992.

[10] 缪钺等. 宋诗鉴赏辞典[M]. 上海：上海辞书出版社，1987.

[11] 武宏钧. 小学语文课文同步阅读与拓展[M]. 北京市：中国少年儿童出版社，2009.

[12] 喻朝刚. 宋诗三百首译析[M]. 长春市：吉林文史出版社，2005.

[13] 杨忠译注. 辛弃疾词选译[M]. 成都：巴蜀书社，1991.

[14] 唐圭璋等. 唐宋词鉴赏辞典[M]. 上海：上海辞书出版社，1988.

[15] 邓安生，孙佩君. 孟浩然诗选译[M]. 成都：巴蜀书社，1990.

[16] 詹福瑞等. 李白诗全译[M]. 石家庄：河北人民出版社，1997.

[17] 李静等. 唐诗宋词鉴赏大全集[M]. 北京：华文出版社，2009.

[18] 朱昌元主编. 中学生古诗词曲鉴赏辞典[M]. 杭州：浙江古籍出版社，2004.

[19] 衣洁星. 解析山水城市意象生成机制与要素[J]. 中国美术学院，2010.

[20] 官卉. 略论古诗文的含蓄美[J]. 湖北成人教育学院学报，2006(6).

[21] 沙灵娜，何年. 唐诗三百首全译[M]. 贵阳：贵州人民出版社，1989.

[22] 刘永生. 宋诗选[M]. 天津：天津古籍出版社，1997.

[23] 张鸣. 宋诗选[M]：北京：人民文学出版社，2004.

[24] 黄进德. 欧阳修诗词文选评[M]. 上海：上海古籍出版社，2004.

[25] 江龙. 唐诗三百首鉴赏辞典[M]. 南昌：江西教育出版社，2012.

[26] 邢培顺. 含蓄蕴藉 耐人咀嚼——张籍《酬朱庆馀》赏析[J]. 古典文学知识，2001.

第十九讲

古代诗歌之语言美（下）

明白晓畅

语言"明白晓畅"是指以口语入诗，通俗易懂，朴直浅近，明白如话，明快直露，语言明朗，平易近人。其特点往往是直接的、明朗的、爽快的、泼辣的，是斩钉截铁，一语破的，如李清照早期的词《点降唇·"蹴罢秋千"》，白居易的诗，苏轼的词等。刘熙载评白居易"常语易，奇语难，此诗之初关也；奇语易，常语难，此诗之重关也。香山用常得奇，此境良非易到"。"白俗"即指白居易的浅俗。白居易做到了"妇孺皆能看懂""童子解吟长恨曲，牧儿能唱琵琶篇"的境界，他的俗就不是肤浅庸俗，而是语言平易近人，人人能够领略其意。周济评李煜"王嫱、西施，天下美妇也，严妆佳，淡妆佳，粗服乱头，不掩国色……后主则粗服乱头矣。"

无　题

［唐］　李商隐

八岁偷照镜，长眉已能画。
十岁去踏青，芙蓉作裙衩。
十二学弹筝，银甲不曾卸。
十四藏六亲，悬知犹未嫁。
十五泣春风，背面秋千下。

诗文赏析

这首诗很多专家认为是义山十六岁时所作，写的是一位聪明早慧的姑娘。从诗的内容看，诗人对少女的观察是细致入微的。从她八岁开始"偷照镜"写起，直到待字闺中，这么长一段生活经历，写的是栩栩如生，呼之欲出。

小姑娘八岁开始有爱美之心，喜欢偷偷地照镜子，已能把自己的眉毛画成长眉了，那时流行长眉呢。这样的着眼点，活脱脱写出了女孩的心理状态。这个年龄段的男孩就喜欢玩打打杀杀的游戏，而女孩就想着要打扮自己了。十岁时和同伴到野外踏青，还是无忧无虑的，天真烂漫地想象着芙蓉花做自己的衣裙，觉着特美。到了十二岁开始学艺，她是多么地认真专心，套在手指上的银甲（弹琴用的指甲套）都一直没脱下来。十四岁的姑娘按封建社会的规矩，要避免见到男性，连最亲的人也概莫能外。女孩失去了行动自由，要躲在闺房内了。她心里想些什么？诗人猜测大约想知道何时出嫁了吧。可父母尚无许嫁的打算，年龄大起来了，十五岁对古代女孩来讲，已是到了婚后生子育女的年龄。所以她只能背对秋千饮泣了。

从此诗的描述看，这位诗中的姑娘正是诗人初恋对象，因为只有青梅竹马的异性，才可能有如此近距离的观察，才写得出如此动人心弦的诗。可惜

父母未能如其愿，姑娘在"泣春风"，也是诗人在叹息。"十五泣春风"正是写出了诗人与姑娘的这段恋爱，没有结果，从此要劳燕分飞，天各一方了。

有专家研究此诗诗人是自喻少负才华、渴望参与社会政治生活而又忧虑前途，证据是诗人在《樊南甲集序》中曾自称："樊南生十六能著《才论》《圣论》，以古文出诸公间。"近人韦然超认为，这是诗人在十六岁时因初恋对象之父母未能同意他们这段婚姻，而写下的这首诗，不能明题，故称"无题"。而且在其后的众多"无题"诗中有相当数量还是在写他的这段无果初恋。可见这位姑娘在诗人心中的地位，尽管此后诗人结婚生子，与夫人感情深笃，但这段初恋却深深地埋藏心底，时时以"无题"作诗念之。

山中送别

[唐] 王　维

山中相送罢，
日暮掩①柴扉②。
春草明年绿，
王孙③归不归？

诗文注释

①掩：关闭。
②柴扉：柴门。
③王孙：贵族的子孙，这里指送别的友人。

诗文翻译

在山中送走了你以后，夕阳西坠我关闭柴扉。明年春草再绿的时候，您能不能回来呢？

诗文赏析

这首《山中送别》诗，不写离亭饯别的情景，而是匠心独运，选取了与一般送别诗全然不同的下笔

着墨之点。

诗的首句"山中相送罢"，在一开头就告诉读者相送已罢，把送行时的话别场面、惜别情怀，用一个看似毫无感情色彩的"罢"字一笔带过。这里，从相送到送罢，跳跃了一段时间。而次句从白昼送走行人一下子写到"日暮掩柴扉"，则又跳跃了一段更长的时间。在这段时间内，送行者的所感所想是什么呢？诗人在把生活接入诗篇时，剪去了这一切，都当作暗场处理了。

对离别有体验的人都知道，行人将去的片刻固然令人黯然魂销，但一种寂寞之感、怅惘之情往往在别后当天的日暮时会变得更浓重、更稠密。在这离愁别恨最难排遣的时刻，要写的东西也定必是千头万绪的；可是，诗只写了一个"掩柴扉"的举动。这是山居的人每天到日暮时都要做的极其平常的事情，

看似与白昼送别并无关联。而诗人却把这本来互不关联的两件事连在了一起,使这本来天天重复的行动显示出与往日不同的意味,从而寓别情于行间,见离愁于字里。读者自会从其中看到诗中人的寂寞神态、怅惘心情;同时也会想:继日暮而来的是黑夜,在柴门关闭后又将何以打发这漫漫长夜呢? 这句外留下的空白,更是使人低回想象于无穷的。

诗的三、四两句"春草明年绿,王孙归不归",从《楚辞·招隐士》"王孙游兮不归,春草生兮萋萋"句化来。但《楚辞》中是因游子久去而叹其不归,这两句诗则在与行人分手的当天就唯恐其久去不归。唐汝询在《唐诗解》中概括这首诗的内容为:"扉掩于暮,居人之离思方深;草绿有时,行人之归期难必。"而"归期难必",正是"离思方深"的一个原因。"归不归",作为一句问话,照说应当在相别之际向行人提出,这里却让它在行人已去、日暮掩扉之时才浮上居人的心头,成了一个并没有问出口的悬念。这样,所写的就不是一句送别时照例要讲的

话,而是"相送罢"后内心深情的流露,说明诗中人一直到日暮还为离思所笼罩,虽然刚刚分手,已盼其早日归来,又怕其久不归来了。前面说,从相送到送罢,从"相送罢"到"掩柴扉",中间跳跃了两段时间;这里,在送别当天的日暮时就想到来年的春草绿,而问那时归不归,这又是从当前跳到未来,跳越的时间就更长了。

这首送别诗,不写离亭饯别的依依不舍,却更进一层写冀望别后重聚。这是超出一般送别诗的所在。开头隐去送别情景,以"送罢"落笔,继而写别后回家寂寞之情更浓更稠,为望其再来的题意作了铺垫,于是想到春草再绿自有定期,离人回归却难一定。惜别之情,自在话外。意中有意,味外有味,真是匠心独运,高人一筹。

王维善于从生活中拾取看似平凡的素材,运用朴素、自然的语言,来显示深厚、真挚的感情,往往味外有味,令人神往。这首《山中送别》诗就是这样。

上 邪①

[汉] 无名氏

上邪! 我欲与君相知②,长命③无绝衰。山无陵④,江水为竭,冬雷震震⑤,夏雨雪⑥,天地合⑦,乃敢⑧与君绝!

诗文注释

①选自《汉乐府》。上邪:犹言"苍天啊",也就是对天立誓。上,指天。邪,音义同"耶"。
②相知:相爱。
③命:古与"令"字通,使。这两句是说,我愿与你相爱,让我们的爱情永不衰绝。
④陵(líng):大土山。
⑤震震:雷声。
⑥雨雪:降雪。雨,音yù,名词活用作动词。
⑦天地合:天与地合而为一。
⑧乃敢:才敢。"敢"字是委婉的用语。

诗文翻译

上天呀! 我渴望与你相知相惜,长存此心永不褪减。除非巍巍群山磨平峰棱,除非滔滔江水干涸枯竭。除非凛凛寒冬雷声翻滚,除非炎炎酷暑翻飞白雪,除非天地相交聚合连接,直到这样的事情全都发生之时,我才敢将对你的情意抛弃决绝!

诗文赏析

与文人诗词喜欢描写少女初恋时的羞涩情态相反,在民歌中最常见的是以少女自述的口吻来表现她们对于幸福爱情的无所顾忌的追求。这首诗

257

属于汉代乐府民歌中的《鼓吹曲辞》，是一位心直口快的北方姑娘向其倾心相爱的男子表述爱情。由于这位姑娘表爱的方式特别出奇，表爱的誓词特别热烈，致使千载之下，这位姑娘的神情声口仍能活脱脱地从纸上传达出来。

首句"上邪"是指天为誓，犹言"天啊！"古人敬天畏命，非不得已，不会轻动天的威权。现在这位姑娘开口便言天，可想见她神情庄重，有异常重要的话要说。果然，姑娘终于把珍藏在自己内心，几次想说而又苦于没有机会说的秘密吐出来了："我欲与君相知，长命无绝衰。""相知"就是相爱，相好。姑娘经过自己的精心选择，认为这位男子确实值得相爱。"长命无绝衰"是说两人的命运永生永世联结在一起，两人的爱情永生永世不会衰退。前一句是表白爱情的态度，后一句是进一层表白爱情的坚贞。爱情，只有与坚贞联系在一起的时候，才是无比纯洁美好的。姑娘当然懂得这一点，因此她要进一步表明心迹。不过，她不愿再从正面直说，而是通过出人意料的逆向想象，从反面设誓。她先举出了五件非常之事作为设誓的前提："山无陵，江水为竭"，是说世上最永久的存在物发生了巨变；"冬雷震震，夏雨雪"，是说自然界最永恒的规律发生了怪变；"天地合"是说整个宇宙发生了毁灭性的灾变，

然后吐出了"乃敢与君绝"五个字。由于这五个字有五件非常之事作为支撑点，因此字字千钧，不同凡响；又由于设誓的前提没有一个会出现，因此"乃敢与君绝"的结果也就无从说起了。

清张玉谷《古诗赏析》卷五评此诗说："首三，正说，意言已尽，后五，反面竭力申说。如此，然后敢绝，是终不可绝也。迭用五事，两就地维说，两就天时说，直说到天地混合，一气赶落，不见堆垛，局奇笔横。"可谓句句在理。

这首古诗对后世的影响很大。敦煌曲子词中的《菩萨蛮》在思想内容和艺术表现手法上明显地受到它的启发："枕前发尽千般愿，要休且待青山烂。水面上秤锤浮，直待黄河彻底枯。白日参辰现，北斗回南面，休即未能休，且待三更见日头。"不仅对坚贞专一的爱情幸福的追求是如出一辙的，并且连续用多种不可能来说明一种不可能的艺术构思也是完全相同的。

《上邪》是热恋中的情人对于爱情的誓言。它语言质朴，参差不齐，全无修饰，却有令人惊心动魄的力量。诗中主人公连用了五种绝不可能出现的自然现象，暗示爱对方一直要爱到世界末日。这首诗充分体现了汉乐府民歌感情激烈而直露的特色。

钗头凤

[宋] 陆游

红酥手，黄滕酒，满城春色宫墙柳；东风恶，欢情薄，一怀愁绪，几年离索，错、错、错。春如旧，人空瘦，泪痕红浥鲛绡透；桃花落，闲池阁，山盟虽在，锦书难托，莫、莫、莫。

诗文赏析

这首词写的是陆游自己的爱情悲剧。陆游的原配夫人是同郡唐氏士族的一个大家闺秀，结婚以后，他们"伉俪相得""琴瑟甚和"，是一对情投意合的恩爱夫妻。不料，作为婚姻包办人之一的陆母却

对儿媳产生了厌恶感，逼迫陆游休弃唐氏。在陆游百般劝谏、哀求而无效的情况下，二人终于被迫分离，唐氏改嫁"同郡宗子"赵士程，彼此之间也就音讯全无了。几年以后的一个春日，陆游在家乡山阴（今绍兴市）城南禹迹寺附近的沈园，与偕夫同游的唐氏邂逅。唐氏安排酒肴，聊表对陆游的抚慰之

情。陆游见人感事,心中感触很深,遂乘醉吟赋这首词,信笔题于园壁之上。

全首词记述了词人与唐氏的这次相遇,表达了他们眷恋之深和相思之切,也抒发了词人怨恨愁苦而又难以言状的凄楚心情。词的上阕通过追忆往昔美满的爱情生活,感叹被迫离异的痛苦,分两层意思。开头三句为上阕的第一层,回忆往昔与唐氏偕游沈园时的美好情景:"红酥手,黄縢酒。满城春色宫墙柳。"

虽说是回忆,但因为是填词,而不是写散文或回忆录之类,不可能把整个场面全部写下来,所以只选取一个场面来写,而这个场面,又只选取了一两个最富有代表性和特征性的细节来写。"红酥手",不仅写出了唐氏为词人殷勤把盏时的美丽姿态,同时还有概括唐氏成全人之美(包括她的内心美)的作用。然而,更重要的是,它具体而形象地表现出这对恩爱夫妻之间的柔情蜜意以及他们婚后生活的美满与幸福。

第三句又为这幅春园夫妻把酒图勾勒出一个广阔而深远的背景,点明了他们是在共赏春色。而唐氏手臂的红润,酒的黄封以及柳色的碧绿,又使这幅图画有了明丽而又和谐的色彩感。"东风恶"几句为第二层,写词人被迫与唐氏离异后的痛苦心情。上一层写春景春情,无限美好,到这里突然一转,激愤的感情潮水一下子冲破词人心灵的闸门,无可遏制地宣泄下来。"东风恶"三字,一语双关,含蕴很丰富,是全词的关键所在,也是造成词人爱情悲剧的症结所在。本来,东风可以使大地复苏,给万物带来勃勃的生机,但是,当它狂吹乱扫的时候,也会破坏春容春态,下阕所云"桃花落,闲池阁",就正是它狂吹乱扫所带来的严重后果,因此说它"恶"。然而,它主要是一种象喻,象喻造成词人爱情悲剧的"恶"势力。至于陆母是否也包含在内,答案应该是不能否认的,只是由于不便明言,而又不能不言,才不得不以这种含蓄的表达方式出之。下面一连三句,进一步把词人怨恨"东风"的心理抒写了出来,并补足一个"恶"字:"欢情薄,一怀愁绪,几年离索。"

美满姻缘被迫拆散,恩爱夫妻被迫分离,使他们俩人在感情上遭受巨大的折磨和痛苦,几年来的离别生活带给他们的只是满怀愁怨。这不正如烂

漫的春花被无情的东风所摧残而凋谢飘零吗?接下来,"错、错、错",一连三个"错"字,连进而出,感情极为沉痛。但这到底是谁错了呢?是对自己当初"不敢逆尊者意"而终"与妇诀"的否定吗?是对"尊者"的压迫行为的否定吗?是对不合理的婚姻制度的否定吗?词人没有明说,也不便于明说,这枚"千斤重的橄榄"(《红楼梦》语)留给了我们读者来嚼,来品味。这一层虽直抒胸臆,激愤的感情如江河奔泻,一气贯注;但又不是一泻无余,其中"东风恶"和"错、错、错"几句就很有味外之味。

词的下阕,由感慨往事回到现实,进一步抒写与妻被迫离异的巨大哀痛,也分为两层。换头三句为第一层,写沈园重逢时唐氏的表现。"春如旧"承上阕"满城春色"句而来,这又是此时相逢的背景。依然是从前那样的春日,但是,人却今非昔比了。以前的唐氏,肌肤是那样的红润,焕发着青春的活力;而如今的她,经过"东风"的无情摧残,憔悴了,消瘦了。"人空瘦"句,虽说写的只是唐氏容颜方面的变化,但分明表现出"几年离索"给她带来的巨大痛苦。像词人一样,她也为"一怀愁绪"折磨着;像词人一样,她也是旧情不断,相思不舍啊!不然,怎么会消瘦呢?写容颜形貌的变化来表现内心世界的变化,原是文学作品中的一种很常用的手法,但是瘦则瘦矣,何故又在其间加一个"空"字呢?"使君自有妇,罗敷亦有夫。"(《古诗·陌上桑》)从婚姻关系说,两人早已各不相干了,事已至此,不是白白为相思而折磨自己吗?著此一字,就把词人那种怜惜之情、抚慰之意、痛伤之感等等,全都表现了出来。

"泪痕"句通过刻画唐氏的表情动作,进一步表现出此次相逢时她的心情状态。旧园重逢,念及往事,她能不哭、能不泪流满面吗?但词人没直接写泪流满面,而是用了白描的手法,写她"泪痕红浥鲛绡透",显得更委婉,更沉着,也更形象,更感人。而一个"透"字,不仅见其流泪之多,亦见其伤心之甚。上阕第二层写词人自己,用了直抒胸臆的手法;这里写唐氏时却改变了手法,只写了她容颜体态的变化和她痛苦的心情。由于这一层所写的都是词人眼中看出的,所以又具有了"一时双情俱至"的艺术效果。可见词人,不仅深于情,而且深于言。

词的最后几句,是下阕的第二层,写词人与唐氏相遇以后的痛苦心情。"桃花落"两句与上阕的

"东风恶"句前后照应,又突出写景虽是写景,但同时也隐含出人事。不是么?桃花凋谢,园林冷落,这只是物事的变化,而人事的变化却更甚于物事的变化。像桃花一样美丽姣好的唐氏,不是也被无情的"东风"摧残折磨得憔悴消瘦了么?词人自己的心境,不也像"闲池阁"一样凄寂冷落么?一笔而兼有二意很巧妙,也很自然。下面又转入直接赋情:"山盟虽在,锦书难托"这两句虽只寥寥八字,却很能表现出词人自己内心的痛苦之情。虽说自己情如山石,痴心不改,但是,这样一片赤诚的心意,又如何表达呢?明明在爱,却又不能去爱;明明不能去爱,却又割不断这缕情丝。刹那间,有爱,有恨,有痛,有怨,再加上看到唐氏的憔悴容颜和悲戚情状所产生的怜惜之情、抚慰之意,真是百感交集,万箭攒心,一种难以名状的悲哀,再一次冲胸破喉而出:"莫、莫、莫。"事已至此,再也无可补救、无法挽回了,这万千感慨还想它做什么,说它做什么?于是快刀斩乱麻:罢了,罢了,罢了!明明言犹未尽,

意犹未了,情犹未终,却偏偏这么不了了之,而在极其沉痛的喟叹声中全词也就由此结束了。

这首词始终围绕着沈园这一特定的空间来安排自己的笔墨,上阕由追昔到抚今,而以"东风恶"转捩;下阕回到现实,以"春如旧"与上阕"满城春色"句相呼应,以"桃花落,闲池阁"与上阕"东风恶"句相照应,把同一空间不同时间的情事和场景历历如绘地叠映出来。全词多用对比的手法,如上阕,越是把往昔夫妻共同生活时的美好情景写得逼切如现,就越使得他们被迫离异后的凄楚心境深切可感,也就越显出"东风"的无情和可憎,从而形成感情的强烈对比。再如上阕写"红酥手",下阕写"人空瘦",在形象、鲜明的对比中,充分地表现出"几年离索"给唐氏带来的巨大精神折磨和痛苦。全词节奏急促,声情凄紧,再加上"错、错、错"和"莫、莫、莫"先后两次感叹,荡气回肠,大有恸不忍言、恸不能言的情致。总而言之,这首词达到了内容和形式的完美统一,是一首别开生面、催人泪下的作品。

村　居①

[清] 高　鼎

草长莺飞二月天,
拂堤杨柳醉春烟②。
儿童散学③归来早,
忙趁东风④放纸鸢⑤。

诗文注释

①村居:在乡村里居住时见到的景象。
②拂堤杨柳:杨柳枝条很长,垂下来,微微摆动,像是在抚摸堤岸。醉:迷醉,陶醉。春烟:春天水泽、草木等蒸发出来的雾气。
③散学:放学。
④东风:春风。
⑤纸鸢:泛指风筝,它是一种纸做的形状像老鹰的风筝。鸢:老鹰。

诗文翻译

农历二月,村子前后青草渐渐发芽生长,黄莺飞来飞去。杨柳的枝条轻拂着堤岸,在水泽和草木间蒸发的水汽,烟雾般地凝聚着,令人心醉。村里的孩子们早早就放学回家了。他们趁着春风劲吹的时机,把风筝放上蓝天。

诗文赏析

《村居》描写出了一幅春天孩子们在村旁的芳

草地上放风筝的图画,是一幅自然景物和活动着的人物融合在一起的、充满生机的、春意盎然的农村生活图画。早春二月,草长莺飞,杨柳拂堤,儿童们兴致勃勃地放风筝。有景有人有事,充满了生活情趣,勾画出一幅生机勃勃的"乐春图"。全诗字里行间透出诗人对春天来临的喜悦和赞美。读了这首诗,读者好像跟诗人一起饱览了美丽春景,一起分享着孩子们放风筝时的欢乐。

第一、二句写时间和自然景物,具体生动地描写了春天里的大自然,写出了春日农村特有的明媚、迷人的景色。早春二月,小草长出了嫩绿的芽儿,黄莺在天上飞着,欢快地歌唱。堤旁的杨柳长长的枝条,轻轻地拂着地面,仿佛在春天的烟雾里醉得直摇晃,这是一幅典型的春景图。"草长莺飞"四个字,把春天的一切景物都写活了,人们仿佛感受到那种万物复苏、欣欣向荣的气氛,人们的眼前也好像涌动着春的脉搏。"拂堤杨柳醉春烟",村的原野上的杨柳,枝条柔软而细长,轻轻地拂扫着堤岸。春日的大地艳阳高照,烟雾迷蒙,微风中杨柳左右摇摆。诗人用了一个"醉"字,写活了杨柳的娇姿;写活了杨柳的柔态;写活了杨柳的神韵。这是一幅典型的春景图。

第三、四句写的是人物活动,描述了一群活泼的儿童在大好的春光里放风筝的生动情景。孩子们放学回来的早,趁着刮起的东风,放起了风筝。他们的欢声笑语,使春天更加富有朝气。儿童、东风、纸鸢,诗人选写的人和事为美好的春光平添了几分生机和希望。结尾两句由上两句的物而写到人,把早春的迷人与醉人渲染得淋漓尽致。

这首诗落笔明朗,用词洗练。全诗洋溢着欢快的情绪,给读者以美好的情绪感染。

婉约细腻

婉约,是婉转含蓄之意。此词始见于先秦,魏晋六朝人已用它形容文学辞章,如陈琳《为袁绍与公孙瓒书》:"得足下书,辞意婉约。"陆机《文赋》:"或清虚以婉约。"词,明确提出词分婉约、豪放者,一般认为是明人张綖。徐师曾(字伯鲁,明嘉靖时人),在《文体明辨序说》中也指出:"至论其词,则有婉约者,有豪放者。婉约者欲其辞情蕴藉,豪放者欲其气象恢弘,盖虽各因其质,而词贵感人,要当以

婉约为正。"婉约,即婉转含蓄。词本为合乐而歌,娱宾遣兴,内容不外离愁别绪,闺情绮怨。五代即已形成以《花间集》和李煜词为代表的香软词风。北宋词家承其余绪,晏殊、欧阳修、柳永、秦观、周邦彦、李清照等,虽在内容上有所开拓,运笔更精妙,并各具风韵,自成一家,但仍未脱离婉转柔美之风。故明人以婉约派来概括这一类型的词风。其特点主要是内容侧重儿女风情,结构深细缜密,音律婉转和谐,语言圆润清丽,有一种柔婉之美。但内容比较狭窄,人们形成了以婉约为正的观念。婉约词风长期支配词坛,直到南宋,姜夔、吴文英、张炎等大批词家,皆受影响。代表人物有李清照(宋代最著名的女词人)、李煜、晏殊、欧阳修、柳永、秦观、周邦彦等。前人多用"婉美"(《苕溪渔隐丛话》后集)、"软媚"(《词源》)、"绸缪婉转"(《酒边词序》)、"曲折委婉"(《乐府馀论》)等语,来形容他们作品的风调。明人径以"婉约派"来概括这一类型的词风,应当说是经过长时期酝酿的。

婉约派词的一个特点是"以情动人",道尽人间的悲欢离合,喜怒哀乐。作家们把肺腑的真情,悲愁与欢愉,通过抒情的婉约词,曲折细腻地透露出来,赢得古今无数读者的同情与共鸣。"西城杨柳弄春柔。动离忧,泪难收。犹记多情,曾为系归舟。……"(秦观《江城子》)离歌一曲,动人心魄。柳永的名作《雨霖铃》,抒写了浓烈感人的游子离情。"执手相看泪眼,竟无语凝咽。"淋漓尽致地描绘出与情人阔别、流落江湖的痛苦心境。苏轼的《江城子》"十年生死两茫茫",抒写了他对亡妻"不思量,自难忘"的一片真情。"从别后,忆相逢,几回魂梦与君同"(晏几道《鹧鸪天》)写当日的相亲相爱,别后的相思相忆,凄婉哀怨而又妩媚风流,轻柔自然。欧阳修的《踏莎行》"候馆梅残"、《蝶恋花》"庭院深深深几许"等抒情小词,虽是儿女私情、离愁别绪,却写得清丽婉媚,情深意长。"夜夜相思更漏残,伤心明月凭阑干,想君思我锦衾寒……"(韦庄《浣溪沙》)写爱情生活的回忆,离别相思的痛苦,洋溢着真情实感。

婉约词的又一特点是"以美取胜"。它以美的语言、美的形象、美的意境,展现自然美与生活美,歌颂人物的心灵美。创作出大量具有诗情画意的绝妙好词。"问君能有几多愁? 恰似一江春水向东

流"(李煜《虞美人》)、"车如流水马如龙,花月正春风"(李煜《望江南》)、"帘外雨潺潺,春意阑珊"(李煜《浪淘沙令》)、"舞低杨柳楼心月,歌尽桃花扇底风"(晏几道《鹧鸪天》)、"醉别西楼醒不记。春梦秋云,聚散真容易"(晏几道《蝶恋花》)。凡此,皆美妙动人,绚丽多彩。往往片时佳景,一语留住;万端情绪,一语吐出。一首词,可因一妙句而千古流芳。"红杏枝头春意闹"(《玉楼春》),作者宋祁因而得到"红杏尚书"的美称!"云破月来花弄影"(《天仙子》),作者张先遂有"张三影"之称;"一川烟草,满城飞絮,梅子黄时雨"(《青玉案》),贺铸因而被称为"贺梅子"。还有李清照"莫道不销魂,帘卷西风,人比黄花瘦"(《醉花阴》)、"雁字回时,月满西楼"、"一种相思,两处闲愁"、"才下眉头,却上心头"(《一剪梅》)、"梧桐更兼细雨,到黄昏、点点滴滴"(《声声慢》)等等。爱美是人之天性。美的艺术形式,是沟通人类感情的桥梁。创造美的意境,是婉约词的基本特征。

婉约词的再一个特点是"婉转柔美,细腻含蓄"。作家们把肺腑的真情,悲愁与欢愉,通过抒情的婉约词,曲折细腻地透露出来,"状难状之景,达难达之情,而出之自然"。运用比兴手法,以"美人香草"喻君子贤人;以男女喻君臣,抒写家国之事,身心之感,情致缠绵,哀婉含蓄。如陆游的《咏梅》词,以梅花自喻,意在言外,引人深思。作家们常以花草、闺房、送春、惜春为题材,表现自己的生活情趣,寄寓他们对美好事物的爱恋以及受到挫折时的悲伤情绪。"无可奈何花落去,似曾相识燕归来"(晏殊《浣溪沙》),抒写了惜春伤春之情,表现了作者的淡淡哀愁。有的词表面看似抒写爱情,描摹物象,实际上却别有寄托。"多少恨,昨夜梦魂中。还似旧时游上苑……"(《望江南》)、"春花秋月何时了,往事知多少。小楼昨夜又东风,故国不堪回首月明中"(《虞美人》)、"剪不断,理还乱,是离愁。别是一般滋味在心头"(《相见欢》)、"流水落花春去也,天上人间"(《浪淘沙》),李煜在词中以鲜明的形象,炽烈的感情,借花月春风,抒写亡国之恨。

望 江 南

[唐] 温庭筠

梳洗罢,独倚望江楼。过尽千帆皆不是,斜晖①脉脉②水悠悠,肠断白蘋洲③。

诗文注释

①斜晖:偏西的阳光。
②脉脉:相视含情的样子,后多用以寄情思。
③白蘋洲:江中长有白蘋的小洲。白苹:水中浮草,色白;古时男女常采蘋花赠别。

诗文翻译

梳洗完毕,独自一人登上望江楼,倚靠着楼柱凝望着滔滔江面。千帆过尽盼望的人都没有出现,太阳的余晖脉脉地洒在江面上,江水慢慢地流着,

思念的柔肠萦绕在那片白蘋洲上。

诗文赏析

"梳洗罢",表明了时间是早晨;另一层意思是"女为悦己者容"。"独倚望江楼","独"字表明了她的孤单;另一层意思是她的痴情。"过尽千帆皆不是",一方面写眼前的事实;另一方面也有寓意,说明她对爱情的坚贞专一,含有"天下人何限,慊慊(qiè,快意)只为汝"的意思。"斜晖脉脉水悠悠"句,"斜晖"表明时间是傍晚;联系前一句"梳洗罢",说明她已经望了一整天。"脉脉"比喻她对所爱之人

的脉脉含情。"水悠悠",水流的形状;亦表示她所爱之人对她的无情,像水一样悠悠地一去不返,像过路人一样对她全不关心。清代谭献"红杏枝头依与汝,千花百草从渠许"也是这个意思,王国维《人间词话》评这句是"一切景语皆情语"。"肠断"是承上句,因为她所爱之人的无情,才使她肝肠寸断。"白蘋洲",古时男女采蘋花相赠,表达相互爱恋。

整首词二十七个字,字字精练,句句精彩,一个思妇的形象逼真地呈现在我们面前。全词韵律规范,读来婉转动听。特别是它的结句,点出了整首小令的思想,五个字起到了绝句末两句的作用,而且做到了既转又收,不愧为一首小令里的杰作。张惠言在《词选序》中称:"唐之词人,温庭筠最高,其言深美闳约。"这首小词表现了一位因心爱的人远行而独处深闺的女子的生活状况和内心情感。开头一句"梳洗罢,独倚望江楼",是写她清晨起来梳洗完毕后,在楼上凭栏眺望。在这里,作者含蓄地交代了两层意思:一是特别突出了一个"独"字,说明她是在等候远行爱人的归来;二是"女为悦己者容",她早起梳妆打扮,是相信爱人今天必定会回来。寥寥数字便简明地写出了这一女子孤单寂寞的生活处境和盼望心上人归来的殷切心情。同时又自然地引出了一个悬念:行人到底归来没有?下面写道"过尽千帆皆不是",她看到许许多多帆船从楼前驶过,但都不是思念的人的归舟。作者通过她看遍一艘艘驶过的客船,来写她的一次次失望,充分地体现了她从希望到失望的心理变化过程与内心的痛苦。下面一句"斜晖脉脉水悠悠"是写夕阳即将西下,江水不断东流的自然景象,同时也是在表达这一女子的思想情绪。她从清晨到黄昏已等待了一整天,结果是"过尽千帆皆不是",思念的人终究没有回来。江水悠悠,预示着她明天、后天还要不停地等下去,也预示着她的孤独生活也将不断地持续下去。最后一句"肠断白蘋洲",说明她把视线从"千帆""斜晖"和江水那里收拢回来,集中在"白蘋洲",那是她当初同爱人分手的地方,当然更是使她因相思而愁肠寸断的地方。

这是一首风格清新、明快的小词,不到30个字,却容纳了很多内容:就时间而言,从清晨写到黄昏;就景物而言,从楼头、千帆,写到斜晖、江水,又写到白蘋洲;就人物内心情感而言,从希望到失望以至最后的"肠断"。景物层出,情感起伏。全词没有粉饰、刻板之语,多用白描、直叙的手法,却又含蓄、细腻。

作品选择富有特征的动作和景物,使词作构筑了一个与众不同的艺术境界,人物形象鲜明生动,心理描写细致,情思哀婉绵长,意境幽远,场景明晰,寓意深刻,足以唤起读者心灵深处的情感共鸣。

相 见 欢①

[南唐] 李 煜

无言独上西楼,月如钩。寂寞梧桐深院锁清秋②。
剪不断,理还乱,是离愁③,别是一番滋味在心头。

诗文注释

①相见欢:又名"乌夜啼",词牌名。
②锁清秋:深院被秋色所笼罩。
③离愁:指去国之愁。

诗文翻译

默默无言,孤孤单单,独自一人缓缓登上空空的西楼,抬头望天,只有一弯如钩的冷月相伴。低头望去,只见梧桐树寂寞地孤立院中,幽深的庭院被笼罩在清冷凄凉的秋色之中。那剪也剪不断,理也理不清,让人心乱如麻的,正是离别之苦。那悠悠愁思缠绕在心头,却又是另一种无可名状的痛苦。

诗文赏析

首句"无言独上西楼"将人物引入画面。"无言"二字活画出词人的愁苦神态,"独上"二字勾勒出作者孤身登楼的身影,孤独的词人默默无语,独自登上西楼。神态与动作的描写揭示了词人内心深处隐喻的多少不能倾诉的孤寂与凄婉啊!

"月如钩。寂寞梧桐深院锁清秋",寥寥十二个字,形象地描绘出了词人登楼所见之景。仰视天空,缺月如钩。"如钩"不仅写出月形,表明时令而且意味深长:那如钩的残月经历了无数次的阴晴圆缺,见证了人世间多少悲欢离合,今夜又怎能不勾起人的离愁别恨呢?俯视庭院,茂密的梧桐叶已被无情的秋风扫荡殆尽,只剩下光秃秃的树干和几片残叶在秋风中瑟缩,怎能不"寂寞"情生。然而"寂寞"的又何止是梧桐?即使是凄惨秋色,也要被"锁"于这高墙深院之中,然而"锁"住的又何止是这满院秋色?落魄的人,孤寂的心,思乡的情,亡国的恨,都被这高墙深院禁锢起来,此景此情怎一个愁字了得。

诗词中常借梧桐抒发内心的愁闷。温庭筠"梧桐树,三更雨,不道离情正苦。一叶叶,一声声,空阶滴到明"(《更漏子》);李清照"梧桐更兼细雨,到黄昏点点滴滴。这次第,怎一个愁字了得"(《声声慢》)。以上俱是写景佳作。写雨中梧桐,能表现诗人内心的愁苦。写缺月梧桐,则又是一番境界。苏轼语"缺月挂疏桐,漏断人初静"(《卜算子》)。缺月、梧桐、深院、清秋,这一切无不渲染出一份凄凉的境界,反映出词人内心的孤寂之情,为下阕抒情做好铺垫。那么,此情此景,一个亡国之君,一个苟延残喘的囚徒会有怎样一种心境呢?下阕中,词人用极其婉转而又无奈的笔调,表达了心中复杂而又不可言喻的愁苦与悲伤。

"剪不断,理还乱,是离愁。"用丝喻愁,新颖而别致。前人以"丝"谐音"思",用来比喻思念,如李商隐"春蚕到死丝方尽,蜡炬成灰泪始干"(《无题》)就是大家熟悉的名句。李煜用"丝"来比喻"离愁",别有一番新意。然而丝长可以剪断,丝乱可以整理,而那千丝万缕的"离愁"却是"剪不断,理还乱"。那么,这位昔日的南唐后主心中涌动着怎样的离愁别绪呢?是追忆"红日已高三丈后,金炉次第添金兽,红锦地衣随步皱"(《浣溪沙》)的荣华富贵,是思恋"凤阁龙楼连霄汉,玉树琼枝作烟萝"(《破阵子》)的故国家园,还是悔失"四十年来家国,三千里地山河"(《破阵子》)的帝王江山?然而,时过境迁,如今的李煜已是亡国奴、阶下囚,荣华富贵已成过眼烟云,故国家园亦是不堪回首,帝王江山毁于一旦。阅历了人间冷暖、世态炎凉,经受了国破家亡的痛苦折磨,这诸多的愁苦悲恨哽咽于词人的心头难以排遣。而今是尝尽愁滋味,而这滋味又怎一个愁字了得。

末句"别是一番滋味在心头"紧承上句写出了李煜对愁的体验与感受。以滋味喻愁,而味在酸甜之外,它根植于人的内心深处,是一种独特而真切的感受。"别是"二字极佳,昔日唯我独尊的天子,如今成了阶下囚徒,备受屈辱,遍历愁苦,心头淤积的是思、是苦、是悔、还是恨……恐怕词人自己也难以说清,岂又是常人所能体会到的呢?若是常人,倒可以号啕倾诉,而李煜不能。他是亡国之君,即使有满腹愁苦,也只能"无言独上西楼",眼望残月如钩、梧桐清秋,将心头的哀愁、悲伤、痛苦、悔恨强压在心底。这种无言的哀伤更胜过痛哭流涕之悲。

李煜的这首词情景交融,感情沉郁。上阕选取典型的景物为感情的抒发渲染铺垫,下阕借用形象的比喻委婉含蓄地抒发真挚的感情。此外运用声韵变化,作到声情合一。下阕押两个仄声韵(断、乱),插在平韵中间,加强了顿挫的语气,似断似续;同时在三个短句之后接以九言长句,铿锵有力,富有韵律美,也恰当地表现了词人悲痛沉郁的感情。

武陵春·春晚

［宋］ 李清照

风住尘香花已尽,日晚倦梳头。物是人非事事休,欲语泪先流。闻说双溪春尚好,也拟泛轻舟。只恐双溪舴艋舟(zé měng,小舟),载不动许多愁。

诗文赏析

这首词是宋高宗绍兴五年(1135)作者避难浙江金华时所作。当年她是五十三岁。那时,她已处于国破家亡之中,亲爱的丈夫死了,珍藏的文物大半散失了,自己也流离异乡,无依无靠,所以词情极其悲苦。

首句写当前所见,本是风狂花尽,一片凄清,但却避免了从正面描写风之狂暴、花之狼藉,而只用"风住尘香"四字来表明这一场小小灾难的后果,则狂风摧花,落红满地,均在其中,出笔极为蕴藉。而且在风没有停息之时,花片纷飞,落红如雨,虽极不堪,尚有残花可见;风住之后,花已沾泥,人马践踏,化为尘土,所余痕迹,但有尘香,则春光竟一扫而空,更无所有,就更为不堪了。所以,"风住尘香"四字,不但含蓄,而且由于含蓄,反而扩大了容量,使人从中体会到更为丰富的感情。次句写由于所见如彼,故所为如此。日色已高,头犹未梳,虽与《凤凰台上忆吹箫》中"起来慵自梳头"语意全同,但那是生离之愁,这是死别之恨,深浅自别。

三、四两句,由含蓄而转为纵笔直写,点明一切悲苦,由来都是"物是人非"。而这种"物是人非",又绝不是偶然的、个别的、轻微的变化,而是一种极为广泛的、剧烈的、带有根本性的、重大的变化,无穷的事情、无尽的痛苦,都在其中,故以"事事休"概括。这,真是"一部十七史,从何说起?"所以正要想说,眼泪已经直流了。

前两句,含蓄;后两句,真率。含蓄,是由于此情无处可诉;真率,则由于虽明知无处可诉,而仍然不得不诉。故似若相反,而实则相成。

上阕既极言眼前景色之不堪、心情之凄楚,所以下阕便宕开,从远处谈起。这位女词人是最喜爱游山玩水的。据周辉《清波杂志》所载,她在南京的时候,"每值天大雪,即顶笠、披蓑,循城远览以寻诗"。冬天都如此,春天就可想而知了。她既然有游览的爱好,又有需要借游览以排遣的凄楚心情,而双溪则是金华的风景区,因此自然而然有泛舟双溪的想法,这也就是《念奴娇》中所说的"多少游春意"。但事实上,她的痛苦是太大了,哀愁是太深了,岂是泛舟一游所能消释?所以在未游之前,就又已经预料到愁重舟轻,不能承载了。设想既极新颖,而又真切。下阕共四句,前两句开,一转;后两句合,又一转;而以"闻说""也拟""只恐"六个虚字转折传神。双溪春好,只不过是"闻说";泛舟出游,也只不过是"也拟",下面又忽出"只恐",抹杀了上面的"也拟"。听说了,也动念了,结果呢,还是一个人坐在家里发愁罢了。

王士稹《花草蒙拾》云:"'载不动许多愁'与'载取暮愁归去''只载一船离恨向两州',正可互观。'双桨别离船,驾起一天烦恼',不免径露矣。"这一评论告诉我们,文思新颖,也要有个限度。正确的东西,跨越一步,就变成错误的了;美的东西,跨越一步,就变成丑的了。像"双桨"两句,又是"别离船",又是"一天烦恼",惟恐说得不清楚,矫揉造作,很不自然,因此反而难于被人接受。所以《文心雕龙·定势篇》说:"密会者以意新得巧,苟异者以失体成怪。""巧"之与"怪",相差也不过是一步而已。

李后主《虞美人》云:"问君能有几多愁?恰似一江春水向东流。"只是以愁之多比水之多而已。秦观《江城子》云:"便做春江都是泪,流不尽许多愁。"则愁已经物质化,变为可以放在江中,随水流尽的东西了。李清照等进一步把它搬上了船，于是愁竟有了重量，不但可随水而流，并且可以用船来载。董解元《西厢记诸宫调》中的《仙吕·点绛唇缠令·尾》云："休问离愁轻重，向个马儿上驮也驮不动。"则把愁从船上卸下，驮在马背上。王实甫《西厢记》杂剧《正宫·端正好·收尾》云："遍人间烦恼填胸臆，量这些大小车儿如何载得起。"又把愁从马背上卸下，装在车子上。从这些小例子也可以看出文艺必须有所继承，同时必须有所发展的基本道理来。

这首词的整个布局也有值得注意之处。欧阳修《采桑子》云："群芳过后西湖好，狼藉残红，飞絮蒙蒙，垂柳栏干尽日风。笙歌散尽游人去，始觉春空，垂下帘栊，双燕归来细雨中。"周邦彦《望江南》云："游妓散，独自绕回堤。芳草怀烟迷水曲，密云衔雨暗城西，九陌未沾泥。桃李下，春晚未成蹊。墙外见花寻路转，柳阴行马过莺啼，无处不凄凄。"作法相同，可以类比。谭献《复堂词话》批欧词首句说："扫处即生。"这就是这三首词在布局上的共有特点。扫即扫除之扫，生即发生之生。从这三首的第一句看，都是在说前一阶段情景的结束，欧、李两词是说春光已尽，周词是说佳人已散。在未尽、未散之时，芳菲满眼，花艳掠目，当然有许多动人的情景可写，可是在已尽、已散之后，还有什么可写的呢？这样开头，岂不是把可以写的东西都扫除了吗？及至读下去，才知道下面又发生了另外一番情景。欧词则写暮春时节的闲淡愁怀，周词则写独步回堤直至归去的凄凉意绪，李词则写由风住尘香而触发的物是人非的深沉痛苦。而这些，才是作家所要表现的，也是最动人的部分，所以叫作"扫处即生"。这好比我们去看一个多幕剧，到得晚了一点，走进剧场时，一幕很热闹的戏刚刚看了一点，就拉幕了，却不知道下面一幕内容如何，等到再看下去，才发现原来自己还是赶上了全剧中最精彩的高潮部分。任何作品所能反映的社会人生都只能是某些侧面。抒情诗因为受着篇幅的限制，尤其如此。这种写法，能够把省略了的部分当作背景，以反衬正文，从而出人意料地加强了正文的感染力量，所以是可取的。此词写于作者晚年避难金华期间，时在绍兴四年（1134）金与伪齐合兵南犯以后。其时，丈夫既已病故，家藏的金石文物也散失殆尽，作者

孑然一身，在连天烽火中漂泊流寓，历尽世路崎岖和人生坎坷，因而词情极为悲苦。

上阕极言眼前景物之不堪，心情之凄苦。

下阕进一步表现悲愁之深重。

全词充满"物是人非事事休"的痛苦。表现了她的故国之思。构思新颖，想象丰富。通过暮春景物勾出内心活动，以舴艋舟载不动愁的艺术形象来表达悲愁之多。写得新颖奇巧，深沉哀婉，遂为绝唱。

"愁"本无形，难以触摸，而今船载不动，则其重可知、其形可想。这是其构思新颖处。此外，下阕中"闻说""也拟""只恐"六字前后勾连，也是揭示作者内心活动的传神笔墨。

雄浑豪放

豪放派，中国宋词风格流派之一。北宋诗文革新派作家如欧阳修、王安石、苏轼、苏辙都曾用"豪放"一词衡文评诗。第一个用"豪放"评词的是苏轼。据南宋俞文豹《吹剑续录》载："东坡在玉堂，有幕士善讴，因问：'我词比柳词何如？'对曰：'柳郎中词，只合十七八女孩儿执红牙拍板，唱杨柳岸晓风残月。学士词，须关西大汉，执铁板，唱大江东去。'公为之绝倒。"这则故事，表明两种不同词风的对比。南宋人已明确地把苏轼、辛弃疾作为豪放派的代表，以后遂相沿用。

雄浑指力的至大至刚，气的浑厚磅礴。其特点是骨力挺健，气壮山河，气吞宇宙，气度豁达，气概恢宏，气宇轩昂，气势浩瀚，气魄雄伟。在具体作品中，有的壮志凌云、刚毅雄健，如刘邦《大风歌》；有的慷慨悲歌、视死如归，如项羽《垓下歌》；有的胸襟豁达，豪情横溢，如曹操的《观沧海》。雄浑是盛唐诗歌的时代风格，它反映了盛唐欣欣向荣的景象和朝气蓬勃的活力。王昌龄的《出塞》（秦时明月汉时关）气势浩瀚，雄伟壮丽；王之涣的《出塞》（黄河远上白云间）想象丰富，境界辽阔；孟浩然的"气蒸云梦泽，波撼岳阳城"（《望洞庭湖赠张丞相》）气魄宏大，气势壮观；王维的"大漠孤烟直，长河落日圆"（《使至塞上》）何其高远，多么壮丽！而真正能够称为"雄浑"的是以高适、岑参为代表的边塞诗人。

豪放是指豪迈奔放。其特点既表现了作为主体的诗人的特点，又表现了作为客体的描绘对象的

特点。就主体而言,情感激荡,格调昂扬;想象奇特,夸张出格;志向高远,襟怀旷达;气吞宇宙,力拔山河;傲骨嶙峋,狂荡不羁。就客体而言,往往拥有巨大的体积、伟大的力量而显示出特有的壮美、崇高,或显示出浑茫、浩渺的无限阔大的景象,因而气势峥嵘,场面壮阔,境界缥缈,极目无垠。李白是豪放风格之集大成者,情感激荡,格调昂扬,想象奇特,夸张出格,是李白豪放诗风的特点。"君不见黄河之水天上来,奔流到海不复回"(《将进酒》)气势浩荡,一泻千里;"草绿霜已白,日西月复东"(《古风》)描绘光阴流逝之快,人事变迁之速,一气呵成,天衣无缝;"燕山雪花大如席"(《北风行》)"白发三千丈,缘愁似个长"(《秋浦歌》)夸张虽不合理却合情。宋词中的豪放派,以苏、辛为最杰出代表,苏词注重将慷慨激昂、悲壮苍凉的感情融入词中,善于在写人、咏景、状物时,以奔放豪迈的形象、飞动峥嵘的气势、阔大雄壮的场面取胜,《念奴娇·赤壁怀古》是代表作。"大江东去"二句,将在广阔悠久的空间与时间中活动的人物一笔收尽,气魄恢宏,"故垒西边"至"灰飞烟灭"是咏古,感情高昂而浓挚,而"乱石穿空"数句,将峥嵘的态势、鲜明的色彩、巨大的音响,融于一体,气势磅礴,给人以"挟海上风涛之气的感觉"。"故国神游"数句转到自己,感情也由高昂跌入沉郁,全词的音调豪壮,"须关西大汉,执铁板"而唱。此种风格的诗,多用具有气势和节奏奔放的语言来塑造博大新奇的形象,营造恢宏阔远的意境,表现积极向上的思想感情。如"登高壮观天地间,大江茫茫去不还。黄云万里动风色,白波九道流雪山"。(李白《庐山谣寄卢侍御虚舟》)

悲慨是指触景生情,睹物伤怀,悲壮慷慨。大凡诗人,慨叹风云变幻之疾,痛惜韶光流逝之速,目击人民灾难之重,身受命运坎坷之苦,郁积壮志未酬之愤,而忧心忡忡、慷慨悲歌者,均以悲慨目之。可见,悲慨是时代的心声,诗人的呼喊,诗人面对动乱的现实,出于严肃的责任感,遂作悲慨。陈子昂的诗,就以悲慨而驰誉诗坛。《登幽州台歌》是最激动人心的悲慨之诗。

旷达即疏狂不羁,通脱豁达,潇洒飘逸,高洁特立,代表作家是苏轼。苏轼的词除了豪放外,更多的是旷达的词风。有雄才大略而又怀才不遇的苏轼,既要坚持不苟合随俗,又要随缘自适;既要"尽

人事",又要"知天命",使其性格中带有典型的"旷达"的特征。"人生如梦,一尊还酹江月"(《念奴娇·赤壁怀古》)"老夫聊发少年狂"(《江城子·密州出猎》)这样的诗句,就带有明显的旷达的色彩。苏轼有时是尽力摆脱自我,把自己融入大自然中,让自己有限的人生在大自然无始无终的运动中得到永恒;让人生的种种苦恼在超乎现实的纯美的大自然中得到解脱,让自己从与社会的种种矛盾中净化出来,与大自然天造地设的规律相和谐。如《水调歌头·明月几时有》,把人生现象与自然现象、人生哲理与自然规律等量齐观,泯灭了时空物我的界限。上阕才以不能"乘风归去"为憾,马上又以"何似在人间"自解;下阕才以"人有悲欢离合"为憾,马上又以"月有阴晴圆缺,此事古难全"自解,从而从大自然中得到慰藉与启迪,摆脱了人生苦恼。苏轼有时又极力地充实自我,使自我的精神世界得到最大限度的加强,从而抵御外界的一切侵扰,达到超脱。有时又以淡泊明志、向往归隐、洁身自好,甚至是痛饮纵欢、谈禅论道、自我麻醉的手段,求得对痛苦人生、黑暗现实、龌龊官场的心理超脱。

雄奇是指气势雄伟,立意奇特。如李贺《梦天》中的"遥看齐州九点烟,一泓海水杯中泻"就是说九州小的像九个烟点,大海小的像杯中之水。

雄浑、豪放、悲慨、旷达、雄奇,这几个词从不同角度概括了豪放派诗词的特点。

苏轼是豪放派的开山鼻祖,他的一系列豪放词是北宋豪放词派形成的重要标志,这一点是毋庸置疑的。刘辰翁就曾说过:"词至东坡,倾荡磊落,如诗,如文,如天地奇观。"苏轼词作有代表性的豪放的风格,也是苏轼刻意追求的理想风格,他以充沛激昂甚至悲凉的感情融入词中,写人状物以慷慨豪迈的形象和阔大雄壮的场面取胜,也最能代表苏轼思想和性格特点。豪中见悲,悲而不厌世,苏轼即便再达观,再超然,他还是一个有血有肉、有着普通人的情感的人,是一个虽受佛理、道家思想广泛影响,但他毕竟还是有大才气、一腔济世之志的儒士、文人。因此,苏词尽管颇多豪放之作,但时而流露出一份悲凉则是不可避免的。这不仅不会影响苏轼的人品及文学成就,反而能够加强他在我们普通人心目中的地位,更加拉近它与我们的距离。

豪放派特点:

豪放派则完全突破了词为"艳科"的传统藩篱。苏轼以一个革新者的勇气，把词从"娱宾遣兴"的工具改造发展为独立的抒情艺术；把词从"樽前""花间"推向较为广阔的社会人生。"无意不可入，无事不可言"（刘载熙《艺概》），山川景物、记游咏物、农舍风光以及吊古感旧、说理抒怀等都大量写入词中。如《念奴娇·赤壁怀古》和《水调歌头·明月几时有》，就是最能体现这一特色的不朽名作。到南宋辛弃疾，又有了新的发展。在此不赘言。

豪放派不为形式所羁，充分调动形式为表现内容服务。最突出的是苏轼。为了反映广阔的生活面，苏轼打破了"词必协律"的陈套，使词从音乐的奴隶的地位解放出来。但苏轼并不是完全不顾或不懂音律，而是由于他"横放杰出，自是曲子中缚不住者"（见《复斋漫录》引晁补之语），又"豪放不喜剪裁以就声律"（见《历代诗余》引陆游语）。苏轼充分发挥词这种独特语言文学样式的长处，利用长短句的错落形式，造成节奏的舒卷变化，用词造句也力求铿锵响

亮；从而达到了形式与内容与情感和谐统一的艺术境界。陆游是南宋杰出的诗人，精通音律，诗词俱佳，他曾"试取东坡诸词歌之，曲终觉天风海雨逼人"（见《历代诗余引》），足以证明苏轼的成功。

语言上，苏东坡也打破了婉约派的清规戒律，多方面吸收陶渊明、李白、杜甫、韩愈等人的诗句入词，偶尔也运用口语，只要是能恰当地表达他的思想感情，任何词语他都敢用，从而形成了一种体现东坡个性的清新朴素、明快畅达的语言风格。如"明月几时有？把酒问青天"（《水调歌头》），"墙里秋千墙外道，墙外行人，墙里佳人笑"（《蝶恋花》）等等，都明白如话，自然清新，生动准确。

豪放派融写景、抒情、议论于一炉，结构上跳跃动荡，纵横潇洒，造成一种开阔、健朗的艺术境界，格调显得清超豪迈，为婉约派所不及。

意境多为悲壮慷慨的高亢之调，不似婉约词结构深细缜密，重视音律谐婉，语言圆润，清新绮丽，具有一种柔婉之美。

剑　客

[唐]　贾　岛

十年磨一剑，
霜刃未曾试。
今日把示君，
谁有不平事？

诗文赏析

贾岛诗思奇僻。这首《剑客》却率意造语，直抒胸臆，给人别具一格的感觉。诗题一作《述剑》。诗人以剑客的口吻，着力刻画"剑"和"剑客"的形象，托物言志，抒写自己兴利除弊的政治抱负。

这是一把什么样的剑呢？"十年磨一剑"，是剑客花了十年工夫精心磨制的。侧写一笔，已显出此剑非同一般。接着，正面一点："霜刃未曾试。"写出此剑刃白如霜，闪烁着寒光，是一把锋利无比却还没

有试过锋芒的宝剑。说"未曾试"，便有跃跃欲试之意。现在得遇知贤善任的"君"，便充满自信地说："今日把示君，谁有不平事？"今天将这把利剑拿出来给你看看，告诉我，天下谁有冤屈不平的事？一种急欲施展才能，干一番事业的壮志豪情，跃然纸上。

显然，"剑客"是诗人自喻，而"剑"则比喻自己的才能。诗人没有描写自己十年寒窗，刻苦读书的生涯，也没有表白自己出众的才能和宏大的理想，而是通过巧妙的艺术构思，把自己的志向，含而不露地融入"剑"和"剑客"的形象里。这种寓政治抱

负于鲜明形象之中的表现手法,确是很高明的。

全诗思想性与艺术性结合得自然而巧妙。语言平易,诗思明快,显示了贾岛诗风的另外一种特色。

江城子①·密州出猎

[宋] 苏 轼

老夫②聊③发少年狂④,左牵黄,右擎苍⑤,锦帽貂裘⑥,千骑卷平冈⑦。为报倾城随太守,亲射虎,看孙郎⑧。

酒酣胸胆尚开张⑨,鬓微霜,又何妨?持节云中,何日遣冯唐⑩?会挽雕弓如满月⑪,西北望,射天狼⑫。

诗文注释

①江城子:词牌名。

②老夫:作者自称,时年四十。

③聊:姑且。

④狂:豪情。

⑤左牵黄,右擎苍:左手牵着黄狗,右臂举着苍鹰。

⑥锦帽貂裘:头戴着华美鲜艳的帽子。貂裘,身穿貂鼠皮衣。

⑦千骑卷平冈:形容马多尘土飞扬,像卷席子一般掠过山冈。千骑,形容从骑很多。平冈,指山脊平坦处。

⑧为报倾城随太守,亲射虎,看孙郎:为了酬答满城人都随同去看打猎的盛意,我亲自射虎,请你们看看孙郎当年的射虎的英姿。亲射虎,看孙郎:为"看孙郎,亲射虎"的倒句。孙郎,孙权,这里作者自喻。《三国志·吴书·吴王传》载:"二十三年十月,权将如吴,亲乘马射虎于凌亭,马为虎伤。权投以双戟,虎却废。常从张世,击以戈、获之。"这里以孙权喻太守。

⑨酒酣胸胆尚开张:极兴畅饮,胸怀开阔,胆气横生。尚:更。

⑩持节云中,何日遣冯唐:是说朝廷何日派遣冯唐去云中赦免魏尚的罪呢?典出《史记·张释之冯唐列传》。汉文帝时,魏尚为云中(汉时的郡名,在今内蒙古自治区托克托县一带,包括山西西北部分地区)太守。他爱惜士卒,优待军吏,匈奴远避。匈奴曾一度来犯,魏尚亲率车骑出击,所杀甚众。后因报功文书上所载杀敌的数字与实际不合(虚报了六个),被削职。经冯唐代为辨白后,认为判的过重,文帝就派冯唐"持节"(带着传达圣旨的符节)去赦免魏尚的罪,让魏尚仍然担任云中郡太守。苏轼此时因政治上处境不好,调密州太守,故以魏尚自许,希望能得到朝廷的信任。节,兵符,古代使节用以取信的凭证。持节,是奉有朝廷重大使命。云中,汉时郡名,今内蒙古自治区托克托县一带,包括山西省西北一部分地区。

⑪会挽雕弓如满月:会,会当,将要;挽,拉;雕弓,弓背上有雕花的弓;满月,圆月。

⑫天狼:星名,一称犬星,旧说主侵掠,这里引指西夏。《楚辞·九歌·东君》:"长矢兮射天狼。"《晋书·天文志》云:"狼一星在东井南,为野将,主侵掠。"词中以之隐喻袭扰北宋边境的辽国与西夏。

诗文翻译

姑且让老夫我表现(展示)一下少年的轻狂(或狂傲),左手牵着黄犬,右手举起苍鹰。随从将士戴上锦帽穿好貂皮裘,率领随从和千骑席卷平展的山冈。为了报答全城的人跟随我出猎的盛意,我要像昔日的孙权一样亲自射杀猛虎。

我虽沉醉，但胸怀开阔胆略兴张。鬓边白发犹如微霜，这又有何妨！什么时候你会派遣人拿着符节去边地云中，像汉文帝派遣冯唐。我要紧握强弓，把对敌人的仇恨凝聚在拉得圆如满月的弓上，看准西北的敌人，狠狠地射杀敌人。

诗文赏析

这首词是苏轼豪放词中较早之作，作于公元1075年（熙宁八年）冬，当时苏轼任密州知州。据《东坡纪年录》："乙卯冬，祭常山回，与同官习射放鹰作。"苏轼有《祭常山回小猎》诗云："青盖前头点皂旗，黄茅冈下出长围。弄风骄马跑空立，趁兔苍鹰掠地飞。回望白云生翠巘，归来红叶满征衣。圣明若用西凉簿，白羽犹能效一挥。"其描写出猎的壮观场面及卒章所显之志，与这首《江城子》类似。

苏轼对这首痛快淋漓之作颇为自得，在给友人的信中曾写道："近却颇作小词，虽无柳七郎风味，亦自是一家。呵呵，数日前，猎于郊外，所获颇多，作得一阕，令东州壮士抵掌顿足而歌之，吹笛击鼓以为节，颇壮观也。"苏轼此词一反"诗庄词媚"的传统观念，"一洗绮罗香泽之态，摆脱绸缪宛转之度"，拓宽了词的境界，树起了词风词格的别一旗帜。

苏轼深受儒家民本思想的影响，历来勤政爱民，每至一处，都颇有政绩，为百姓所拥戴。密州时期，他的生活依旧是寂寞和失意的，郁积既久，喷发愈烈，遇事而作，如挟海上风涛之气。这首词起句陡兀，用一"狂"字笼罩全篇，借以抒写胸中雄健豪放的一腔磊落之气。"狂"虽是聊发，却缘自真实。苏轼外任或谪居时期常常以"疏狂""狂""老狂"自况。如《十拍子》："强染霜髭扶翠袖，莫道狂夫不解狂。狂夫老更狂。"苏轼时年四十，正值盛年，不应言老，却自称"老夫"，又言"聊发"，与"少年"二字形成强烈反差，形象地透视出、流露出内心郁积的情绪。此中意味，需要特别体会。他左手牵黄狗，右手擎猎鹰，头戴锦绣的帽子，身披貂皮的外衣，一身

猎装，气宇轩昂，何等威武。"千骑卷平冈"，一"卷"字，突现出太守率领的队伍，势如磅礴倾涛，何等雄壮。全城的百姓也来了，来看他们爱戴的太守行猎，万人空巷。这是怎样一幅声势浩大的行猎图啊，太守倍受鼓舞，气冲斗牛，为了报答百姓随行出猎的厚意，决心亲自射杀老虎，让大家看看孙权当年搏虎的雄姿。上阕写出猎的壮阔场面，豪兴勃发，气势恢宏，表现出作者壮志踌躇的英雄气概。

下阕承前进一步写"老夫"的"狂"态。出猎之际，痛痛快快喝了一顿酒，意兴正浓，胆气更壮，尽管"老夫"老矣，鬓发斑白，又有什么关系！以"老"衬"狂"，更表现出作者壮心未已的英雄本色。北宋仁宗、神宗时代，国力不振，国势羸弱，时常受到辽国和西夏的袭扰，令许多尚气节之士义愤难平。想到国事，想到自己怀才不遇、壮志难酬的处境，于是苏轼借出猎的豪兴，将深隐心中的夙愿和盘托出，不禁以西汉魏尚自况，希望朝廷能派遣冯唐一样的使臣，前来召自己回朝，得到朝廷的信任和重用（这里作者用了一个典故，据《史记·张释之冯唐列传》记载：汉文帝时，魏尚为云中太守，抵御匈奴有功，只因报功时多报了六个首级而获罪削职；后来，文帝采纳了冯唐的劝谏，派冯唐持符节到云中去赦免了魏尚）。其"狂"字下面潜涵的赤诚令人肃然起敬。

"会挽雕弓如满月，西北望，射天狼"，"天狼"，即喻指辽和西夏。作者以形象的描画，表达了自己渴望一展抱负，杀敌报国，建功立业的雄心壮志。下阕借出猎表达了自己强国抗敌的政治主张，抒写了渴望报效朝廷的壮志豪情。

这首词感情纵横奔放，令人"觉天风海雨逼人"。从艺术表现力上说，词中一连串表现动态的词，如发、牵、擎、卷、射、挽、望等，十分生动形象。全词表现了作者的胸襟见识，情感兴趣，希望理想，一波三折，姿态横生，"狂"态毕露；虽不乏慷慨激愤之情，但气象恢宏，一反词作柔弱的格调，"指出向上一路，新天下耳目"，充满阳刚之美，成为历久弥珍的名篇。

南乡子·登京口北固亭有怀①

［宋］ 辛弃疾

何处望神州②？满眼风光北固楼。千古兴亡③多少事？悠悠④。不尽长江滚滚流。

年少万兜鍪⑤（móu），坐断⑥东南战未休⑦。天下英雄谁敌手？曹刘⑧。生子当如孙仲谋⑨。

诗文注释

①南乡子：词牌名。京口：今江苏镇江市。北固亭在镇江东北的北固山上，下临长江，三面环水。

②神州：这里指中原地区。

③兴亡：指国家兴衰，朝代更替。

④悠悠：连绵不尽的样子。

⑤兜鍪：指千军万马。兜鍪，头盔，这里代指士兵。

⑥坐断：占据，割据。

⑦休：停止。

⑧曹刘：指曹操、刘备。

⑨生子当如孙仲谋：引用《三国志·吴主（孙权）传》，曹操尝与孙权对垒，"见舟船、器仗、队伍整肃，叹曰：'生子当如孙仲谋，刘景升（即刘表，字景升）儿子若豚犬（猪狗）耳。'"暗讽今天的朝廷不如能与曹操刘备抗衡的东吴，今天的皇帝也不如孙权。

诗文翻译

什么地方可以看见中原呢？在北固楼上，满眼都是美好的风光。从古到今，有多少国家兴亡大事呢？不知道，年代太长了。只有长江的水滚滚东流，永远也流不尽。当年孙权在青年时代，做了三军的统帅，他能独霸东南，坚持抗战，没有向敌人低头和屈服过。天下英雄谁是孙权的敌手呢？只有曹操和刘备而已。这样也就难怪曹操说："生子当如孙仲谋。"

诗文赏析

作者在公元1203年（宋宁宗嘉泰三年）六月被起用为知绍兴府兼浙东安抚使后不久，即第二年的阳春三月，改派到镇江去做知府。镇江，在历史上曾是英雄用武和建功立业之地，此时成了与金人对垒的第二道防线。每当他登临京口（即镇江）北固亭时，触景生情，不胜感慨系之。这首词就是在这一背景下写成的。这首词讽刺了朝廷，委婉地暗示了自己对于朝廷的不满，同时也表达了自己的一腔爱国豪情。

"何处望神州？满眼风光北固楼。"极目远眺，中原故土在哪里呢？哪里能够看到，映入眼帘的只有北固楼周遭一片美好的风光了！此时南宋与金以淮河分界，辛弃疾站在长江之滨的北固楼上，翘首遥望江北金兵占领区，大有风景不再、山河变色之感。望神州何处？弦外之音是中原已非己有了！开篇这突如其来的呵天一问，直可惊天地，泣鬼神。

收回遥望的视线，看这北固楼近处的风物："千古江山，英雄无觅，孙仲谋处。舞榭歌台，风流总被，雨打风吹去。"（《永遇乐》）想当年，这里金戈铁马，曾演出多少惊天动地的历史戏剧啊！北固楼的"满眼风光"，那壮丽的自然山水里似乎隐隐弥漫着历史的烟云，这不禁引起了词人千古兴亡之感。因此，词人接下来再问一句："千古兴亡多少事？"世人们可知道，千年来在这块土地上经历了多少朝代的兴亡更替？这句问语纵观千古成败，意味深长，回味无穷。然而，往事悠悠，英雄往矣，只有这无尽的江水依旧滚滚东流。"悠悠，不尽长江滚滚流！""悠悠"者,兼指时间之漫长久远,和词人思绪之无穷也。

"不尽长江滚滚流",借用杜甫《登高》诗句:"无边落木萧萧下,不尽长江滚滚来。"千古多少兴亡事,逝者如斯乎?而词人胸中倒来倒去的不尽愁思和感慨,又何尝不似这长流不息的江水呢!"大江东去,浪淘尽、千古风流人物",想当年,在这江防战略要地,多少英雄"金戈铁马,气吞万里如虎"。三国时代的孙权就是其中最杰出的一位。"年少万兜鍪,坐断东南战未休。"他年纪轻轻就统率千军万马,雄踞东南一隅,奋发自强,战斗不息,何等英雄气概!据历史记载:孙权十九岁继父兄之业统治江东,西征黄祖,北拒曹操,独据一方。赤壁之战大破曹兵,年方二十七岁。因此可以说,上面这两句是实写史事,因为它是千真万确的历史,因而更具有说服力和感染力。作者在这里一是突出了孙权的年少有为,"年少"而敢于与雄才大略、兵多将广的强敌曹操较量,这就需要非凡的胆识和气魄。二是突出了孙权的盖世武功,他不断征战,不断壮大。而他之"坐断东南",形势与南宋政权相似。显然,稼轩热情歌颂孙权的不畏强敌,坚决抵抗,并战而胜之,正是反衬当朝文武之辈的庸碌无能、懦怯苟安。

接下来,辛弃疾为了把这层意思进一步发挥,不惜以夸张之笔极力渲染孙权不可一世的英姿。他异乎寻常地第三次发问,以提请人们注意:"天下英雄谁敌手?"若问天下英雄谁配称他的敌手呢?作者自问又自答曰"曹刘",唯曹操与刘备耳!据《三国志·蜀书·先主传》记载,曹操曾对刘备说:"今天下英雄,惟使君(刘备)与操耳。"辛弃疾便借用这段故事,把曹操和刘备请来给孙权当配角,说天下英雄只有曹操、刘备才堪与孙权争胜。曹、刘、孙三人,论智勇才略,孙权未必比曹、刘强。稼轩在《美芹十论》中对孙权的评价也并非称赞有加,然而,在这首词里,词人却把孙权作为三国时代第一流叱咤风云的英雄来颂扬,其所以如此用笔,实借凭吊千古英雄之名,慨叹当今南宋无大智大勇之人执掌乾坤也!这种用心,更于篇末见意。

《三国志·吴书·吴主传》注引《吴历》说,曹操有一次与孙权对垒,见吴军乘着战船,军容整肃,孙权仪表堂堂,威风凛凛,乃喟然叹曰:"生子当如孙仲谋,刘景升(刘表)儿子若豚(tún,猪)犬耳!"一世之雄如曹操,对敢于与自己抗衡的强者,投以敬佩的目光,而对于那种不战而请降的懦夫,若刘景升儿子刘琮则十分轻视,斥为任人宰割的猪狗。把大好江山拱手奉献敌人,还要为敌人耻笑辱骂,这不就是历史上所有屈膝乞和、靦颜(tiǎn,同"腆",羞愧,惭愧)事仇的缺乏骨气的人的共同的可悲命运吗!

曹操所一褒一贬的两种人,形成了极其鲜明、强烈的对照,在南宋摇摇欲坠的政局中,不也有着主战与主和两种人吗?这当然不便明言,只好由读者自己去联想了。聪明的词人只做正面文章,对刘景升儿子这个反面角色,便不指名道姓以示众了。然而妙就妙在纵然作者不予道破,而又能使人感到不言而喻。因为上述曹操这段话众所周知,虽然辛弃疾只说了前一句赞语,人们马上就会联想起后面那句骂人的话,从而使人意识到辛弃疾的潜台词:可笑当朝主和议的众多王公大臣,不都是刘景升儿子之类的猪狗吗!词人此种别开生面的表现手法,颇类似歇后语的作用,是十分巧妙的。而且在写法上这一句与上两句意脉不断,衔接得很自然。上两句说,天下英雄中只有曹操、刘备配称孙权的对手。连曹操都这样说,生儿子要像孙权这个样呢!真是曲尽其妙,而又意在言外,令人拍案叫绝!再从"生子当如孙仲谋"这句话的蕴含和思想深度来说,南宋时代人,如此看重孙权,实是那个时代特有的社会心理的反映。因为南宋朝廷实在太萎靡庸碌了,在历史上,孙权能称雄江东于一时,而南宋经过了好几代皇帝,竟没有出现一个像孙权一样的人!所以,"生子当如孙仲谋"这句话,本是曹操的语言,而由辛弃疾口中说出,却是代表了南宋人民要求奋发图强的时代的呼声。

它与稼轩同时期所作另一首登北固亭词《永遇乐》相比,一风格明快,一沉郁顿挫,同是怀古伤今,写法大异其趣,而都不失为千古绝唱,亦可见辛弃疾丰富多彩之大手笔也。

十一月四日风雨大作(其二)

[宋] 陆 游

僵卧①孤村②不自哀，
尚③思④为国戍轮台⑤。
夜阑⑥卧听⑦风吹雨⑧，
铁马⑨冰河⑩入梦来。

诗文注释

①僵卧：直挺挺躺着。这里形容自己穷居孤村，无所作为。僵：僵硬，僵直。

②孤村：孤寂荒凉的村庄。不自哀：不为自己而感到悲伤，不为自己哀伤。

③尚：副词，还，仍然；表示事情的继续或残存状态。

④思：想着，想到。为：介词，为，为了；表示动作行为的目的。

⑤戍轮台：在新疆一带防守。戍(shù)，守卫。轮台，现在的新疆轮台县，汉代曾在这里驻兵屯守。这里泛指北方的边防据点。

⑥夜阑：夜深。阑：残尽。

⑦卧听：躺着听。

⑧风吹雨：风雨交加，和题目中"风雨大作"相呼应；当时南宋王朝处于风雨飘摇之中，"风吹雨"也是时局写照，故诗人直到深夜尚难成眠。

⑨铁马：披着铁甲的战马。

⑩冰河：冰封的河流，指北方地区的河流。

诗文翻译

我直挺挺躺在孤寂荒凉的乡村里，没有为自己的处境而感到悲哀，心中还想着替国家守卫边疆。

深夜里，我躺在床上听到那风雨的声音，迷迷糊糊地梦见，自己骑着披着铁甲的战马跨过冰封的河流出征北方疆场。

诗文赏析

这首七言绝句选自《陆游集》卷二十六。

陆游自南宋孝宗淳熙十六年(1189)罢官后，闲居家乡山阴农村。此诗作于南宋光宗绍熙三年(1192)十一月四日。当时诗人已经六十八岁，虽然年迈，但爱国情怀丝毫未减，日夜思念报效祖国。诗人收复国土的强烈愿望，在现实中当然已不可能实现，于是，在一个"风雨大作"的夜里，触景生情，由情生思，在梦中实现了自己金戈铁马驰骋中原的愿望。感情深沉悲壮，凝聚了诗人所有的爱国主义激情。原题有两首诗，这是其中的第二首。

同陆游的许多爱国诗篇一样，这首诗充满爱国豪情，大气磅礴，风格悲壮。

当诗人在六十八岁高龄，一身病痛，孤独地躺在荒凉的乡村里，他会想起很多往事。人生匆匆近百年，回首过往，感慨颇多，幼年时的理想，青年时的挫折，中年时的抱负，老年时的失意都会像过眼烟云一样在心头闪现。

少年时在家庭中父亲对自己的爱国主义熏陶，和自己"上马击狂胡，下马草军书"的志气；青年时科举考试时因才华过人而导致被权臣除名的挫败；中年时，短暂军旅生活的体验和出任朝廷重臣的踌躇满志；老年时作为主战派，受投降派打击排挤独居乡村的凄凉寂寞；都会带着深深的山河破碎家国飘摇的烙印，一齐向心头袭来。

当时，金人南袭，宋朝丢失了大半壁江山，诗人由于主张对金作战而被罢官回乡，僵卧孤村，失意之思，经历之悲，病体之痛，家国之愁，似乎已穿越岁月时空,飘飘悠悠,在身边蔓延。然而,诗人并没有沉浸在悲愁中,诗人笔锋一转,写出了"僵卧孤村不自哀",这"不自哀"三个字,便把个人之失、一己恩怨、小我之痛,暂且放在一边。是啊,在山河破碎,家国沦落,半壁江山尽陷金人的铁蹄之下面前,个人的得得失失又算得了什么呢?接着一句"尚思为国戍轮台",一扫低落的情绪,磅礴之气,报国豪情便跃然纸上。

这种磅礴之气报国豪情伴随了陆游的一生,当南宋皇帝偏安江南,朝中士大夫纷纷在江南的小桥流水中风花雪月、吟诗诵词之时,诗人无时无刻不在想着北伐,无时无刻不在渴望着祖国的统一,虽屡受投降派的谗毁排挤,始终矢志不移。

如今眼看国局动荡,山河破碎,虽然病痛缠身,但保家卫国的理想不渝,爱国激情始终在胸膛内涌荡,铁马冰河的梦想会在病痛的头脑中出现。"夜阑卧听风吹雨,铁马冰河入梦来。"诗人在风雨洒落的夜晚,做梦都在想着:一身戎装,骑着战马,跨越北国冰封的河流,同敌人在疆场厮杀。对于一个伤病缠身的老人,在将近古稀之年,犹有如此豪迈的梦想,真是可歌可叹。在他的这种豪迈的梦想之下,激荡的该是怎样的壮志与豪情?

这是怎样的一个梦啊,没有和平,只有战场、厮杀、呐喊,他也许曾梦到过李广站在冰河边长啸,也许曾梦到过卫青在最前线厮杀,可能还梦到过霍去病在敌区的纵深处驰骋,这些令匈奴丧胆、在疆场上建功立业的人,是他一生追求的榜样。

在他心中,大丈夫不能像李广、卫青、霍去病一样建功立业,青史留名,若得以快马扬鞭,纵横北国冰河,收复失地,虽不能流芳百世,亦无憾。

是梦,而非梦,这是诗人现实中的理想在梦中的体现。

然而眼睁睁地看着"遗民泪尽胡尘里,南望王师又一年",纵然有万千豪情,满腹才华,却不能在现实中施展,收复失地的理想不能在现实中立足,这又是一种怎样的悲哀?是怎样一种让人抑郁不乐的心情?

在荒凉孤村的夜晚,听北风萧萧,淫雨洒落,铁马冰河只能在梦中相见,空有一腔抱负而不能施展,如此一来,家国之愁又多了一层,无法收复旧山河的惆怅又增添了几分,风雨飘摇中的南宋王朝似乎更加岌岌可危。

整首诗,作者的满腹愁绪就这样通过大气的笔触一一展现,现实的理想就这样借助厮杀的梦境去实现,较少卿卿我我,无病呻吟。就连自身的病痛,大自然的凄风苦雨,也在老而不衰的爱国激情中,在铁马冰河的梦想中,变轻变淡,最终成为一种似有若无的陪衬,使得整首诗洋溢着一种豪迈悲壮的风格,积极向上的人生态度,这种豪迈悲壮之情,积极向上的人生态度永远给人以鼓励和激励啊。

过零丁洋

[宋] 文天祥

辛苦遭逢起一经,干戈寥落四周星。
山河破碎风飘絮,身世浮沉雨打萍。
惶恐滩头说惶恐,零丁洋里叹零丁。
人生自古谁无死?留取丹心照汗青。

诗文赏析

"辛苦遭逢起一经,干戈寥落四周星。"作者在

面临生死关头,回忆一生,感慨万千。他抓住了两件大事,一是以明经入仕,二是"勤王"。以此两端起笔,极好地写出了当时的历史背景和个人心境。

"干戈寥落"，是就国家整个局势而言。据《宋史》记载，朝廷征天下兵，但像文天祥那样高举义旗为国捐躯者寥寥无几。作者用"干戈寥落"四字，暗含着对苟且偷生者的愤激，对投降派的谴责！

如果说首联是从纵的方面追述，那么，颔联则是从横的方面渲染。"山河破碎风飘絮，身世浮沉雨打萍"，作者用凄凉的自然景象喻国事的衰微，极深切地表现了他的哀恸。亡国孤臣有如无根的浮萍漂泊在水上，无所依附，这际遇本来就够惨了。而作者再在"萍"上著"雨打"二字，就更显凄苦。这"身世浮沉"，概括了作者艰苦卓绝的斗争和坎坷不平的一生。本联对仗工整，比喻贴切，形象鲜明，感情炽烈，读之使人怆然！

五、六句紧承前意，进一步渲染生发。景炎二年(1277)，文天祥的军队被元兵打败后，曾从惶恐滩一带撤退到福建。当时前临大海，后有追兵，如何闯过那九死一生的险境，转败为胜是他最忧虑、最惶恐不安的事情。而今军队溃败，身为俘虏，被押送过零丁洋，能不感到孤苦伶仃？这一联特别富有情味，"惶恐滩"与"零丁洋"两个带有感情色彩的地名自然相对，而又被作者运用来表现他昨日的"惶恐"与眼前的"零丁"，真可谓诗史上的绝唱！以上六句，作者把家国之恨、艰危困厄渲染到极致，哀怨之情汇聚为高潮，而尾联却一笔宕开："人生自古谁无死？留取丹心照汗青。"以磅礴的气势、高亢的情调收束全篇，表现出他的民族气节和舍身取义的生死观。结尾的高妙，致使全篇由悲而壮，由郁而扬，形成一曲千古不朽的壮歌。本句作者直抒胸臆，表现了诗人为国家宁愿慷慨赴死的民族气节。

参考资料

[1] 杨华当. 鉴赏古代诗歌语言风格解题指要[J]. 语文天地，2011(11).

[2] 周振甫. 李商隐诗选集[M]. 南京：江苏教育出版社，2006.

[3] 萧涤非等. 唐诗鉴赏辞典[M]. 上海：上海辞书出版社，1983.

[4] 陶文鹏. 王维诗歌赏析[M]. 南宁：广西教育出版社，1991.

[5] 唐圭璋等. 唐宋词鉴赏辞典[M]. 上海：上海辞书出版社，1988.

[6] 马美信，贺圣遂主编. 中国古代诗歌欣赏辞典[M]. 上海：汉语大词典出版社，1990.

[7] 向阳. 水中赏月雾里看花——小品婉约词之美[J]. 湘潭师范学院学报（社会科学版），2007(2).

[8] 黄兵明. 婉约词 1[M]. 北京：北京银冠电子出版有限公司. 2001.

[9] 张天翼. 婉约的柳永[J]. 金山，2009(10).

[10] 杨敏如. 南唐二主词新释辑评[M]. 北京：中国书店出版社，2003.

[11] 詹幼馨. 南唐二主词研究[M]. 武汉：武汉出版社，1992.

[12] 陈建喜. 新课程下古代诗歌赏析技巧[J]. 新课程. 教育学术，2010(5).

[13] 陆林编注. 宋词（白话解说）[M]. 北京：北京师范大学出版社，1992.

[14] 杨忠译注. 辛弃疾词选译[M]. 成都：巴蜀书社，1991.

[15] 张鸣. 宋诗选[M]. 北京：人民文学出版社，2004.

[16] 张永鑫，刘桂秋. 陆游诗选译[M]. 成都：巴蜀书社，1991.

[17] 缪钺等. 宋诗鉴赏辞典[M]. 上海：上海辞书出版社，1987.

第二十讲

古代诗歌之格律美

诗律

从格律上看,诗可分为古体诗和近体诗。古体诗又称古诗或古风;近体诗又称今体诗。从字数上看,有四言诗,五言诗,七言诗,唐代以后,四言诗很少见了,所以一般诗集只分为五言、七言两类。

古体诗是依照古代的诗体来写的。在唐人看来,从《诗经》到南北朝的庾信,都算是古,因此,所谓依照古代的诗体,也就没有一定的标准。但是,诗人们所写的古体诗,有一点是一致的,那就是不受近体诗的格律的束缚。我们可以说,凡不受近体格律的束缚的,都是古体诗。五言古诗简称五古,七言古诗简称七古;五言律诗简称五律,七言律诗简称七律;五言绝句简称五绝,七言绝句简称七绝。古风分为五古、七古,这只是大致的分法。其实除了五言、七言之外,还有所谓杂言。杂言指的是长短句杂在一起,主要是三字句、五字句、七字句,其中偶然也有四字句、六字句或七字以上的句子。杂言诗一般不别立一类,而只归入七古。甚至篇中完全没有七字句,只要是长短句,也就归入七古。这是习惯上的分类法,是没有什么理论根据的。

乐府产生于汉代,本来是配音乐的,所以称为"乐府"或"乐府诗"。这种乐府诗称"曲""辞""歌""行"等。到了唐代以后,文人模拟这种诗体而写成的古体诗,也叫"乐府",但是已经不再配音乐了。由于隋唐时代逐渐形成了新音乐,后来又产生了配新音乐的歌词,叫作"词"。

近体诗以律诗为代表。律诗的韵、平仄、对仗。都有许多讲究。由于格律很严,所以称为律诗。律诗有以下四个特点:

1. 每首限定八句,五律共四十字,七律共五十六字;
2. 押平声韵;
3. 每句的平仄都有规定;
4. 每篇必须有对仗,对仗的位置也有规定。

有一种超过八句的律诗,称为长律。长律自然也是近体诗。长律一般是五言的,往往在题目上标明韵数,如杜甫《风疾舟中伏枕书怀三十六韵》,就是三百六十字;白居易《代书诗一百韵寄微之》,就是一千字。这种长律除了尾联(或除了首尾两联)以外,一律用对仗,所以又叫排律。绝句比律诗的字数少一半。五言绝句只有二十字,七言绝句只有二十八字。绝句实际上可以分为古绝、律绝两类。

古绝可以用仄韵。即使是押平声韵的,也不受近体诗平仄规则的束缚。这可以归入古体诗一类。

律绝不但押平声韵,而且依照近体诗的平仄规则,在形式上它们就等于半首律诗。这可以归入近体诗。总括起来说:一般所谓古风属于古体诗,而律诗(包括长律)则属于近体诗。乐府和绝句,有些属于古体,有些属于近体。

一、关于"押韵"

韵是诗词格律的基本要素之一。诗人在诗词中用韵,叫作押韵。在读古诗的时候要注意韵与韵母的区别及古今语音的变化。

1. 同韵母的字当然是同韵的字

凡是同韵的字都可以押韵。所谓押韵,一般总是把韵放在句尾,所以又叫"韵脚"。

诗词中所谓韵,大致等于汉语拼音中所谓韵母。例如"公"字拼成 gōng,其中 g 是声母,ōng 是韵母。我们再看"东"dōng,"同"tóng,"隆"lóng,"宗"zōng,"聪"cōng 等,它们的韵母都是 ong,所以它们是同韵字。

试看下面的一个例子:

书湖阴先生壁　　〔宋〕 王安石

　　茅檐常扫净无苔(tái),
　　花木成蹊手自栽(zāi)。
　　一水护田将绿绕,
　　两山排闼送青来(lái)。

这里"苔""栽"和"来"押韵,因为它们的韵母都是 ai。"绕"字不押韵,因为"绕"字拼起来是 rào,它的韵母是 ao,跟"苔""栽""来"不是同韵字。依照诗律,像这样的四句诗,第三句是不押韵的。

2. 韵头不同但韵腹和韵尾相同的字也是同韵的字

在拼音中,a、e、o 的前面可能还有 i、u、ü,如ia,ua,uai、iao、ian、uan、üan,iang,uang,ie、üe、iong,ueng 等,这种 i、u、ü 叫作韵头,不同韵头的字也算是同韵字,也可以押韵。例如:

四时田园杂兴　　〔宋〕 范成大

　　昼出耘田夜绩麻(má),
　　村庄儿女各当家(jiā)。
　　童孙未解供耕织,
　　也傍桑阴学种瓜(guā)。

"麻""家""瓜"的韵母虽不完全相同,但它们是同韵字,押起韵来是同样谐和的。

押韵是为了声韵的谐和。同类的乐音在同一位置上的重复,这就构成了声音回环的美。

3. 应注意古今语音的变化

但是,为什么当我们读古人的诗的时候,常常觉得它们的韵并不十分和谐,甚至很不和谐呢? 这是时代不同的缘故。语言发展了,语音发生了变化,我们拿现代的语音去读它们,自然不能完全适合了,例如:

山 行　　〔唐〕 杜 牧

　　远上寒山石径斜(xié),
　　白云深处有人家(jiā)
　　停车坐爱枫林晚,
　　霜叶红于二月花(huā)。

xié 和 jiā,huā 不是同韵字,但是,唐代"斜"字读 siá(s 读浊音),和现代上海"斜"字的读音一样。因此,在当时是谐和的。又如:

江南曲　　〔唐〕 李 益

　　嫁得瞿塘贾,
　　朝朝误妾期(qī)。
　　早知潮有信,
　　嫁与弄潮儿(ér)。

在这首诗里,"期"和"儿"是押韵的;按今天普通话去读,qī 和 ér 就不能算押韵了。如果按照上海的白话音念"儿"字,念像 ní 音(这个音正是接近古音的),那就谐和了。今天我们当然不可能(也不必要)按照古音去读古人的诗;不过我们应该明白这个道理。才不至于怀疑古人所押的韵是不谐和的。

古人押韵是依照韵书的。古人所谓"官韵",就是朝廷颁布的韵书。这种韵书,在唐代,和口语还是基本上一致的;依照韵书押韵,也是比较合理的。宋代以后,语音变化较大,诗人们仍旧依照韵书来押韵,那就变为不合理的了。今天我们如果写旧诗,自然不一定要依照韵书来押韵。不过,当我们读古人的诗的时候。却又应该知道古人的诗韵。

4. 近体诗只押平声韵,古体诗则平、仄皆可押韵

古人写律诗,是严格地依照韵书来押韵的。清代一般人常常查阅《诗韵集成》《诗韵合璧》等韵书。一般人所谓"诗韵",也就是指这个来说的。

诗韵共有 106 个韵:平声 30 韵,上声 29 韵,去声 30 韵,入声 17 韵。律诗一般只用平声韵。

律诗用韵的严格性,只是为了说明古代的律诗。今天我们如果也写律诗,就不必拘泥古人的诗韵。不但首句用邻韵,就是其他的韵脚用邻韵,只要朗诵起来谐和,都是可以的。

5. 近体诗要一韵到底,古体诗可以中途换韵

律诗是一韵到底的。古体诗固然可以一韵到底,但也可以换韵,而且可以换几次韵。换韵的方式是多种多样的:可以每两句一换韵,四句一换韵,六句一换韵,也可以多到十几句才换韵;可以连用两个平声韵,连用两个仄声韵,也可以平仄韵交替。现在举几个例子:

石壕吏　　〔唐〕 杜 甫

暮投石壕村,有吏夜捉人。老翁逾墙走,老妇出门看。吏呼一何怒! 妇啼一何苦! 听妇前致词:

三男邺城戍。一男附书至，二男新战死。存者且偷生，死者长已矣！室中更无人，惟有乳下孙。有孙母未去，出入无完裙。老妪力虽衰，请从吏夜归，急应河阳役，犹得备晨炊。夜久语声绝，如闻泣幽咽。天明登前途，独与老翁别。

注意：换韵的第一句，一般总是押韵的。近体诗首句往往押韵，古体诗在这一点可能是受了近体诗的影响。

二、关于"四声"

四声，这里指的是古代汉语的四个声调。声调，这是汉语（以及某些其他语言）的特点。语音的高低、升降、长短构成了汉语的声调，而高低、升降则是主要的因素。拿普通话的声调来说，共有四个声调：阴平、阳平、上声、去声。古代汉语也有四个声调，但是和今天普通话的声调种类不完全一样。古代的四声是：(1)平声，这个声调到后代分化为阴平和阳平；(2)上声，这个声调到后代有一部分变为去声；(3)去声，这个声调到后代仍是去声；(4)入声，这个声调是一个短促的调子，这个声调到后代分到现代汉语四个声调中去了。

现代江浙、福建、广东、广西、江西等处都还保存着入声。北方也有不少地方（如山西、内蒙古）保存着入声。北方的大部分和西南的大部分的口语里，入声已经消失了。北方的入声字，有的变为阴平，有的变为阳平，有的变为上声，有的变为去声。就普通话来说，入声字变为去声的最多；其次是阳平；变为上声的最少。如苏轼的《念奴娇·赤壁怀古》的韵脚都是入声字：物、壁、雪、杰、发、灭、发、月，就分别归到了现代汉语的阴、阳、上、去四声中去了。所以依据现代汉语四声来判断古诗词中的字的声调是不够准确的。

辨别四声，是辨别平仄的基础。

三、关于"平仄"

知道了什么是四声，平仄就好懂了。平仄是诗词格律的一个术语：诗人们把四声分为平仄两大类，平就是平声，仄就是上去入三声。仄，按字义解释，就是不平的意思。

凭甚么来分平仄两大类呢？因为平声是没有升降的，较长的，而其他三声是有升降的（入声也可

能是微升或微降），较短的，这样，它们就形成了两大类型。如果让这两类声调在诗词中交错着，那就能使声调多样化，而不至于单调。

平仄在诗词中又是怎样交错着的呢？我们可以概括为两句话：

1. 平仄在本句中是交替的

2. 平仄在对句中是对立的

这种平仄规则在律诗中表现得特别明显。

例如毛泽东《长征》诗的第五、六两句：金沙水拍云崖暖，大渡桥横铁索寒。

这两句诗的平仄是：平平｜仄仄｜平平｜仄，仄仄｜平平｜仄仄｜平。

就本句来说，每两个字一个节奏。平起句平平后面跟着的是仄仄，仄仄后面跟着的是平平，最后一个又是仄。仄起句仄仄后面跟着的是平平，平平后面跟着的是仄仄，最后一个又是平。这就是交替。就对句来说，"金沙"对"大渡"，是平平对仄仄，"水拍"对"桥横"，是仄仄对平平，"云崖"对"铁索"，是平平对仄仄，"暖"对"寒"，是仄对平。这就是对立。

总之，入声问题是辨别平仄的唯一障碍。这个障碍是通过查字典或韵书才能消除的；但是，平仄的道理是很好懂的。而且，中国大约还有一半的地方是保留着入声的，在那些地方的人们，辨别平仄更是没有问题了。

平仄，这是律诗中最重要的因素。律诗的平仄规则，一直应用到后代的词曲。我们讲诗词的格律，主要就是讲平仄。

3. 五律的平仄

五言的平仄，只有四个类型，而这四个类型可以构成两联。即：

仄仄平平仄，平平仄仄平；
平平平仄仄，仄仄仄平平。

由这相联的错综变化，可以构成五律的四种平仄格式。其实只有两种基本格式，其余两种不过是在基本格式的基础上稍有变化罢了。

4. 同联平仄相反，异联平仄相似

5. 奇句尾字是仄声，偶句必须押平声韵

(1)仄起式

仄仄平平仄，平平仄仄平。
平平平仄仄，仄仄仄平平。
仄仄平平仄，平平仄仄平。

平平平仄仄,仄仄仄平平。
(⊙表示可平可仄。)

例

春 望

杜 甫

国破山河在

⊙仄⊙平仄

城春草木深

平平⊙仄平(韵)

感时花溅泪

⊙平平仄仄

恨别鸟惊心

⊙仄仄平平(韵)

烽火连三月

⊙仄平平仄

家书抵万金

平平⊙仄平(韵)

白头搔更短

平平平仄仄

浑欲不胜簪

⊙仄仄平平(韵)

另一式,首句改为仄仄仄平平,其余不变。即

仄仄仄平平,平平仄仄平。

平平平仄仄,仄仄仄平平。

仄仄平平仄,平平仄仄平。

平平平仄仄,仄仄仄平平

(2)平起式

平平平仄仄,仄仄仄平平。

仄仄平平仄,平平仄仄平。

平平平仄仄,仄仄仄平平。

仄仄平平仄,平平仄仄平。

6. 七律的平仄

七律是五律的扩展,扩展的办法是在五字句的前面加一个两字的头。仄前加平平,平上加仄仄。试看下面的对照表:

①平仄脚

五言仄起仄收——仄仄平平仄

七言平起仄收——平平仄仄平平仄

②仄平脚

五言平起平收——平平仄仄平

七言仄起平收——仄仄平平仄仄平

③仄仄脚

五言平起仄收——平平平仄仄

七言仄起仄收——仄仄平平平仄仄

④平平脚

五言仄起平收——仄仄仄平平

七言平起平收——平平仄仄仄平平

因此,七律的平仄也只有四个类型,这四个类型也可以构成两联,即:

平平仄仄平平仄,仄仄平平仄仄平。

仄仄平平平仄仄,平平仄仄仄平平。

由这两联的平仄错综变化,可以换成七律的四种格式。其实只有两种基本格式,其余两种不过在基本格式的基础上稍有变化罢了。

①仄起式

仄仄平平仄仄平,平平仄仄仄平平。

平平仄仄平平仄,仄仄平平仄仄平。

仄仄平平平仄仄,平平仄仄仄平平。

平平仄仄平平仄,仄仄平平仄仄平。

(⊙表示可平可仄。)

仄起平收

例

书 愤

陆 游

早岁那知世事艰

⊙仄平平⊙仄平(韵)

中原北望气如山

⊙平⊙仄仄平平(韵)

楼船夜雪瓜洲渡

⊙平⊙仄平平仄

铁马秋风大散关

⊙仄平平⊙仄平(韵)

塞上长城空自许

⊙仄⊙平平仄仄

镜中衰鬓已先斑

⊙平⊙仄仄平平(韵)

出师一表真名世

⊙平⊙仄平平仄

千载谁堪伯仲间

⊙仄平平⊙仄平(韵)

另一式,仄起仄收,第一句改为仄仄平平平仄仄,其余不变。即

仄仄平平平仄仄,平平仄仄仄平平。
平平仄仄平平仄,仄仄平平仄仄平。
仄仄平平平仄仄,平平仄仄仄平平。
平平仄仄平平仄,仄仄平平仄仄平。
②平起式
平平仄仄仄平平,仄仄平平仄仄平。
仄仄平平平仄仄,平平仄仄仄平平。
平平仄仄平平仄,仄仄平平仄仄平。
仄仄平平平仄仄,平平仄仄仄平平。

平起平收式

例

左迁至蓝关示侄孙湘

韩 愈

一封朝奏九重天
⊙平⊙仄仄平平(韵)
夕贬潮州路八千
⊙仄平平⊙仄平(韵)
欲为圣明除弊事
⊙仄⊙平平仄仄
肯将衰朽惜残年
⊙平⊙仄仄平平(韵)
云横秦岭家何在
⊙平⊙仄平平仄
雪拥蓝关马不前
⊙仄平平⊙仄平(韵)
知汝远来应有意
⊙仄⊙平平仄仄
好收吾骨瘴江边
⊙平⊙仄仄平平(韵)

另一式,平起仄收式,第一句改为平平仄仄平平仄,其余不变。即
平平仄仄平平仄,仄仄平平仄仄平。
仄仄平平平仄仄,平平仄仄仄平平。
平平仄仄平平仄,仄仄平平仄仄平。
仄仄平平平仄仄,平平仄仄仄平平。

例

客 至

杜 甫

舍南舍北皆春水
⊙平⊙仄平平仄
但见群鸥日日来

⊙仄平平⊙仄平(韵)
花径不曾缘客扫
⊙仄⊙平平仄仄
蓬门今始为君开
⊙平⊙仄仄平平(韵)
盘飧市远无兼味
⊙平⊙仄平平仄
樽酒家贫只旧醅
⊙仄平平⊙仄平(韵)
肯与邻翁相对饮
⊙仄⊙平平仄仄
隔篱呼取尽余杯
⊙平⊙仄仄平平(韵)

7.五绝和七绝的平仄

也各有四式,是各取五律和七律平仄格式的前四句。

五绝仄起仄收式,就是五律仄起仄收式的前四句的平仄格式。

仄仄平平仄,平平仄仄平。
平平平仄仄,仄仄仄平平。
(⊙表示可平可仄。)

例

登鹳雀楼

王之涣

白日依山尽
⊙仄平平仄
黄河入海流
平平⊙仄平(韵)
欲穷千里目
⊙平平仄仄
更上一层楼
⊙仄仄平平(韵)

五绝平起仄收式,就是五律平起仄收式的前四句的平仄格式。

平平平仄仄,仄仄仄平平。
仄仄平平仄,平平仄仄平。

例

听 筝

李 端

鸣筝金粟柱
⊙平平仄仄
素手玉房前

⊙仄仄平平（韵）

欲得周郎顾

⊙仄平平仄

时时误拂弦

平平⊙仄平（韵）

五绝的其他两种格式和七绝的四种平仄格式可以类推。

8. 一三五不论，二四六分明

关于律诗的平仄，相传有这样一个口诀："一三五不论，二四六分明。"这是指七律（包括七绝）来说的。意思是说，一句中第一、第三、第五字的平仄可以不拘，第二、第四、第六字的平仄必须分明。至于第七字呢，自然也是要求分明的。如果就五言律诗来说，那就应该是"一三不论，二四分明"。

这个口诀对于初学律诗的人是有用的，因为它是简单明了的。但是，它分析问题是不全面的，所以容易引起误解。这个影响很大。既然它是不全面的，就不能不予以适当的批评。

先说"一三五不论"这句话是不全面的。在五言"平平仄仄平"这个格式中，第一字不能不论，在七言"仄仄平平仄仄平"这个格式中，第三字不能不论，否则就要"犯孤平"。

9. 古体诗的平仄

古体诗的平仄并没有任何规定。既然唐代以前的诗在平仄上没有明确的规则，那么，唐宋以后所谓古风在平仄上也应该完全是自由的。

四、关于"对仗"

诗词中的对偶，叫作对仗。古代的仪仗队是两两相对的，这是"对仗"这个术语的来历。对偶又是什么呢？对偶就是把同类的概念或对立的概念并列起来，例如"抗美援朝"，"抗美"与"援朝"形成对偶。对偶可以句中自对，又可以两句相对。例如"抗美援朝"是句中自对，"抗美援朝，保家卫国"是两句相对。一般讲对偶，指的是两句相对。上句叫出句，下句叫对句。

1. 词性相同

对偶的一般规则，是名词对名词，动词对动词，形容词对形容词，副词对副词。仍以"抗美援朝，保家卫国"为例："抗""援""保""卫"都是动词相对，"美""朝""家""国"都是名词相对。

2. 门类相同

实际上，名词对可以细分为若干类，同类名词相对被认为是工整的对偶，简称"工对"。这里"美"与"朝"都是专名，而且都是简称，所以是工对；"家"与"国"都是人的集体，所以也是工对。"保家卫国"对"抗美援朝"也算工对，因为句中自对工整了，两句相对就不要求同样工整了。专名只能与专名相对，最好是人名对人名，地名对地名。名词还可以细分为以下的 11 小类：1. 天文 2. 时令 3. 地理 4. 宫室 5. 服饰 6. 器用 7. 植物 8. 动物 9. 人伦 10. 人事 11. 形体。

对偶是一种修辞手段，它的作用是形成整齐的美。汉语的特点特别适宜于对偶，因为汉语单音词较多，即使是复音词，其中词素也有相当的独立性，容易造成对偶，对偶既然是修辞手段，那么，散文与诗都用得着它。例如《易经》说："同声相应，同气相求。"（《易·乾·文言》）《诗经》说："昔我往矣，杨柳依依；今我来思，雨雪霏霏。"（《小雅·采薇》）这些对仗都是适应修辞的需要的。但是，律诗中的对仗还有它的规则，而不是像《诗经》那样随便的。这个规则是：

3. 出句和对句的平仄是相对立的
4. 出句的字和对句的字不能重复
5. 结构一致

因此，像上面所举《易经》和《诗经》的例子还不合于律诗对仗的标准。上面所举毛主席《长征》诗中的两句："金沙水拍云崖暖，大渡桥横铁索寒"，才是合于律诗对仗的标准的。

对联（对子）是从律诗演化出来的，所以也要适合上述的三个标准。例如毛主席在《改造我们的学习》中，所举的一副对子：墙上芦苇，头重脚轻根底浅；山间竹笋，嘴尖皮厚腹中空。

这里上联（出句）的字和下联（对句）的字不相重复，而它们的平仄则是相对立的：仄仄平平，仄仄平平平仄仄；平平仄仄，平平仄仄仄平平。就修辞方面说，这副对子也是对得很工整的。"墙上"是名词带方位词，所对的"山间"也是名词带方位词。"根底"是名词带方位词，所对的"腹中"也是名词带方位词。"头"对"嘴"，"脚"对"皮"，都是名词对名词。"重"对"尖"，"轻"对"厚"，都是形容词对形容词。"头重"对"脚轻"，"嘴尖"对"皮厚"，都是句中自对。这样句中自对而又两句相对，更显得特别工整了。

6. 对仗的常规——中两联

为了说明的便利，古人把律诗的第一、二两句叫作首联，第三、四两句叫作颔联，第五、六两句叫作颈联，第七、八两句叫作尾联。对仗一般用在颔联和颈联中，即第三、四句和第五、六句。首联的对仗是可用可不用的。首联用了对仗，并不因此减少中两联的对仗。凡是首联用对仗的律诗，实际上常常是用了总共三联的对仗。律诗固然以中两联对仗为原则，但是，在特殊情况下，对仗可以少于两联。这样，就只剩下一联对仗了。这种单联对仗，比较常见的是用于颈联。例如：

塞下曲（其一）

李　白

五月天山雪，无花只有寒。
笛中闻折柳，春色未曾看。
晓战随金鼓，宵眠抱玉鞍。
愿将腰下剑，直为斩楼兰。

7. 工对与宽对

工对凡同类的词相对，叫作工对。名词既然分为若干小类，同一小类的词相对，更是工对。有些名词虽不同小类，但是在语言中经常平列，如天地、诗酒、花鸟等，也算工对。反义词也算工对。例如李白《塞下曲》的"晓战随金鼓，宵眠抱玉鞍"，就是工对。

句中自对而又两句相对，算是工对。像杜甫诗中的"国破山河在，城春草木深"，山与河是地理，草与木是植物，对得已经工整了，于是地理对植物也算工整了。

在一个对联中，只要多数字对得工整，就是工对。例如毛主席《送瘟神》（其二）："红雨随心翻作浪，青山着意化为桥。天连五岭银锄落，地动三河铁臂摇。""红"对"青"，"着意"对"随心"，"翻作"对"化为"，"天连"对"地动"，"五岭"对"三河"，"银"对"铁"，"落"对"摇"，都非常工整；而"雨"对"山"，"浪"对"桥"，"锄"对"臂"，名词对名词，也还是工整的。

同义词相对，似工而实拙。《文心雕龙》说："反对为优，正对为劣。"同义词比一般正对自然更"劣"。像杜甫《客至》："花径不曾缘客扫，蓬门今始为君开"，"缘"与"为"就是同义词。因为它们是虚词（介词），不是实词，所以不算缺点。再说，在一首诗中，偶然用一对同义词也不要紧，多用就不妥当了。出句与对句完全同义（或基本上同义），叫作"合掌"，更是诗家的大忌。

宽对形式服从于内容，诗人不应该为了追求工对而损害了思想内容。例如天文对时令，地理对宫室，颜色对方位，同义词对联绵字，等等。王维《使至塞上》："征蓬出汉塞，归雁入胡天"，以"天"对"塞"是天文对地理；陈子昂《春夜别友人》："离堂思琴瑟，别路绕山川"，以"路"对"堂"是地理对宫室。这类情况是很多的。稍宽一点的，就是名词对名词，动词对动词，形容词对形容词等，这是最普通的情况。

8. 正对、反对与流水对

这是按照两句的内容作为分类的依据的。两句意思相同相近为"正对"，如"银烛吐青烟，金樽对绮筵"（陈子昂）；两句的意思相反相对为"反对"，如"横眉冷对千夫指，俯首甘为孺子牛"（鲁迅）；流水对又叫串对，上下句有承接、条件、转折等关系，如"即从巴峡穿巫峡，便下襄阳向洛阳"（杜甫）"人怜巧语情虽重，鸟忆高飞意不同"（白居易）"塞上长城空自许，镜中衰鬓已先斑"（陆游）。

9. 古体诗的对仗

古体诗的对仗是极端自由的。一般不讲究对仗；如果有些地方用了对仗，也只是修辞上的需要，而不是格律上的要求。

词律

一、词的种类

词最初称为"曲词"或"曲子词"，是配音乐的。从配音乐这一点上说，它和乐府诗是同一类的文学体裁，也同样是来自民间文学。后来词也跟乐府一样，逐渐跟音乐分离了，成为诗的别体，所以有人把词称为"诗余"。文人的词深受律诗的影响，所以词中的律句特别多。

词是长短句，但是全篇的字数是一定的。每句的平仄也是一定的。

词大致可分三类：①小令，②中调，③长调。有人认为：五十八字以内为小令，五十九字至九十字为中调，九十一字以外为长调。这种分法虽然未免太绝对化了，但是，大概的情况还是这样的。

敦煌曲子词中，已经有了一些中调和长调。宋初柳永写了一些长调。苏轼、秦观、黄庭坚等人继起，长调就盛行起来了。长调的特点，除了字数较多以外,就是一般用韵较疏。

二、词牌

词牌,就是词的格式的名称。词的格式和律诗的格式不同:律诗只有四种格式,而词则总共有一千多个格式(这些格式称为词谱,详见下节)。人们不好把它们称为第一式、第二式等等,所以给它们起了一些名字。这些名字就是词牌。有时候,几个格式合用一个词牌,因为它们是同一个格式的若干变体;有时候,同一个格式而有几种名称,那只因为各家叫名不同罢了。

关于词牌的来源,大约有下面的三种情况:

1. 本来是乐曲的名称。例如《菩萨蛮》,据说是由于唐代大中初年,女蛮国进贡,她们梳着高髻,戴着金冠,满身璎珞(璎珞是身上佩挂的珠宝),像菩萨。当时教坊因此谱成《菩萨蛮曲》。据说唐宣宗爱唱《菩萨蛮》词,可见是当时风行一时的曲子。《西江月》《风入松》《蝶恋花》等,都是属于这一类的。这些都是来自民间的曲调。

2. 摘取一首词中的几个字作词牌。例如《忆秦娥》,因为依照这个格式写出的最初一首词开头两句是"箫声咽,秦娥梦断秦楼月",所以词牌就叫《忆秦娥》又叫《秦楼月》。《忆江南》本名《望江南》,又名《谢秋娘》,但因白居易有一首咏"江南好"的词,最后一句是"能不忆江南",所以词牌又叫《忆江南》。《如梦令》原名《忆仙姿》,改名《如梦令》,这是因为后唐庄宗所写的《忆仙姿》中有"如梦,如梦,残月落花烟重"等句。《念奴娇》又叫《大江东去》,这是由于苏轼有一首《念奴娇》,第一句是"大江东去"。又叫《酹江月》,因为苏轼这首词最后三个字是"酹江月"。

3. 本来就是词的题目。《踏歌词》咏的是舞蹈,《舞马词》咏的是舞马,《欸乃曲》咏的是泛舟,《渔歌子》咏的是打鱼,《浪淘沙》咏的是浪淘沙,《抛球乐》咏的是抛绣球,《更漏子》咏的是夜。这种情况是最普遍的。凡是词牌下面注明"本意"的,就是说,词牌同时也是词题,不另有题目了。

但是,绝大多数的词都不是用"本意"的。因此,词牌之外还有词题。一般是在词牌下面用较小的字注出词题。在这种情况下,词题和词牌不发生任何关系。一首《浪淘沙》可以完全不讲到浪,也不

讲到沙;一首《忆江南》也可以完全不讲到江南。这样,词牌只不过是词谱的代号罢了。

三、单调、双调、三迭、四迭

词有单调、双调、三迭、四迭的分别。

1. 单调的词往往就是一首小令。它很像一首诗,只不过是长短句罢了。例如:

渔歌子 　　　　　张志和

西塞山前白鹭飞,桃花流水鳜鱼肥。青箬笠,绿蓑衣,斜风细雨不须归。

如梦令 　　　　　李清照

昨夜雨疏风骤,浓睡不消残酒。试问卷帘人,却道海棠依旧。知否?知否?应是绿肥红瘦!

2. 双调的词有的是小令,有的是中调或长调。双调就是把一首词分为前后两阕。两阕的字数相等或基本上相等,平仄也同。这样,字数相等的就像一首曲谱配着两首歌词。不相等的,一般是开头的两三句字数不同或平仄不同,叫作"换头"。双调是词中最常见的形式。例如:

踏莎行 　　　　　秦 观

雾失楼台,月迷津渡,桃源望断无寻处。可堪孤馆闭春寒,杜鹃声里斜阳暮。

驿寄梅花,鱼传尺素,砌成此恨无重数!郴江幸自绕郴山,为谁流下潇湘去?

鹧鸪天 　　　　　辛弃疾

壮岁旌旗拥万夫,锦襜突骑渡江初。燕兵夜娖银胡䩮,汉箭朝飞金仆姑。

追往事,叹今吾。春风不染白髭须。却将万字平戎策,换得东家种树书。

三迭就是三阕,四迭就是四阕。三迭、四迭的词很少见,这里就不举例了。

四、词韵,词的平仄和对仗

1. 词韵

关于词韵,并没有任何正式的规定。就是把诗韵大致合并,和上章所述古体诗的宽韵差不多。

入声韵的独立性很强。某些词在习惯上是用

入声韵的,例如《忆秦娥》《念奴娇》等。

平韵与仄韵的界限也是很清楚的。某调规定用平韵,就不能用仄韵;规定用仄韵,就不能用平韵。除非有另一体。

只有上去两声是可以通押的。这种通押的情况在唐代古体诗中已经开始了。

2. 词的平仄

词的特点之一就是全部用律句或基本上用律句。最明显的律句是七言律句和五言律句。有些词,一读就知道这是从七绝或七律脱胎出来的。例如《浣溪沙》四十二字,就是六个律句组成的。《菩萨蛮》就都是七言律句和五言律句组成的了。不过要注意一点:词句常常是不粘不对的。像《菩萨蛮》开头两句虽然都是律句,但它们的平仄不是对立的。

不但五字句、七字句多数是律句,连三字句、四字句、六字句、八字句、九字句、十一字句等,也多数是律句。现在分别加以叙述。

三字句 平平仄,平仄仄,仄平平,仄仄平。平平仄如"须晴日",平仄仄如"俱往矣",仄平平如"照无眠"。两个三字律句用在一起如"青箬笠,绿蓑衣"。

四字句 四字句是用七言律句的上四字。即:平平仄仄,仄仄平平。平平仄仄如"天高云淡",仄仄平平如"怒发冲冠"。两个四字律句用在一起如"唐宗宋祖,稍逊风骚"。如果先平脚,后仄脚,则如"乱石穿空,惊涛拍岸"。等等。

总之,从律句去了解词的平仄,十分之九的问题都解决了。

3. 词的对仗

词的对仗,有固定的,有一般用对仗的,有自由的。

固定的对仗,例如《西江月》前后阕头两句。此类固定的对仗很少见。

一般用对仗的(但也可以不用),例如《沁园春》前阕第二、三两句、第四、五句和第六、七句,第八、九两句;后阕第三、四句和第五、六句,第七、八两句。《沁园春》前阕第四五、六七两联,如"望长城内外,惟余莽莽;大河上下,顿失滔滔"。后阕第三四、五六两联,如"惜秦皇汉武,略输文采;唐宗宋祖,稍逊风骚"。这是以两句对两句,跟一般对仗不同。像这样以两句对两句的对仗,称为扇面对。

凡前后两句字数相同的,都有用对仗的可能。例如《忆秦娥》前后阕末两句,《水调歌头》前阕第五

六两句,后阕第六七两句,等等。但是这些地方用不用对仗完全是自由的。

词的对仗,有两点和律诗不同。第一,词的对仗不一定要以平对仄,以仄对平。如"千里冰封,万里雪飘";又如"望长城内外,惟余莽莽;大河上下,顿失滔滔"(城对河,是平对平;外对下,是仄对仄)。第二,词的对仗可以允许同字相对。除了这两点之外,词的对仗跟诗的对仗是一样的。

词韵、词的平仄和对仗都是从律诗的基础上加以变化的。因此,要研究词,最好是先研究律诗。律诗研究好了,词就容易懂了。

五、词谱

每一词牌的格式,叫作词谱。依照词谱所规定的字数、平仄以及其他格式来写词,叫作"填词"。"填",就是依谱填写的意思。

古人所谓词谱,乃是摆出一件样品,让大家照样去填。下面是万树《词律》所列《菩萨蛮》的词谱原来的样子:

菩萨蛮

(四十四字,又名"子夜歌""巫山一片云""重叠金")

李 白

平_{可仄}林漠_{可平}漠烟如织_韵,寒_{可仄}山一_{可平}带伤心碧_叶。暝_{可平}色入高楼_{换平},有_{可平}人楼_{可仄}上愁_{叶平}。玉_{可平}阶空伫立_{三换仄},宿_{可平}鸟归飞急_{三叶仄}。何_{可仄}处是归程_{四换平},长_{可仄}亭更_{可仄}短亭_{四叶平}。

《词律》在词牌下面注明规定的字数,词牌的别名;在词中注明平仄和叶韵。凡平仄均可的地方,注明"可平""可仄"(于平声字下面注"可仄",于仄声字下面注"可平");凡平仄不可通融的地方就不加注,例如"林"字下面没有注,这就表明必须依照林字的平仄,林字平声,就应照填一个平声字。"织"字下面注个韵字,表示这里该用韵;"碧"字下面注个叶字,表示这里该叶韵(即与"织"字押韵)。当然并不规定押哪一韵,但是要求一个仄声韵。"楼"字下面注"换平",是说换平声韵。"愁"字下面注"叶平",是说叶平声韵。"立"字下面注"三换仄",是说在第三个韵又换了仄声韵;"急"字下面注"三叶仄",是说叶仄声韵;"程"字下面注"四换平",是说在第四个韵又换了平声韵;"亭"字下面注"四

叶平",是说叶平声韵。万树是清初人;在万树以前,词人们早已填词,那又依照谁人所定的词谱呢?古人并不需要词谱,只要有了样品,就可以照填。试看辛弃疾所填的一首《菩萨蛮》:

菩萨蛮·书江西造口壁　　辛弃疾

郁孤台下清江水,中间多少行人泪。西北望长安,可怜无数山。青山遮不住,毕竟东流去。江晚正愁余,山深闻鹧鸪。

辛词共四十四个字,共四个韵,其中两个仄声韵,两个平声韵,并且平仄韵交替,完全和李白原词相同。平仄也完全模仿李白原词,甚至原词前阕末句用"仄平平仄平",后阕用"平平平仄平",都完全模仿了。

本来,唐宋人填词就有较大的灵活性,所以一个词牌往往有几种别体。

(词谱中的"中"指可平可仄)

例

长相思的格律　　白居易

汴水流,
中中平(韵),
泗水流,
中中平(韵),(此句后二字重复上句后二字)
流到瓜洲古渡头。
中仄平平中仄平(韵),
吴山点点愁。
中平中仄平(韵)。(此句不能犯孤平,若首字用"仄",则第三字必须用"平")

思悠悠,
中中平(韵),
恨悠悠,
中中平(韵),
恨到归时方始休。
中仄平平中仄平(韵),
月明人倚楼。
中平中仄平(韵)。(此句不能犯孤平,若首字用"仄",则第三字必须用"平")

例

如梦令的格律　　李清照

常记溪亭日暮,
中仄中平仄仄(韵),
沉醉不知归路。

中仄中平平仄(韵)。
兴尽晚回舟,
中仄仄平平,
误入藕花深处。
中仄中平平仄(韵)。
争渡,争渡,
平仄,平仄(韵)(叠句),
惊起一滩鸥鹭。
中仄中平平仄(韵)。

例

更漏子的格律　　温庭筠

玉炉香,
中中平,
红蜡泪,
中中仄(仄韵),
偏照画堂秋思。
中仄中平平仄(韵)。
眉翠薄,
中中仄,
鬓云残,
仄平平(平韵),
夜长衾枕寒。
中平中仄平(韵)。
梧桐树,
平中仄(换仄韵),
三更雨,
中中仄(韵),
不道离情正苦。
中仄中平中仄(韵)。
一叶叶,
中中仄,
一声声,
仄平平(换平韵),
空阶滴到明。
中平中仄平(韵)。

曲律

一、散曲

1. 宫调

古代的音乐把调称为宫调,古代按照音的长短高低声情的不同,把南北曲分为六宫十二调。六宫:仙吕、南吕、黄钟、中吕、正宫、道宫。十二调:羽调、大石、小石、般涉、商角、高平、揭指、商调、角调、越调、双调、宫调。在六宫十二调中揭指、宫调、角调皆有目无词。道宫、羽调、小石、般涉、商角、高平则曲牌甚少。常用的宫调仅仙吕、南吕、黄钟、中吕、正宫、大石、商调、越调、双调,即所谓的"九宫"。

2. 声情

元曲的宫调各具声情,音乐韵律皆可从其宫调中显现,元人芝庵《唱论》:"大凡声音各应于律吕。分作六吕十一调,共计十七宫调。"

仙吕宫唱:〔清新绵邈〕

南吕宫唱:〔感叹伤悲〕

中吕宫唱:〔高下闪赚〕

黄钟宫唱:〔富贵缠绵〕

正宫唱:〔惆怅雄壮〕

道宫唱:〔飘逸清幽〕

大石唱:〔风流蕴藉〕

小石唱:〔绮丽妩媚〕

高平唱:〔条畅滉漾〕

般涉唱:〔拾掇坑堑〕

揭指唱:〔急并虚歇〕

商角唱:〔悲伤婉转〕

双调唱:〔健捷激袅〕

商调唱:〔凄怆怨慕〕

角调唱:〔呜咽悠扬〕

宫调唱:〔典雅沉重〕

越调唱:〔陶写冷笑〕

3. 曲牌

元曲分为散曲和杂剧。散曲分为小令和套曲(又名套数),小令只有一支曲子组成,如马致远的《天净沙·秋思》;套曲由同一宫调的数支曲子组成,如睢景臣的《盘涉调·哨遍·高祖还乡》。

小令专用曲牌如黄钟:人月圆、括地风、昼夜乐、红衲袄(又名红锦袍)、贺圣朝。正宫:鹦鹉曲(又名黑漆弩)、甘草籽、汉东山(又名撼动山)、绿幺遍、普天乐、青纳袄。

小令套数兼用曲牌如黄钟:出队子、节节高、者剌古、醉花阴、喜迁莺、四门子、挂金索、竹枝歌(又名竹枝儿)、滴溜子、鲍老催、双声子、太平令、黄龙衮。正宫:叨叨令、塞鸿秋、脱布衫、小梁州、醉太平(又名凌波曲)。

小令杂剧兼用曲牌如黄钟:古水仙子、古寨儿令、古神杖儿、挂金索、降黄龙。正宫:端正好、滚绣球、倘秀才、笑和尚、呆骨朵、破阵子、锦缠道、新荷叶、柳穿鱼、刷子带芙蓉、渔灯映芙蓉。

①曲牌定格句(指"句有定数")

如人月圆:上阕 7,5。4,4,4。下阕 4,4,4。4,4,4。

叨叨令:7,7。7,7。5,5,7。

醉太平:4,4。7,4。7,7,7。4。

好姐姐:6,3。4。4,7。3,7,7。

桂枝香:4,4。7,7。5,5。4,4。3,7,7。

一枝花:5,5。5,5。4,5,5。7,7。

天净沙:6,6,6。4,6。

折桂令(蟾宫曲)(天香引):6,4,4。4,4,4。7,7。4,4,4。

沉醉东风:6,6。3,3,7。7,7。亦有 7,7。3,3,7。7,7。滚绣球:3,3。7,7。5,5。7,7。7,7,4。

倘秀才:7,7,7。6,2。

点绛唇:4,4。3,4,5。

鹊踏枝:3,3。4,4。7,7。

②小令格律(指"字有定声")

小令的标题由调属(属于哪一宫调)、曲牌名称、题目(有的小令没有题目)、作者组成。文中上为原曲范例文,其上角附有衬字。下面的符号即曲谱,符号图例同词谱所标,即⊙可平可仄,●为仄,○为平,△为平声韵,▲为仄声韵。右上角所附为该处最宜声调字,可否押韵及其平仄的选择等说明。

例

双调·碧玉箫·关汉卿

秋景堪题,

⊙●○▲△

红叶满山溪。

⊙●●○△

松径偏宜,

⊙●○△

黄菊远东篱。

⊙●●○△

正清樽斟泼醅,

⊙○⊙●△

有白衣劝酒杯。

○○⊙●△

官品极，
⊙●△

到底成何济？
⊙●○○▲去

归，
△

学取他渊明醉。
⊙●○○▲去

例

中吕·朝天子·冷泉亭上·张可久

寺前，
●△

洞天，
●△

粉翠围屏面；
⊙●○○▲

隔溪疑是武陵源，
●●○○●⊙△

树影参差见。
⊙●○○▲

石屋金仙，
○●○△

岩阿碧藓，
⊙○○▲

湿云飞砚边。
●○○⊙●△

冷泉，
●△

看猿，
●△

摇落梅花片。
⊙●○○▲

例

越调·天净沙·秋思·马致远

枯藤老树昏鸦，
⊙○○●○△

小桥流水人家。
⊙○○●○△

古道西风瘦马，
⊙●○○●去▲可平叶

夕阳西下，
○○○▲去

断肠人在天涯。
⊙○○●●○△

二、杂剧体制

1. 折数

所谓"折"，指的就是宫调曲套的数目，"一折"就是一个宫调的一套曲，以我们现在的话来解释，相当于戏剧的"一幕"的意思。元杂剧通常是每剧四折。

2. 楔子

在杂剧之前，加入一、二支曲子，用来引出正文；或是折与折之间，用来衔接剧情的，都称为"楔子"。

3. 科、白

"科"就是提示舞台上表演的动作，"白"就是提示舞台上表演人的口语和对话，由于元杂剧在表演时，是以唱曲为主，对白为宾，所以"白"一般又称为"宾白"。

4. 角色

分为（一）"末"，也就是男角，所以男主角就称为"正末"。

（二）"旦"，也就是女角，所以女主角就称为"正旦"。

（三）"净"，也就是俗称的"花面"。

（四）"丑"，就是俗称的丑角。

（五）"杂"，除了以上四类的角色之外，依据剧本的需要而出现的人物，譬如说行人、随从、杂役等等，都称为"杂"。

5. 题目正名

元杂剧在演出前，通常会用两句或四句字数相同的对句，表示出全剧的表演纲目，然后再以其中最为精简确当的文字，作为本剧的剧名。举例来说，譬如白朴的《梧桐雨》杂剧的"题目正名"是："题目"——安禄山反叛兵戈举，陈玄礼拆散鸳鸯侣；"正名"——杨贵妃晓日荔枝香，唐明皇秋夜梧桐雨。然后这出杂剧便以"正名"中的"梧桐雨"来命名。再如马致远的《汉宫秋》杂剧的"题目正名"是："题目"——沈黑江明妃青冢恨，"正名"——破幽梦孤雁汉宫秋。然后这出杂剧便以"正名"中的"汉宫秋"来命名。

参考资料

[1] 王力.诗词格律[M].北京：中华书局，2009．